文獻形役録

吳格著

中華書局

圖書在版編目（CIP）數據

文獻形役録/吳格著. —北京：中華書局,2022.11
ISBN 978-7-101-15955-4

Ⅰ.文…　Ⅱ.吳…　Ⅲ.①古籍整理–中國–文集②古籍–圖書保護–中國–文集　Ⅳ.①G256.1-53②G253.6-53

中國版本圖書館 CIP 數據核字（2022）第 192206 號

書　　　名	文獻形役録
著　　　者	吳　格
責任編輯	白愛虎
責任印製	管　斌
出版發行	中華書局
	（北京市豐臺區太平橋西里 38 號　100073）
	http://www.zhbc.com.cn
	E-mail:zhbc@zhbc.com.cn
印　　　刷	三河市宏達印刷有限公司
版　　　次	2022 年 11 月第 1 版
	2022 年 11 月第 1 次印刷
規　　　格	開本/920×1250 毫米　1/32
	印張 18⅞　插頁 4　字數 440 千字
印　　　數	1-1500 册
國際書號	ISBN 978-7-101-15955-4
定　　　價	168.00 元

作者近照

隨顧老等參加 EFLA 會議（1996）

拜訪山東大學王紹曾先生（1998）

研究生答辩照（2005）

研究生答辯照（2015）

與同事訪問蘇州文學山房（2017）

與友人參觀金山博物館（2019）

與友人參加深圳"顧廷龍編著題籤圖書展"（2021）

自　序

　　格少承庭訓，粗知向學，年未弱冠，學稼沙島，櫛風沐雨，荒廢自傷。其時往來江上，唯以囊書作伴，讀書三餘，簑燈忘倦，十年汎覽，幸免於盲。戊午（1978）之秋，獲入上庠，儕伍群彦，問學高明。承師誨訓，始識學問途徑，而登高自卑，益慙寡學，三載分飛，實愧空疏。吳興周子美（延年）師憐我樸斲，辛酉（1981）春導我入華東師大圖書館管理古籍，此固先生多年職司之所在也。先生精於目錄版本之學，恂恂謹厚，嘗先後典書南潯嘉業堂、滬上蟫隱廬及金陵澤存書庫，於近代江南藏書源流聚散，莫不瞭如指掌，口講筆談，洋洋灑灑，恭聆教言，獲益良深。並世文獻學家如王欣夫（大隆）、顧起潛（廷龍）諸先生之學行著述，亦由周師一一指示，銘諸心版。自此職司典藏，坐擁書城，萬卷琳琅，開拓心胸，雖灰積塵封，而書靈潛耀，隱約相招，據書校目，日有所得，由是親近斯文，尚友古人，轉變氣質，多益身心。周師年屆九十，猶健於行，時臨書庫，植杖指授，至今思之，感恩懷德。數年摸索，初識流略，經史子集，僅窺大概。

　　歲丙寅（1986），轉職復旦大學圖書館，仍以司書爲業。乃勉承前輩遺軌，旁賴同人協力，採訪補缺，編目分類，典藏修繕，閱覽咨詢，流通傳佈，古籍管理遂漸具規模，承前啓後則團隊以成。復旦圖書館庋藏舊籍，多承近世江南藏書家之緒餘，晚近如烏程龐氏百匭樓、金山高氏吹萬樓、吳興劉氏嘉業堂、吳縣王氏學禮齋所庋，分派合流，先後入藏，精金美玉，多具特色。其中王欣夫先生所藏，復含其師長曹君直（元忠）、曹復禮（元弻）、胡綏之（玉縉）諸老輩遺留之著述稿抄本，總總林林，校訂有待。欣夫先生爲20世紀最具特色之文獻學家，自少心儀，兼以師門世誼，拳拳服膺，迄無違言。先生學識博洽，品性溫良，教學之餘，集藏書、抄書、校書、編書於一身，而迄以延續清代考據學派傳統、傳播前賢未刊著述爲職志，網羅放失，考訂遺佚，輯校傳抄，遺書滿室，賚志以歿。小子不敏，與聞私淑，亦以繼承先生遺願爲蘄向，遂於典書編目之間，逐年清理庫書，取稿抄校本略事整理，校點影印，並舉兼行。以此畫理群籍，夜守青燈，窮年矻矻，案牘勞形，日居月諸，忽忽頭白，雖時逾卅載，迄未小休，而材薄力弱，其願甚奢而所成甚微，時不我與，徒自嗟傷。

　　前蒙中華書局徐俊先生高誼，屢命結集文字，以便檢索。自顧譾陋，遷延多載，先生猶督促再三，並落實復旦同學及中華編輯分執編校之役。同道錯愛如此，祇得靦顏從命。兹承柳向春等同學辛苦搜尋，彙集代校歷年文字，師友同懷，情深義重。舊文瀏覽一過，殊少創獲，甚愧淺薄，災梨禍棗，實有違於師訓。竊念自任圖書館員並習文獻之學，固知徵文考獻，求真務實，形諸文字，則“述而不作，信而好古”，乃前賢自覺遵循之準則。身在書城，職思其分，編纂所及，偶有記述，恒思欣夫先生“他人著書，惟恐不出於己；予之此編，惟恐不出於人”（引宋衛湜《禮記集說後序》語）之訓，又恪守顧廷龍先生“編纂目的，專爲整理，不爲新作；專爲前賢形役，不爲個人張本”（載《創辦合衆圖書館意見書》）之教，未敢逾越。顧老乃貢獻卓著之圖書館事業家，受文獻學人共同尊仰，而尤爲圖書館古籍館員之楷模。先生晚年嘗以“收書、編書、印書”六字，概括其畢生劬勞文獻之閲歷，斯即其"專爲前賢形役，不爲個人張本"理念之踐履。高山景行，晚學竊慕，不揣淺陋，即以"文獻形役録"爲是編題名焉。壬寅秋日吳格謹識於復旦大學光華西樓。

目　次

《四庫提要分纂稿》前言

一

　　清乾隆間官方修纂之大型叢書《四庫全書》，薈萃 18 世紀前中國傳統文化典籍於一編，影響深遠。對於《四庫全書》之評價，二百餘年來毀譽參半，迄未定論。據近二十年來世界華語文化圈內《四庫全書》及"四庫系列叢書"之影印流傳情況觀察，可知其對於今人研究中國古代典籍與傳統文化，仍具有無可替代之作用。

　　《四庫全書》，自乾隆三十七年（1772）頒發徵書諭旨、三十八年正式設立四庫館始，至乾隆五十二年（1787）江浙三閣本《四庫全書》繕寫告竣止，前後歷時十餘年，完成三千四百六十餘種歷代典籍之整理，並傳鈔七部，分藏南北。爲完成以上圖書之著録及選鈔，四庫館實際徵集整理之圖書在二萬種以上，工程浩繁，堪稱前所未有之鉅制。

　　與《四庫全書》同時編纂之《四庫全書總目提要》（以下簡稱《四庫提要》），除著録《四庫全書》已鈔入典籍外，又存目六千七百九十餘種，總計一萬一千餘種，基本涵蓋先秦以來中國傳統文化之基本典籍。《四庫提要》著録之書，辨章學術，考鏡源流，提要鈎玄，各作解題，反映傳統目録學發展最高成就，成爲後人研習古代典籍之指南，沾溉來學，裨益無窮。

　　自清乾隆以降，文獻學者由研讀《四庫提要》入門，又隨學術風氣之轉移、相關史料之鈎稽,對《四庫提要》作辨證考訂、增補續編,成果豐富,如余嘉錫《四庫提要辨證》、胡玉縉《四庫全書總目提要補正》、東方文化事業總委員會《續修四庫全書總目提要》等。對《四庫全書》及《四庫提要》研究之深入開展,促成"四庫學"之繁榮。《四庫提要》研究中,對《四庫提要》分纂稿之收集與整理,亦具重要意義。

所謂"《四庫提要》分纂稿",即《四庫全書》編纂初期,四庫館各纂修官校閲圖書之整理記録及所撰提要初稿。《四庫提要》之編纂,先由各纂修官分工撰寫初稿,後經總裁等批閲,纂修官改寫重撰,最後由總纂官紀昀等修訂成稿。現存文獻資料表明,《四庫提要》由分纂稿至於定稿付刻,前後歷時二十餘年,屢經修改,先後流傳,形成多種不同版本。如《四庫提要》傳存各稿本外,又有《四庫全書》"書前提要"、"刻本提要",並衍生出《摛藻堂四庫全書薈要》提要、《武英殿聚珍版書》提要、《四庫全書簡明目録》等相關書目。

今人所見通行本《四庫提要》,因經四庫館反復修訂而成,已非各纂修官所撰分纂稿之原貌。《四庫提要》之完成,中經《四庫全書》編纂史上諸多事件,涉及清代學術史及制度史方面大量有待深入研究之課題。《四庫提要》之編纂體例、人員分工、修改潤色、增删取捨等情況,均須目睹原稿並與定稿作比勘,始能"水落石出",明其原委。

文獻徵存,後學之責,筆者因整理《翁方綱纂四庫提要稿》之役,搜討及於各家《四庫提要》分纂稿。現蒐集《四庫提要》分纂稿一千一百三十七篇(約佔通行本《四庫提要》之十分之一),經同人襄助,編爲《四庫提要分纂稿》,將付出版。《四庫提要》分纂稿之收集,起於《翁方綱纂四庫提要稿》整理,該書係據澳門中央圖書館所藏翁氏稿本之影印本過録,内含翁氏於四庫館校閲圖書時所撰札記及提要初稿,全書近百萬字,札記部分内容約佔五分之四,體例較爲龐雜。兹將其中《四庫提要》分纂稿輯出,並自清人文集、叢書及現存《四庫》底本中搜集各家分纂稿,集腋成裘,合爲一編,以供同行研究之助。所知有限,遺漏待補,四方同道,聞見周洽,倘承見教,感盼之至。

二

流傳至今之《四庫提要》分纂稿,有以下幾種形式:四庫纂修官之稿本,如上述《翁方綱纂四庫提要稿》,即爲翁氏服務四庫館期間之校書札記及提要手稿;已經刊刻之四庫纂修官所撰提要初稿,如清代學者姚鼐、邵晉涵、陳昌圖、余集等人文集中所見(部分清人刻本書前所冠《四庫提要》,亦有採自分纂稿者);保留於《四庫》底本或傳鈔本中之提要初稿,即粘貼或直接書寫於《四庫》底本或鈔本封面、封内之分纂稿,隨原本保留至今(國家圖書館、上海圖書館等均有收藏)。以上稿本、刻本、鈔本形式之《四庫提要》分纂稿,《四庫提要分纂稿》中均有收入,兹簡介如次。

(一)翁方綱分纂稿(九百八十二篇)

翁方綱(1733—1818),字正三,號覃谿,直隸大興人。乾隆壬申(1752)進士,授編修,官至内閣學士。翁氏於乾隆三十八年至四十三年間(1773—1778),多年參與《永樂大典》分校及《四庫全書》編纂。現存翁氏分纂稿,係翁氏任四庫館"校辦各省送到遺書纂修官"期間,校閱各省採進圖書時所撰札記與提要之底稿,凡一千一百餘篇(内含提要者爲九百八十二篇,計經部一百八十三篇、史部二百零九篇、子部一百七十七篇、集部四百十三篇),爲現存篇幅最大、内容最富之《四庫全書》編纂原始記録。翁氏校閱之千餘種圖書,其中八百餘種已收入《四庫提要》(三分之二入於存目）。翁氏手稿（經折裝一百五十册）民國初曾歸吳興劉氏嘉業堂收藏,20世紀40年代自嘉業堂流出後,輾轉遞藏於澳門中央圖書館。原稿以外,現已有影印原稿本（上海科技文獻出版社,2000年）及整理本（上海科技文獻出版社,2005年）先後問世,可供參閲。

（二）姚鼐分纂稿（八十九篇）

姚鼐（1732—1815）,字姬傳,號惜抱,安徽桐城人。乾隆癸未（1763）進士,官刑部郎中。四庫館開,以薦任四庫館纂修官（時非翰林院編修而任纂修者八人,姚氏爲其一）,參與校辦各省採進圖書。乾隆三十九年（1774）歸里後,以講學終其身。姚氏學問博洽,經史詞章兼長,尤以古文名家,晚年聲望益隆。與人論學,以爲"諸君皆欲讀人未見之書,某則欲讀人所常見書耳"。姚氏於四庫館服務時間較早且短,校閲圖書則徧及四部,所撰分纂稿後多經修改。其晚年致友人尺牘中,對於紀昀等主持《四庫提要》修訂,"厭薄宋元以來儒者以爲空疏,剖擊訕笑之不遺餘力"風氣,頗致微詞（稿藏上海圖書館）。姚氏分纂稿現有光緒五年（1879）桐城徐宗亮刻本,題爲《惜抱軒書録》（分經録、史録、子録、集録四卷）。又上海圖書館藏《四庫》底本《經籍異同》、《引經釋》書前,見存姚氏分纂稿一篇。

（三）邵晉涵分纂稿（三十七篇）

邵晉涵（1743—1796）,字與桐,號二雲、南江,浙江餘姚人。乾隆辛卯（1771）進士,官至翰林院侍讀學士。四庫館開,以翰林院編修任《四庫全書》纂修官。邵氏長於史學,後世述四庫館掌故,稱其於《四庫全書》史部書整理多所貢獻。現存邵氏所撰分纂稿,確以史部書爲主,内容多爲《四庫提要》沿用。該稿曾以《四庫全書提要分纂稿》爲名,道光十二年（1832）由胡敬刻入邵氏《南江文鈔》（卷十二）,其後又有光緒間徐氏刻《紹興先正遺書》（第四集）本。

（四）陳昌圖分纂稿（十二篇）

陳昌圖（1741—?），字南琴，號玉臺，浙江仁和人。乾隆丙戌（1766）進士，改翰林院庶吉士，散館授編修，官至直隸天津道。四庫館開，以翰林院編修任四庫纂修官，同時參與《永樂大典》校輯。陳氏所撰《四庫提要》分纂稿，內容多涉及《永樂大典》輯本，其稿清乾隆五十六年（1791）刻入所著《南屏山房集》（卷二十一）。

（五）余集分纂稿（七篇）

余集（1738—1823），字蓉裳，號秋室、秋石，錢塘人。乾隆丙戌（1766）進士，官至翰林院侍講學士。四庫館開，以裘日修薦任纂修官，授翰林院編修。後歷任湖北、四川鄉試及會試考官。余氏所撰《四庫提要》分纂稿，多爲經部詩類著作，道光間刻入所著《秋室學古録》（卷一至二）。

（六）鄒奕孝《四庫提要》分纂稿（一篇）

鄒奕孝，江蘇無錫人。乾隆丁丑（1757）進士，授翰林院編修，官至內閣學士兼禮部侍郎。四庫館開，以日講起居注官、文淵閣校理、左春坊左庶子任四庫纂修官。書成，議敘加一級。鄒氏長於律吕之學，曾官國子監祭酒兼管樂部事務，並參與《樂律全書》、《律吕正義》等修訂。鄒氏所撰《四庫提要》分纂稿，現僅見宋李如圭《儀禮釋宫》提要一篇，録自國家圖書館藏清孔繼涵傳鈔四庫館《永樂大典》輯本卷首。

（七）鄭際唐《四庫提要》分纂稿（一篇）

鄭際唐，字大章（一作子章），號雲門、須庵，室名傳研齋，福建侯官人。乾隆己丑（1769）進士，官至內閣學士兼禮部侍郎。四庫館開，以翰林院編修任纂修官，並獻書若干種。鄭氏長於書法，並精鑒賞。所撰《四庫提要》分纂稿，現僅見明楊思本《筆史》提要一種,録自國家圖書館藏《四庫全書》底本卷末。

(八)程晉芳《四庫提要》分纂稿(一篇)

程晉芳(1718—1784),原名志鑰,又名廷璜,字魚門,號蕺園,歙縣人,居江都。乾隆辛卯(1771)進士,授吏部文選司主事。四庫館開,以薦任《四庫全書》協勘總目官,並獻書多種。書成,授翰林院編修。程氏所撰《四庫提要》分纂稿,現僅見明張洪《南夷書》提要一種,録自國家圖書館所藏《四庫全書》底本卷首。

(九)莊通敏《四庫提要》分纂稿(一篇)

莊通敏,字際盛,又字迁甫、霽辰,號澹迁、亭叔,江南陽湖人,存與子。乾隆壬辰(1772)進士,改庶吉士,散館授編修,官至詹事府左中允。工詞。四庫館開,以文淵閣校理、翰林院編修任四庫纂修官。莊氏所撰《四庫提要》分纂稿,現僅見宋夏竦《文莊集》提要一種,録自國家圖書館所藏清鈔本卷首。

(十)佚名《四庫提要》分纂稿(六篇)

明豐道生《金石遺文》提要一篇,録自湖南省圖書館藏清鈔本;

明天畸人《春秋年考》提要一篇,録自遼寧省圖書館藏羅振玉舊藏鈔本;

佚名《兩朝綱目備要》提要一篇,録自國家圖書館善本部藏清鈔本;

宋范鎮《東齋紀事》提要一篇,録自國家圖書館善本部藏清鈔本;

宋金君卿《金氏文集》提要一篇,録自國家圖書館善本部藏清乾隆間翰林院鈔本;

元陳宜甫《秋巖詩集》提要一篇,録自國家圖書館善本部藏清法式善存素堂鈔本。

　　《四庫提要分纂稿》所收各家分纂稿,現經核對原稿(或影印件),斷句標點,統一格式,按人編次。篇目較多之分纂稿(如翁氏、姚氏稿等),又據内容略作分類。爲便讀者研究參考,各篇提要之下均附注該提要是否已收入通行本《四庫提要》,或見於《四庫提要》何部類。分纂稿著録之書名、卷數與通行本不同,或曾遭禁燬等情況,亦酌加説明。

<h2 style="text-align:center">三</h2>

　　對於《四庫提要》分纂稿之研究,以往因資料稀見,研究文章偏於文獻介紹。現因《翁方綱纂四庫提要稿》及《四庫提要分纂稿》之整理出版,相關資料集中,可爲深入研究提供基礎。兹取《四庫提要》分纂稿與通行本比勘,發現其中所含《四庫全書》編纂史料,可爲《四庫全書》及《四庫提要》研究提供諸多研究課題。嘗鼎一臠,略舉數端。

(一)由分纂稿見《四庫提要》初稿形式

　　翁氏分纂稿作爲《四庫提要》原稿,尚保留四庫館纂修官分工校閲各地徵集至京圖書,並撰寫提要之原始面貌:

《彙雅》二十卷(眉注:《明藝文志》云:"張萱《彙雅》前編二十卷後編二十卷。")
明萬曆乙巳至日嶺南張萱孟奇父自序
自序文義亦有未盡妥者。其"華"皆寫"蕐",此粤人之故習,不必與之深辨。
每篇先列《爾雅》(下據注疏,亦有萱自釋),次列《小爾雅》、《方言》、《釋名》、《廣雅》。
此書凡三大册,每卷前有"吴郡／趙頤光／家經籍"印。卷前有紅筆"常熟許玉森芝田校閲"。一卷末有黄筆"萬曆己酉三月十九日小宛堂閲"。

張萱所釋語,雖多出己意,亦頗間有發明。

紅筆所閲,有別加添注一條或數字,而又自塗抹去者。

第一册末紅筆云:康熙十有九年庚申閏八月初二日念皇塾中閲畢,凡二百三十二葉。芝田。

第二册二百七十五葉。

一卷末有"己酉三月二十二日閲"。

末卷尾紅筆有"己酉三月廿二下春天階館閲"。

紅筆:康熙辛酉歲立秋日閲畢於登仁家塾。此種書雜陳名物,無甚意味可喜,故人鮮寓目焉。即趙凡夫原本,亦粗理正文而已。芝田氏識。

據此跋,則前數卷末丹黄草篆書年月,皆凡夫筆迹也。

謹按:《彙雅》二十卷,明中書張萱著。萱,廣東博羅人;熟於典故,周見洽聞,著書頗多。此書有萱自序。每篇皆先列《爾雅》,次以《小爾雅》、《廣雅》、《方言》、《釋名》之屬,下載注疏,附以萱自釋語,亦頗有所發明。此書世間久無傳本,今此本丹黄處尚有吳郡趙宧光手迹,宧光亦究心六書之學者,洵爲校閲之善本矣,應刊刻以裨小學。

　　現存翁氏分纂稿,均採用以上形式,即先作校書札記,然後擬寫提要。"謹按"以下爲翁氏所擬提要文字(原稿五行一百餘字),提要之前則爲札記,記錄原書序跋、藏印、題識等甚備,間下評語(原稿佔十七行)。翁稿中札記鈔録之詳,尚有數倍於此者,於此既可見翁氏治學之勤勉,又足證四庫館臣"祗承欽命"校書之慎重。以翁氏分纂稿形式推測,各纂修官撰寫提要之過程,大致與此相同。

（二）由分纂稿見四庫館圖書審查要求

　　翁氏所撰各分纂稿結尾，均有對該書是否應刻、應鈔、應存目、應禁燬之處理意見，其他各家分纂稿中也有類似標注，反映四庫館纂修官校辦各省採進圖書之初，即已遵照弘曆“分晰應刻、應鈔及應存書目三項，各條下撰有提要”之諭旨（乾隆三十九年七月二十五日），於撰寫提要同時，承擔圖書清查之責，如翁氏所撰《貞玄子詩草》、《確庵文稿》提要：

　　《貞玄子詩草》一冊，未分卷數，明項穆著。穆字德純，嘉興人，墨林主人項元汴之長子。元汴字子京，其天籟閣鑒藏古籍、法書、名畫，甲於天下，故穆以書法擅名，嘗著《書法雅言》一書，詩特其寄意耳。應存其目。
　　《確庵文稿》四冊，常熟陳瑚著。瑚，崇禎壬午舉人。是書十卷以前皆詩，十卷以後皆文，而文皆不題卷次，似是編輯未成之書，難以存目，其書內有應簽出諸條，今俱簽記於書內。

　　以上兩書，《貞玄子詩草》，《四庫提要》著録於“集部別集類存目七”，同翁氏意見，《確庵文稿》則未見《四庫提要》著録。查《確庵文稿》後列入禁書目録，《軍機處奏准全燬書目》第四次稱：“其詩文多作於明福王時，内有詆觸字面，應請銷燬。”

　　四庫館對於校閱各書應否刻、鈔、存目之審查要求，層層把關，十分嚴格。由翁氏分纂稿發現，翁氏校閱各書均由四庫館據校閱單頒下，頒發之時已有“備刻”、“擬鈔”、“備鈔”、“僅存名目”之初步歸類，各書名下並附簡要題解。如“纂修翁第二次分書三十四種”校閱單中，列明張萱《彙雅》等“備刻者二種”、明張敬《雅樂發

微》等“擬鈔者十二種”、明周汝登《聖學宗傳》等“備鈔者八種”、
明黃虞稷《禮樂合編》等“僅存名目者十二種”，即爲其例。對於
校閱單之初步處理意見，纂修官可作附議，也可提出異議，而纂修
官之處理意見，又需交總裁等覆審。如上述校閱單中所列明黃廣
《禮樂合編》一書，原已列入“存目”，翁氏則以爲“大約編次既無體
例，叙次又乖文義，毫無條理，竟不成書，並其目亦不必存矣”；又明
朱睦㮮《授經圖》一書，原已列入“擬鈔”者，翁氏亦以爲“應鈔存
之”，副總裁李友棠則批云“無所發明，存目可也”；又明張敔《雅樂
發微》一書，翁氏同意“擬鈔”意見，以爲其書“頗於樂制有可考證，
應鈔録”，而副總裁李友棠批云“亦是老生常談，存其目而已”。

（三）由分纂稿見《四庫全書》收書標準

《四庫全書》編纂，除利用宮廷藏書、民間徵書外，從《永樂大
典》中輯出明清以來已佚之書，亦爲底本收集一大來源。陳昌圖分
纂稿中叙《李忠湣公集》云：

> 右《忠湣集》，《宋藝文志》作十卷，馬氏《通考》作十二卷，後
> 二卷係附録其死節事。公本名若冰，以靖康出使，改今名。陳
> 直齋謂，集雖不多，而詩有風度，文有氣概，足以知其所存矣。
> 南宋時曾有鋟本，今已不傳。兹蒐拾《永樂》散篇，編釐四卷，
> 以《宋史》本傳及建炎時誥詞冠諸卷首，而仍列附録一卷，載
> 希齋跋語及姚孝寧、薛遷祭文各一篇。又其孤淳所云“秭歸費
> 守樞爲先公作文集序，能不没其實”云云，今費序無考，以淳所
> 識附諸篇末焉。

《李忠湣公集》原本已佚，《四庫全書》收入館臣所輯《永樂大
典》本三卷，《四庫提要》“集部別集類八”著録此書，言其“雖蒐羅

補綴，非復蜀本之舊"，因得自輯佚，十分重要：

> 《忠湣集》三卷，宋李若水撰。若水本名若冰，欽宗爲改今名，
> 字清卿，曲周人。靖康初以上舍登第，由太學博士歷官吏部侍
> 郎，從欽宗如金營，以力爭廢立，不屈死，建炎初贈觀文殿學
> 士，謚忠湣。事迹具《宋史》本傳。《書錄解題》載《李忠湣集》
> 十二卷，蓋以其追謚名集。劉克莊《後村詩話》作《忠烈集》，
> 當由傳寫之悮。《宋史·藝文志》作十卷。考《書錄解題》稱
> 後二卷爲附錄其死節時事，《宋志》蓋但舉其詩文，其實一也。
> 若水當金兵薄城之時，初亦頗主和議，於謀國之計未免少疏，
> 而卒能奮身殉節，搘拄綱常，與斷舌常山後先爭烈，使敵人相
> 顧歎息，有"南朝惟李侍郎一人"之語，其末路足以自贖，史家
> 以忠義稱之，原其心也。其詩具有風度而不失氣格，其文亦光
> 明磊落，肖其爲人。南宋時蜀中有鋟本，劉子翬《屏山集》有
> 《題忠湣集》詩，詞極悲壯。今原集不傳，茲就《永樂大典》中
> 所散見者掇拾編次，釐爲三卷，以建炎時誥詞三道附錄於後。
> 其子淳跋是集，云"秭歸費守樞爲先公作文序，能不沒其實"，
> 今費序已無，惟淳跋僅存，亦併附諸篇末。雖蒐羅補綴，非復
> 蜀本之舊，然唐儲光羲詩格古雅，其集亦哀然具存，徒以苟活
> 賊庭、身汙僞命，併其詩亦不甚重，至於張巡所作僅《聞笛》及
> 《守睢陽》兩篇，而編唐詩者無不採錄，豈非以忠孝者文章之本
> 耶。今若水詩文尚得三卷，不止巡之兩篇，殘編斷簡，固皦然
> 與日月爭光也。

然而也有相反之例，陳昌圖分纂稿又叙錄沈繼祖《栀林集》，同
爲宋人著作，其謂：

右《梔林集》十卷，宋沈繼祖撰。繼祖與胡紘等比附韓侂胄。
據《胡紘傳》云，侂胄以趙汝愚之門及朱熹之徒多知名士，乃
設"僞學"之目，使紘草疏排擊之，會改官太常，以稿授繼祖，
繼祖論熹皆紘筆也云云。則其人固不足齒，陳振孫亦謂其詩
無足觀，豈非以詭隨貽誚者，所著述俱不足愛惜歟。馬氏《經
籍考》作十卷。今仍之以完其舊云。

《梔林集》原本已不存，而《永樂大典》中收有此書。宋人詩文
集，傳至清代已歷數百年，況原本不存，理應重視。由陳氏提要所
言，知其書已經輯成。今檢《四庫全書》，未見收錄該書，《四庫提
要》也未存目。《四庫提要》"子部雜家類四"著錄宋孔平仲《珩璜
新論》時提及此書，並有一段說明：

考平仲與同時劉安世、蘇軾，南宋林栗、唐仲友，立身皆不愧君
子，徒以平仲、安世與軾不協於程子，栗與仲友不協於朱子，講
學家遂皆以寇讎視之。夫人心不同，有如其面，雖均一賢者，
意見不必相符，論者但當據所爭之一事斷其是非，不可因一事
之爭遂斷其終身之賢否。韓琦、富弼不相能，不能謂二人之中
有一小人也。因其一事之忤程、朱，遂併其學問文章、德行政
事一概斥之不道，是何異佛氏之法，不問其人之善惡，但皈五
戒者有福，謗三寶者有罪乎。安世與軾炳然與日月爭光，講學
家百計詆排，終不能滅其著述。平仲則惟存本集、《談苑》及此
書，栗惟存《周易經傳集解》一書，仲友惟存《帝王經世圖譜》
一書，援寡勢微，鑠於衆口，遂俱在若存若亡間，實抑於門戶之
私，非至公之論。今仍加甄錄，以持其平。若沈繼孫〔祖〕之
《梔林集》，散見於《永樂大典》者尚可排緝成帙，以其人不足

道，而又與朱子爲難，則棄置不録，以昭衮鉞。凡以不失是非之真而已。

（四）由分纂稿見《四庫提要》修訂改寫

《四庫提要》由分纂稿至改定稿，其間曾屢經修訂。現存翁方綱、邵晉涵、姚鼐等分纂稿著録之書，即使已收入《四庫全書》者，取與通行本《四庫提要》比勘，其文字詳略、内容深淺，仍相去甚遠，足證分纂稿經反復修改之事實。試舉翁方綱、陳昌圖所撰分纂稿經修改兩例如次：

《楓山集》四卷，明蘭溪章懋著。懋字德懋，成化丙戌進士，入翰林。與莊昶、黄仲昭諫内廷張燈，杖闕下，今集内第一篇即《諫元宵燈火疏》也。歷官至南京禮部尚書，學者稱楓山先生。懋爲學恪守先儒訓義，有勸以著述者，曰："先儒之言至矣，芟其繁可也。"集應鈔存。（翁方綱分纂稿）

《楓山集》四卷、《附録》一卷，明章懋撰。懋有《楓山語録》，已著録。懋初在詞垣以直諫著名，今集中第一篇即其原疏。考元旦張燈未爲失德，詞臣賡韻亦有前規，而反復力争，近乎伊川之諫折柳，未免矯激太過，然其意要不失於持正，故君子猶有取焉。至其生平清節，矯矯過人，可謂耿介拔俗之操。其講學恪守前賢，弗逾尺寸，不屑爲浮誇表襮之談，在明代之儒尤爲淳實。《明史》本傳稱，或諷之爲文章，則對曰："此小技耳，予弗暇。"有勸以著述者，曰："先儒之言至矣，芟其繁可也。"蓋其旨惟在身體力行，而於語言文字之間非所留意，故生平所作止於如此。然所存皆辭意醇正，有和平温厚之風，蓋道德之腴，發爲詞章，固非鏤貌棳言者所可比爾。（《四庫全書總目》

卷一七一)

《廬山記》,右宋屯田員外郎嘉禾(《宋史》作"烏程")陳舜俞令舉撰。有自序、總序山水篇第一,山北篇第二,山南篇第三,凡三篇。蓋當熙寧中,不奉青苗法,謫監南康軍酒稅,因取劉渙舊記並《九江圖經》、前人雜録,考核銘誌,凡唐以前碑記備詳其歲月爵里。又別作"俯視圖",紀尋山先後之次。凡五卷,圖今不存。劉渙凝之、李常公擇皆為之序。直齋陳氏謂,南康守廣陵馬玕又有《續記》四卷。今亦未見。(陳昌圖分纂稿)

《廬山記》三卷附《廬山記略》一卷,宋陳舜俞撰。舜俞字令舉,烏程人,所居曰白牛村,因自號白牛居士。慶曆六年進士,嘉祐四年又中制科第一,歷官都官員外郎。熙寧中出知山陰縣,以不奉行青苗法,謫南康監稅。事迹具《宋史》本傳。舜俞謫官時,與致仕劉渙遊覽廬山,嘗以六十日之力,盡南北山水之勝,每恨慧遠、周景武輩作山記疏略,而渙舊嘗雜録聞見,未暇詮次。舜俞因採其説,參以記載、耆舊所傳,晝則山行,夜則發書考證,泓泉塊石,具載不遺,折衷是非,必可傳而後已。又作"俯仰"之圖,尋山先後之次以冠之,人服其勤。自記云"余始遊廬山,問山中塔廟興廢及水石之名,無能爲予言者,雖言之往往襲謬失實。因取《九江圖經》、前人雜録,稽之本史,或親至其處,考驗銘志,參訂耆老,作《廬山記》。其湮沒蕪没、不可復知者,則闕疑焉。凡唐以前碑記,因其有歲月甲子、爵里之詳,故並録之,庶或有補史氏"云云。其目有總叙山篇第一,叙北山篇第二,叙南山篇第三,而無第四、五篇,圖亦不存。勘驗《永樂大典》,所缺亦同。然北宋地志傳世者稀,此書考據精核,尤非後來廬山紀勝諸書所及,雖經殘缺,猶可寶貴,故特録而存之。釋惠遠《廬山記略》一卷,舊載此本之末,不知何人所附入,今亦併録存之,備參考焉。(《四庫全書總目》卷七〇)

今存各家分纂稿内容,與通行本《四庫提要》之差異多類此。由翁稿與《四庫提要》均述章懋諫内廷張燈及答人勸著述二事、陳稿與《四庫提要》均記《廬山記》之成書原委,可知兩稿實有淵源,通行本《四庫提要》似非另行重撰。由前稿之簡略變爲後稿之詳贍,證明分纂稿多經修改潤色。兩相比較,《四庫提要》人物評價平允,版本介紹深入,文字更爲妥實。今國家圖書館、上海圖書館藏有《四庫全書總目》鈔稿本數種,均爲《四庫提要》付刻前之修訂稿。該稿内容、形式已接近《四庫提要》定本,而篇目、分類、次第、底本等仍多更動,且有大量抽燬撤銷、删落修改痕迹,可證《四庫提要》成書過程中,修訂工作迄未停止。分纂稿作爲《四庫提要》之最初形式保留至今,有待研究者深入比勘研究。

(五)由分纂稿見四庫館之圖書禁燬

四庫館校辦各省採進圖書之初,即嚴格區分應刻、應鈔、應存目及不收之書,實爲執行弘曆查禁"違礙"圖書之具體措施。人主嚴令屢申,館臣凛遵唯謹。翁氏分纂稿保留大量禁燬書史料,爲定本《四庫提要》中所不載。翁氏校書凡遇心存疑慮者,即於"觝觸違礙"處粘簽,並開列簽記清單,隨提要一併送呈,以候總裁定奪。翁稿著録圖書千餘種中,有近三十種書名上注有"燬"字。以翁稿著録與《清代禁燬書目》、《清代禁書知見録》、《索引式的禁書總録》三目核對,實際禁燬書近八十種(尚有上述禁書目録未著録而仍屬禁書者多種,如宋洪皓《金國文具録》、清尹會一《尹母年譜》等書)。試舉數例:

《嶧桐集》三册,明劉城著。城,貴池人。文與詩皆無卷數,
其詩前曰"五言"、"七言"矣,後又曰"詩部",又不分種,蓋未
經編定者,且多違礙應簽記處。除已逐處加簽外,可毋存目。
(旁注:不寫恭校。)

　　所謂"不寫恭校",係指示鈔胥謄鈔分纂稿時之具題格式。據
此可知,"可毋存目"之書,簽記清單及分纂稿雖仍呈送總裁,書寫
格式已有所區別。《嶧桐集》未見《四庫提要》著録,檢《軍機處奏
准全燬書目》第五次列有此書,稱:"集中《封疆局面説》及《上史
閣部書》諸篇多悖礙之語,兼挖空處甚多,應請銷燬。"又翁氏分纂
稿原擬"存目"意見,後未見《四庫提要》著録而成爲禁書之例甚
夥,如:

《石閒山房集》十七卷,明劉一焜著。一焜字元丙,南昌人。萬
曆壬辰進士,歷官右僉都御史巡撫浙江。是集前詩後文,有目
無序。應存目。
《姑山遺集》三十卷,明沈壽民著。壽民字眉生,宣城人。縣學
生,舉賢良方正,故集中稱曰"徵君"。此集是其門人梅枝鳳、
施閏章等所梓。《明詩綜》載其集曰《剩庵詩稿》,此本詩止三
卷,文二十七卷。應存其目。

　　以上二書《四庫提要》均未存目。檢《抽燬書目》列有《石閒
山房集》六本,稱:"其詩集卷一《獨漉篇》、《劉稗師詩》,卷三《從軍
行》、《聞警》五首、《挽羅尚之》第二首,卷四《送丁右武備兵》、《莊
浪家乘》,卷八《湖山府君行狀》,俱有違謬處,應請抽燬。"可知其
書後經重新審查。又《軍機處奏准全燬書目》第八次列有《姑山遺

集》，稱："壽民生於明季，入國朝至康熙初尚存，而書中語多違礙，且有挖空處，應請銷燬。"又翁氏《東垣集》提要：

> 《東垣集》二十二卷，明鄧澄著。澄字於德，建昌新城人。萬曆甲辰進士，官監察御史。其集前十四卷皆文，後八卷皆詩。除應記粘籤數處外，或酌存其目。

此書翁氏雖已"粘籤數處"，仍擬議"或酌存其目"，而《四庫提要》後未著録。檢《軍機處奏准全燬書目》第五次列有《東垣集》，稱："此書刊本内留有黑臺，按其文義，多係指斥語，應請銷燬。"可見即使館臣認爲可"存目"之書，經總裁覆審時仍可否決。其實，不僅《四庫提要》撰寫過程中，原擬刻鈔者降爲存目，原擬存目者未入存目，變動情況不少，甚至《四庫全書》發鈔階段仍存在撤出增入、抽燬銷燬情況。翁氏分纂稿著録之書，有一百餘種既不見於《四庫全書》，亦未入於存目，其書今多罕覯，或已湮没不傳，僅賴翁稿略存梗概。

四

《四庫提要》分纂稿中記録四庫館禁燬撤銷圖書史料甚富，值得引起重視。《四庫全書》編纂中，對"違礙"圖書之禁燬係逐步深入。由於弘曆之干預，乾隆五十年（1785）前後南北各閣《四庫全書》繕寫完成後，仍對其中遺留之"違礙"圖書清查撤換，不惜返工。《四庫提要》因著録大量"存目"書，成書尤經反復。《四庫提要》編纂自乾隆三十八年（1773）始，至四十六年（1781）二月初稿完成，四十七年（1782）七月進呈，其後又由紀昀主持修改，數易其稿，直至乾隆五十七年（1792）後始付刻。《四庫提要》刻本與《四

庫全書》書前提要、趙懷玉所刻《四庫全書簡明目錄》及今存各分
纂稿於内容文字、底本著錄等方面之差異,多與四庫館清查撤銷圖
書有關。分纂稿保留四庫館禁燬書紀錄同時,又反映圖書審查中
之其他細節,試舉二例:

**(一)四庫館初期剔除圖書,有因内容重複、卷帙不完及版本不
合,而非因内容"違礙"者**

如翁氏分纂稿中記錄,宋周必大所撰《思陵錄》、《龍飛錄》兩
種,已載入《文忠集》;《靈星小舞譜》一種,已載《樂律全書》中。
因全書已收,故零種不再立目。重複者不收以外,内容不全者亦
予剔出,如翁撰《宋徽宗宫詞》提要謂:"非全書也,不應入校閱
單内。"《澄水帛》、《六月譚》提要謂:"此二種係在茅元儀所著各
種内,不必存目,並不應入校閱單内,亦毋庸印戳記,不列銜名。"
(按,此二書後遭禁燬。)又如陳繼儒《白石樵真稿》提要謂:"《明
史·藝文志》載其《晚香堂集》三十卷,此合尺牘纔二十八卷而無
詩,且其前有眉公《見聞錄》自序一篇,則《見聞錄》應在集中,而集
中無之,則此集未全,不必專存其目也。"

四庫館採集圖書來源頗廣,採進之書版本情況又甚複雜,如
不加清理,則重收誤收,勢所難免。館臣校書多係分工作業,於所
見之書須先確定其卷帙完整與否,提出處理意見,再由總纂協調定
奪,此實集體編書時不可或缺之安排。以上兩種情況以外,分纂官
遇某書版本與有關著錄不符,亦取慎重態度。仍以翁稿爲例:

《寶日堂初集》三十二卷,明華亭張鼐著。《明史·藝文志》載
其《寶日堂集》六卷。此集以今館臣恭辦《全書》之體論之,
自是不應存目。雖《明史·藝文志》内亦已載其集,然但曰六
卷,則或非此本亦未可知,而此集則不應存也。

《鏡山庵集》二十五卷,明高出著。出字孩之,萊陽人,萬曆戊
戌進士,知曲周、高陽、盧氏三縣,升南京戶部主事,歷官河南按
察使。朱彝尊《明詩綜》載其有《盧隱》、《郎潛》二集,而此乃全
集,蓋統編又在後耳。彝尊稱其爲詩不襲歷下,然其中古樂府
之類,亦全襲面目,陳陳相應而已。(翁注:以下空,不寫銜。)
此種集以今館臣恭辦《全書》之體,似不應存目。然明人萬曆
年間以後之集恐不止此,應否商定畫一。且不應校辦。
以上只就集論集,若辦其書,則方綱另有粘簽,請總裁酌定。並
請定一畫一之例,以館中之書恐不止此一種也,且不應校辦。
簽曰:《鏡山庵集》二十五卷,明高出著。其集之是非勿論已,
即以今館臣恭辦《全書》之體,此等集不但不應存目,且不應
校辦;不但不應校辦,而且應發還原進之人。從前於明末茅
元儀所著書卷前亦已粘簽,候總裁大人酌定。明人萬曆以後
之書恐不止此,應如何商定畫一,請酌定,俾各纂修一體照辦。
方綱謹識。

　　以上二書後均入禁書目録,翁氏分纂稿所撰提要及簽記,除指
出其"不但不應存目,且不應校辦"外,同時反映所見之本與《明
史・藝文志》》、《明詩綜》等著録不合,故特"粘簽"提請總裁注意,
希望針對版本差異問題定出統一體例,以便處理明末刻印圖書時
有所據依。
　　(二)四庫館初期清查圖書之重點,在明代萬曆以後人所撰史
部及集部著作
　　細檢翁氏分纂稿中注"燬"各書提要,如陳繼儒《白石樵真
稿》、艾南英《天傭子集》、黃宗羲《明文案》、蔡復一《遯庵全集》、李
應升《落落齋遺集》、周宗建《周來玉奏議》等,呈稿時均附有"簽記

清單"，以供總裁復核。如《白石樵真稿》書名下記"此内觝觸違礙共記廿一簽"，並詳列簽出之條在某卷某頁某行；又《遯庵全集》書名下記"共記悖觸違礙五十簽"，並細列某頁某行"悖觸"、某頁某行"違礙"，甄審綦嚴。

此外，翁氏發現有"違礙"處並經粘簽記之書，所撰提要仍多建議"存目可也"、"應存其目"，如《天傭子集》提要謂："至其編次評語内多引述吕留良、錢謙益之處，則宜痛加削去者也，應存目而核正之。"又《遯庵集》提要謂："此書有悖觸違礙處粘簽至五十處，而又有一本全簽出者，恐不可據此存目，則或除應銷毀者外，另就餘卷存目可否。"由此可知，各纂修官承命校書，乃屬例行功課，各書最終之應燬應存，均由總裁官定奪。翁稿中書名旁所注"燬"、"酌"字，疑爲經總裁審校後所加。翁稿未注"燬"字而仍入於禁書目錄者，則反映四庫館禁書範圍後來逐步擴大。

四庫館初期清查明末圖書，對萬曆前及萬曆初刊之書，禁例尚寬。如明鄒德涵《鄒聚所文集》下記："此人卒於萬曆九年，是以無違礙記簽處。"明程文德《程文恭遺稿》下記："此人卒於隆、萬之際，其第三卷内諸疏言嘉靖間山西等處之事，皆非違礙，是以毋庸記簽。"據此可知初期清查圖書，僅以時代爲界限，未及逐書爬梳，究查至苛。至四庫館後期，禁例愈嚴，清查愈細，翁氏初擬删除違礙之語後仍入存目者，自然均在禁燬之列。

綜上所述，《四庫提要》分纂稿之收集與整理，對於《四庫全書》及《四庫提要》編纂之研究，已提供大量可供深入探討之史料。新史料之發掘，對於相關課題研究視野之開拓作用，無須贅言。存世《四庫提要》分纂稿尚待訪求，比勘研究則猶未有盡，深盼中外同道相與切磋，共同致力於此，庶不負四庫纂修官遺稿彙輯成編之機緣。《四庫提要分纂稿》之輯集，如前所述，肇端於《翁方綱纂四庫提要稿》之整理。2001年，筆者承澳門圖書館鄧美蓮館長與上海圖書館王世偉先生之囑，承擔翁氏手稿整理任務。該書經辨識原稿、過錄文字、標點分段、添加校注、增補別錄、編目索引等工作，歷時五載，始克完命。茲承上海書店出版社卓識，復命彙輯存世《四庫提要》各分纂稿，以供文獻學者研究四庫學之助，遂不辭駑駘，再閱寒暑而成茲編。樂怡女士襄助整理，多著辛勞。杜澤遜先生見示《四庫全書》底本提要蹤迹，多賜教益。王亮、楊光輝代爲檢校輯稿，殊感厚誼。上海書店出版社金良年先生悉心閱稿，多所匡正，尤深銘感。王世偉、金良年兩君嘗親炙顧廷龍、潘景鄭、胡道靜、呂貞白諸前輩，於文獻研究深有造詣，故能於流略之學不廢研討，先後促成二書問世。筆者獲與合作，深感榮幸，謹致謝忱，並記原委。公元二〇〇六年盛夏識於日本東京早稻田大學奉仕園客寓。

（《四庫提要分纂稿》，上海書店出版社，2006年）

《翁方綱纂四庫提要稿》前言

　　《翁方綱纂四庫提要稿》（下簡稱《提要稿》），係翁方綱清乾隆間任四庫全書館“校辦各省送到遺書纂修官”期間，校閱各省採進圖書時所撰札記與提要之手稿，計著録經眼圖書一千餘種，爲現存有關《四庫全書》及《四庫全書總目》（下簡稱《總目》）編纂之重要記録。傳世《總目》原纂稿，已知有與翁氏同任四庫纂修官之姚鼐《惜抱軒書録》四卷[①]、邵晉涵《南江書録》一卷[②]、余集所撰十七篇[③]，及散見於存世“四庫底本”之提要稿多種[④]，諸家相較，均未如翁氏《提要稿》數量之多、内容之富。《提要稿》得以保存於後世，自因其所具學術價值，又與翁氏“博學工書，尺楮寸縑，世争珍惜”[⑤]，不無關係。2000 年澳門中央圖書館所藏翁氏《提要稿》（原

[①]《惜抱軒遺書》本、《龍眠叢書》本。

[②]《晉石厂叢書》本、《聚學軒叢書》本，又有《紹興先正遺書》本，題《四庫全書提要分纂稿》。

[③] 載余集：《秋室學古録》卷一、二，清道光間刻本，又有《續修四庫全書》影印本。

[④] 如佚名撰《春秋年考》、姚鼐撰《經籍異同》、佚名撰《金石遺文》、鄭際唐撰《筆史》（以上均見《四庫存目叢書》影印本）及鄒奕孝撰《儀禮釋宫》提要稿等。

[⑤] 見張鋆：《南潯劉氏嘉業堂觀書記》，載《浙江省立圖書館館刊》第 4 卷第 3 期。

藏何東圖書館)之影印出版①,令讀者得睹二百餘年前《四庫全書》編纂時期原始記錄之真貌,實爲"四庫學"研究史料之重大發現。鑑於影印本流傳不廣,識讀非易,澳門中央圖書館與上海圖書館再度合作,由上海科技文獻出版社出版據 2000 年影印本整理之標點排印本,意義尤爲深遠。筆者承澳門中央圖書館鄧美蓮館長之囑,從事《提要稿》之識讀整理,寒暑屢更,五年於兹,際此交稿之時,略述《提要稿》流傳原委及編纂特點,以饗讀者。

一

翁方綱(1733—1818),字正三,號覃谿,晚號蘇齋,直隸大興人。乾隆十七年(1752)進士,選庶吉士,授編修,歷任廣東、江西、山東學政,官至内閣學士,降調鴻臚寺卿,卒年八十六。乾隆三十八年(1773)翁氏四十一歲,入四庫全書館參與修書。乾隆四十二年(1777)冬,辭去武英殿分校、復校事,仍在四庫全書館專辦金石、篆隸、音韻諸書。次年,以與修《四庫全書》五年期滿,分等議叙,列爲上等,奉旨加一級。乾隆五十五年(1790)四月,奉命前往盛京復校文溯閣《四庫全書》,八月回京。乾隆五十七年(1792)正月,再次奉命往盛京校書,因年邁體弱,奏懇以其子樹培代往,獲准。通計前後,翁氏參與《四庫全書》編纂近二十年②。

翁氏學問賅洽,勤於著述,金石考訂,名滿天下,書畫鑒賞,題跋尤夥,而其著述生前未盡刊行。如所撰《復初齋詩集》七十卷,生前僅刻成六十六卷,後四卷由門人侯官李彦章補刻;《復初齋文集》三十六卷,也經李氏父子兩代續刻,同光間始印行。翁氏晚年

①《翁方綱纂四庫提要稿》,上海科技文獻出版杜 2000 年影印本,線裝,18 册 2 函。
② 見翁方綱:《翁氏家事略記》,清嘉慶間刻本。

生計窘迫，歿時僅餘一子，諸孫幼弱，賴門人杭州孫烺購以千金，始克完葬。以此之故，翁氏詩文手稿及所藏金石拓本等，均歸於孫氏 ①。《提要稿》之散出，或亦與此同時。

　　澳門中央圖書館所藏《提要稿》，民國初曾爲江南著名藏書家吳興劉氏嘉業堂收藏。此事不僅見於劉氏自述及同時代人記述，徵諸 30 年代嘉業堂所編藏書目録、40 年代初嘉業堂爲出售樓藏善本時所鈔《嘉業堂書目》副本，也可見明確記録 ②。與此相關者，不僅《提要稿》曾爲嘉業堂主人所收藏，翁氏著述之其他手稿，也與劉氏嘉業堂深具淵源。如上述翁氏身後曾歸孫烺之詩文手稿，清末轉歸魏錫曾（1828—1882）績語堂所有，今據魏氏手書題記，知該稿本初訂爲四十鉅册，按年編次（内已缺少十數年），計含《文稿》二十卷、《詩稿》六十七卷、《筆記稿》十五卷及《札記稿》若干卷等 ③。至民國初年，該稿又歸江陰繆荃孫。繆氏獲翁氏詩文手稿後，取校通行本《復初齋詩集》、《復初齋文集》，從中輯出《復初齋集外詩》二十四卷、《復初齋集外文》四卷，均由嘉業堂刻印成書。

　　澳門中央圖書館所藏翁氏《提要稿》原本一百五十册，經折裝，原分貯二十五箱，每箱六格，每格貯書一册 ④。《提要稿》原本爲翁氏手書稿箋，後經粘裱，成爲今日所見之經折裝。翁撰《提要稿》

①　見李以垣：《復初齋文集》跋，清光緒四年刻本。
②　劉承幹藏並編《嘉業堂藏書目録》、《嘉業堂鈔校本目録》，嘉業堂稿本，復旦大學圖書館藏。
③　見魏錫曾：《復初齋文集》題記，按翁氏稿本今藏臺北“中央圖書館”（《“國立中央圖書館”善本書目》［增訂二版］第 1157 頁），著録爲 138 册，已經改裝。又稿本曾印入該館《清代稿本百種叢刊》中。
④　張崟《南潯劉氏嘉業堂觀書記》：“翁覃溪手纂《四庫全書提要》原稿，經折裝，一百五十册。二十五匣，匣各六格。内一匣已破。未修。”載《浙江省立圖書館館刊》第 4 卷第 3 期。

是否均改爲經折裝,已有經折裝本是否全歸澳門所藏,今已不詳。現存《提要稿》著録圖書一千餘種,而翁氏任四庫館纂修官期間校閲圖書是否即此千餘種,亦尚難定論。由翁氏詩文手稿身後流傳情形推測,《提要稿》似亦難免有散失。如澳門所藏《提要稿》,有原藏廣東伍氏粵雅堂、貴池劉氏玉海堂兩種來源,可知翁氏《提要稿》曾經播遷分合。

翁氏《提要稿》入藏嘉業堂,在民國二年(1913)夏。其時伍氏所藏《提要稿》一百四十四册流至上海,經張元濟先生介紹,以四千元之代價,售予嘉業堂,此事有劉氏之自述爲證①。此後未久,同寓滬上,與嘉業堂主人素有交誼之貴池劉氏所藏《提要稿》六册,也爲嘉業堂購得②。兩稿合併,適爲百五十册。《提要稿》中曾爲貴池劉氏所藏六册,今見鈐有“貴池劉子”、“世珩審定”、“劉蕙石藏”諸印。其餘各册,雖無嘉業堂藏印,據業師吳興周子美先生回憶,乃因“此書裝訂爲册頁式,與普通本子不同,當時有人主張嘉業堂刊入叢書(後來没有實現),並且此書式樣特出,所以没有加蓋嘉業堂收藏圖記”③。劉氏花費重金購獲《提要稿》後,珍愛逾恒,曾屢次邀集名流與同人觀賞此書,徵題賦詩,以記其盛。著名學者如繆荃孫、葉昌熾等,均曾爲之撰跋題詩④。劉氏曾將各家題詠合

①② 劉承幹:《翁覃溪四庫提要手稿序》,載《嘉業堂藏書志》,復旦大學出版社,1997年。
③ 鄧美珍:《翁方綱纂四庫提要稿序》,載影印本《翁方綱纂四庫提要稿》卷首。
④ 繆荃孫《藝風老人日記》(北京大學出版社,1986):“癸丑(1913),大除夕辛卯,撰覃谿手稿《提要》跋。”“甲寅(1914),正月二日,致翰怡一束,附翁覃溪《提要》手稿跋。”(《藝風老人日記》第2669、2687頁)繆跋見《藝風堂文漫存》卷四《癸甲稿》。又葉昌熾《緣督廬日記鈔》(民國間上海蟫隱廬石印本)民國丙辰(1916)中秋日:“翰怡以蘇齋《四庫提要》册徵題,共二十四箱,皆手迹,亦大觀也,作五律二首。”

訂,並撰有《翁覃溪四庫提要手稿序》①。

　　20 世紀 40 年代初,《提要稿》自嘉業堂流出。其書輾轉流播,海內學人,多不知其去向。現經調查,始知《提要稿》於 1942 年爲長沙張叔平所得。抗戰時期嘉業堂藏書散出,"楹書易米",事出無奈,善本讓售交易,涉及複雜人事,其間屢經反復,事涉於訟。張氏購得嘉業堂善本後,曾將該批圖書抵押於朱韶(字嘉賓),後復索回,故而目前《提要稿》中留有張叔平及朱嘉賓藏印。40 年代後期,《提要稿》及部分嘉業堂藏書,又由張氏自滬寄港。1950 年,旅居澳門之葡萄牙學者 José Mrria Braga 購得此書。至 1958 年, José Maria Braga 又將《提要稿》及其他十餘種嘉業堂遺書,售予何東圖書館。其後再經三十年之沉寂,至 80 年代末,《提要稿》始重新引起注意。至 90 年代末,借澳門回歸祖國、濠滬兩地圖書館友好合作之良機,《提要稿》獲影印流傳,化身千百,從此不再有文獻放失之虞②。

二

　　翁氏《提要稿》原本及影印本以外,今尚有自稿本傳錄之鈔本二種存世。茲略作介紹,兼述《提要稿》之編纂體例。

　　(一)《四庫全書提要稿》二十五卷　吳興劉氏嘉業堂傳鈔本(十二冊)

　　翁氏《提要稿》庋藏嘉業堂期間,劉承幹曾命其書庫管理員施

① 劉承幹《翁覃溪四庫提要手稿序》:"於是淞社同人各賦詩以紀其事,積之有年,厚已數寸,爰加理董,付之潢治。"載《嘉業堂藏書志》,復旦大學出版社,1997 年。
② 張叔平獲得嘉業堂藏書及《提要稿》流傳始末,可參見劉承幹《壬午讓書紀事》(吳格整理,載《歷史文獻》第 8 期,上海古籍出版社,2004 年),並參考吳格、樂怡:《翁方綱纂〈四庫提要稿〉的流傳與研究》,載《兩岸三地古籍與地方文獻》(《澳門圖書館暨資訊管理協會學刊》)第 4 期,2001 年。

維藩（韻秋）先生傳錄副本一部①。此傳鈔本20世紀50年代歸於王欣夫（大隆）先生，80年代入藏復旦大學圖書館。此本以"吳興劉氏嘉業堂鈔本"藍格稿紙鈔成，半葉十一行，行二十五六字，小字雙行，字數略同，總計八百餘頁，訂爲十二册，約四十萬字。各册卷端鈔有"吳興劉氏／嘉業堂／藏書印"（朱文）、"劉承幹／字貞一／號翰怡"（白文）、"欣／夫"（朱文）等藏印。兹據嘉業堂鈔本比勘翁氏《提要稿》，知施氏傳鈔原本時曾作以下整理：

　　1.**分卷**。翁氏原稿隨得隨寫，未加分卷，所撰札記及提要稿，亦未經分類編次。嘉業堂鈔本初擬分析原稿，以類相從，分部傳鈔，如首卷即自經部《易》類始。後因翁稿體例，每册著錄書十餘種或數十種，提要詳略，亦不一揆，有直鈔原書序錄而不置一詞者，有著"'存目'，或題'請總裁裁定'者"②，其著錄圖書，有連篇累牘，札記長達數十紙者，又有一葉之中，連續撰寫多種提要者。札記、提要以外，又有歷次分發圖書之"校閱單"。校閱單有僅列書名者，又有書名下綴以簡要案語者，其書則或已撰寫提要，或徑轉他人校辦。情況種種，殊難劃一。因此施氏分卷工作，頗難措手，限於時日，只得放棄。鈔本所分二十五卷，雖大致仍依《提要稿》原本次第，然已失《提要稿》原貌。又鈔本各卷卷端題"四庫全書提要稿"、"校辦各省送到遺書纂修官翁方綱纂"兩行，亦係施氏所擬。

　　2.**删節原稿**。《提要稿》爲翁氏校書之原始記録，各篇題下，先

① 王欣夫《〈四庫全書提要稿〉書録》："此鈔出於故友海門施君韻秋手。君名維藩，典掌嘉業藏書樓逾廿年，曾佐張詠霓壽鏞校刊《四明叢書》。余刊《黄顧遺書》，亦資君之力。"載《蛾術軒篋存善本書録·辛壬稿》卷二，上海古籍出版社，2002年。
② 張崟：《南潯劉氏嘉業堂觀書記》，《浙江省立圖書館館刊》第4卷第3期。

著録版本印記、序言目録,次爲内容摘鈔、各家題識、翁氏案語,最後撰爲提要。所撰提要甚簡潔,而札記則文字甚長。嘉業堂鈔本重視輯録提要,遇札記内容繁富處,多所省略。如卷十五《觀妙齋金石文考略》書名下注:"録者案,采輯書名略。"又同卷《同文備考》提要後注:"《明實録》、《鬱岡齋筆塵》各一則,均《永樂大典》史料,不録。"

3. 移易原稿批注。翁氏《提要稿》正文以外,行間眉端,多存朱、墨筆眉批及旁注,此類批注,或爲翁氏自書,或過録總裁等批語,或鈔存進呈各書之夾籤語。嘉業堂傳鈔時,將此類批注均移録於各篇提要之後。如卷七明黄廣《禮樂合編》提要後録眉批云:"大約此書編次無體,叙記失倫,文義亦未成條例,竟不成書。"玩其語氣,似非出於翁氏。

4. 添加案語。施氏傳鈔翁氏所撰各書提要時,曾查檢通行本《總目》,凡查得者,即注明該書見於《總目》何部何卷,並比較翁撰提要與《總目》提要之異同。如卷一《周易繫辭精義》提要後注:"案《四庫全書總目》入易類存目一,提要不同。"卷三《周易廣義》提要後注:"案《四庫全書總目》入經部易類存目二,提要同。"通檢嘉業堂鈔本,亦有僅題"案"字而未加案語者,想係鈔寫時隨手翻檢《總目》,未及細加比勘。

(二)《四庫全書提要稿》不分卷　　吴縣王氏蛾術軒鈔本(十二册)

此本爲素紙鈔本,每半葉十行,行二十四字。全書凡千葉左右。所鈔提要,不拘文字長短,各自成葉,以便分類裝訂。

吴縣王欣夫先生精於流略之學,平生輯録前人書目提要甚夥。嘉業堂鈔本《四庫全書提要稿》爲先生所得後,深喜其書於四庫目録學關係重大。又以原稿中札記、提要並存,不利閱讀,"嘗擬將此重編爲‘四庫著録’、‘存目著録’、‘四庫與存目皆未著録’三類刊行之，庶與邵、姚二氏媲美云”①，遂將翁氏《提要稿》中提要稿加簽，倩人録出，惜事未及竣而身殁。王氏鈔稿原爲散葉，後經復旦大學潘繼安先生編次，訂爲十二册，現亦藏於復旦大學圖書館。此本因僅摘録翁撰提要文字，篇幅簡略，已不存《提要稿》所含札記內容，較之嘉業堂鈔本《四庫全書提要稿》，去翁氏《提要稿》所具《四庫全書》編纂原始記録之面貌更遠。

三

　　翁氏《提要稿》作爲《四庫全書》編纂之原始記録，具有多方面史料價值，有待識者之發掘研究。茲據整理所及，就翁撰提要稿及札記內容略作分析，以窺《提要稿》之編纂體例，從而認識四庫館編纂《四庫全書》時整理圖書之體制。

　　《提要稿》所載翁氏校辦之書，除去僅録書名或僅見札記者，撰有提要之書，計九百餘種，“隨得隨編，未加詮次。惟核之刻本《提要》，既多詳略異同，即視閣書原本所冠，亦復出入不少，則此係初稿，宜其後來屢經潤飾，益臻詳盡”②。此近千種圖書中，有八百餘種爲《總目》所著録。《總目》著録之書，又有三分之二入於“存目”。今據翁氏校閱各書所作札記及提要之內容，可見《總目》提要初稿之撰寫形式；據翁氏校閱各書時對於應刻、應鈔及應存目之區分處理，可見《四庫全書》編纂中對各省採進圖書之清查方式；以翁撰提要稿與《總目》提要比勘，可見提要由初稿至定稿之修改過程；

① 王欣夫：《〈四庫全書提要稿〉書録》，《蛾術軒篋存善本書録·辛壬稿》卷二，上海古籍出版社，2002年。
② 王欣夫：《〈四庫全書提要稿〉書録》，《蛾術軒篋存善本書録·辛壬稿》卷二，上海古籍出版社，2002年。

以翁撰提要稿未見於《總目》著録者加以鈎稽，則又可爲四庫館禁
燬撤銷圖書提供佐證。凡此種種，均有裨於《四庫全書》及《總目》
編纂史之研究。

（一）《提要稿》之内容

　　翁氏校閲各書，均由館中有關人員分批發下。分發之書，非僅
限於翁氏所長之經學、小學及金石之書，而是四部書籍皆備。圖書
校畢繳還時，附有"校閲單"。"校閲單"於所校之書，已有"備刻"、
"擬鈔"、"備鈔"、"僅存名目"之初步歸類，各書名下附簡要題解。
如"纂修翁第二次分書三十四種"校閲單中，開列明張萱《彙雅》等
"備刻者二種"，明張敔《雅樂發微》等"擬鈔者十二種"，明周汝登
《聖學宗傳》等"備鈔者八種"，明黄虞稷《禮樂合編》等"僅存名目
者十二種"，即爲其例。其所附簡要題解，試舉例如下：

> 明張萱《彙雅》二十卷。萱，廣東博羅人。熟於典故，著述頗
> 多。此書以《爾雅》爲主，次列《小爾雅》、《方言》、《廣雅》之
> 屬，亦有萱自釋語。外間雕本久亡。（《提要稿》第九册，第
> 731頁）

　　可知各省採進之書到館，經初步挑選，分發各纂修官校閲並收
回，均據乾隆三十九年（1774）七月二十五日"分晰應刻、應鈔及應
存書目三項，各條下撰有提要"之諭旨實行。仍以《彙雅》爲例，翁
氏所作札記與提要如下：

> 《彙雅》二十卷（眉注：《明藝文志》云"張萱《彙雅》前編二十
> 卷後編二十卷"）
> 明萬曆乙巳至日嶺南張萱孟奇父自序

自序文義亦有未盡妥者。其"華"皆寫"苹"，此粵人之故習，不必與之深辨。

每篇先列《爾雅》（下據注疏，亦有萱自釋），次列《小爾雅》、《方言》、《釋名》、《廣雅》。

此書凡三大冊，每卷前有"吳郡／趙頤光／家經籍"印。卷前有紅筆"常熟許玉森芝田校閱"

一卷末有黃筆"萬曆己酉三月十九日小宛堂閱"。

張萱所釋語，雖多出己意，亦頗間有發明。

紅筆所閱，有別加添注一條或數字，而又自塗抹去者。

第一冊末紅筆云：康熙十有九年庚申閏八月初二日念皇塾中閱畢，凡二百三十二葉。芝田。

第二冊二百七十五葉。

一卷末有"己酉三月二十二日閱"。

末卷尾紅筆有"己酉三月廿二下春天階館閱"。

紅筆：康熙辛酉歲立秋日閱畢於登仁家塾。此種書雜陳名物，無甚意味可喜，故人鮮寓目焉。即趙凡夫原本，亦粗理正文而已。芝田氏識。

據此跋，則前數卷末丹黃草篆書年月，皆凡夫筆迹也。

謹按：《彙雅》二十卷，明中書張萱著。萱，廣東博羅人。熟於典故，周見洽聞，著書頗多。此書有萱自序。每篇皆先列《爾雅》，次以《小爾雅》、《廣雅》、《方言》、《釋名》之屬，下載注疏，附以萱自釋語，亦頗有所發明。此書世間久無傳本，今此本丹黃處尚有吳郡趙宧光手迹，宧光亦究心六書之學者，洵爲校閱之善本矣，應刊刻以裨小學。（《提要稿》第十一冊，第909頁）

　　翁撰提要僅四行百餘字，而所録原書序跋款識及個人評騭語，則寫爲十五行，以此可推知四庫纂修官之工作量，及館臣祗承"欽命"校書之嚴謹態度。《提要稿》中札記篇幅之長、鈔録之細者，尚有數倍於此書者，於此亦可見翁氏之治學風格及旨趣。

(二)翁氏對校閲各書刻、鈔、存目之處理

　　如前所述，"校閲單"對所校之書已有初步處理意見，而各級纂修官對此或作附議，或提出異議。如明黄廣《禮樂合編》，翁氏"校閲單"已擬列入"存目"，某纂修官批語意見不同(見前引)，翁氏提要遂以爲"大約編次既無體例，叙次又乖文義，毫無條理，竟不成書，並其目亦不必存矣"①。又如明朱睦㮮《授經圖》，"校閲單"已列入"擬鈔者"，翁氏提要亦以爲"應鈔存之"，而總裁李(友棠)批云"無所發明，存目可也"②。明張敔《雅樂發微》，"校閲單"以爲其書"頗於樂制有可考證，應鈔録"，而總裁李(友棠)批云"亦是老生常談，存其目而已"③。斟酌去取，頗堪玩味。

　　四庫館校辦各省採進圖書之初，即區分應刻、應鈔、存目及不收之書，乃爲嚴格執行弘曆查禁"違礙"圖書之諭旨。人主嚴令屢申之下，館臣凜遵唯謹。《提要稿》校閲各書中，凡遇心存疑懼者，即粘簽開列"詆觸違礙"之處，以候總裁定奪。如上述書單中《馬文莊公集選》、《顧文康全集》、《瞿文懿公集》、《王方麓集》四種，均注"酌"字；而《澄水帛》、《六月譚》(明茅元儀撰)等書下則注有"燬"字，皆爲證明。即使非涉"違礙"之書，自纂修官初審、總裁復審，以至《四庫全書》發鈔、《總目》定稿，或付鈔刻，或改存目，撤出

---

① 見影印本《翁方綱纂四庫提要稿》第十册，第875頁。
② 見影印本《翁方綱纂四庫提要稿》第十册，第878頁。
③ 見嘉業堂鈔本《四庫全書提要稿》第五册第七卷。

增入，變動情況亦十分複雜。仍以上述《授經圖》、《雅樂發微》爲例，兩書既經四庫館初期之副總裁官李友棠定爲僅許入"存目"，實則《授經圖》後仍收入《四庫全書》史部目録類。

（三）翁撰提要稿與《總目》提要之比較

1. 翁撰提要與《總目》提要相近者

謹按：《易經提要録》六卷，國朝徐鐸著。鐸字令民，江南鹽城人。乾隆丙辰進士，由庶吉士歷官山東布政使。此書不載經文，第撫古今論《易》之語。前有《總義》一卷，《圖像》一卷，不載其圖而輯其説。應存其目。（《提要稿》第七册，第526頁）

《易經提要録》六卷（兩江總督採進本）。國朝徐鐸撰。鐸字令民，鹽城人。乾隆丙辰進士，官至山東布政使。此書不載經文，第撫古今論《易》之語。前有《總義》一卷，又《圖像》一卷，皆不載其圖，惟存其説。餘各分卦分章，第取總括大意而止，故以"提要"爲名焉。（《總目》"經部易類存目"四）

《總目》提要由初纂至改定，其間曾屢經修訂。今以翁撰提要稿與《四庫全書》書前提要、刻本《總目》提要比勘，文字相同者絶少，足以説明《總目》提要曾經反復修改而後定稿之事實。翁氏正式謄進之稿，估計較《提要稿》當再經潤色。而《提要稿》較之傳世邵晉涵、姚鼐所刻分纂稿，應屬更爲初期之稿。

2. 翁撰提要與《總目》提要相異者

謹按：《楓山集》四卷，明蘭溪章懋著。懋字德懋。成化丙戌進士，入翰林，與莊昶、黄仲昭諫内廷張燈，杖闕下。今集内第一篇即《諫元宵燈火疏》也。歷官至南京禮部尚書。學者稱"楓山先生"。懋爲學恪守先儒訓義,有勸以著述者,曰"先儒之言至矣,芟其繁可也"。集應鈔存。(嘉業堂鈔本《四庫全書提要稿》第五册第七卷)

《楓山集》四卷《附録》一卷(浙江巡撫採進本)。明章懋撰。懋有《楓山語録》,已著録。懋初在詞垣,以直諫著名。今集中第一篇即其原疏。考元夕張燈,未爲失德,詞臣賡韻,亦有前規,而反復力爭,近乎伊川之諫折柳,未免矯激太過。然其意要不失於持正,故君子猶有取焉。至其平生清節,矯矯過人,可謂耿介拔俗之操。其講學恪守前賢,弗逾尺寸,不屑爲浮誇表襮之談,在明代諸儒,尤爲淳實。《明史》本傳稱,或諷之爲文章,則對曰:此小技耳,予弗暇。有勸以著述者,曰:先儒之言至矣,芟其繁可也。蓋其旨惟在身體力行,而於語言文字之間非所留意,故生平所作,止於如此。然所存皆辭意醇正,有和平溫厚之風,蓋道德之腴,發爲詞章,固非蠟貌柅言者所可比耳。(《總目》"集部別集類"二十四)

　　翁撰提要稿與《總目》提要之差異,其詳略皆類此。由翁稿與《總目》均述章懋諫内廷張燈及答人勸著述二事,可知兩稿實有淵源,《總目》提要似非另起爐灶者。由翁稿之簡略,變爲《總目》之詳贍,頗疑其間尚有一過渡,即翁氏寫定進呈之稿,或較《提要稿》所載稍整飭雅馴。倘以修訂潤色之功均歸於紀昀,以一人之力,統攬《總目》一萬餘種提要之加工,勢所難能。現藏上海圖書館之《四庫全書總目提要》殘稿二十四册,即爲《總目》之部分修訂稿,其内容、形式已接近刻本《總目》,而其分類次第、底本選擇等仍多

差異,且有大量抽燬撤銷、删落修改之痕迹①。由此可見,提要自初
纂稿至修訂稿,再至刻本《總目》,其間曾屢經反復。翁氏《提要
稿》作爲最初形式之《總目》分纂稿保留至今,實可供研究者深入
比勘。

(四)《提要稿》與禁燬書

翁氏《提要稿》札記中所載四庫館禁燬撤銷圖書之記録,值得
引起重視。《四庫全書》編纂中,對"違礙"圖書之查禁乃逐步深
入。由於弘曆之干預,即使在乾隆五十年前後南北各閣《四庫全
書》繕寫完成後,仍對其中遺留之"違礙"圖書反復清查撤换,不惜
返工重繕。《總目》自乾隆三十八年(1773)開始編纂,至四十六年
(1781)二月初稿完成,四十七年七月進呈,其後由紀昀主持修改,
數易其稿,遲至乾隆五十七年(1792)後始付刻。刻本《總目》與
《四庫全書》書前提要、趙懷玉所刻《四庫全書簡明目録》及今存各
分纂稿,其内容、文字、底本等方面之差異,大都由四庫館後期屢次
清查撤銷禁書而形成。《提要稿》之價值,則可以反映四庫館前期
(乾隆四十年前後)對圖書之清查情形。

1.《提要稿》剔除之圖書

翁氏《提要稿》著録中,有百餘種既不見於《四庫全書》,亦未
入《總目》存目之書,其書今已罕覯,甚或湮没不傳,僅賴翁撰提
要而略存梗概。四庫館各級纂修官審查圖書中,不斷對原先處理
意見加以斟酌。如前述"纂修翁第二次分書三十四種"書單開列
各書,經翁氏審閲,原擬"備刻"兩種,《彙雅》一種剔出,現著録於
《總目》"小學類存目"一;原"擬鈔"十二種中别出四種,其中《琬

---

① 見沈津:《校理〈四庫全書總目提要〉殘稿的新發現》,《中華文史論叢》1982
年第 1 輯。

琰錄》未見著錄,《雅樂發微》入"樂類存目",《治河通考》、《南河志》均入"地理類存目"四;原擬"備鈔"八種中剔出四種,《聖學宗傳》、《歷代守令傳》均入傳記類存目四,《籌海重編》入"地理類存目"四,《王文肅集》入"別集類存目"二;原擬"僅存名目"十二種中,明馬自强《文莊集》、顧鼎臣《文康集》兩種,均未見存目著錄。總之,原擬"刻鈔"者改入存目,原擬"存目"者則不予著錄,造成不少圖書流失。

　　四庫館初期剔除圖書,部分則因其内容重複或卷帙不完,初非因其詞存"違礙"。如《思陵錄》、《龍飛錄》兩種已在周必大《文忠集》中,《靈星小舞譜》已在《樂律全書》中,爲避重複,故予剔出。重複者不錄以外,内容不全者亦予剔出,如《宋徽宗宫詞》提要謂"非全書也,不應入校閲單内"①。《澄水帛》、《六月譚》提要謂"此二種係在茅元儀所著各種内,不必存目,並不應入校閲單内"②。又如陳繼儒《白石樵真稿》提要謂"《明史·藝文志》載其《晚香堂集》三十卷,此合尺牘才二十八卷而無詩,且其前有眉公《見聞錄》自序一篇,則《見聞錄》應在集中,而集中無之,則此集未全,不必專存其目也"③。四庫館採集圖書來源頗廣,採進之書版本情況又甚複雜,如不加清理,則重收誤收,勢所難免,館臣分頭作業,於所見之書先定其卷帙完整與否,並陳己見,再由總纂協調定奪,此實集體編書時不可或缺之安排。

　　以上兩種情況外,分纂官遇某書版本情況與有關著錄不符,亦甚重視。如:

---

① 見影印本《翁方綱纂四庫提要稿》第二册,第83頁。
② 見影印本《翁方綱纂四庫提要稿》第五册,第393頁。按此二書後遭禁燬。
③ 見影印本《翁方綱纂四庫提要稿》第十八册,第1639頁。

謹按:《寶日堂初集》三十二卷,明華亭張鼐著。《明史·藝文志》載其《寶日堂集》六卷。此集以今館臣恭辦全書之體論之,自是不應存目。雖《明史·藝文志》內亦已載其集,然但曰"六卷",或非此本亦未可知,而此集則不應存也。(《提要稿》第四冊,第 230 頁)

謹按:《鏡山庵集》二十五卷,明高出著。出字孩之,萊陽人,萬曆戊戌進士,知曲周、高陽、盧氏三縣,升南京戶部主事,歷官河南按察使。朱彝尊《明詩綜》載其有《盧隱》、《郎潛》二集,而此乃全集,蓋統編又在後耳。彝尊稱其爲詩不襲歷下,然其中古樂府之類,亦全襲面目,陳陳相因而已。(翁注:以下空,不寫銜。)

以上只就集論集,若辦其書,則方綱另有粘簽,請總裁酌定。並請定一畫一之例,以館中之書恐不止此一種也,且不應校辦。

簽曰:《鏡山庵集》二十五卷,明高出著。其集之是非勿論已,即以今館臣恭辦《全書》之體,此等集不但不應存目,且不應校辦;不但不應校辦,而且應發還原進之人。從前於明末茅元儀所著書卷前亦已粘簽,候總裁大人酌定。明人萬曆以後之書恐不止此,應如何商定畫一,請酌定,俾各纂修一體照辦。方綱謹識。(《提要稿》第十七冊,第 1541 頁)

　　上述《寶日堂集》與《鏡山庵集》兩種,後均入禁書目錄,但翁氏所撰提要及簽記,其着重點乃在所見之書與《明史·藝文志》、《明詩綜》著錄不合,故提請總裁注意,希望針對異本問題定出統一體例,以便處理明末刻印圖書時有所依據。

2.《提要稿》著錄之禁書

　　《提要稿》著錄之書中,有近三十種書名上注有"燬"字。據潘繼安先生以《提要稿》與《清代禁燬書目（補遺）》《清代禁書知見録》《索引式的禁書總録》三目核對統計,見於三種禁書目録之禁燬書實有近八十種。此外,尚有雖未著録於上述禁書目録而仍屬禁書者多種,如宋洪皓《金國文具録》、清尹會一《尹母年譜》等①。

今檢《提要稿》中注"燬"字各書提要,可知四庫館初期清查圖書之重點,在明代萬曆以後人所撰史部及集部著作。如陳繼儒《白石樵真稿》、艾南英《天傭子集》、黄宗羲《明文案》、蔡復一《遯庵全集》、李應升《落落齋遺集》、周宗建《周來玉奏議》等。此類書均附有詳細籤記,以供總裁復核。如《白石樵真稿》書名下記"此内觝觸違礙共記廿一籤",並詳列籤出之條在某卷某頁某行;又《遯庵全集》書名下記"共記悖觸違礙五十籤",並細列某頁某行"悖觸"、某頁某行"違礙",可知審查制度綦嚴。又違礙圖書處理中值得注意者:

其一,翁氏發現有"違礙"處並經粘籤指出之書,所附提要仍建議"存目可也"、"應存其目"。如《天傭子集》提要云"至其編次評語内多引述吕留良、錢謙益之處,則宜痛加削去者也,應存目而核正之"②。又《遯庵全集》提要云"此書有悖觸違礙處粘籤至五十處,而又有一本全籤出者,恐不可據此存目,則或除應銷燬者外,另就餘卷存目可否"③。由此可知,各纂修官承命校書,乃爲例行功課,各書最終應燬、應存與否,仍由總裁官定奪。《提要稿》中書名下所注"燬"、"酌"字,疑爲總裁審校後所加;其未注"毀"字而入於禁書目録者,則反映四庫館後期禁書範圍之逐步擴大。

① 見潘繼安:《翁方綱〈四庫提要稿〉述略》,《中華文史論叢》1983 年第 1 輯。
② 見影印本《翁方綱纂四庫提要稿》第十六册,第 1427 頁。
③ 見影印本《翁方綱纂四庫提要稿》第四册,第 251 頁。

其二,四庫館初期清查明末圖書,對萬曆前及萬曆初刊之書,禁例尚寬。如卷十八明鄒德涵《鄒聚所文集》下記"此人卒於萬曆九年,是以無違礙記簽處"①。同卷明程文德《程文恭遺稿》下記"此人卒於隆、萬之際,其第三卷內諸疏言嘉靖間山西等處之事,皆非違礙,是以毋庸記簽"②。觀此可知,四庫全書館初期清查圖書,止以時代爲界,不及逐書爬梳,徹查至於苛細地步。至四庫館後期,則禁例愈嚴,清查愈細,翁氏初擬刪除違礙之語後仍入"存目"之書,最終未能免於禁燬之禍。

四

翁氏《提要稿》之整理,始於 20 世紀 80 年代後期。其時筆者接掌復旦大學圖書館古籍典藏之職,獲教於前輩潘繼安先生。嘉業堂鈔本《四庫全書提要稿》80 年代入藏復旦後,潘先生曾撰文介紹,並擬標點整理該書。嗣以原稿辨識不易,轉謀影印出版,因所議未諧而止。90 年代初,筆者獲讀哈佛燕京圖書館沈津先生文章 ③,得知翁氏《提要稿》原本尚存天壤間。90 年代末,曾任職澳門何東圖書館之鄧愛貞女士來滬,再次證實此事。早在 1989 年五月,鄧女士爲考查《提要稿》真僞,曾攜翁稿書影來滬訪問。經上海圖書館顧廷龍先生鑒定,確認其爲翁氏手迹無疑。鄧女士在上海圖書館訪問期間,巧遇華東師範大學羅友松先生,經羅先生介紹,獲知 20 年代曾服務於嘉業藏書樓之周子美先生尚健在,遂於返回澳門後致書周老請教。旋獲周老答復,再次確認何東藏本即

---

① 見影印本《翁方綱纂四庫提要稿》第十一冊,第 950 頁。
② 見影印本《翁方綱纂四庫提要稿》第十一冊,第 961 頁。
③ 見沈津:《翁方綱與〈四庫全書總目提要〉》,《中國圖書文史論集》,現代出版社,1992 年。

原藏嘉業堂之翁氏《提要稿》，並告以諸多嘉業堂藏書聚散掌故。

周子美（1896—1998）先生爲筆者業師，筆者研究生畢業後入華東師大圖書館服務，即出於周師之推薦。90 年代初，周師年逾九十，仍身體硬朗，健步如飛，掌故羅胸，記憶清晰，四方學人來函請益，莫不朝至夕答，各饜所求。先生早年（1924—1932）曾擔任嘉業藏書樓編目部主任，嘉業堂近六十萬卷藏書，大多經先生親手整理，並編有嘉業堂藏書目多種。筆者轉至復旦圖書館服務後，因館中所藏古籍善本與嘉業堂舊藏多具淵源，平日時從周師問疑請教，爲整理復旦所藏嘉業堂鈔本《四庫全書提要稿》，其時正留意訪求翁稿原本下落，而《提要稿》藏於何東圖書館之消息，不久即承周師及羅友松先生賜告。爲此，筆者曾據羅友松先生所示地址，馳書澳門何東圖書館鄧愛貞女士，進一步奉詢《提要稿》情形，惜未如願。鑒於翁氏《提要稿》原本尚存於世，以嘉業堂鈔本作整理之計劃遂中輟。其時澳門尚未回歸，而有朝一日取翁氏《提要稿》原本作整理之念，中心藏之，未嘗或忘。

90 年代末，樂怡同學來復旦大學就讀古典文獻學研究生，由筆者擔任指導教師。樂怡學位論文，即以翁氏《提要稿》研究爲選題。其時澳門藏本尚未影印流行，樂怡之初期研究，只能以嘉業堂鈔本爲底本。經三年勤奮攻讀，樂怡初步完成嘉業堂鈔本之過錄，並提交學位論文《〈翁方綱纂四庫提要稿〉研究》，頗受好評。與此同時，澳門中央圖書館與上海圖書館合作影印之《提要稿》問世。作爲後續項目，筆者受囑承擔《提要稿》之校點整理工作。

《提要稿》之校點整理，最初取嘉業堂鈔本之過錄本進行，原以爲據此本校核還原《提要稿》，工作難度不大，兩年可期完功。深入從事整理，始知大謬不然。其原因前已述及，因嘉業堂鈔本竄亂原本編次，自成一文本，與《提要稿》内容已不相符。具體比勘，嘉業

堂鈔本過錄《提要稿》中翁撰提要尚屬用心,而對於《提要稿》中之
札記及批注部分內容,或省略,或節鈔,文字釋讀,避難就易,增刪
取捨,殊爲隨意,可知當年急於成稿,用心未免粗疏。職此之故,整
理底本不得不據《提要稿》重新過錄。《提要稿》中札記部分,量踰
提要文字數倍,係翁氏校書時隨手筆記,文字既繁,字迹潦草,識讀
辨認,殊非易易。加以底本漫漶,影印失真,一字之斷,動輒經時。
爲免魯莽滅裂,不得不旁徵遠稽,再三檢核,並求助師友,多番復
核。猥以淺學,負此重任,匆匆五年,始克完工,雖竭駑駘,數復其
稿,付印在即,仍懼舛訛。《提要稿》整理體例,較諸他書複雜,詳細
説明,見於"整理凡例"。

　　翁方綱爲直隸大興人,生前曾宦遊至粵,粵中風俗文物,於其
著述中留下諸多記載。翁氏《提要稿》成於 18 世紀後半期之北
京,未及百年,稿本流傳至粵中。20 世紀之初,《提要稿》又由粵中
流傳至滬,而在滬未及三十載,其書再返南粵。20 世紀末澳門回歸
祖國之時代潮流,又令此歷經播遷之稿本,終於化身千百,從此不
虞湮没。《提要稿》之流傳與整理面世,不僅凝聚二百餘年來無數
有識者之辛勤護持,又始終與江南及粵中兩地相關聯,冥冥之中,
若有神助。筆者有幸,獲與此書整理之役,撫卷緬想,曷勝感慨。
公元二〇〇五年盛暑吳格記於復旦園。

　　(《翁方綱纂四庫提要稿》,上海科學技術文獻出版社,2005 年)

《四庫未收書目提要續編》
與《許廎經籍題跋》

　　《四庫未收書目提要續編》（下簡稱《續編》）及《許廎經籍題跋》（下簡稱《題跋》），爲近代學者胡玉縉先生之遺著。兩書均爲續《四庫全書總目提要》（下簡稱《提要》）而作，旨在補輯《提要》失收之古人著作，並增輯《四庫全書》（以下簡稱《四庫》）未收之清人著述，共録書一千餘種，所撰解題，提要鈎玄，考訂精核，實爲自清阮元《四庫未收書目提要》以後，續《提要》類著作中之重要學術成果。兹略述作者生平及其書原委如次。

一

　　胡玉縉（1859—1940）字綏之，號許廎，江蘇吳縣人。先生生平，王欣夫先生《吳縣胡先生傳略》述曰：年十九，補縣學生員，初肄業正誼書院，與潘錫爵、葉昌熾、許克勤、曹元忠、王仁俊等同學，以學問道義相切磋。嗣調江陰南菁書院，南菁爲其時大江南北人材淵藪，同學諸子，均斐然有著述才，先生厠身其間，治經義兼辭章，每試輒冠其曹，爲山長定海黃以周激賞。光緒戊子（1888），江蘇布政使貴筑黃彭年創辦學古堂，作育英才，聘雷浚爲學長，先生與章鈺爲齋長。肄業者得其指授，多成材而去。辛卯（1891），以優貢中式江南鄉試舉人。明年（1892），春闈報罷，入福建學幕。庚子

（1900），任江蘇興化教諭。癸卯（1902），應經濟特科試，録取高等。改官湖北知縣，入總督南皮張之洞幕府。明年，之洞會同江督涇陽端方派先生東渡日本，考察政學，歸著《甲辰東遊日記》六卷。丙午（1906），學部以治經有法，深明教育，調補主事，陞員外郎。戊申（1908），禮學館重修《通禮》，聘任纂修。宣統庚戌（1910），京師大學堂初立，聘先生講授《周禮》，著《周禮學》，發凡起例，宏綱畢舉，受業者多一時俊彦，象山陳漢章傳其學。辛亥（1911）後，一主歷史博物館，任北京大學教授，又任高等師範學校教授。再度東遊。餘則奮力著述，孜孜不倦，數十年如一日。旅京師四十年，與膠縣柯劭忞、新城王樹枏、江陰夏孫桐、長汀江瀚、仁和邵章、常熟孫雄、沔陽盧弼諸老稱莫逆交。及日寇入犯，時先生年將八十，痛心國事，浩然而歸吳下，卜宅光福鎮虎山橋。其地爲清初高士徐枋所徘徊不去，又距此五六里，即四世傳經惠氏之東渚故居也。先生仰慕往哲，俯事著述，擁書萬卷，閉門謝客，有終焉之志①。

　　按先生避寇出京，在1936年，同時朋好送行，贈詩倡和者甚衆。居鄉四年以後，於1940年七月逝世。身後遺稿，均委王欣夫先生整理："欣夫少受經於曹（元弼）先生，得略窺門徑。暨先生晚歸吳下，以年家子摳衣晉謁。盛德謙衷，言無不盡，獲益良多，並許爲畏友。又以草稿叢殘，多未寫定，約相助爲理。曾幾何時，忽示微疾，猶鄭重致書，以身後編刊之役爲託。"② 先生著述，早年已刊者，爲《穀梁大義述補闕》七卷（假名弟子張慰祖）、《説文舊音補注》一卷《補遺》一卷《續》一卷《改錯》一卷、《甲辰東遊日記》六卷等。遺稿經王欣夫先生整理編成者，爲《許廎學林》二十卷、《四庫全書總目提要補正》六十卷、《四庫未收書目提要補正》二卷、

①② 見《許廎學林》卷首，又載王欣夫編《許廎遺集》卷端，文字略有異同。

《四庫未收書目提要續編》二十四卷、《許廎經籍題跋》二十卷,合
爲《許廎遺書五種》,均交中華書局上海編輯所,本議陸續印行。後
《許廎學林》於 1958 年出版,《提要補正》及《未收提要補正》兩
種,亦於 1964 年出版,而《續編》及《題跋》兩種,旋以世事多故,
未克印成。所幸王欣夫先生所藏胡氏遺稿,於 70 年代盡歸復旦圖
書館,至今保藏完好 ①,此次整理,即據先生原稿鈔錄編成。

<h2 style="text-align:center">二</h2>

先生生當清季,目睹國勢衰頹,舊學式微。早年攻苦學勤,泛
覽群書,學問具有淵源,中年遊幕南北,諳熟掌故。入仕後赴日本
考察政學,參預立憲、辦學等新政,辛亥後歷主博物館、圖書館事,
並執教大學,於新學新知,亦能注意吸取。然其平生志向,仍以治
學爲主。先生於經史諸子小學均有撰著,卓然名家,而其用力最
久、貢獻最著者,仍推《補正》、《續編》及《題跋》三書。

先生自中年以還,即有志補正《提要》,《補正》博采群籍,廣輯
前人著述中爲《提要》及《未收提要》匡謬補闕之文,參互考核,斷
己裁,凡考辨《提要》著錄之書二千三百餘種,幾及《提要》四分
之一。其體例,於每一書下先錄《提要》原文,次引各家之說,貫穿
比較,旁徵曲引,而終之以案語,其徵引之浩博,用心之縝密,讀其
書者莫不欽服。先生於補正《提要》之餘,又以蒐討所及,開始補
輯《四庫》未收之書。

清光緒十五年(1889),王懿榮曾奏請增修《四庫全書》,至
三十四年(1908),章梫又奏請之。先生時官學部,嘗代擬《會議增

---

① 先生未刊稿本,經檢尚有《讀說文段注記》、《釋名補疏》、《獨斷疏證》、《新序
　注》、《說苑注》、《論衡注》、《群書問答》、《金石萃編補正》等,均手寫自訂,藏
　於復旦圖書館。

修四庫全書摺》，並陳《增修四庫全書條例》，以爲："四庫未收之書，自浙江撫臣阮元進呈外，迄今又越百數十年。有市舶泛來前代流傳海外之書，又有乾隆以後通材碩學精審校勘、網羅散佚之書。或先得者殘而重收者足，或沿襲者誤而改正者精。其他群經則別爲義疏，諸史則各爲補苴，以及天文、算術、輿地、方志、政書、奏議、詩文別集，類皆日新月盛，卓然成家。"[1] 爲此，建議"遵照乾隆時成案，增修《四庫全書》，於以整齊百氏，示厥指歸，爲國粹之保存者在此，爲治道之大防者亦在此"[2]。其時國事蜩螗，議雖行而其事未果，先生退而責諸己，遂自清季始，仿阮氏體例，蒐羅遺佚，自爲撰稿。

　　光緒末年，錢塘丁氏藏書初歸江南圖書館，先生適在江督端方幕，遂得就近取閱，逐一披覽，露鈔雪纂，多所取資，故《續編》及《題跋》所述底本，多爲清季江南藏書家錢塘丁氏、常熟張氏及瞿氏、歸安陸氏舊藏之秘籍。今觀先生《續編》及《題跋》稿本，大都隨得隨寫，各自成篇，初不急於定稿，已有成稿，亦每以續得之材料添入，鉤乙塗抹，屢添累改，具見著述之矜慎。先生嘗與人論著書方法曰："此事大致先以十年閱書爲事，凡有裨於所欲撰述者，即行記出，但舉標題，下注書名，再注正字某數爲卷，號碼某爲葉，相同者類次，寧寬毋狹，俟編寫時再酌去取。整部書外，以多採零星説爲尚。王氏《漢書補注》、《荀子集解》等書，竊嫌其零星説少。"[3]《續編》及《題跋》，即依此法撰成。

---

① 《會議增修四庫全書摺》、《謹擬增修四庫全書條例》，載《許廎遺集》。
② 《會議增修四庫全書摺》、《謹擬增修四庫全書條例》，載《許廎遺集》。
③ 《覆王欣夫大隆書》（辛丑），載《許廎學林》卷二十。

三

　　《續編》稿本七册,先生自爲裝訂,前無目録及序記。首册署"四庫未收書目提要續編",各册又注明"續一"至"續七"序號。内容則依《四庫》分類,初加排次,書葉眉端,間注分類,可見散葉合訂之迹。訂入之稿,或有兩稿並見者,一爲修改之稿,一爲謄清之稿,改稿鈎乙殆遍,有自注"廢"字。又有一書而分撰兩篇提要者,如《名公書判清明集》稿兩篇,一訂入子部法家類,一訂入類書類,文字稍有異同。《續編》著録之書,凡七百四十餘種,均斷至乾隆以前,其入録之書,約有以下諸類:

　　一、《四庫》應收而未收者。如:宋杜諤《春秋會義》二十六卷,係《永樂大典》輯本,弘曆所撰《御製書洪咨夔春秋説論隱公作僞事》注,有"盧全《摘微》久佚,惟杜諤《春秋會義》採其説,今於《永樂大典》散篇内衷得之"語;明郝敬《論語詳解》二十卷,敬撰《九經解》,《四庫》已著録八種;宋史炤《資治通鑑釋文》三十卷,其音注爲胡三省採取者不少,宋本罕見,至阮元撫浙時,始鈔寫進呈内府;明徐咸《皇明名臣言行録續集》八卷,《四庫》已收其《前集》、《後集》各十二卷;宋劉斧《青瑣高議别集》七卷,《四庫存目》已著録《前集》、《後集》,又疑其書與《郡齋讀書志》、《直齋書録解題》所載卷數不合;宋林希逸《老子鬳齋口義》二卷、《列子鬳齋口義》二卷,《四庫》著録其《莊子鬳齋口義》,均未見其書而失載。

　　二、《提要》已引而未載者。如:明朱雲《金石韻府》五卷,《提要》於林尚葵等《廣韻府》下曾引其書,而書實未收;明唐覲《延州筆記》四卷,《提要》於《唐音》下引其書,而亦失載;宋葛立方《歸愚集》十卷,《提要》於《韻語陽秋》、《歸愚詞》下云"立方有《歸愚集》,已著録",而别集類實失載;明吳訥編《晦庵先生文鈔》六卷

《詩鈔》一卷,曾與崔銑輯《文集續鈔》合刊,兩書目録合併計卷,《存目》收崔書,稱其"蓋與訥書相輔而行",而吳書未之載。他如宋陳普《石堂先生遺集》二十二卷,《存目》著録普《武夷櫂歌注》,謂"普有全集,已著録";鄭起《菊山清雋集》三卷,《提要》於《心史》條下謂,"思肖有《題畫詩》、《錦錢集》,併附載其父震《菊山清雋集》後",而實皆未採及其書。

三、《四庫》禁燬之書。如明朱高熾《天元玉曆祥異賦》七卷,明沈德符《萬曆野獲編》三十卷等。

四、《四庫》所收非足本者。如宋朱熹《詩集傳》二十卷,《四庫》收八卷本;元王元傑《春秋讞議》十二卷,《四庫》收九卷本;元史伯璿《四書管窺》三十六卷,《四庫》收八卷本;元辛文房《唐才子傳》十卷,《四庫》收八卷本;宋陳元靚《歲時廣記》四十二卷,《四庫》收四卷本;明朱睦㮮《授經圖》二十卷,《四庫》收不分卷本;明吳道南《文華大訓箴解》六卷,《四庫》收三卷本;宋宋慈《提刑洗冤集録》五卷,《四庫》收二卷本;宋潘自牧《紀纂淵海》一百九十五卷,《四庫》收一百卷本;唐《駱賓王文集》十卷,《四庫》收四卷本;宋孫覿《鴻慶居士集》七十卷,《四庫》收四十卷本;宋劉克莊《後村集》一百九十六卷,《四庫》收五十卷本;明朱右《白雲稿》十一卷,《四庫》收五卷本;明錢宰《臨安集》十卷,《四庫》收六卷本等。此類數量最夥,先生以經眼之本與四庫館臣所見本卷數既異,遂比勘版刻,別其優劣,以著於録。

五、中土久佚而歸自海外者。如南朝顧野王《玉篇零本》三卷又半,唐釋慧琳《大藏經音義》一百卷,遼釋希麟《續一切經音義》十卷等。

六、自《大藏經》及《道藏》鈔出之書。如南朝釋慧皎《高僧傳》十三卷、《集沙門不應拜俗等事》六卷,均用明支那本;宋李榮

《元始説先天道德經》五卷、宋朱弁《通玄真經》七卷,俱用《道藏》本等。

　　《續編》體例,沿《提要》之定式,"先列作者之爵里以論世知人,次考本書之得失,權衆説之異同,以及文字增删、篇帙分合",而其議論名通,斷制謹嚴,尤爲後學之津逮。如論宋人所編類書謂,"蓋在當日爲坊行之俗本,而在今日實宋代之古書矣";《東林本末》條下,辨李慈銘"明代士不知學,競務虚聲,横議朝政,浸以亡國,東林、復社,實爲戎首"之説,而結語謂"李氏此論,蓋拾《小心齋札記》《東林列傳》各《提要》之餘唾也,是不可以不辨";又《集古今佛道論衡實録》條下,謂"是書取古今佛道争辨事,薈萃爲一編,大致務抑道以伸佛。竊謂道家清静,與佛同源,何所容其非毁。佛氏四大皆空,今乃負氣嘵嘵,於'空'何有? 然儒者同是經學,乾嘉以來,漢、宋之争,爲有識者所深憫。吾儒尚如是,何論彼教";又《臺館鴻章》條下論明文流變曰"明自楊士奇輩倡臺閣之派,積久而嘽緩冗遝,千篇一律;於是李夢陽輩倡言復古,積久而塗飾險詭,萬喙一音;於是袁宏道輩乘其弊而詆之,變板重爲輕巧,變粉飾爲本色,而專恃聰明,不根學問,其弊不可勝言"。此外訂正《提要》與各家之説,亦皆説理透徹,各具勝義。

四

　　《題跋》稿本八册,亦先生手自裝訂,封頁署作《許廎經籍題跋》,自"一"至"八"。其書亦無序記,未經分卷,内容依《四庫》分類,已初爲排次。各篇均稱"書後",下注撰年,多成於民國十至二十年代。此書爲增續《提要》所作,不稱"提要"而稱"題跋",一以謙遜,示其僅爲私家撰著,二則其體例與《提要》實稍異。《續編》遵《提要》之式,敘作者之爵里,論著作之優劣,語多簡約,《題跋》

則考著作之原委，辨學術之純疵，文字較繁，議論亦見深入。清代自乾嘉以後，學者輩出，著述如林，群經則各有義疏，諸史則多經補苴，諸子、小學、金石之學，莫不後來居上，各號專門。先生博涉多能，學無不通，故能於清代學術之各門類，擇其要著，細加考論而撰爲跋文。

王欣夫先生曰，先生“每撰一篇，必於全書熟復數過，挈其菁華，博採群言，辨其是非，然後能發抒己見，折衷至當，而免鈔胥之誚。觀於每下條議，斷制謹嚴，雖若易易，而孰知其用心至苦。故若段玉裁《說文解字注》，先生研誦將六十年，而手稿僅存一目，其文仍闕，則其慎重不苟可知矣。此二百餘篇者，在有清一代之藝文，猶爲一勺之水，而辨言舉要，洞悉原委，竊謂雖使戴、邵復生，不是過也”①。其推挹甚至，而良非虛譽，兹於各部略舉數端，以證成其說。

先生於經學、小學最號專門，《題跋》録經部書七十七種，各加考辨，用力尤深。如《寫本經典釋文殘卷書後》，凡數千言，詳考伯希和所得之敦煌石室《舜典》、《堯典釋文》卷子影印本，引據經傳古注凡數十種，經反覆比勘，始審定該卷爲“郭忠恕所改定《釋文》，乃北宋人所鈔，而其書則不久即無傳本者也”。其方法綿密，推論謹嚴，允稱乾嘉考據學之後勁。又《說文解字群經正字書後》，列舉該書之疏失凡數十處，逐條訂正之後，並示以經典正字之義例，而結語謂：“總之古人字少，每多假借。《說文》許氏一家之學，非欲以是爲天下繩尺。録古文則不録今文，必謂經字盡收於《說文》，恐無此理。且正字或出於經典之後，必謂所舉正字即古時經典如此，

①《許廎經籍題跋書後》，載《蛾術軒篋存善本書録》，又《題跋》録書實四百零五種。

更無此理。特在今日,不可不知其正假,故錢大昕有《説文答問》,陳壽祺有《説文經字考》。是書視兩家奚啻倍蓰,學者當服其用心,而錯誤迭見,須通人重加釐訂,方爲盡善。"所言均實事求是,令人信服。

　　史部録書一百一十二種,先生所撰題跋,既嚴史家義例,又兼采衆説,或從或否,評騭極爲矜慎。如《續資治通鑑書後》,先生既稱"是編以宋元明人續司馬光之書甚夥,而皆未盡善,乃合錢大昕、邵晉涵、孫星衍、洪亮吉諸人之力,將宋元事迹薈粹討論,閲數十年始成,雖不及光書體大思精,而網羅宏富,迥非王宗沐、薛應旂輩所能企",又摘其詳宋略元、南宋事多漏略、紀事詳略未當、遼金蒙古人名譯音前後不統一諸失。而李慈銘採馮集梧説,以此書書名爲未妥,先生則爲之辨曰:"'資治'之名雖出神宗所賜,而既續光書,故竟稱《續資治通鑑》。馮集梧序乃以爲非,謂李燾僅稱《續資治通鑑長編》。不知燾之稱《長編》,特燾之謙,不敢言'續通鑑',非因'資治'二字出自御賜。且光修《通鑑》時先成《長編》,尚無'資治'之名,燾書標題,實進退失據,安得執彼詆此。劉時舉《續宋編年資治通鑑》,尤有先例。"折衷允當,略無偏頗。《東華續録書後》,以王《録》多就《實録》鈔寫,謂"向使參以筆削,卷帙初無取如此之繁,即購閲亦較易爲力。先謙非不能,特不敢耳"。又謂:"《實録》編輯上諭,事無起訖,語無斷制,止記言,不記動,《起居注》亦然,不如是則謂之不稱職。有史與無史等,有史官與無史官等,上下相習,視爲固然。是編止就《實録》摘寫,爲之刊刻,當時尚有議其不應傳播者,亦可見士大夫之心理矣。"所議較今日之過崇清宫檔案者爲近理。又如《抱冰堂弟子記書後》,謂其書乃張之洞七十壽辰前自撰,意欲仿《公是先生弟子記》,而謂"綜其生平,東南互保之約最爲有力,餘多言大而誇,所辦各事,亦多似是而非,但可謂十九世紀人材,而於二十世紀實非其選",復舉收復伊犁、興造鐵路、庚子西幸、商約開礦、湖北捐票、收回粤漢鐵路、阻鑄銀元、鯰魚套之上新河築堤等事,一一辨其功過,所言均關掌故。末謂"《雷塘庵主弟子記》出於阮文達身後,今在生前仿爲之,幸而人皆知其自記,否則有此不通之弟子,直代爲愧死矣"。先生嘗爲張之洞幕僚,故能熟道其詳,而一語不肯假借,足見秉筆之公。他如《列女傳書後》舉圖中地用方磚、門垂帷簾、靠背椅、弓足等式,明其決非晉人所繪;考各省通志體例之優劣、記載之虛實;論《隋書經籍志考證》"一書而已具千餘種書之用",以視四庫館自《永樂大典》輯未見書,"其難易殆不可以道里計"等,均見識議卓絶。

　　子部録書八十種。先生之考訂,一如經史之博洽,而尤可述者,先生身處新舊時代之交替,雖從事考據之學,亦能舉新知及時事以入議論,於題跋中可稱創格,今試舉兩例:《半巖廬日記書後》謂,邵氏"又言各省歲報民數爲粉飾浮增。此泥於往事爲説,亦失之滯。據西人馬爾薩斯説,十九世紀之初,全世界人口尚不滿八萬五千萬,方到二十世紀,已過十七萬萬。是百年間竟增一倍有奇,故近時西人謂中國人口爲四萬萬五千萬,雖無確據,恐或不遠也"。《無邪堂答問書後》謂:"又謂鐵路與輪船相消長,鐵路行而輪船必衰耗。則未知車舟線本相避而相濟。又謂民主者便於亂民藉口,而非真能安其國。此在當時立言不得不如此,而大勢趨於民主,雖天地鬼神不能遏。將來弊之所極,美、法或將爲君主,而此日却未可質言。"以此可知,先生之考訂舊籍,已非前人之窠臼所能囿矣。

　　集部録書一百三十六種,爲《題跋》中於今最有關係之文字。清人集部著作本夥,遍檢既難,別擇尤需識力。先生所取,多作者學行可述,所著足以見清代學術之流變者。凡著録之書,莫不貫穿首尾,洞悉利弊,而隨文辯證,有根有據,所附議論,尤爲精彩。如

《壯悔堂文集書後》不滿於侯氏"漢亡於朋黨，宋弱於道學"之說，謂其"亦偏宕之詞，果如其說，則十常侍、韓侂冑轉可恕也"。《鮚埼亭集書後》稱贊謝山學問，而引《復堂日記》之詆詞，謂"亦可謂蚍蜉撼大樹矣"，又評謝山之詩爲"學人之詩，與詩人之詩不能盡同，論其體格，視同時杭、厲諸人固少遜，而亦非後之翁方綱輩所能企矣"。又《道古堂集書後》，謂"其文大致脫息於《兩漢書》，故雅贍富麗，迥非凡近"，"序記小品，亦吐屬清華，標舉冷雋"，而又惜其考據之文未盡精核，所舉十數例，皆辯證精確。又《紀文達公集書後》，謂"考昀一生精力，全在《四庫提要》一書，所爲文長於館閣應制，間爲人作序記碑表之屬，非所經意"，因而"傳志紀事之作，略無翦裁，大都敏而不能深思，易而不免入俗，謝摺、器銘，更不足存"；而於《盾鼻餘瀋書後》，謂"宗棠詩文，不拘拘於義法格律，而一種權奇倜儻之概，如其爲人"；又《曾文正公文集書後》，謂"其古文最服膺姚鼐，而能恢張其緒，由姚氏而上溯韓、馬、莊，不規規於義法，乃自成其義法，實出姚氏之上"，知人論世，所言皆非影響之辭。

五

清乾隆間編纂《四庫全書》，經由各地廣泛徵書，並於《永樂大典》中從事輯佚，益以宮廷藏書，開四庫全書館於翰林院署，徵召碩學之士，分任校勘、編纂之職，逐種整理三處發下圖書，"分晰應刻、應鈔及應存書目三項，各條下撰有提要"。其匯聚圖書及分類整理之法，至今猶不能廢，然編纂迫於時限，去取出自宸衷，各編修認纂之稿，底本選擇未必精當，學術亦非盡專門，而書成衆手，各不相謀，其謬誤舛訛，蓋不能免。《提要》流傳以後，欲起而糾正者代有其人，憚於專制，僅以零篇斷章，散見各家文集、筆記及藏書題識中。至先生出，乃以一己之力，辛勤蒐討，反復比勘，既爲《補正》，再撰《續編》及《題跋》,而《續編》、《題跋》所錄之書,既經目驗,又加詳考,故所造能遠駕阮氏之上。先生治學祈嚮之正,研討之勤,足爲後世效法。其辛勤結撰之遺稿,沉霾已逾半世紀,理宜早日面世,沾漑後學。

先生嘗語人曰:"學問塗術之紛繁,古今書籍之浩瀚,一人所涉,譬諸滄海一漚,又迫於年命,所謂以有涯逐無涯,其不殆者蓋鮮。雖然,精衛填海,愚公移山,亦在其志耳。吾之爲此,惟俛焉日有孳孳,得寸則寸,得尺則尺而已。"[1] 三復斯言,彌深欽仰之忱,故不辭淺陋,略述《續編》及《題跋》之大要,以諗同好。

(《中華文史論叢》第 59 輯,1999 年)

---

[1] 見王欣夫《四庫全書總目提要補正跋》。

《續修四庫全書總目提要》整理前言

《續修四庫全書總目提要》，又稱《續四庫全書提要》、《續修四庫提要》，係 20 世紀 20 至 40 年代，由利用日本退還"庚款"而成立之"東方文化事業總委員會"主持，組織當時平津地區中國學者，爲續修《四庫全書》及《四庫全書總目提要》而集體編纂之大型文獻解題目錄。利用《四庫全書總目提要》與《續修四庫提要》檢閱現存中國古籍，足爲今人"辨章學術，考鏡源流"之助。

《四庫全書》及《四庫全書總目提要》編成於 18 世紀晚期，百年以還，修訂增續，呼聲不已。至清末民初，有王懿榮、章梫、喻長霖、金梁、邵瑞彭、李盛鐸、孫雄、倫明等學者，先後提倡"續修《四庫全書》"。綜覽各家意見，大致分爲對《四庫全書》作"補修"、"補正"及"續修"諸項內容，旨在全面整理保存中國古代圖籍，謀深慮遠，計劃周詳，但事鉅功繁，觀成不易，晚近喪亂頻仍，國步維艱，經費支絀，迄難實施。1925 年利用退還"庚款"而成立之"東方文化事業總委員會"，吸收中外學人建議，重提"續修《四庫全書》"計劃，落實機構及經費，同時建立北平人文科學研究所及附屬圖書館，大量購置清乾隆以後問世之學術著作，編成《四庫未收書分類目錄》，並據書目聘請各科專家學人，分工撰寫提要，歷時近廿載，初步形成《續修四庫提要》初稿，使"續修《四庫全書》"計劃得以部分實現。

　　《續修四庫提要》之著録範圍,上溯《四庫全書總目提要》未收或雖已收而卷帙、版本不同之清乾隆以前歷代著述,下採《四庫全書》編成後問世之清人著述(含少量民國初學者著述),兼及部分日本、朝鮮及西方人士漢學著述,共著録圖書34000餘種,三倍於《四庫全書總目提要》所著録圖籍之數量,初稿字數逾2000萬。《續修四庫提要》之編纂,仿照四庫館成例,先事書目調查,據書目以收羅圖籍,而後組織提要撰寫。入録之書,多經目驗,初稿撰成,復加修訂,繕録打印,以待整合。

　　據“東方文化事業總委員會”總幹事日人橋川時雄回憶,至1945年抗日戰爭結束,北平人文科學研究所積累之《續修四庫提要》各類稿件,計有目録五萬種、提要近四萬篇。上述提要稿,經國民政府教育部特派員沈兼士接收,初由前中央研究院史語所收藏,1949年後遞藏於北京大學及中國科學院圖書館。經半世紀之扃閉,至20世紀末逐步整理面世。據中國科學院圖書館介紹,該館所藏《續修四庫提要》稿,有初撰稿、修改稿、謄清稿等形式,分裝爲219函。稿本以外,又存有大量油印本,係自1935年開始,據諸家手稿整齊格式,打字油印,彙總以備修訂。限於人手經費,此事至40年代中輟,未竟全功。油印本除藏於北平人文科學研究所外,曾分期寄送日本外務省及東方文化學院東京、京都兩研究所。

　　曾參與《續修四庫提要》撰稿者,有王式通、王孝魚、王重民、江瀚、向達、沈兆奎、吳廷燮、吳燕紹、吳承仕、何小葛、何澄一、余紹宋、余寶齡、奉寬、尚秉和、周叔迦、柯劭忞、柯昌泗、柯昌濟、胡玉縉、茅乃文、高潤生、高觀如、班書閣、夏仁虎、夏孫桐、孫光圻、孫作雲、孫海波、孫雄、孫楷第、孫人和、孫曜、倫明、徐世章、商鴻逵、許道齡、鹿煇世、黄壽祺、張伯英、張海若、張壽林、陸會因、陳鉹、馮汝玠、馮承鈞、馮家昇、傅振倫、傅惜華、傅增湘、楊樹達、楊鍾羲、葉啓勳、董康、趙萬里、趙録綽、劉白村、劉思生、劉啓瑞、劉節、蕭璋、謝國楨、謝興堯、韓承鐸、瞿漢、瞿宣穎、譚其驤、羅振玉、羅福頤、羅繼祖、鐵錚等七十一位學人。據此名單可知，承擔《續修四庫提要》撰稿人中，不乏以舊學名家之遺老碩彦，又有術業專攻之學林新進，堪稱一時之選。諸多新老學者分任撰稿，使《續修四庫提要》編纂質量得以基本保證，不僅所撰提要足資利用，各撰稿人之活動蹤迹，亦爲 20 世紀前期學術史重要史料。

　　20 世紀前期，國事蜩螗，世局多變。“東方文化事業總委員會”最初由中日雙方派員組成，嗣因中日關係惡化，中方委員集體退出，日方委員致力於經營東京、京都兩東方文化學院研究所，編纂經費日形減縮。《續修四庫提要》編纂運行方式，係由北平人文科學研究所物色並延聘撰稿人，中方學者以私人身份受聘，認領《續修四庫提要》撰寫任務。撰稿用書，主要利用人文科學研究所圖書館及北平圖書館、故宮博物院圖書館藏書，並徵集部分私人藏書。30 年代以後，選聘、聯絡撰稿人員，據各家專長商定書目，按期收發稿件及稿酬，對已收稿件作初步彙總，實際推進《續修四庫提要》編纂之核心人物，爲“東方文化事業總委員會”總幹事橋川時雄先生。

　　橋川時雄（1895—1982），字子雍，號醉軒、醉軒潛夫等，室名提要鈎玄室。日本福井縣人。1913 年畢業於福井師範學校，初任小學教員，並從漢學者勝屋馬三男、三島毅等學習漢文。1918 年來華，曾先後任共同通信社、《順天時報》記者，繼續學習中文，研究漢籍，旁聽北京大學課程。嗣創辦文字同盟社，編輯《文字同盟》，翻譯當代名家（如梁啓超、胡適、周樹人）著作，並外出旅行考察，拜訪各地學者,收集古代典籍,專研六朝文學。居京期間,廣泛交友,虛心請益,既結識辜鴻銘、江瀚、陳寶琛、柯劭忞、王國維、傅增湘等文壇耆宿,又與李大釗、周作人、胡適、沈兼士、梁漱溟、馬裕藻、馬衡、馬廉等學界名流往還,成爲民國時期北平文化界知名人物。自1928年起,橋川務役於"東方文化事業總委員會",初任署理總務委員,繼任總幹事,至抗日戰爭結束,居留中國近三十年,與《續修四庫提要》編纂相始終。"卅載幽燕久滯留,自甘勞苦吏儒兼",時值中年,精力充沛,學問事功,並臻成熟①。1946年橋川返日後,迫於生計,奔走東西兩京,1958年後任教東京二松學舍大學,教授以終其生。橋川晚年,對於編纂未竟之《續修四庫提要》稿,仍念念不忘,深切關注,聞臺灣商務印書館出版《續修四庫提要》,滿懷興奮,賦詩稱慶,並馳函臺北致謝。

由於歷史原因,《續修四庫提要》未能完成最後編纂,僅存初撰、修改、謄清、油印等稿。20世紀70年代以來,除個別撰稿人所撰提要已單獨發表外②,又先後出現以下整理本:

一、《續修四庫全書提要》十二冊索引一冊　1972年臺北臺灣商務印書館排印

此本據日本京都大學人文科學研究所(原日本東方文化學院京都研究所)藏《續修四庫提要》油印本排印,句讀整理,計收錄提

---

① 近代學人傅增湘嘗謂:"其爲學也勤,其治事也勇,其接人也和以摯,蓋智力強果而才識開敏之士也。近歲以來,續修《四庫全書提要》,汲汲以徵文考獻爲務,交遊益廣,聞見益博,凡故都耆宿,新學英流,靡不傾身延接,氣誼殷拳,而吾國人士亦多樂與訂交,而爭爲之盡力,由是君之名日以盛,君之業日以閎,蓋君之志,夙以播揚東方文化爲中日兩國敦睦之基者也。"(《中國文化界人物總鑑序》)
② 如《提要》撰稿人吳承仕、趙萬里、黃壽祺、孫楷第、羅繼祖等所撰提要,曾經整理並刊行。

要稿 11000 篇左右。如前所述,京都大學所藏油印本,係自 1935
年始由北平人文科學研究所據諸家手稿打字油印後分批寄送。據
介紹,油印稿寄送至 10080 種停止,佔現存《續修提要》稿本三分
之一。臺灣商務本不僅內容不足,排印也較粗疏。

二、《續修四庫全書提要・經部》二册　中國科學院圖書館整
理　1992 年北京中華書局排印

此本據中科院圖書館所藏《續修提要》油印本排印,句讀整
理,收錄經部提要 4400 篇。該館原擬分期從事《續修四庫提要》
稿整理,"經部" 出版後,整理工作中輟,轉而影印全稿。

三、《續修四庫全書提要(稿本)》三十七册索引一册　中國科
學院圖書館整理　1998 年濟南齊魯書社影印

此本據中國科學院圖書館藏《續修提要》稿本影印,收錄諸家
所撰提要原稿 34000 餘篇。影印本具有以下特點:(1)所收提要
稿篇數最多(如經部提要稿較油印稿超出五百篇以上);(2)提要
篇目大致依撰稿人集中編排;(3)因篇目編次未經分類,故增編索
引(分類、書名、作者)一册以便檢索,其分類基本沿襲原北平人文
科學研究所之圖書分類表。

《續修四庫提要》稿之影印問世,首次公開諸家原稿,厥功甚
偉。其不足之處,乃在諸家稿本情況複雜,或爲清稿,或爲初稿,
或爲修改稿。修改稿塗改鉤抹之處,經影印筆畫有所失真,致難辨
識。諸稿編次,雖依撰稿人聚合,實際情況,仍多出入。再則影印
原稿,雖曰存真,但未經標點整理,閱讀存在困難。又各稿未經分
類編排,綜合使用,畢竟不便。此外,《續修四庫提要》原稿與油印
稿,非僅形式不同,兩者篇目、內容亦略存差異。篇目加以比勘,兩
者可以互補。又油印稿打印時,提要文字似已經修改潤色。此類
情況,影印本不能全面反映。

　　《續修四庫提要》稿雖存在不足，但其著録現存古籍34000餘種，入録之書多經目驗，提要鈎玄，闡幽發微，實爲今人調查整理古代及近代文獻必不可少之書目工具。爲充分利用前人已有成果，過録原稿，整理排印，實不容緩。自2002年以來，本人獲教育部人文社會科學研究“十五”規劃項目立項，承擔主持《續修四庫提要》整理之責。爲此，邀請南北多所高校、圖書館、出版社之文獻學同行及在校研究生共同參與，集體從事整理。經擬定體例，複製底本，釋讀原稿，迻録文字，標點校勘，專家審讀，費時十載，已完成各部類大部分提要稿之初步整理，目前進入校核審稿階段。自2010年起，完成整理之《續修四庫提要》，將由國家圖書館出版社、中華書局分部陸續出版。

　　《續修四庫提要》新整理本，於篇目收録、文本形式、校點質量等方面，具有以下特點：（1）以齊魯書社影印之中國科學院圖書館藏《續修四庫提要》稿爲工作底本，並據由油印本生成之臺灣商務印書館1972年排印本、中華書局1993年排印本參校（改動增損處均出校説明）；（2）據油印本增補篇目，以經部稿爲例，因兼收《續修四庫提要》原稿本、油印本中經部提要稿，篇目達5100餘篇（300餘萬字），較之此前問世之排印本，數量明顯增加（臺灣商務印書館本經部提要2384篇，中華書局本經部提要4500篇）；（3）全稿採用新式標點，訂補衍脱，改正明顯訛誤，點校質量有所提高；（4）重新編排34000餘篇提要稿，按經、史、子、集、方志、叢書六部編次；（5）因全稿篇幅鉅大，內容繁富，分工合作，各盡其職，各篇提要整理稿篇末，除附注撰稿人姓名，同時登載點校者與審稿者姓名，以明責任；（6）整理過程中同時完成電子文本，以備製作“四庫提要系列數據庫”之用；（7）編製《續修四庫提要》目録及書名、作者索引，以便檢索。

《續修四庫提要》整理工程，承教育部、上海市哲學社會科學規劃辦公室、復旦大學等機構惠予支持，國家圖書館出版社、中華書局聯合出版，諸同道齊心協力，精誠合作，功逾十載，漸以成事，謹致深切謝忱。公元二〇一〇年秋吳格識於復旦大學圖書館。

（《續修四庫全書總目提要》，中華書局，待刊）

橋川時雄與《續修四庫全書總目提要》編纂

一、引言

橋川時雄(1894—1982)先生的生平及學行,與《續修四庫全書總目提要》(以下簡稱《續修提要》)之編纂活動,具有不可分割的聯係。橋川先生對於學術之最大貢獻、其本人一直引以爲榮、晚歲念兹在兹之業績,即其傾注半生心血、前後從事近二十年(1928—1946)之《續修提要》編纂事業。《續修提要》之編纂,作爲20世紀前半期中日學者共同參與之大規模古代文獻整理工程,其成果即《續修提要》稿本,目前正在整理中。與《續修提要》相關之中日文化交流活動史實,亦須逐步鈎稽。

二、橋川時雄先生學行簡介

(一)有關橋川時雄學行之文獻

1991年日本汲古書院據原本影印之《文字同盟》三卷,是關於20世紀前期中日文化交流之重要文獻,該書係橋川先生旅居北京期間(1927—1931)所編之學術刊物,内容不僅與《續修提要》編纂有關,並涉及20世紀中日戰争發生前兩國文化學術交流之大量史實。該書所附今村与志雄先生所編《橋川時雄著訳年表》,是有關橋川先生學行之最早綜述。

　　2006年六月,汲古書院又出版今村与志雄先生所編《橋川時雄の詩文と追憶》,此書爲現存有關橋川先生著作及生平資料之總彙,内容含:(一)橋川先生之詩文雜著;(二)與中國文人學者之交誼;(三)東方文化事業總委員會及北京人文科學研究所關係資料;(四)橋川時雄回想録;(五)橋川時雄追憶集;(六)橋川夫人之追憶;(七)橋川時雄年譜。此書内容豐富,史料翔實,經橋川先生家屬費十餘載心力編成,對於《續修提要》編纂史研究具有重要作用。

　　此外,有關橋川時雄學行之主要資料,臚列於次:

　　《學問の思い出——橋川時雄先生を囲んで》,小野忍等,載《東方學》第三十五輯,東方學會,東京,1968年

　　《日中文化摩擦——橋川時雄氏インタヴュー記録:東方文化事業總委員會・北京人文科學研究所》,橋川時雄述,阿部洋等記録,東京大學教養學部國際關係論研究室,東京,1981年

　　《故橋川子雍先生を偲んで座談會》,日本二松學舍大學出版部,1982年

　　《橋川時雄著訳年表》,今村与志雄編,載《文字同盟》卷末,日本汲古書院,1991年

　　《橋川時雄年譜》,今村与志雄編,載《橋川時雄の詩文と追憶》,日本汲古書院,2006年

　　(二)橋川時雄生平簡介

　　1. 赴中國前

　　一八九四年(明治二十七年,光緒二十年)　一歲

　　三月二十二日,生於福井縣足羽郡酒生村篠尾第五十二號七番地(今福井縣福井市酒生町篠尾四十一番地二十之三)之橋川

家,爲次子。父名莊兵衛,母姓柳生。

一九一三年(大正二年,民國二年)　十九歲

三月,完成福井師範學校(現福井大學)本科第一部課程。四月,開始於福井縣任小學教師。

一九一四年(大正三年,民國三年)　二十歲

十二月,經福井師範學校校長本多忠綱推薦,入漢學家勝屋馬三男(字子駿,號明賓)籤水精舍學習漢學。

2. 在中國期間

一九一八年(大正七年,民國七年)　二十四歲

三月下旬,前往中國。途經京都時拜訪內藤湖南。於神户上船啓程。四月八日至大連,初住橋本八五郎家。拜訪父執金子雪齋,獲其致《順天時報》社社長渡邊哲信之介紹信。五月至北京,經渡邊哲信介紹,至共同通信社任翻譯記者,同時加入日本華語同學會("大日本支那語同學會")習漢語。其間,經介紹曾爲北京大學聽講生,並擔任大和俱樂部書記。

一九二〇年(大正九年,民國九年)　二十六歲

八月十八日,從北京出發,前往江西等地探訪陶淵明遺迹。途中於蘇州訪葉德輝宅,於滬訪康有爲。

一九二二年(大正十一年,民國十一年)　二十八歲

入日文期刊《新支那》社。九月十三日,入《順天時報》社。

一九二三年(大正十二年,民國十二年)　二十九歲

六月,任《順天時報》社編輯長。

一九二四年(大正十三年,民國十三年)　三十歲

三月二十日,與本田深長女淑結婚。借居《順天時報》社內。九月前後,辭去《順天時報》社編輯長職。

一九二七年(昭和二年,民國十六年)　三十三歲

三月二日,移居北京西城西長安街二十一號《文字同盟社》總館。三月,自《順天時報》社辭職。四月廿三日,《文字同盟》第一號發刊。十月二十八日,東方文化事業總委員第三次總會,制定《北京研究所暫行章程》。開始《續修四庫全書》編纂工作。十二月,東方文化事業總委員會選定會址於東廠胡同一、二號。

一九二八年(昭和三年,民國十七年)　三十四歲

一月,任東方文化事業總委員會勤務。五月三日,"濟南慘案"發生。同月十三日,東方文化事業總委員會中國方委員柯劭忞、王樹枏、江庸、湯中等辭職。

一九三一年(昭和六年,民國二十年)　三十七歲

四月八日,偕江瀚、胡玉縉訪問日本。先至京都與狩野直喜見面,後至東京會見服部宇之吉,商議有關編纂《續修提要》事宜。五月二十日回北京。七月二十一日,爲編纂《續修提要》,至江蘇、浙江、安徽、湖北、湖南各地考察,九月至北京。十月,發表《天津、濟南及長江地方學事視察報告書》。

一九三二年(昭和七年,民國廿一年)　三十八歲

十一月移居於東廠胡同一號東方文化事業總委員會內。

一九三三年(昭和八年,民國廿二年)　三十九歲

任東方文化事業總委員會署理,推進《續修提要》編纂工作。

一九三五年(昭和十年,民國廿四年)　四十一歲

九月,北平人文科學研究所出版《昭和十／民國二十四年一月至八月支那學界大事記》、《東方文化事業總委員會及北平人文科學研究所之概況》。

一九三八年(昭和十三年,民國廿七年)　四十四歲

一月,兼任北京新民學院教授,講授史地學。五月,《北京人文科學研究所藏書目録》出版,同年,《方志善本書目》出版。

一九三九年(昭和十四年,民國廿八年)　四十五歲

四月,《北京人文科學研究所續目》出版。

一九四〇年(昭和十五年,民國廿九年)　四十六歲

一月,《東方文化事業總委員會及北京人文科學研究所便覽／四庫全書提要續修》出版。十月,《中國文化界人物總鑑》出版。同年,執筆制定東方文化事業總委員會《本會關於四庫全書提要續修完成期之計劃書》,主要内容:(1)本會工作在中國學術文化兩方面之地位;(2)本會續修事業之規模;(3)有關完成《續修提要》編纂整理之計劃;(4)續修事業之完成及印刷經費;(4)續修提要之編纂者小傳及其擔任之工作。

一九四五年(昭和二十年,民國卅四年)　五十一歲

十月五日,中國教育部特派員沈兼士從重慶飛抵北平,接收東方文化事業總委員會。十月三十日,將所在建築、家具及登記簿册、《續修提要》原稿(約35000篇)等移交教育部,同時移交有關《續修提要》編纂經過及計劃等説明(約三百頁)。

一九四六年(昭和二一年,民國卅五年)　五十二歲

四月二十日,離中國。五月二日,抵日本。五月十日,撰寫致外相吉田茂《報告書》。六月,至東京向外務省遞交《報告書》。

3. 返回日本後

一九四七年(昭和二二年,民國卅六年)　五十三歲

四月,從熊本移居福井,寓松岡町。

一九四八年(昭和二三年,民國卅七年)　五十四歲

四月,任京都女子專門學校教授。八月,移居京都市東山區今

熊野北日吉町四十八號。

　　一九五二年（昭和二七年）　五十八歲

　　九月一日，任大阪市立大學教授。九月，移居京都市東山區今熊野北日吉町三十八號。

　　一九五七年（昭和三二年）　六十三歲

　　三月底，辭去大阪市立大學教授。四月，獲關西大學文學博士學位。

　　一九五八年（昭和三三年）　六十四歲

　　四月，任二松學舍大學講師。

　　一九五九年（昭和三四年）　六十五歲

　　三月底，移居東京都杉並區天沼三丁目六百六十號地。四月，任二松學舍大學教授，兼任圖書館館長（至 1971 年三月底卸任）。

　　一九六八年（昭和四三年）　七十四歲

　　一月，《學問之聯想——關於橋川時雄先生》發表，載《東方學》第三十五輯（東方學會，東京）。

　　一九七一年（昭和四六年）　七十七歲

　　三月底，自二松學舍大學教授退休。四月一日，任二松學舍大學名譽教授。

　　一九八〇年（昭和五六年）　八十六歲

　　七月十五、十六日，接受阿部洋（國立教育研究所教育研究室長）等採訪，採訪記《中日文化摩擦——橋川時雄氏訪問紀錄》次年初版。

　　一九八二年（昭和五七年）　八十八歲

　　十月十九日，因急性心臟功能不全，於長野縣野尻山莊去世，享年八十八歲。十月三十一日，二松學舍大學舉行“故橋川時雄（二松學舍大學顧問·名譽教授）大學葬”及“故橋川子雍先生を偲んで座談會"。

　　以上所述橋川先生生平,大致可分爲學生時代、在中國期間、返回日本後三個階段。橋川先生居留中國近三十年(1918—1946),正值其人生壯年(二十四歲至五十二歲),1925年東方文化事業總委員會之成立及隨之開展之《續修提要》編纂事業,爲橋川先生提供文化與學術活動之廣闊舞臺,橋川先生之學問事業,俱在此期間成熟並達成其人生之輝煌。

　　橋川先生在北京先後擔任記者,編輯《文字同盟》,學習漢語,翻譯當代名家(如梁啓超、胡適、周樹人)著作,並外出旅行考察,拜訪各地學者,同時購買舊籍,研讀漢文文獻,專研六朝文學,經刻苦磨煉與得天獨厚之境遇,成爲近代日本著名之"中國通"、"一代碩學"(二松學舍大學老學長浦野匡彥語)。

　　橋川先生在中國之最重要活動,乃在其爲推進《續修提要》編纂活動,廣泛結交北京新老學者,成爲三四十年代北京文化界之知名人物。關於此點,著名學者傅增湘曾概括云:

　　子雍橋川君自東瀛來,久居燕京,相知十餘年矣,嗣以從事東方文化總會,與余過從尤數。其爲學也勤,其治事也勇,其接人也和以摯,蓋智力强果而才識開敏之士也。近歲以來,續修《四庫全書提要》,汲汲以徵文考獻爲務,交游益廣,聞見益博,凡故都耆宿、新學英流,靡不傾身延接,氣誼殷拳,而吾國人士亦多樂與訂交,而争爲之盡力,由是君之名日以盛,君之業日以閎,蓋君之志,夙以播揚東方文化爲中日兩國敦睦之基者也。(《中國文化界人物總鑑序》)

　　藏園老人稱橋川先生"其爲學也勤,其治事也勇,其接人也和以摯,蓋智力强果而才識開敏之士也",代表當時中國方面學人對於橋川先生之定評;又稱橋川先生之志"夙以播揚東方文化爲中日兩國敦睦之基者也",涵詠再三,至今猶覺意味深長。

三、橋川時雄與《續修四庫全書總目提要》

(一)《續修四庫全書總目提要》編纂簡介

《續修四庫全書總目提要》,又稱《續四庫全書提要》《續修四庫提要》,係 20 世紀 20 至 40 年代,由利用"庚款"成立之東方文化事業總委員會主持,組織當時北京地區部分中國學者集體編纂之一部大型古籍提要目録(内含少量近人著述,包括部分日本、韓國學者著述),計著録《四庫全書總目》未收及《四庫全書》編纂成書後問世之書籍 34000 餘種,爲現存規模最大之中國古代文獻解題目録。

《四庫全書》及《四庫全書總目提要》成書於 18 世紀末,至清末已近百年。清末民初,王懿榮、章梫、喻長霖、金梁、邵瑞彭、李盛鐸、孫雄、倫明等學者,先後呼籲"續修四庫全書"。諸家觀點,概而言之,爲對《四庫全書》作"補修"、"補正"及"續修"等項,涉及中國傳統文化典籍之全面清理,工鉅事繁,而近世喪亂頻仍,國步維艱,迄未能實現。1925 年日本利用"庚款"成立之東方文化事業總委員會,提出"續修《四庫全書》"計劃,建立北京人文科學研究所及圖書館,購置大量清代乾隆以後問世之學術著作,並編纂《續修提要》收書目録,據書目邀集各科專家學者,分工撰寫提要,使"續修四庫全書"計畫得以部分實現。

現經調查得知,曾經參加《續修提要》撰稿之各科學者,有以下七十一人:王式通、王孝魚、王重民、江瀚、向達、沈兆奎、吳廷燮、吳燕紹、吳承仕、何小葛、何澄一、余紹宋、余寶齡、奉寬、尚秉和、周

叔迦、柯劭忞、柯昌泗、柯昌濟、胡玉縉、茅乃文、高潤生、高觀如、班
書閣、夏仁虎、夏孫桐、孫光圻、孫作雲、孫海波、孫雄、孫楷第、孫人
和、孫曜、倫明、徐世章、商鴻逵、許道齡、鹿煇世、黃壽祺、張伯英、
張海若、張壽林、陸會因、陳鍫、馮汝玠、馮承鈞、馮家昇、傅振倫、傅
惜華、傅增湘、楊樹達、楊鍾羲、葉啓勳、董康、趙萬里、趙録綽、劉白
村、劉思生、劉啓瑞、劉節、蕭璋、謝國楨、謝興堯、韓承鐸、瞿漢、瞿
宣穎、譚其驤、羅振玉、羅福頤、羅繼祖、鐵錚。

　　以上學者名録，反映《續修提要》撰稿人具有不同年齡層次、
學術背景及專長。新舊學者之共同參與，使《續修提要》大致體現
民國時期各學科發展之水準，也使其成爲今人研究該時期學術史
之淵藪。由於歷史之原因，《續修提要》並未最後編纂完成。已經
積累之《續修提要》稿本，由於迄未全部整理出版，學界對其之利
用與研究亦尚待深入。爲提高《續修提要》之利用率及研究深度，
首先須完成對現存稿本之全面整理。

　　(二)《續修四庫全書總目提要》出版與整理

　　橋川先生回憶録中提及，1946年，原北京人文科學研究所之藏
書及《續修提要》原稿，均經其手向民國政府教育部特派員沈兼士
完成移交。橋川返回日本後，迫於生計，奔走東西兩京，晚年任教
二松學舍大學，年事漸高，而對於《續修提要》原稿之命運，一直念
念不忘，深切關注。1962年，聞臺灣商務印書館出版《續修提要》
油印稿，滿懷興奮，賦詩稱慶，並致函王雲五道謝。

　　20世紀70年代以來，《續修提要》先後出現以下數種整理本：

　　1.《續修四庫全書提要》十二冊附“索引”一冊　臺灣商務印
書館，1972年

　　此本係據日本京都大學人文科學研究所(原日本東方文化學
院京都研究所)所藏《續修提要》油印稿排印，計收録提要稿11000

篇左右。京都大學所藏油印稿,係自 1935 年開始由北平人文科學研究所據諸家手稿打字油印後分期寄送保存,同時寄送日本者,尚有日本東方文化學院東京研究所、外務省各一份。油印稿寄送至 10080 種停止,僅佔現存《續修提要》稿本三分之一。臺灣商務本不僅內容不足,句讀整理也較爲粗疏。

2.《續修四庫全書提要·經部》二册　中國科學院圖書館整理中華書局,1992 年

此本係由中科院圖書館承擔整理,工作底本爲該館所藏《續修提要》油印本,收錄經部提要 4400 篇。該館原擬陸續完成《續修提要》全稿整理,但"經部"出版後停頓。

3.《續修四庫全書提要》三十八册　中國科學院圖書館整理齊魯書社,1998 年

此本係據中國科學院圖書館藏原北京人文科學研究所《續修提要》稿本整理影印,收錄諸家所撰提要原稿 34000 餘篇。影印本具有以下特點:(1)所收提要篇數最全(如經部提要稿較油印本增加五百篇以上);(2)提要篇目依撰稿人次序編排;(3)因篇目排次未經分類,故增加索引(分類、書名、作者)一册以便檢索,其分類基本沿襲原北平人文科學研究所之圖書分類表(個別類目作變通)。影印本之問世,首次公開《續修提要》全部稿本,厥功甚偉。其缺點則因係諸家手稿,塗改勾乙,字迹難辨,未經標點整理,存在閱讀困難,又因未加分類編排,使用亦多不便。爲便此書充分利用,整理排印,實不容緩。

4.《續修四庫全書提要》　吳格主編　書目文獻出版社／中華書局,2008 年始

據齊魯書社影印《續修提要》稿本整理校點,並以臺灣商務印書館、北京中華書局排印本參校,收錄《續修提要》稿 34000 餘篇,

將由書目文獻出版社及中華書局合作，自 2008 年開始陸續出版
（"叢書部"、"方志部"、"經部"）。

　　1998 年原藏北京人文科學研究所、後歸中國科學院圖書館收
藏之《續修提要》稿本影印出版，爲全面整理《續修提要》提供了基
礎。自 2002 年以來，《續修提要》整理獲中國國家教育部立項支
持。目前，經南北多所高校、圖書館文獻學專家分工合作，已完成
《續修提要》半數以上稿件之初步整理，進入最後審稿階段。

　　新整理本《續修提要》於收錄篇目、文本形式、校點質量等方
面，具有以下特點：（1）以齊魯書社影印之中國科學院圖書館藏
《續修提要》稿本爲工作底本，加以新式標點，並據自油印本生成之
臺灣商務印書館 1972 年排印本、中華書局 1993 年排印本參校（改
動增損處均出校説明）；（2）對 34000 餘篇提要重新編排，按經、
史、子、集、方志、叢書六部編次；（3）經識讀標點之原稿，在整理過
程中同時完成電子文本製作；（4）重編《續修提要》目録及書名、作
者索引。

　　以經部稿爲例，因收入《續修提要》原稿本、油印本中經部
提要稿，篇目達 5100 餘篇（300 餘萬字），較之此前已問世之排
印本，數量有所增加（臺灣商務印書館斷句本收經部提要 2384
篇，中華書局斷句本收經部提要 4500 篇），點校質量也有所
提高。

四、新近發現之兩種《續修提要》編纂資料

（一）中國國家圖書館新入藏《橋川時雄友朋函札》百件

　　今村与志雄先生所編《橋川時雄の詩文と追憶》，收羅橋川先
生學行及《續修提要》資料甚富，對本人研究實多裨益，感激至深。
茲再介紹新近發現之兩種《續修提要》編纂史料。

　　2005 年，中國國家圖書館善本特藏部從民間採訪入藏"橋川時雄友朋函札" 100 件。此批函札，即橋川先生在北京從事《續修提要》編纂期間，與中、日學人往來信件等之遺存。函札形式包括信函、收據、便箋、書單等，其中出自中國學人者 26 件，出自日本學人者 74 件。中國學人致橋川先生之中文信函等，已於中國圖書館所編《文獻》雜誌 2006 年近期披露，其簡目如下：

　　（1）齊白石函一葉（無信封）；（2）馮家昇簡歷一葉（無信封）；（3）傅增湘收書條一葉（有信封）；（4）胡玉縉函一葉（有信封）；（5）胡玉縉明信片一張（正背面）；（6）闞鐸（霍初）函一葉（有信封）；（7）京城印書局結算單一葉（有信封）；（8）瞿漢函一葉（有信封）；（9）鹿輝世函一葉（無信封）；（10）倫明函一葉（無信封）；（11）倫明函一葉（有信封）；（12）茅乃文函一葉（有信封）；（13）尚秉和函一葉（有信封）；（14）國立北京師範學院書目打印稿二葉（有信封）；（15）孫雄（師鄭）函一葉（有信封）；（16）孫曜函二葉（有信封）；（17）文奎堂送書單一葉（無信封）；（18）吳承仕《論語皇疏校記叙文》三葉（有信封）；（19）夏孫桐函二葉（有信封）；（20）夏文興函一葉（有信封）；（21）謝興堯函一葉（無信封）；（22）楊（毅）函一葉（有信封）；（23）永寶山房收書款憑據一卷（有信封）；（24）張時學函二葉（有信封）；（25）趙萬里函一葉（有信封）；（26）□□函二葉（有信封）。

　　以上信函作者，如馮家昇、傅增湘、胡玉縉、瞿漢、鹿輝世、倫明、茅乃文、尚秉和、孫雄、孫曜、吳承仕、夏孫桐、謝興堯、趙萬里等人，均見於《續修提要》撰稿人名單，其所撰提要稿，亦分別見於《續修提要》原稿影印本。其信函內容，多關於《續修提要》選目交稿等事，從側面反映《續修提要》編纂進程及橋川先生與諸撰稿人之交往情形。

（二）日本東洋文庫新入藏《續修提要》書目及收稿記録

本人作爲復旦大學與早稻田大學交換研究員，自 2005 年秋赴日訪問。個人研究計劃，即校閱《續修提要》經部整理稿以付出版。由於工作量繁重，終日伏案，不敢心有旁騖，早大圖書館藏書美富，雖近在咫尺，仍未多涉足。東京其他圖書館所在，雖心向往之，亦甚少訪問。不意冥冥之中，若有神佑，偶承友人介紹參觀東洋文庫，即於該文庫近年新購入而尚未編目公開之書箱内，發現有關《續修提要》編纂之重要史料，復蒙東洋文庫主持人厚誼，慨允複製該批資料以供研究。文獻遇合，已稱奇緣，復蒙同道多助，益感《續修提要》整理之機緣湊泊而責任重大，不容稍懈。

東洋文庫新入藏《續修提要》編纂資料，共六函八十八册，爲原北京人文科學研究所組織《續修提要》編纂中遺存之“書目記録”及“交稿記録”。所謂“書目記録”，即各撰稿人與研究所商定承擔撰寫提要之書目；所謂“交稿記録”，即各撰稿人完成提要撰寫後交稿之時間及篇目記録。“書目記録”凡四十册，“交稿記録”凡四十八册。以上兩種記録，皆以人立册、人各一册。其内容簡介如下：

1. 東洋文庫藏《續修提要》“書目記録”

三函四十册（書高 26.5 厘米，寬 20 厘米）

封面（底）單葉，磁青布拓裱，内（底）封葉粘連，四眼雙綫裝訂，上下書背包角。

封面左上、右下方各粘長方紅色紙簽一（白紙襯邊），上簽内書撰者姓名及“書目”各一行；下簽空白，全體一例。書根、書背分別有墨書撰者姓名（内“孫海波／第二册”、“趙録綽／第二册”、“劉啓瑞／第二册”、“羅福頤”四册爲紅色鉛字鈐印）。

正文每册五十葉左右，十二行紅格稿紙（版匡高 17.1 厘米，寬

34.2 厘米），四周雙欄，文武邊，白口，版心上方有朱方墨丁。每冊自次葉始書寫，每葉以鉛筆畫爲五欄：

（1）"某部、類"，如"史部奏議類"

（2）"書名"，如"《怡賢親王疏鈔》一卷"

（3）"版本"，如"道光三年刊本"

（4）"撰人"，如"清怡賢親王允祥撰"

（5）"備考"，如"二十五年三月到"

各行上方欄外鈐有"已撰"朱文長方小印、或以鉛字補寫"已撰"二字。

以上"書目記録"册著録《續修提要》撰稿人爲沈兆奎、吳向之、吳燕紹、余寶齡、柯燕舲（昌泗）、茅乃文、高觀如、班書閣、夏仁虎、夏孫桐、孫海波、孫光圻、孫人和、孫曜、倫明、許道齡、鹿煇世、黃之六（壽祺）、張伯英、張壽林、陸會因、陳壬孫、馮承鈞、傅振倫、傅惜華、葉啓勳、趙萬里、趙録綽、劉澤民、劉啓瑞、謝興堯、韓承鐸、瞿漢、瞿兌之、譚其驤、羅福頤等三十六人。

2. 東洋文庫藏《續修提要》"交稿記録"

三函四十八册（書高 26.5 厘米，寬 20 厘米）

封面（底）單葉，磁青布拓裱，内（底）封葉粘連，四眼雙綫裝訂，上下書背包角。

封面左上、右下方各粘紅色紙簽一方（白紙襯邊），上簽内書撰者姓名一行（或書字號而旁注本名，或姓名前加"編纂者"等字）；下簽書"研究所"三字，全體一律。書根、書背分别鈐有（鉛字）撰者姓名。

正文每册五十葉，十二行紅格稿紙（版匡高 17.1 厘米，寬 34.2 厘米），四周雙欄，文武邊，白口，版心上方有朱長方墨丁。每册自次葉始書寫，每葉以鉛筆畫爲六欄：

（1）某部某類（注明該行所録書類屬,如“史部詔令奏議類”）

（2）書名（注明該行所録書名,如“御製孝獻皇后行狀一卷敕撰傳”）

（3）版本（注明該行所録書版本,如“松鄰叢書本”）

（4）撰人（注明該行所録書撰人,如“清世祖製行狀,金之俊敕撰傳”）

（5）收稿日期（注明該稿收到日期,如“七月廿二日”）

（6）附注（注明該稿係屬撰稿人何年何月份之稿,如“二十年七月份”）

以上“交稿記録”册著録《續修提要》撰稿人爲王式通、王重民、江瀚、向覺民、沈兆奎、吳廷燮、吳寄荃、吳承仕、何小葛、何澄一、余紹宋、尚秉和、周叔迦、柯紹忞、胡玉縉、高潤生、班書閣、夏仁虎、夏孫桐、孫海波、孫師鄭、孫楷第、孫曜、倫明、鹿煇世、張伯英、張海若（國溶）、張壽林、馮汝玠、馮承鈞、馮家昇、傅振綸（倫）、楊遇夫、楊鍾羲、葉啓勳、董康、趙斐雲、趙録綽、劉節、謝國楨、謝興堯、瞿仙槎、瞿宣穎、譚其驤、蕭仲珪（璋）等四十五人。

（以上東洋文庫新入藏《續修提要》編纂資料之詳細介紹,已揭載於本刊第三輯。）

五、結語

橋川先生之學行及其與《續修提要》之關係,材料甚多,限於篇幅,不克一一介紹。本人對於上述文獻之利用研究,亦有待繼續深入,所述僅爲嘗鼎一臠,希望今後有機會彌補,並願與中外同行中關心橋川先生與《續修提要》的研究者深入切磋。

歷史文獻研究中,新史料之出現,常能給人帶來巨大驚喜,而許多塵封已久、逐漸爲人淡忘之歷史人物及事件,又會因此而刮垢磨光，重新評説。本人感覺，較之返回日本後之生命歷程，橋川先生中年在北京度過之歲月，緊張而豐富，優雅而光彩。"卅載幽燕久滯留，自甘勞苦吏儒兼"，橋川先生對於《續修提要》編纂之貢獻，及其與中國學人交往之友誼，相信不會隨時光而湮没。

（《域外漢籍研究》第四輯，2008 年）

《四庫全書存目叢書》、《四庫禁燬書叢刊》之編印及其文獻價值

19世紀中期以降,延續數千年之中國古代典籍流傳方法,於傳鈔、刻印等形式外,又增加影印之術。採用西方傳入之照相技術,攝製文獻底本,施以石印、膠印等法,複製印刷,裝訂發行,影印書遂大行其道。相對傳統雕版印刷、活字印刷圖書而言,影印書是新印刷技術之成果。影印書之流行,既增加中國圖書製作之類型,又對圖書編纂出版產生深刻影響。

早期之影印本圖書,多為傳教士所印宗教讀物,流傳於沿海地區,規模及影響尚有限。各地書坊因其印製便捷、圖文傳真之特點,起而仿效,所印多為新學著作、書畫作品,影響漸大,規模仍然有限。清同光以後,西學日興,技術引進及設備更新,圖書影印之規模擴大,出版類型亦隨之增加。光緒間同文書局影印殿版《二十四史》,圖書集成局影印《古今圖書集成》、《大清會典事例》、《康熙字典》等大型官書,標誌影印技術已應用於複製保存中國傳統典籍,並出現官商共同參與影印出版之格局。進入20世紀,古籍影印事業繼續發展。三代吉金、甲骨文字、敦煌文獻、清宮檔案、方志族譜、叢書總集等,莫不藉影印技術大量複製流通。商務印書館編纂出版《四部叢刊》三編、《百衲本二十四史》、《續古逸叢書》等大型影印本叢書,作為20世紀前期中國古籍影印之標誌性成

果，表明影印技術已與古籍叢書編纂相結合。張元濟先生等前輩嘔心瀝血，畢生努力，在古籍影印叢書之編纂旨趣、範圍、方法，以及底本之收集、配補、修描，圖書之印製、徵訂、發行等環節，艱苦摸索，創立規範，對古籍整理出版事業，乃至近三十年來之古籍影印熱潮産生持續影響。

20世紀後期，以臺灣商務印書館影印《文淵閣四庫全書》爲潮頭，大陸出版界積極響應，"四庫系列叢書"相繼影印成書，海峽兩岸出版界與學術界共同迎來中國古籍影印出版之高潮。所謂"四庫系列叢書"，除《四庫全書》（包括文淵閣、文津閣、文瀾閣諸本）以外，又有《四庫存目叢書》、《四庫禁燬書叢刊》、《四庫未收書輯刊》、《續修四庫全書》諸叢書，影印古籍總量已多達18000餘部，成爲今人利用中國傳統典籍之基本書庫。以上諸種影印本叢書中，《四庫存目叢書》、《四庫禁燬書叢刊》編纂最先，成書最早，對其他各叢書之編纂産生影響。各叢書之編纂，旨趣相同，範圍各別，子目互有避讓，内容互有彌補，形成系列叢書，造就了近年來古籍影印之共同業績。兹略述《四庫存目叢書》、《四庫禁燬書叢刊》兩叢書編纂原委，並探討古籍影印之相關問題。

甲、《四庫全書存目叢書》之編纂

一、《存目叢書》編纂始末（1992—1997）

20世紀70年代後，文化教育事業進入新發展期。隨着教學科研發展，對於古代典籍基礎讀本之需求量激增，圖書館及出版界均深感古籍資源不足之壓力。鑒於古籍原本收藏日漸稀缺，而保留原本面貌，相對價廉易得，内容可靠、便於檢閲之古籍影印本，遂成爲學術界與出版界之共同選擇。80 年代初,臺灣商務印書館歷時多年完成影印之《文淵閣四庫全書》進入大陸,深受圖書市場歡迎,80 年代後期,上海古籍出版社再度影印《文淵閣四庫全書》發行全國,及時緩解各高校及研究機關對古代基本典籍之利用需求。隨着《四庫全書》流行,文獻學界轉而關注《四庫全書》以外古代文獻之調查與開發,出版界也同時尋找出版新熱點。

　　《四庫全書》編纂完成於 18 世紀後期,收入先秦至清乾隆朝歷代四部典籍 3460 部左右。對於《四庫全書》之編纂宗旨及文本質量,二百年來雖毀譽不一,仍無損於其作爲古代典籍基本文庫之系統性與完整性。後人對於古代文獻之繼續整理,莫不以《四庫全書》已收書作爲基本範疇,進而對《四庫全書》未收書展開調查研討。研究表明,爲編纂《四庫全書》,當時所徵集之宮廷及各地藏書,即所謂“四庫進呈本”,總量達 13500 餘種。據《四庫全書總目》之記録,除去《四庫全書》已收録書 3461 種,《四庫存目》著録之書凡 6793 種。據乾隆五十一年清點記録,《四庫全書》已收録、已存目書之底本凡 9416 種,曾藏於翰林院書庫。及至清末,此批底本已散失殆盡。目前知見之《四庫存目》書底本,估計僅三四百種。

　　《四庫全書》問世以後,清代學者對於《四庫全書》之目録學研究,主要用力於《四庫全書》已收書之版本調查。如《增訂四庫全書簡明目録標注》(清邵懿辰標注,邵章增訂)、《藏園訂補邵亭知見傳本書目》(清莫友芝撰,傅增湘訂補),均爲傳世名作。而對於《四庫全書》未收書之著録考訂,則散見於各類書目、提要、書志中。20 世紀 30 年代,著名文獻學家顧廷龍先生,曾留意《四庫存目》書之版本著録,“凡過目《存目》之書,均注於單行本《四庫全書附存目録》各條之下”。

　　1990 年以後,山東大學杜澤遜先生立志仿照《四庫簡明目録標注》體例,從事《四庫存目》書之全面調查與著録,經十餘年勤劬不捨,終於近歲完成二百餘萬字之力作《四庫存目標注》。經其調查,各地圖書館現存之《四庫存目》書,尚有 5000 種左右,其中千餘種已屬流傳稀見,亟待重視並保護。《四庫存目》書分藏各地圖書館等收藏機構,所謂保護措施,捨影印以化身千百,實無其他善策。天幸文獻流傳,適逢其會,《四庫存目》書之收集影印,未幾即付諸實現,而杜氏所從事之《四庫存目》標注,亦借《存目叢書》編纂而成書。

1992 年五月二十五日至三十一日,爲研究製定《中國古籍整理出版十年規劃和 "八五" 計劃》,第三次全國古籍整理出版規劃會議在京舉行。與會之知名學者周紹良、胡道靜先生,先後提議應重視《四庫存目》書調查整理,周紹良並提出印行《四庫全書存目叢書》之主張。

1992 年十月,中國東方文化研究會歷史文化分會向國務院古籍整理出版規劃小組提出《四庫全書存目叢書》編纂方案。同年十二月二十三日,古籍整理出版規劃小組即下達 "關於編纂出版《四庫全書存目叢書》的批復",認爲編纂《存目叢書》"對於保存和搶救文化典籍,推動學術研究,弘揚優秀傳統文化,都具有重要意義",並批准《存目叢書》爲 "國家重點古籍整理出版項目"。

1993 年一月十三日,《存目叢書》編纂出版工作委員會成立,劉俊文(中國東方文化研究會歷史文化分會會長、北京大學教授)任主任。1994 年九月十一日至十三日,於北京大學召開 "《存目叢書》編纂工作座談會",《存目叢書》編纂委員會及顧問委員會同時宣佈成立,季羨林(北京大學教授)任總編纂,劉俊文(北京大學教授)、張忱石(中華書局編審)任副總編纂,並延請周一良、任繼愈、胡道靜、周紹良、張岱年、侯仁之、程千帆、王紹曾、冀淑英、黄永年、劉乃和、朱天俊等知名學者任學術顧問,近百位文史學者及版本目錄學者組成編委會。來自中科院、社科院、北京大學、山東大學等單位之十餘位中青年學者,承擔常務編輯工作。自此,《存目叢書》進入正式編纂階段。

《存目叢書》編纂活動,因有明確之編纂宗旨及範圍,書目調查已具基礎,加以中青年學者組成之編輯小組工作勤奮,富於效率,又獲各地圖書館古籍部等同行通力合作,故進展甚速,創立大型叢書編纂“官修民辦”之成功案例。叢書編纂正式啓動於 1994 年秋,至 1995 年十一月二十六日,《存目叢書》首發式暨專家鑒評會即於北京舉行。至 1997 年十月,全書 1200 冊由齊魯書社全部出版。同年十一月二日,《存目叢書》出版慶祝會在北京舉行。2001年,齊魯書社又出版《存目叢書補編》。

《存目叢書》編纂工作,包括以下內容:(1)利用先期調查已獲知之書目信息,製作“《四庫存目》底本徵集表”;(2)將“《四庫存目》底本徵集表”寄至各地圖書館,誠邀古籍同行合作,配合《四庫存目》底本之核查;(3)依據各館反饋之收藏信息,確認《存目叢書》之影印底本,並落實複製事宜;(4)審核各地圖書館寄達之底本複製件(膠卷或複印件),如有缺失,則協調其他收藏館合作,配補缺卷缺葉,最後交付製版印刷。杜澤遜親歷編纂之役,對《存目叢書》編纂過程曾有詳細追述,將編纂過程歸納爲“調查編目”、“拍攝複製”、“鑒別”、“纂修”、“終審”、“描潤”、“影印裝潢”等七個步驟。

二、關於《存目叢書》編纂之討論

《存目叢書》編纂伊始,曾發生對於《存目叢書》是否應該印行、應否全部印行之討論。參加討論並發表意見者,頗多學界名流,引起社會關注,餘波甚至及於十餘年後。對於《存目叢書》編纂印行之質疑意見,其實源於對《四庫全書》之評價。《四庫全書》編纂完成後,清代學者之訂補意見,通常藉曲折形式以表達,散見於各家讀書筆記、藏書題跋及書志提要中。清社既屋,世人對於《四庫全書》之認識,又由批判其編纂宗旨、進而懷疑其學術内容爲主流意見。

民國初期,北三閣《四庫全書》歸爲國有,《四庫全書》影印計劃曾多次提出,無奈形格勢禁,屢議屢輟。如民國十三年(1924)商務印書館提出影印《四庫全書》計劃,曾引發學界乃至政界之熱烈爭議。商務印書館出於學術及經濟等諸方面考慮,提出之《四庫全書》影印計劃,包括"選印《四庫全書》"及"刊爲續編"兩項内容。所謂"選印《四庫全書》",即1935年完成之《四庫全書珍本初集》影印,此爲後來《文淵閣四庫全書》影印之先聲。所謂"刊爲續編",即"擬請海内通人,選擇《四庫存目》及未收書,刊爲續編",已包含選印《四庫存目》書設想,在反對影印《四庫全書》之意見中,也有學者提議選印《四庫存目》書:"如編印有清一代考證諸書,以總結考證學之成績,或搜印四庫未收書、存目書及禁書等,以彌當時修書因各種原因而產生之缺憾,亦非全無價值之舉。"(黄雲眉《從主編者意圖上估計四庫全書之價值》)可見對於《四庫全書》之利用與續編,都涉及對《四庫存目》書之重新清理。

1992年《存目叢書》編纂消息公佈後,"報紙、雜誌、電視、廣播等各種媒體都多次出現關於《四庫存目》的消息或評論,鄧廣銘、王紹曾、季羡林、任繼愈、宿白、施蟄存、黄永年、程千帆、周紹良、胡道靜、周一良、顧廷龍、何滿子等一大批學者發表過對《四庫存目》的論述,在1993年前後,《四庫存目》成了學術界熱門話題之一"(杜澤遜《四庫存目標注序論》)。對於編印《存目叢書》之贊成或反對,爭論焦點仍集中於《四庫存目》書之學術評價。如鄧廣銘先生於《光明日報》發表《論〈四庫全書存目叢書〉不宜印行》一文,認爲《四庫存目》書"大多數是應當棄而不收"(1994年七月二十九日)。相反意見則認爲,《四庫存目》書未可一概否定,其中含有大量可取之書。如王紹曾先生亦於《光明日報》發表《印行〈四庫存目叢書〉之我見》(1994年十二月二日),對於《四庫存目》書作了正面評價:"編纂出版《四庫全書存目叢書》,是搶救保存古代典籍,弘揚優秀傳統文化的一大盛舉。這4000餘種書,一旦在國內外廣爲流傳,使讀者得以恣意披讀,則對學術文化的發展,必將起到越來越大的作用"。此外,也有專家質疑《四庫存目》書是否需要全部重印。

　　杜澤遜曾據自己對於存世《四庫存目》書之大量目驗,歸納出《四庫存目》書產生之九種原因:(1)出於限制篇幅之需要,大量圖書未能進入《四庫全書》;(2)由於"貴遠賤近",《四庫全書》對時代較早之圖書從寬收錄、時代較近之著述則從嚴遴選;(3)由於"揚漢抑宋"之導向,宋明理學著述被大幅度删汰;(4)因"壓制民族思想",一切講"夷夏之辨"凡涉及邊疆民族關係之書籍均受到嚴厲查禁,部分"違礙書"也列入《四庫存目》;(5)因"維護封建倫理道德",對"離經叛道"、"非聖無法"之著作嚴加排斥,小說戲曲類著作也排斥於《四庫全書》之外;(6)因"避免重複"而列入《四庫存目》,如同書之別本、初出單行本或裁篇別出本、子目已散入各類之叢書等;(7)因"尊官書而抑私撰",清代官修之書收入《四庫全書》後,其編纂憑藉之底本往往入於《四庫存目》;(8)因"原本殘缺或漫漶過甚,無法校寫"者;(9)因"著作水平庸劣或偏妄"而列入《四庫存目》。由於以上諸種原因,致使《四庫全書》編纂時,大量明清文獻、宋明理學著作、含有異端思想、涉及民族關係之作,

均被删汰入《四庫存目》，以致《四庫存目》書數量超過《四庫全書》
所收書。

對於《四庫存目》書應該全印，抑或選印，杜澤遜主張，應據搜
討所得，全部付諸影印。基於《四庫存目》書大多已成珍稀之本，
古人著述自有其存在價值之基本判斷，他提出不採取選印之三條
理由：（1）對於今人而言，文獻資料越全越好；（2）如果選印，何去
何從，今人缺乏鑒別能力；（3）因《四庫存目》書分藏各家，實際調
查時無從比較選擇。

三、《存目叢書》之内容及版式

《存目叢書》1997 年由齊魯書社出版，收書 4508 種、60000 餘
卷。2001 年齊魯書社又出版《存目叢書補編》，收書 210 餘種。兩
者合計，共收《四庫存目》書 4718 種，約佔《四庫全書總目》所著
錄存目書十分之七。以此可知，自清乾隆至今二百年間，《四庫存
目》書已流失 1500 種以上。《存目叢書》依《四庫全書總目》原序
編次，計經部二百二十册（收書 734 種），史部二百九十二册（收書
1086 種），子部二百六十一册（收書 1253 種），集部四百二十六册
（收書 1435 種）。《存目叢書》影印底本，包括宋元本 37 種，明版書
2100 餘種，明鈔本 120 餘種，清鈔本 330 餘種，稿本 22 種，清刻本
1600 餘種，其中頗多罕傳之本。

《存目叢書》之影印底本，徵集自海内外一百餘家圖書館等機
構。各館底本複製件彙總後，除審核底本、鑒定版本、理順卷葉、配
補缺失外，尚需經統一版式、標注册頁、規範書名、附印提要等編輯
加工，以期影印本清晰可觀，便於檢閱，書品精良，利於流傳。杜澤
遜追憶《存目叢書》編輯加工，曾述及以下細節：（1）複製中過濾
描除底本之暗色汙漬；（2）拼貼底本中縫以恢復原葉形態；（3）縮

印原葉以便每頁排成上下欄;(4)每書之前新製統一規範書名頁;(5)每書之尾附印該書《四庫提要》;(6)全書以册爲單位編製統一頁碼;(7)照相製版並以 70 克膠版紙印刷;(8)每册約分爲 800 頁,訂爲 1200 册;(9)附編《存目叢書總目録》及索引。

《存目叢書》爲 20 世紀末"四庫系列叢書"影印本中最早完成之叢書,其運作模式、底本徵集、編纂方法、版式設計、編輯加工等,對其餘各叢書編纂,均産生示範作用。《存目叢書》編纂之又一功績,在於培養造就優秀人才。當年參與叢書編纂之中青年學者,原本學有所長,曾經文獻學訓練,又因親身經歷編纂影印之役,學養經驗,更臻成熟,日後多成爲國内文獻學研究教學之骨幹,於古籍整理出版事業中成績斐然。

乙、《四庫禁燬書叢刊》之編纂

一、《禁燬書叢刊》編纂始末（1996—1999）

《四庫禁燬書叢刊》(下簡稱《禁燬書叢刊》)之編纂出版,與《存目叢書》幾乎同時起步。1993 年底,來自北京大學、清華大學、中國社科院圖書館之一批中青年學者,即開始對於編纂《禁燬書叢刊》之策劃。中經四年籌備,至 1996 年秋立項,正式啓動。其後編纂付印,又歷時四年,故成書較《存目叢書》稍晚。鑒於《四庫全書》影印流傳對古籍整理事業之推動、《存目叢書》對於《四庫全書》未收書之調查收集,《禁燬書叢刊》拾遺補闕,另闢蹊徑,有志於《四庫全書》著録書、存目書以外,網羅搜討清代禁燬書,以開拓古籍整理影印之新領域。

《禁燬書叢刊》最初擬名《清代禁書集成》,其編纂宗旨,希望充分利用大陸現存之禁燬書資源,繼續臺灣偉文圖書出版社《明清禁燬書叢刊》未竟之業。經調查發現,所謂清代"禁燬書",實有狹義、廣義之分。狹義之"禁燬書",主要指清人入主中原後爲鞏固其專制統治,於康雍乾三朝屢興文字獄時所禁燬之四部圖書。廣義之"禁燬書",則不限於文字獄範疇,還包括乾隆後,尤其是同治、光緒間,中央及地方官守爲"維持風憲"而嚴令禁止之民間信仰、民間藝文類出版物。由政治文化、歷史地理、人物事件等因素引發之禁書活動,主要發生於清前期,至乾隆朝編纂《四庫全書》達於高潮,曾對大量文獻全面實行"刪改"、"抽燬"、"全燬"。據不完全統計,"全燬"書達 2400 餘種,"抽燬"書達 400 餘種,實燬書籍、刪改書籍則記不勝記。此類曾遭禁燬之圖書,除少量"抽燬"書尚著錄於《四庫存目》,大多已流傳稀少,名目罕見,亟待清理搶救。《禁燬書叢刊》之編纂範圍,最後定位於收集並影印清康雍乾三朝文字獄涉及之禁燬書,用以填補《四庫全書》及《存目叢書》之空白,而不收清乾隆後禁燬之寶卷、戲曲、小說等圖書,因此《禁燬書叢刊》亦可視爲"清代文字獄叢書"。

　　《禁燬書叢刊》編纂之先,首先對現存清前期禁燬書資源進行徹底清理。禁燬書之書目調查,分爲三步進行:(1)據姚覲元《清代禁燬書目》、孫殿起《清代禁書知見錄》、雷夢辰《清代各省禁書彙考》及陳乃乾《索引式的禁書總錄》等禁書目錄,編製成《清代禁書草目》;(2)利用國內各大圖書館古籍書本目錄,卡片目錄作深入核查,建立"現存清代禁書底本徵集數據庫";(3)於數據庫中標注《四庫存目》書"等信息,以便與《存目叢書》等所收書避讓。據調查統計,清代前期禁燬書總量約 3000 種、150000 餘部。經比勘核查,獲知現存於各大圖書館之清代禁燬書,大約有 1400 餘種,經整理篩選,確定可收入《禁燬書叢刊》之影印底本,約有 890 種左右。

　　1996 年,《禁燬書叢刊》經書目調查、資金籌措等前期準備,獲全國高校古委會立項,不久又獲教育部、文化部及國家民委批文支持,項目由國家新聞出版署綜合司主管。與此同時,叢書編纂所需資金,獲得北京川山技貿總公司投資支持。與《存目叢書》相同,《禁燬書叢刊》編纂出版,也採用 "官辦民修" 形式。

　　1996 年秋,在北京召開《禁燬書叢刊》首次編委會,成立由全國各高校、研究機構及各大圖書館古籍專家組成之編委會,並邀請各學科前輩專家如張岱年、楊向奎、季羨林、何兹全、張政烺、周一良、任繼愈、鄧廣銘、顧廷龍、傅振倫等先生擔任學術顧問。《禁燬書叢刊》之編纂,由中央民族大學歷史系教授王鍾翰先生任主編,中國社科院歷史所研究員何齡修、北京大學圖書館朱憲任副主編。《禁燬書叢刊》編委會及編輯室初設北京大學附小,後遷至北大西門外操場路乙二號、燕東園三十號小樓。具體編輯業務,由朱憲等年富力強之中青年學者承擔。

　　1997 年十月二十五日,在北京人民大會堂舉行《禁燬書叢刊》首發式,與會代表分別獲贈《禁燬書叢刊》影印樣書一冊(收入《醫貫》、《新纂乾坤寶典天文》、《千一疏》、《奚囊寸錦》等子部禁書四種)。此後編纂影印工作順利進展,至 1999 年,由北京出版社完成全書出版。1999 年十二月,於北京舉行《禁燬書叢刊》竣工儀式。

　　《禁燬書叢刊》之編纂業務,主要分爲底本徵集及書稿審核兩部分。底本徵集,由朱憲負責。爲此郵電往返,聯絡同行,舟車勞頓,訪書南北,配卷補葉,多著勞績。書稿審核,由何齡修負責,韋祖輝協助。面對從各館複製來書品不一,內容各異之書稿,何先生等察疑辨訛,認真審核,發現問題,及時糾正,老馬識途,多所補苴。

　　《禁燬書叢刊》於缺卷缺葉之配補用力甚勤,形成此書編纂之重要特色。由於曾遭禁燬,禁燬書之遞藏經歷、版本情況,十分複

雜。簡而言之，某書流傳至今，有可能爲禁燬前之原印本，仍保留
"違礙"、"悖逆"內容；如爲已遭禁燬後之再印本，則"違礙"、"悖
逆"處應已抽燬改刻，雖仍屬"禁燬書"，其性質已有不同。加以各
館收藏未必均屬全本，殘缺卷次，尤其需要配補。有鑒於此，《禁燬
書叢刊》徵集底本時，吸取《存目叢書》編纂經驗，不僅確定某圖書
館爲底本複製館，還同時選定底本配補之館。通常做法爲：(1)如
底本徵集之圖書館藏有複本，即比勘該館藏本以選定底本；(2)如
底本分藏不同圖書館，通常選取遠地館做底本複製、近地館做底本
配補；(3)分藏兩館乃至多館之殘本書，有時缺卷情況不明，即同
時委託複製，嗣後以缺卷多者配補缺卷少者(非相同版本則不作
配補)。

　　影印底本是否存在缺卷缺葉，通常於底本複製件進入審校階
段始能發現。《禁燬書叢刊》編委會爲此制定審稿程序：(1)先檢
查底本複製件(膠卷、複印件)卷葉；(2)複製件還原，新編頁碼，
拼接成版；(3)拼接後書稿交何齡修等審核；(4)審稿人發現問題
(如上下文不連接、原版缺失、版面拼錯、頁碼不連等)，以審稿單形
式發還；(5)據審稿單重新處理後，再次送何、韋等復審。所謂"處
理"，主要即指配補缺葉，底本徵集者據審稿人貼簽所注缺卷、缺
葉，立即開始聯絡相關圖書館。《禁燬書叢刊》編纂後期，配補工作
量較大。北至哈爾濱，南至杭州之各地圖書館，均留下訪書複製之
足迹。限於人手，配補工作盡可能選擇於北京地區圖書館進行，如
至外地圖書館求助，則考慮交通工具一日夜內可抵達者。少數交
通不便、對方藏本存缺情況不明者，只得仍留遺憾。此外，《禁燬書
叢刊》底本凡經配補，所配補卷葉上均注明來源，而書前目錄頁則
不作反映。如底本由多本拼合而成、或配補卷葉在五卷以上，則書
前目錄頁著錄各收藏館信息。

二、《禁燬書叢刊》之內容及版式

《禁燬書叢刊》1999 年由北京出版社出版。原擬訂爲三百冊，分十期出版，每期三十冊。實際成書三百十一冊（加目錄索引一冊）。全書分部出版，計經部十冊（收書 16 種），史部七十五冊（收書 157 種），子部三十八冊（收書 59 種），集部一百八十七冊（收書 402 種），總計收書 634 種。至 2005 年，北京出版社又出版《四庫禁燬書叢刊補編》九十冊，收書 200 餘種。綜計正編、補編，合共影印清代禁燬書 840 餘種，訂爲四百零一冊。

《禁燬書叢刊》影印之 840 餘種禁燬書，係從現存 1400 餘種清代禁燬書中篩選所得。禁燬書之書目調查，具有自身特點。經驗證明，禁燬書之統計，不能單純"以種計數"，還需"以人計數"。因爲前人所編禁書目錄，多爲禁書期間查繳"違礙圖書之賬册，其體例與通常書目有別。加以當時禁書範圍擴大化，所載書名與實際禁燬情況亦存在差距。所謂"禁燬書"，有因人遭禍而禁燬者，有因詩文有違礙字詞而遭禁燬者，有因內容牽連而遭禁燬者。禁書目錄所載，往往不限於圖書，尚包括檔案、金石拓片、日記等。已遭禁燬之書，又經查繳、燬版、磨刻、銷燬、删改、抽燬、全燬等不同處理。古人著作，本有初刻後刻、單刻合刻之分。具體至某一著者之著作，禁書目錄所載，有分有合、有全有不全、有似有不似，底本如何認定，頗費斟酌。試舉一例，如明末抗清志士金聲著作，禁書目錄載有《金正希文稿》、《金正希時文稿》、《金陳合稿》、《吕選金陳合稿》、《金太史稿》等多種，而利用現存古籍目錄查檢金氏著作之清乾隆前刻本，書名極難對應（最後選入明末邵鵬程刻《金正希先生文集輯略》九卷、明末刻《金正希先生燕詒閣集》七卷）。《禁燬書叢刊》對於禁書選目及底本之確定，最初訂有"編例"九條，後經反復討論,增爲十三條。"編例"之核心,即在如何認定"禁燬書"。

　　現存清代禁燬書 1400 餘種,經書目比勘並目驗各家收藏,删除其中書名分列、内容重複、《存目叢書》已著録者,共計 500 餘種,所餘尚得 890 餘種,而實際付諸影印者僅 840 餘種,未收之書有三五十種之多。其中原因,一以曾經删汰部分性質不明之書,如鈔本似出僞託、疑莫能决者,即未予收入;二則明知其爲禁燬書,却因種種原因未能羅致底本者,其中有收藏館不予提供者(如某館所藏《王嘉植奏議》),有底本費用索值過昂者(如某館所藏茅元儀著述),有因館舍修建適閉館不開放者(如山西祁縣圖書館藏王在晉著述),又有未能確認其爲禁書而漏收者(如南京圖書館藏屈大均著述)、書名相似而未及比勘定奪者(如《明奏議》與《皇明奏議》)。

　　《禁燬書叢刊》編纂,旨在與《四庫全書》及《存目叢書》相配合,故其書目調查與底本選擇,均慮及避免與《存目叢書》重複。據書目調查可知,不少禁燬書目著録之"違礙"圖書,經"抽燬"後有仍然收入《四庫存目》者。由於《禁燬書叢刊》編纂緊隨《存目叢書》之後,雙方書目查核及底本選印,不免出現交叉現象。如一書既屬《四庫存目》書,又屬禁燬書,極易重複收録。《禁燬書叢刊》收書,因較重視與《存目叢書》之避讓及互補,今通觀兩書,僅有一兩種書重複,殊屬難能。

　　《禁燬書叢刊》所收大多爲明人著作,其中又以史部、集部著作爲多,保留了大量明代政治、經濟、軍事、文化研究史料。由於大量徵集並影印禁書原本(所收書大部分爲各館善本,孤本佔百分之十五),《禁燬書叢刊》具有内容豐富、資料原始、史料珍稀諸特點。

　　《禁燬書叢刊》之印刷裝訂、版式開本,均與《存目叢書》相近。書品精良,頗便使用。

丙、《存目叢書》、《禁燬書叢刊》之文獻價值及其他

　　《存目叢書》影印清乾隆前歷代文獻 4700 餘種,《禁燬書叢刊》影印清康雍乾禁燬書 840 餘種,兩叢書彙聚原先分藏百餘家圖書館之典籍 5600 餘種,集腋成裘,聚沙成塔,印本流行,文獻再生,有功學術,惠及後世。兩叢書之整理影印,具有諸多意義,試述如次。

　　20 世紀後半期,海峽兩岸古籍整理影印事業規模空前,氣勢宏偉,成果豐碩,邁越前人。七八十年代,臺灣地區之古籍影印較爲繁榮,而以《文淵閣四庫全書》影印貢獻最鉅。前朝宮廷藏書,二百年後影印流佈,成爲世人易得之讀物,海內外學人研索中國古典,從此有所依憑。80 年代以後,大陸之古籍影印後來居上,《存目叢書》、《禁燬書叢刊》兩叢書相繼編纂,全面清理《四庫存目》書及清代禁燬書,闡幽發微,拾遺補缺,使《四庫存目》書歷經二百年聚散後再度結集,康雍乾文字獄禁書亦於橫遭摧折後重現舊貌,搜討編纂之功,前所未有。歷史文化之畸變由此得以矯正,四庫文獻之體系由此得以完善,實屬中國文獻傳播史中佳話。世紀之交,《續修四庫全書》、《四庫未收書輯刊》又相繼成編,“四庫系列叢書” 形成系統,構成今人檢閱古代典籍之基本書庫,此舉對於中華文明之傳承,影響至爲深遠,而飲水思源,商務印書館之古籍影印出版業績,實有導引之功,不可忘懷。

　　文獻影印之功用,一在保存文獻,二在傳播典籍。20 世紀以來,古籍影印大行其道,成果蔚爲大觀,成爲古籍出版之主流,究其原因,實因時移勢異,文化轉型,古代文獻讀者日少,古籍流傳日趨萎縮,有識之士,憂心國故,呼號奔走,不遺餘力,傳本揚學,守先待後。中國傳統文化典籍,借助影印技術而大量複製,品種與副本大

量增加，藏弃利用，並臻其美。昔日固閉深藏、難得一觀之珍秘圖籍，而今借助影印而開卷即見；昔日分藏各館，讀者求書苦其分散，而今彙於一編舉手可得。遂使今人讀書治學，多享文獻採獲之便，即前人所稱蘭臺秘書、天禄琳琅，視此亦難比肩。古籍影印本之流通，同時改變圖書館之藏書及服務模式，影印古籍使“孤本不孤，善本不善”，不僅搶救珍稀古籍，延長文獻壽命，又使圖書館古籍收藏之格局發生變化。兩叢書流通入藏後，與《四庫全書》並列插架，原先古籍收藏豐富之圖書館，可以影印本取代古籍原本之流通；原先藏書有限之圖書館，因購置大型影印叢書，足以滿足一般讀者之文獻需求。影印古籍插架整齊，取用方便，目錄索引配套，檢索迅捷準確，不僅優化圖書館文獻資源配置，又因由綫裝書變爲精裝書，由閉架轉爲開架服務，讀者滿意度大幅提升。以復旦大學圖書館爲例，原有古籍收藏雖居高校圖書館前列，而實際品種僅五萬種左右，現經購備“四庫系列叢書”，文獻品種隨之激增，開架服務，取閲自如，精讀泛覽，各饜所求，莘莘學子，多蒙其利。

　　《存目叢書》《禁燬書叢刊》之編纂影印，不僅提供文獻利用之便利，又促成文獻整理方法之改進。歷來古籍影印，常見善本影印與叢書編纂兩種形式。善本影印重在保存珍本，傳播秘笈，叢書編纂則重在整合相關文獻，提供利用之便。古籍叢書編纂，其選題應切合讀者需求，填補文獻空缺，爲此既需選擇珍稀之本，又須收羅雖非稀見而不可或缺者，以保證專題文獻之完備。上述兩叢書之編纂，目錄調查則窮源盡委，底本收集則廣收博採，版本比勘則不厭其煩，遂使相關文獻，巨細無遺，彙於一編。又叢書編纂以流通利用爲主，故底本複製則力存原貌，拼接縮版則節省篇幅，印刷裝訂則精益求精，目錄索引則編製嚴謹，凡此種種，均注重流通實用，迎合圖書市場需求，較之前人以複製善本爲旨趣之影印出版，内容

與形式均有長足進步。對於編纂大型古籍書目或叢書，我國各圖
書館歷來有聯合作業、互相支持之優良傳統。1949 年以後，《中國
叢書綜録》（1958）、《中國古籍善本書目》（1978）、《中國古籍總
目》（1994）等大型古籍書目之編纂，均由全國各類型（公共、高校、
科學院系統）圖書館合作編纂而成。尤其值得注意者，兩叢書之編
纂，均採用“官修民辦”模式，由編纂者、出版社、投資者三方合作，
依託圖書館之支持，在編纂實施、底本徵集、資金運作諸方面，發揮
各自優勢，建立成功合作模式，爲後來各影印叢書所沿用。圖書館
作爲文獻收藏與服務機構，歷來爲古籍影印之直接受惠方，而在古
籍叢書編纂中，又成爲底本供應方，並參與編纂方工作。圖書館人
員發揮其古籍目録及版本學專長，配合底本之調查、徵集、複製、補
配、製版等工作，形成操作規則，對已有及目前仍在繼續之古籍影
印，發揮重要作用。此種由編纂者、各圖書館、出版社及投資者多
方參與之合作，足稱現代出版發展中之亮點。

　　《存目叢書》與《禁燬書叢刊》之文獻價值及諸多特色，已如前
所述，筆者多年從事圖書館古籍工作，亦因影印古籍而受益良多。
不賢識小，兹於稱述之餘，願對上述兩叢書之“底本”問題，略貢質
疑之見。因影印本叢書“底本”之認定與選擇，既是編纂工作之重
點，也爲評判其成書質量之依據。

　　先談“底本”之認定。《四庫存目》書之底本，乾隆年間曾彙聚
京師，爲撰寫《四庫存目》提要所依據，後經播遷而散失；《禁燬書
叢刊》之底本，爲康雍乾三朝文字獄中大批禁燬，僅少量流傳後世。
因此，嚴格意義之兩叢書“底本”，應均爲乾隆朝以前問世之刻本或
鈔稿本，而不應鈔刻於乾隆朝以後。現觀兩叢書底本，固然已收入
大量乾隆以前之刻本、活字本、鈔稿本，同時也收入不少乾隆以後
鈔刻之本，甚至還收入清末至近年之鉛印本及影印本。其中影印

本之底本,雖不少仍爲時代較早之鈔刻本,然以影印本作爲底本,昔人已有"孫子本"之譏。至清中期以後之各類鈔刻本,書名著者相同,是否即可視爲存目書及禁燬書之底本,尚需謹慎考察,不可一概而論。如能搜討更勤,比勘更細,以古書流傳之多途,各館收藏之豐富,必有不同版本之"別本"存在,取作影印底本,既可避免同本重複,又可多傳一書種,亦合於叢書選題,數美並臻,自屬賞心樂事。

再談"底本"之選擇問題。《四庫存目》書及禁燬書流傳後世,内容卷帙發生變化,情況十分複雜。兩叢書之底本徵集,已注意別本之比勘、殘本之配補。如沈懋孝撰《長水先生集》分藏科學院圖書館及南京圖書館,潘江編《龍眠風雅》分藏國家圖書館及科學院圖書館,兩本合併,有如破鏡重圓。又如《禁燬書叢刊》中所收《啓禎兩朝遺詩》,因其卷次紊亂,曾經編者重新編排,用心良苦。《四庫存目》書及禁燬書之殘缺,多半與禁燬、抽燬有關。某書現存缺卷缺葉(包括序跋),或出於原刻版抽燬挖改後之重印,或出於遭禁後之新刻新印,其已非存目或禁燬時之原本,大致可以認定。某書之缺卷缺葉,如可以別本作配補,則能够提供配補之別本,或爲原先未經抽燬之本,或爲晚出重編重印之本,倘經周密比勘,認清其版本性質,然後確定是否用作影印底本,則配補工作量可大爲減少。由於出版周期迫促及底本徵求之難度,實際操作過程中,因人成事,就近用書(如《禁燬書叢刊》集中使用北大及科學院圖書館藏書),名目相合,不暇細檢,匆促成書,所在難免,因而兩叢書之底本中,仍存在比勘不够充分、選擇不盡理想之缺憾。

三是有關影印本之清晰度問題。保留原本版式與内容不失,乃今人選擇利用影印本古籍之主要原因。影印本字大行疏,清晰悦目,既反映原本之面貌,又展現影印之特色,是人們最直觀之考察點。影印本古籍之版面清晰程度,決定於兩方面因素,一是影印底本之書品面貌,二是工作底本之製作質量。上述兩叢書編纂之時,數碼成像技術尚未流行,各館製作底本之設備條件,非今日所能想象。各館送交之書稿,有膠卷還原件,有掃描件,又有複印件,而拍攝複製之技術,各有參差。由於書藏各地,人手有限,利用通訊獲得之書目及書品信息,不能保證所獲工作底本之質量。版面漫漶、字迹不清、透字叠字、翻印模糊等現象,均非偶然出現。礙於條件,所獲底本質量不佳,一般情況下也無從更換,於是亡羊補牢,只得就近配補而已。因此之故,通觀兩叢書之整體書品,較之前人影印本質量,實有未逮。前述古籍影印有善本影印及叢書編纂兩種類型,近年來古籍叢書編纂較爲流行,惜其印刷質量均存在不足。

20 世紀以來,中國古籍影印已取得輝煌成績。四部要籍,常用古書,目前已多經影印,大致不虞匱乏。新世紀中,古籍影印事業將如何繼續? 筆者希望,多年來之"大而全"手筆,在有效緩解資源需求、填補文獻空缺之成績基礎上,應逐步向"大而精"乃至"小而精"之選題轉變。叢書選題、底本選擇、底本複製、印刷裝訂、發行流通,在在精益求精,慎之又慎,學術含量與版本意識隨之增強,應成爲 21 世紀古籍影印之目標。又《存目叢書》附載《四庫存目》提要,雖尚少版本説明,仍具指導作用,而借助《四庫存目標注》所羅列版本著録,頗收事半功倍之效。古籍影印本附載提要題跋,反映底本特色及相關書目版本信息,張元濟、孫毓修諸老輩編纂《四部叢刊》時即有此體例,似亦不應讓前人獨擅其美。

參考文獻

1.《四庫存目叢書》,四庫存目叢書編委會編,1994—1997 年

齊魯書社影印本（1500 册）

2.《四庫存目叢書補編》,四庫存目叢書編委會編,2000—
2002 年齊魯書社影印本（100 册）

3.《四庫禁燬書叢刊》,四庫禁燬書叢刊編委會編,1997—
1999 年北京出版社影印本（311 册）

4.《四庫禁燬書叢刊補編》,四庫禁燬書叢刊編委會編,2005
年北京出版社影印本（100 册）

5.《續修四庫全書》,續修四庫叢書編委會編,1996 至 2003 年
上海古籍出版社影印本（1800 册）

6.《四庫未收書輯刊》,四庫未收書輯刊編委會編,1997—
2000 年北京出版社影印本（300 册）

7.《四庫存目標注》,杜澤遜撰,2007 年上海古籍出版社排印本

8.《四庫禁燬書研究》,何齡修等編,1999 年北京出版社排印本

（《第一届東亞漢文文獻整理研究國際學術研討會論文集》,
臺北大學古文獻學研究所,2011 年）

關於《四庫系列叢書目録·索引》編纂

一、編纂緣起

古籍影印的歷史,可以追溯到 19 世紀中期。國人利用西方傳入的攝影技術複製古籍底本,印刷裝訂,流佈遠近,因其具有雕版印刷時代圖書複製所無法比擬的傳真與便捷,遂成爲近世古籍傳播的重要方式,百餘年來風行不衰。20 世紀 80 年代以來,古籍影印出現前所未有的持續繁榮,數以萬計的中國古代典籍因"化身千百"而獲保存並流傳。

近三十年來的古籍影印,以著名的文淵閣《四庫全書》影印爲發端,至"四庫系列叢書"的相繼問世形成高潮。《四庫全書》爲清代乾隆年間編纂的大型古籍叢書,計收録中國古代的重要典籍 3460 餘種,自 80 年代臺灣地區(1986)及大陸(1989)影印本出版後,"四庫系列叢書"連續編纂出版,不二十年間,計有近 20000 種中國歷代典籍(訂爲 7000 餘册)獲影印行世。彙群書於一編,化秘本爲通行,信今傳後,厥功甚偉。

目前,"四庫系列叢書"經海内外數百家圖書館收藏,已成爲研習中國傳統文化的基本讀本。各館入藏的大型影印本叢書,投入流通後反映普遍稱好。對於原先有古籍收藏的圖書館,影印本仍存在補充缺藏品種及版本的作用;對於古籍收藏基礎薄弱的圖書館,更具有填補文獻資源空白的意義,嘉惠讀者,堪稱功德無量。

由於各叢書收羅品種繁富,插架動輒成百上千,讀者使用時書目檢
索問題隨之凸顯,亟需編製適宜的目錄及索引,始稱功德圓滿。

二、收書範圍

目前被視爲"四庫系列叢書"者,至少包含以下各種影印本古
籍叢書:

1.《文淵閣四庫全書》 臺灣商務印書館、上海古籍出版社影
印本(3460 餘種 /1500 册)

2.《續修四庫全書》 上海古籍出版社影印本(5300 餘種 /
1800 册)

3.《四庫存目叢書》 齊魯書社影印本(4508 種 /1200 册)

4.《四庫存目叢書補編》 齊魯書社影印本(219 種 /99 册)

5.《四庫禁燬書叢刊》 北京出版社影印本(756 種 /310 册)

6.《四庫禁燬書叢刊補編》 北京出版社影印本(近 300 種 /
90 册)

7.《四庫未收書輯刊》 北京出版社影印本(1300 餘種 /300 册)

以上五種(七部)叢書合計,共收入歷代古籍 15600 餘種,訂爲
5300 餘册,涵蓋傳統文化中經、史、子、集各部典籍,形成古典文獻
基本書庫。如復旦大學圖書館購置上述各叢書後,採用開架服務
方式,讀者自由取用,閱覽複製,均稱便利。但經觀察,對於讀者尤
其是研究生而言,配置上述大型影印本叢書的同時,尚需提供書目
指導及索引工具。

三、編纂理由

1. "四庫系列叢書"所含品種成百上千,逐册翻閱不便,須經檢
索,内容才能揭示;

2. "四庫系列叢書" 經各館收藏,大多未作子目分析,不能利用館藏書目系統檢索;

3. "四庫系列叢書" 雖已陸續出版書本式目録索引可供利用,分别檢索,仍多不便;

4. "四庫系列叢書" 已有的目録索引,存在分類不統一、著録不完備及校勘不精之病;

5. "四庫系列叢書" 編纂雖各有體例,各叢書内容及著者則互有關聯,如同一著者的多種著作、同一著作的多種不同版本,往往分見於各叢書,部分子目或可互補,或有重複;

6. 編纂《四庫系列叢書目録・索引》,可充分揭示各叢書子目内容,合各叢書書目信息於一編,既爲讀者提供瀏覽與檢索之便,又可避免 "入寶山而空返",已有其書而未能利用。

四、編纂結構

編纂成果分爲《四庫系列叢書綜合資料庫》(電子版)及《四庫系列叢書目録・索引》(書本式)兩部分。

1. 資料庫利用 ACCES 軟件製作,其結構分爲:(1)叢書表(14 種叢書書名),(2)主表(含子目書名簡體、書名繁體、書名首拼、書名四角號碼,子目著者簡體、著者繁體、著者首拼、著者四角號碼,版本、出處、分類等欄位),(3)分類表(三級分類)等。資料庫除可提供對所收 14 種叢書的書目瀏覽外,又可對 18200 餘種叢書子目進行書名、著者、分類及關鍵字檢索,並提供簡體漢字、繁體漢字及拼音(首拼)等檢索選擇;

2. 由資料庫生成的《四庫系列叢書目録》,依原書順序,分經、史、子、集四部逐種著録各叢書子目 18200 餘條,每條記録包括書名(含卷數)、著者(含朝代)、版本、分類、出處(叢書册次)等款目;

3. 由資料庫生成的《四庫系列叢書索引》,以四角號碼檢字法分別編排各叢書子目書名索引及著者索引,索引款目包括經過拆合分併的參見與互著款目;

4. 爲便各類讀者使用,《索引》後附有四角號碼索引與筆劃索引、拼音索引的對照表。

五、編纂難點

1. 書目著録:書名、著者名、版本項的規範著録,著録格式及所用術語的統一;

2. 文字處理:書目採用客觀著録方法,對其中稀見字、俗體字、異體字的處理:

3. 索引款目:書名(全稱及省稱)、著者(規範名及別名等)檢索詞的選取及互見,相同書名(不同出處)、相同著者名(不同出處)的彙總及排序;

4. 索引編製:書名、著者名四角號碼索引的分別編製,四角號碼相同款目的整理排序;

5. 筆畫索引、拼音索引與四角號碼索引首字對照表的編製。

六、編纂説明

1.《四庫系列叢書綜合資料庫》已在復旦大學圖書館網頁發佈,並曾提供北京大學圖書館、南京圖書館、遼寧省圖書館古籍部同行使用並徵求意見。《四庫系列叢書目録·索引》即將由上海古籍出版社出版。電子文本與紙本功能相近而各具使用特點,可相輔而行;

2.《四庫系列叢書綜合資料庫》所含書目資料,均經比勘影印本各書卷端,並校核其出處(叢書及册次),書名及著者項已加校

正,版本項著録因問題複雜,暫未作修訂;

3.《四庫系列叢書目録·索引》由復旦大學圖書館古籍部編纂,資料庫製作及資料處理由同館錢建興承擔;

4. 以上資料庫及書目索引的直接利用者,爲收藏上述叢書的圖書館及讀者,其潛在利用者,包括海内外中國古典文獻研究者;

5. 資料庫製作原理雖不複雜,因古籍著録情況複雜,爲求準確無誤、完備詳盡,實際從事,殊非易易,因此反復校核,多歷年所。讀者使用中發現不足,隨請示知,俾便改正。

附録一　《四庫系列叢書目録·索引》目録

01. 景印文淵閣四庫全書

　　1982—1986 年臺灣商務印書館臺灣影印文淵閣四庫全書本(3460 餘種 /1500 册)

　　1986—1990 年上海古籍出版社重印臺灣商務印書館影印本(3460 餘種 /1500 册)

02. 四庫全書珍本(初集至十二集、別輯)

　　臺灣商務印書館選印文淵閣四庫全書本(1800 餘種 /4800 册)

03. 文瀾閣四庫全書選粹

　　民國十二年(1923)浙江圖書館影印鈔補文瀾閣四庫全書本(1 種 /1 册)

04. 影印四庫全書四種

　　民國二十四年(1935)商務印書館影印文淵閣四庫全書本(4 種 /6 册)

05. 影印四庫全書四種

　　1996 年浙江圖書館影印鈔補文瀾閣四庫全書本(4 種 /6 册)

06. 影印文溯閣四庫全書四種

2004 年甘肅省圖書館影印文溯閣四庫全書本（4 種 /4 冊）

07. 文津閣四庫全書珍賞

2004 年書目文獻出版社影印文津閣四庫全書本（4 種 /4 冊）

08. 景印摛藻堂四庫全書薈要

1985—1988 年臺灣學生書局影印摛藻堂四庫全書薈要本
（463 種 /500 冊）

09. 續修四庫全書

1994 至 2001 年上海古籍出版社影印本（5300 餘種 /1800 冊）

10. 四庫存目叢書

1994 至 1997 年齊魯書社影印本（4508 種 / 1200 冊）

11. 四庫存目叢書補編

2000—2002 年齊魯書社影印本（219 種 /99 冊）

12. 四庫禁燬書叢刊

1997 至 1999 年北京出版社影印本（600 餘種 /310 冊）

13. 四庫禁燬書叢刊補編

2004 年北京出版社影印本（近 300 種 /90 冊）

14. 四庫未收書輯刊

1997 至 2000 年北京出版社影印本（1300 餘種 /300 冊）

附錄二　《四庫系列叢書目錄·索引》編纂凡例

（1）本索引據"四庫系列叢書"所收子目書名及其著者名分別
編排而成。書名、著者名後所標"□□第□□冊"，爲收入
"四庫系列叢書"各叢書名代號及其冊次；

（2）本索引依照四角號碼檢字法編排，首字相同時取次字之四
角號碼編排，依次類推；

（3）書名中所含卷數、首、首卷、末、末卷、附録等，均不入索引；

（4）書名前冠有"新刻"、"重編"、"新刊"、"評點"等字樣者，爲便檢索，除以其原書名編排外，又酌加括省（置於括弧内），以正書名之首字取碼編排，作爲互見款目；

（5）合刻之書名，除依原有次第著録外，又另加分析編排，如：

　　慶元條法事類八十卷開禧重修尚書吏部侍郎右選格二卷　第861冊

　　　　0024₇慶

　　　10　慶元條法事類、開禧重修尚書吏部侍郎右選格　第861冊

　　　　7744₇開

　　　34　開禧重修尚書吏部侍郎右選格　第861冊

（6）各書所附續集、外集、補遺等，附見於正書名之後，不另列條目，書名中相同文字酌予省略，如：

　　賞雨茅屋詩集二十二卷賞雨茅屋外集一卷　第1484冊

　　　9080₆賞

　　　10　賞雨茅屋詩集、外集　第1484冊

（7）書名首碼有纂修、刊刻年代者，以全稱及非全稱形式分别著録，如：

　　　1010₄至

　　　10　至正昆山郡志　第696冊

　　　2271₁昆

　　　22　（至正）昆山郡志　第696冊

（8）書名相同而著者不同者，於書名後各注明著者，並依著者姓名之四角號碼排列，如：

　　　1022₇爾

　　爾雅古義（胡承珙）　第188冊

爾雅古義(錢坫)　第 187 册

（9）相同著者之多種著作見於同一册内,不重複著録著者,而
於册次後注明,如：

0022$_7$ 方

方苞　第 79 册（2）

（10）相同著者之多種著作見於連續數册内,先著録其册次起
迄,再於册次後注明,如：

0180$_1$ 龔

22～鼎孳　第 1402—1403 册（2）

《詩三家義集疏》整理説明

　　《詩三家義集疏》二十八卷,清末王先謙撰集。

　　秦燔詩書,造成先秦文獻流傳斷層,簡脱書亡。《詩》以口耳諷誦,不盡記於竹帛,故仍得以流傳。漢代傳《詩》,有魯、齊、韓、毛四家。《隋書·經籍志》云:"魯人申公受《詩》於浮丘伯,作訓詁,是爲《魯詩》;轅固生亦傳《詩》,是爲《齊詩》;燕人韓嬰亦傳《詩》,是爲《韓詩》。終於後漢,三家並立。"《毛詩》較三家《詩》晚出,傳自魯人毛亨及趙人毛萇。四家《詩》中,魯、齊、韓三家以今文傳播,並被立爲官學。與起初僅於民間傳授,並以古文書寫之《毛詩》,不僅所受重視之程度不同,其解釋詩旨、編次章節、辨析字詞、訓詁名物等,亦皆存在歧異。三家《詩》與《毛詩》之歧異,源於書寫字體、師法門户與流傳地域之不同,孰優孰劣,本非一言可決。由於涉及今文與古文經學之争,發展至於不能相容,其性質已不止於學術問題。三家《詩》自漢武帝時置立博士,位列官學,終兩漢之世,地位尊顯。《毛詩》雖曾於漢平帝元始中置立博士,然不久即廢。經過東漢前期今、古文兩派之争,《毛詩》流傳漸廣,最終因鄭玄總結諸古文經師之傳注,兼採今文經説,爲毛氏《詩詁訓傳》作箋而大顯於世。此後三家《詩》影響日見衰微,三家《詩》説隨之漸亡,而《毛詩》後來居上,風行於世,盡掩三家,成爲後世誦習《詩經》之主要讀本。自唐初孔穎達等奉敕修定"五經",恪守毛、鄭師説,纂成

《毛詩正義》,歷宋迄清,《毛詩》之尊崇地位牢固不變,三家《詩》義則僅能從各類典籍中拾其殘膏剩馥。

據《漢書·藝文志》著録,三家《詩》在漢代,卷帙頗爲繁富:《魯詩》有《魯故》二十五卷、《魯説》二十八卷;《齊詩》有《齊后氏故》二十卷、《齊后氏傳》三十九卷、《齊孫氏故》二十七卷、《劉孫氏傳》二十八卷;《韓詩》有《韓詩内傳》四卷、《韓詩外傳》六卷、《韓故》三十六卷、《韓説》四十一卷等等。《四庫總目提要》述三家《詩》之亡佚云:"《齊詩》亡於魏,《魯詩》亡於西晉,惟《韓詩》存。宋修《太平御覽》多引《韓詩》,《崇文總目》亦著録,劉安世、晁説之尚時時述其遺説,而南渡儒者不復論及,知亡於政和、建炎間也。"南宋以還,《韓詩》唯有經後人整理之《外傳》十卷行世。三家《詩》之式微,遂令後人無由窺其全貌。三家《詩》著述既經亡佚,其佚文遺説止能從其同時之典籍中尋討。此外,因鄭玄乃今、古文兼通之經學大師,三家《詩》説也部分保留於《鄭箋》之中。

《詩經》之誦習與研究,自古至今,延續不斷,歷代名家輩出,著述如林,爲後世留下豐富遺産。《詩經》研究,曾經歷漢學、宋學、清學等階段,對於三家《詩》與《毛詩》之依違信疑,亦貫穿古今。《毛詩》雖自漢以下居於正統地位,然歷來疑毛、攻毛、護毛之辯不絶。三家《詩》雖已亡佚,歷來對其執信、搜輯並加以利用者亦代有人在。宋王應麟遍檢群書,專録三家《詩》異文遺説,輯成《詩考》三卷。宋以後學者踵其步武,對三家《詩》之搜討興趣不減。延及清代,乾嘉學者更以其輯佚補亡之長技,對三家《詩》佚文遺説展開全面輯集。至於清末,經范家相、阮元、丁晏、馬國翰、陳壽祺、陳喬樅、魏源諸家努力,凡保存三家《詩》義之古代典籍,已搜尋殆遍。清末王先謙撰《詩三家義集疏》,則爲集諸家大成並加融會貫通之總結性成果。

　　王先謙（1842—1917），字益吾，晚號葵園，湖南長沙人。同治四年（1865）進士，選庶吉士，授編修，歷任國子監祭酒、江蘇學政。年四十七歲，告歸還鄉，著述終老。王氏治學勤劬，夙以涉獵廣博、撰輯宏富而著稱。當其任職史館，曾纂有《東華録》一百二十卷、《續東華録》四百三十卷；督學江蘇，又彙刊《續皇清經解》一千四百三十卷、《南菁書院叢書》一百四十四卷；釋經，有《尚書孔傳參正》傳世；治史，有《漢書補注》、《後漢書集解》、《元史拾補》等流行；參訂子書，有《荀子集解》、《莊子集解》諸作；刊刻目録，則有《天禄琳琅前後編》、《郡齋讀書志》各種；考究外國史地，曾纂修《日本源流考》、《五洲地理圖志》、《外國通鑑》等書；選編詩文，則有《續古文辭類纂》、《律賦類纂》、《駢文類纂》等刻。此外所刻，尚有《合校水經注》、《世説新語》、鄉賢詩文集等多種。所著又有《虛受堂文集》十五卷、《詩集》十九卷等。《清史稿》卷四百八十二載其傳。

　　王氏《詩三家義集疏》，初名《三家詩義通繹》，屬稿始於中年，時在江蘇學政任上，然僅至《衛風・碩人》而中輟，曾以成稿寄繆荃孫等商討體例。晚歲賡續成書，二度修訂，刊行已在民國四年（1915），時年七十有四（見《藝風堂友朋書札》）。王氏於纂輯集注類著作既富經驗，《集疏》成書又歷時長久，故此書體例博洽嚴謹，用心精密，使三家《詩》説之輯集達到完備程度。今人欲通三家《詩》説，以《集疏》爲主要讀本，一編在手，庶免翻檢尋覓之勞。

　　《集疏》遍採歷代研治三家《詩》學之已有成果，合《邶風》、《鄘風》、《衛風》爲一卷，以還三家《詩》二十八卷之舊觀。經文之下，先將採自各類典籍中之三家《詩》佚文遺説，條分縷析，以次臚陳。疏文首列《毛傳》、《鄭箋》，又徵引自宋至清數十家《詩經》學者之論説，兼綜並蓄，嚴密排比，並參以己意，詳爲疏解，用力精深，創獲頗富。《集疏》於三家《詩》佚文之採用,尤得力於陳壽祺、陳喬樅《三家詩遺説考》。陳氏所輯集,大都爲《集疏》所利用。《集疏》於三家《詩》義之説解,又廣泛吸收自宋至清各代學者心得。《集疏》中考證文字聲韻、名物地理等,對戴震、惠棟、錢大昕、郝懿行、段玉裁、王念孫、王引之等乾嘉學者之精見卓識,徵引尤多。王氏雖以整理三家《詩》爲己任,對於專治《毛詩》或今、古文兼通者,如陳啓源《毛詩稽古編》、陳奐《詩毛氏傳疏》、馬瑞辰《毛詩傳箋通釋》、胡承珙《毛詩後箋》諸作,亦能折中異同,多所稱述,使内容更爲充實。《集疏》之問世,固然不能爲兩千年來今、古文《詩》之爭端定讞,但搜殘補闕,網羅遺佚,爲後人提供迄今最完備之三家《詩》讀本,其有益於《詩經》學之功績,自不待贅述。

　　《集疏》撰成後,僅有民國初王氏虚受堂家刻本行世。時移代隔,後人已苦求書不易。20 世紀 80 年代,筆者曾應中華書局之約,取王氏家刻本點校整理,於 1987 年出版排印本。作爲一部網羅遺逸之輯佚大作,《集疏》最大特點即引書浩博,舉凡唐宋以前之經史、諸子、文集及字書、韻書、類書等,凡有三家《詩》説見存者,王氏莫不搜討徵引,採摭無遺。唐宋以後,尤其是清代學者之研究著作,亦大量鈎稽引證。由於引書繁多,輾轉稱述,王氏疏語與引文之間,頗見轇轕。筆者點校中翻檢原書,核對引文,曾略用心力。對《集疏》引書之明顯舛訛,已據原書改正。王氏節引或有意改寫之引文,則仍依其舊,不加增補。《集疏》原本所用避諱字、錯別字及部分假借字、異體字,出版中亦已訂正。囿於學力,中華版《集疏》標點,尚存不少舛訛,出版以來,耿天勤、滕志賢、雒江生等先生不吝賜教,曾撰文惠予指正,令人銘感至今,在此謹致謝忱。近歲以來,柳向春、喬志勇二君亦曾代校此書,多所匡正。

　　湖南近年編纂《湖湘文庫》,將王氏著述列入規劃,爲重新整理

《集疏》,徵稿及於筆者。猥以俗冗,不克親自應命,遂轉囑復旦大學古典文獻學研究生田吉、崔燕南二君,承擔此項任務,並借重新點校之便,吸收諸家意見,改正已有失誤。田、崔二君青年力學,治事精勤,伏案半載,遂克藏事。此次整理,仍以家刻本爲底本,並參考中華版《集疏》點校成果。又按《湖湘文庫》體例,除個別字涉及訓詁保留繁體外,全書改爲簡體橫排。前人謂"校書如掃塵,旋掃旋生",《集疏》雖經兩度點校整理,力求完善,舛訛之處,仍恐未能盡除。四方學人續有賜教,實不勝感盼之至。二〇一〇年仲秋吳格記於復旦園。

　　　　　　　　　　　(《詩三家義集疏》,岳麓書社,2011 年)

《學禮齋經解》影印前言

　　復旦大學圖書館藏古籍中,近代學者王欣夫先生撰輯編藏之稿本、鈔本及校本,爲文獻學一大寶藏。先生藏書始於 20 世紀初,際會文獻聚散之時代機遇,憑藉江南地區圖書流轉之環境優勢,經數十年辛勤採集,露鈔雪纂,積書至數十萬册,其中題爲王氏學禮齋、抱蜀廬、蛾術軒稿鈔校本者 ①,多屬前代學人著述之稀見罕傳者,經先生拾遺補缺、校訂傳鈔而存藏,爲先生藏書中最具特色者,彌足珍貴。兹據先生宿願,彙輯學禮齋遺書中經部未刊及稀見著述六十八種,編爲《學禮齋經解》,以續清人及今人所編之《清經解》四種 ②,用饗海内外學人。

　　王欣夫(1901—1966),名大隆,以字行,號補安,室名學禮齋、抱蜀廬、蛾術軒等。先生原籍浙江嘉興秀水縣新塍鎮,自高祖元松徙江蘇吳江縣盛澤鎮。清同治初,其祖利輅率族遷居蘇州,遂入籍吳縣,此後三世居於姑蘇。20 世紀 20 至 40 年代,先生執教上海,仍家吳下,學禮齋藏書遂分厝兩地。50 年代初,先生轉職復旦大學,未久即鬻去蘇城祖居,遷入上海江灣復旦宿舍,藏書隨之移滬。

---

① 欣夫先生室名及所用稿紙,大致五十歲前多用"學禮齋",五十歲後則兼用"抱蜀廬"及"蛾術軒"。
② 阮元《皇清經解》,王先謙《續皇清經解》,劉曉東、杜澤遜《清經解三編》、《清經解四編》(齊魯書社)。

至 60 年代中期先生謝世，所藏圖書匆促處分，幾遭亡佚，賴有識者維護，稿鈔校本幸未全失，移藏於復旦圖書館，至今已逾五十載。

先生生長吳門，自學成材，少接良師，多交耆舊，文獻當行，卓然名家。身處 20 世紀文化轉型時代，先生仍服膺清代樸學傳統，自少即以上繼吳中惠氏、顧氏之學爲職志，視文獻傳承爲己任。先生弱冠，曾隨吳江金松岑（天羽）習詩古文辭。又從常熟丁秉衡（國鈞）論學談藝，結爲忘年之交。年廿一，復從吳縣宿儒曹復禮（元弼）受“三禮”之學，從此篤志經學，室號“學禮齋”。中年採《管子·形勢篇》“抱蜀不言而廟堂既修”語，顏其室曰“抱蜀廬”。又取《禮記》“蛾子時術之”語，名書齋曰“蛾術軒”。平生學術志向，於斯可窺。嘗謂自廿五歲究心目録學，從此搜討放佚，不遺餘力。回顧先生學行，畢生致力於讀書、教書、藏書、刻書、鈔書、編書、校書，心無旁騖，不求聞達，故閲世雖僅中壽，而所造實獨步當時，惠澤後學。早在 20 世紀 30 年代初，張一麐、李根源諸老於蘇州發起“平旦學社”，延章太炎、吳梅等耆宿講學，先生年僅而立，已厠身講演之列。未幾，吳中成立“國學會”，先生任研究組經學幹事，受命主持校刊張錫恭《喪禮鄭氏學》鉅著，書版至今猶存。1928 年始，先生執教上海聖約翰大學，歷任講師、副教授、教授。1952 年高校院系調整，轉入復旦大學，先後執教中文等系。1957 至 1960 年，先生主中文系古典文獻學講席，所編《文獻學講義》此後屢經翻印，久推名作。其最爲難能者，先生於舉世不爲之時，教學之餘，仍潛心校讀，撰著不輟，銳意傳古，鈔纂爲勞。人稱先生讀書萬卷，見聞廣博，而淵雅勤劬，一如其姑蘇鄉賢清吳枚庵老人。1966 年冬，先生因肺疾遽逝，遺著滿床，雖經整理，待刊者猶夥。

先生治學，原本經史小學，泛及子書集部，中年後肆力於流略之學，其指歸仍在網羅歷代散佚文獻。先生既從曹復禮老人受“三禮”之學，深慕吳中惠氏之四世傳經，欲以經術自任，於《禮》於《易》，均深研討，《元貞本論語注疏考證》、《松崖讀書記》諸作，世稱力作。又奉常熟丁國鈞之教，勤於治史，於陳壽書有《三國兵志》之補，於典午佚乘有王隱《晉書》之輯，於蒙元史有《元史校釋》之作，咸推名著。治諸子學，則有《管子校釋》之作，考訂版本，商榷異説，時賢爲之折服。

　　先生諳熟吳中學派及各家著作淵源，痛近世故家文物凋零，深恐先哲遺書淪胥殆盡，故於前賢著述之未刊稿本、雖刊而流傳稀見者，尋訪搜求，考訂甄別，傳鈔校輯，集貲刊佈，終其身而矻矻不懈。先生與南北學人及藏書家遊，遭逢師友著述及收藏之聚散，如雲間韓氏讀有用書齋藏書之讓售、松江張錫恭茹荼軒禮學專著之傳鈔、《八年叢編》底本之徵集、嘉業堂善本之易主、金山高氏吹萬樓藏《詩經》之歸宿等，事關文獻保存，無不克盡己責，貢其勞績。先生見識既廣，搜訪又勤，所搜集傳鈔之珍本秘笈，經數十年積累，盈笥溢篋，洋洋大觀。據以撰輯之作，自述有百數十種之多。已經付刊並著於人口者，於清代藏書家黄丕烈、校讎學家顧廣圻著述，有《黄顧遺書》、《黄蕘圃集》、《顧千里集》之編；於歷朝名家詩文，則有元歐陽玄《圭齋集補遺》、清孫星衍《孫淵如文補遺》、清陳奐《三百堂集》之輯；於五代以來藏書史料，則有葉昌熾《藏書紀事詩》之補正、清人藏書題識之收集；於師長著述，則有曹元忠《箋經室遺集》，金天羽《天放樓遺集》，胡玉縉《許廎遺集》、《許廎學林》，曹元弼《復禮堂文集》等編；晚年校訂胡氏《四庫全書總目提要補正》，尤稱近世目録學之鉅著。

　　先生自撰《蛾術軒篋存善本書録》，著録藏書精華近千種，其中各類稿本（手稿本、鈔稿本）約四百種，各類鈔本（舊鈔本、傳鈔本）百五十種，其數量逾於刻本。鈔稿本中稱“吳縣王氏學禮齋（抱蜀

廬、蛾術軒）鈔稿本"者約百三十種，平生學問志趣，精神財力，實
皆蘊於其中。先生於所收集傳鈔之稿鈔校本，原有陸續彙編叢書
之計劃。擬編叢書，現知有《學禮齋經解》、《學禮齋經解補編》、《學
禮齋叢書》①、《抱蜀廬叢書》諸題名 ②。《學禮齋經解》、《學禮齋經解
補編》之名，見於先生親筆所擬備選書目。觀其所選，悉爲清末民
初人經學著述，苦心收羅，半經重鈔。其書或前賢考訂經籍之小種
著作，爲清代兩《經解》所未載者；或雖曾刊佈而流傳未廣、影響未
著者；或並世學人之專著（如張錫恭《喪服鄭氏學》、曹元弼《古文
尚書鄭氏注箋釋》等），因撰著完成已入近世，迄未刊行而稿本獨傳
者。林林總總，足備後世研討經學文獻之助。

　　新編《學禮齋經解》，係據先生所列《學禮齋經解》、《學禮齋經
解補編》子目，取校復旦圖書館所存先生遺書，遵循先生編纂意圖
而選印成書。先生所列書目數逾百種，現收入《學禮齋經解》者僅
七十種，以其底本悉採自先生遺書，大多爲復旦圖書館所藏，不泛
及他家藏本。先生書目所列之原學禮齋藏本，今已見藏其他圖書
館者，複製影印，且俟諸來日。《學禮齋經解》、《學禮齋經解補編》
子目未見本館及他館著錄者，止得暫付闕如。其中清王貞撰《爾雅
字句蒙求》一種，係著者寫於《爾雅正文直音》眉端者，一書而實存
兩書。又漢鄭玄撰《論語鄭氏注》二卷、晉徐邈撰《毛詩音》殘存
三卷兩種，係先生據敦煌寫本之攝影件（其中一件爲傅增湘老人貽

────────────

① 《學禮齋叢書》之目，見於先生《學禮齋叢書擬目》。所載似皆經部以外之稀
　見書，如清惠棟、焦循、余蕭客、陳奐、鈕樹玉、王仁俊等稿本，其底本或出自
　藏，或擬借諸朋好。
② 《抱蜀廬叢書》之名，見於 50 年代初先生所填履歷表，自謂已編定"《抱蜀廬
　叢書》一百種"，子目未見。觀復旦圖書館所存先生遺書，先生辭世前已多
　取稀見稿鈔校本，以統一字紙格式，委人謄爲清本，其內容泛及四部。此類
　先生自行輯抄之本，應即《抱蜀廬叢書》備選之書。

贈）。收入《學禮齋經解》之書已見於《蛾術軒篋存善本書録》著録者，即取先生書録冠於各書之前，以明其撰輯原委，作爲導讀。新編《學禮齋經解》子目，經與《皇清經解》、《續皇清經解》及今人新編《清經解三編》、《清經解四編》比勘，書名重合者僅三五種，因所採底本不同，仍予收入，不避重複。先生擬編之《學禮齋叢書》、《抱蜀廬叢書》，其整理出版則俟諸他日。

歲月不居，時光如流，先生擬編《學禮齋經解》計劃，逾七十載始部分實現，爲此深感上海人民出版社執事諸君成全之美。先生之學術信今傳後，沾溉學林，世蒙其利，諒無異言，而發揚光大，責在後人，文獻同志，能不奮勉。己亥冬日古烏傷後學吳格識於復旦大學光華西樓。

（《學禮齋經解》，上海人民出版社，2022 年）

《清國史》影印説明

　　復旦大學圖書館所藏嘉業堂鈔本《清國史》,一千八百七十五卷,又不分卷若干種,係現存卷帙最繁富、門類較齊全之清國史館史稿傳鈔本,現經復旦大學圖書館與中華書局合作,影印出版,以廣流傳。

一

　　《清國史》係清代國史館所編纂之本朝史書底稿,其史料積累自清初以至清末,迄未間斷。清代國史館之設立,可遠溯至滿洲入關以前。清太宗天聰十年(1636)改文館爲内三院,其一曰國史院,其職責爲“專記言動,收御制文移,國政征伐一切史書,郊天祭文,即大位表,祭宗廟文,歷代祖宗史書墓誌,凡一切密書及官員陞降册並奏疏,進封貝勒敕書,六部所辦事宜可記者記之,封功臣母妻誥命及篆印文,外國往來書,纂修入史”①。執掌至爲龐雜。至康熙二十九年(1690)纂修太祖、太宗及世祖三朝國史,任命大學士爲監修總裁官,督率儒臣從事編纂,此後沿爲定制,國史館遂成爲附屬於翰林院之常設修史機構,額設定員,據歷代正史體例修史:“國史館總裁,掌修國史,定國史之體,一曰本紀,二曰傳,三曰志,

---

① 《清太宗文皇帝實録》初纂本卷二二。

四曰表,皆撰而進御。提調,滿洲二人,漢二人,掌章奏文移,治其吏役。總纂,滿洲四人,漢六人。纂修,滿洲十有二人,漢二十有二人,掌分司編纂之事。校對,滿洲八人,漢八人,掌分司校勘之事。"① 史館所纂紀、傳、志、表成稿,均按期進呈,經"御覽"後繕爲定本,冠以"欽定"字樣,貯藏於清宮東華門內國史館大庫。

民國三年(1914)清史館開館,址設清國史館舊址,原國史館史稿檔案即移交清史館收掌使用,成爲《清史稿》修纂之主要資料來源。至1928年春清史館結束,所存史稿檔案旋於同年六月由故宮博物院文獻館接收,並開始整理清點。"九一八"事變後,故宮博物院組織文物南遷,其時南遷之"史館檔"中,國史館稿本存有七千餘冊。抗戰期間,史館檔隨故宮文獻自滬至寧,自寧至西南,數度播遷。1949年初,史館檔中重要部分,被裝爲六十一箱,隨故宮文物遷往臺灣,自此《清國史》舊稿即分藏海峽兩岸。

據1982年臺灣出版之《"國立"故宮博物院清代文獻檔案總目》(下稱《總目》),現存臺北故宮博物院文獻館之清國史館及民國初清史館檔案,包括本紀、志、表、表包、傳稿、傳包、列傳序目及備查表冊、長編檔等八類稿本,其內容及數量經分類著錄,已初步揭明。如《總目》綜計所藏《清國史》及《清史稿》各類列傳稿本,備載清初迄清末一萬三千餘人之傳記,並編有《傳稿人名筆畫索引》,可供查檢 ②。

---

① 《欽定大清會典》卷七十。又曰:"傳之目一有大臣傳、忠義傳、儒林傳、文苑傳、循吏傳、孝友傳、列女傳、土司傳、四裔傳,又有貳臣傳、逆臣傳。"
② 《總目》僅爲清理館藏以方便保管及檢索之草目,於文獻之歸屬尚未及細加清釐。如史館檔內之傳稿,本有國史館稿與清史館稿之區別,傳稿又有初纂、覆輯、定本之不同,有傳稿與傳包之差異,庋藏固可同置,著錄則應區分,混淆無別,則《國史》稿與《清史稿》稿之舊貌即無從反映。爲此,深盼《總目》凡例中所言將賡續編纂之《傳包傳稿人名編號著錄索引》能早日問世。

　　清國史館《清國史》舊稿及有關檔案大宗運臺以外，大陸所存
尚有一千一百餘卷、四萬二千餘件册，現藏北京中國第一歷史檔案
館，按編纂、人事、經費、庶務四類分卷編目。其"編纂類"檔案一
萬九千九百餘件中，屬《清國史》紀表志傳成稿者，爲數寥寥。如
所存原國史館纂修之大臣列傳稿，雖有四十四包、二十五百餘件、
三千餘篇之數，但内多重複，且均爲寫成定本前之各類初稿，以輯
自《清國史》傳稿而久已流行之《滿漢名臣傳》、《國朝耆獻類徵》、
《清史列傳》等書作比勘，缺失不計其數。以此可知，大陸所存國史
館檔案雖具價值，但因殘缺不足，距《清國史》原貌相差遠甚。

　　《清國史》舊稿分藏海峽兩岸，大陸所藏爲數寥寥，而臺灣所藏
又與《清史稿》舊稿混淆，迄未清釐統合，欲窺清國史館二百餘年
編纂積累而成之《清國史》全貌，捨原本以外，海内實尚存一鮮爲
人知之傳本：吴興劉氏嘉業堂鈔本《清國史》，共傳鈔原國史館所纂
十一本紀、十四志及一萬四千餘人之傳稿，全書字數逾一千萬，即
現存較爲完整且可供利用之《清國史》副本。

二

　　嘉業堂傳鈔《清國史》，完成於 20 世紀 20 年代《清史稿》修纂
期間[①]。嘉業堂主人劉承幹，自清末始肆力搜求古籍，經民初十餘年
發展，耗金三十餘萬，置書近六十萬卷，巋然稱當時東南藏書鉅擘。
1922 年冬，劉氏至京訪清史館趙爾巽館長於故宫東華門内。參觀
晤談之間，得知清史館正調取原清宫秘藏之《清實録》及《清國史》
全稿以採摭史料，而其時清史館經費支絀，人員流散，修史事幾於

---

① 參見拙文《嘉業堂傳鈔清〈實録〉及〈國史〉考》，載《古籍整理與研究》第
　六期。

停頓。劉氏遂與趙爾巽館長議定：由劉氏斥資請清史館代鈔《清實録》及《清國史》，以鈔費解決史館經費無着之困難。自此，20 世紀規模最大之鈔書工程得以開展。

　　嘉業堂傳鈔清十三朝《實録》（包括《滿洲實録》及《宣統政紀紀》），始於 1923 年初，完成於同年夏。次年春鈔稿陸續運滬，經排卷鈔補，訂爲八百六十三册，劉氏特爲定製書箱，載歸家鄉南潯嘉業藏書樓珍藏。

　　《清國史》傳鈔，始於 1924 年夏，完成於 1928 年夏，前後歷時五載，其間以鈔費挪用、史館易人、政局動蕩等原因，鈔書曾經中斷，若非劉氏力促並增付酬金，《清國史》傳鈔幾於功敗垂成。據劉氏《求恕齋日記》及《求恕齋函稿》記載，《清國史》傳鈔可分爲三階段：

　　第一階段，自 1924 年五月至年底。嘉業堂傳鈔《清國史》，以史館存稿繁富，初商從列傳部分着手，且最初尚未準備傳鈔全部史館所藏傳稿。具體作法，凡《滿漢名臣傳》及《國朝耆獻類徵》已收入之國史館列傳，經核對即不再發鈔，而專鈔上述兩書失載之人物列傳，以便日後據史館列傳總目將三處傳稿統一編次。爲此，嘉業堂曾專門鈔録《滿漢名臣傳》及《國朝耆獻類徵》之人名目録，寄供史館鈔寫時校對。此一階段鈔成之《清國史》列傳稿，爲《大臣傳》、《儒林傳》、《文苑傳》、《孝友傳》四門，總計一千一百餘本。國史館列傳本有總目統屬，總目以外，各卷前又有分卷之人名目録，與總目相應。由於起初止是選鈔，故現存鈔本各卷前傳目與總目次第不甚相符。

　　第二階段，自 1925 年四月至年底。劉氏 1925 年春於滬上獲見鈔成之《清國史》列傳，深喜清宮秘藏幸得録副，又發現史館所存傳稿與《滿漢名臣傳》等書所録文字不盡相同，遂改變原先選鈔計劃,決意全鈔史館所有傳稿,包括《清國史》本紀、志、表各稿。經往復函商,決定利用上期尚未用罄之鈔費,陸續補鈔原先未鈔之列傳,且增鈔其餘史館存稿。爲便核查,《清國史目録》亦於此時鈔成。這一階段鈔成之稿件,有《大臣傳》、《儒林傳》、《文苑傳》、《孝友傳》中前此失鈔之稿,及增鈔之上一朝本紀、《宗室王公傳》及《忠義傳》,總計七百五十二册,於年尾運抵滬上。

　　第三階段,自1928年初至四月。1925年底《清國史》本紀及列傳鈔畢後,劉氏於1926、1927年間屢次致函史館,請求利用鈔寫餘款,組織鈔手繼續鈔寫《清國史》志、表等稿,使所鈔各稿合爲全帙,並欲親自北上接洽。史館方面因經手款項之人更易,内部經費奇缺,劉氏存於史館之鈔費早已挪用,鈔手無從落實,故一再延宕。1927年春金梁到館,開始着手刊印《清史稿》,準備結束史館局面;1927年秋趙爾巽館長未及親睹《清史稿》印成而逝世。經劉氏再三懇催並續寄鈔費至京,《清國史》十四志傳鈔於1928年初終於重新進行。自《地理志》始,續鈔續校,前後費時兩月,即匆匆鈔完諸志。限於時日,除《地理志》最稱完備外,其餘各志,則未及細檢史館所存各志底本,取最足之本付鈔。現觀嘉業堂鈔本十四志,合釘爲三十一册,字數近二百萬,雖留遺憾,但能完成於兵戈擾攘、時局瞬變之間,猶屬幸事。《清國史》諸志鈔成不久,1928年六月,原故宫博物院即接收清史館,史館所有史稿檔册均被封存。自30年代以來,史館檔數經遷徙,《清國史》原稿遂扃閉深藏,罕爲人覯。劉氏視《清實録》及《清國史》鈔本珍如拱璧,絶不假觀,抗戰前後嘉業堂藏書頗有散失,此鈔本則隨身保藏,迄未受損。至50年代中期,始經王欣夫先生介紹,讓售於復旦大學圖書館,使此千餘卷鉅製,至今保藏完整。

三

嘉業堂鈔本《清國史》，以北平文楷齋印製之十一行二十一字朱格稿紙鈔寫，計共三萬頁，訂爲一百九十五册。鈔本每卷前署有鈔寫及校對人姓名①，各册封面皆標有題目，計：

一、《國史目録》二册。目録係據國史館原編之目録定本傳鈔彙訂而成。國史館歷年積累之志表紀傳稿數量繁富，門類衆多，各類稿件之初纂、續纂及定本，各有相應目録統屬。《總目》於史館檔目録中專載"列傳序目及備查表册"一類，著録國史館目録數十種。嘉業堂鈔本《國史目録》即據其中一種迻録，並爲當年發鈔底稿、校核鈔件之依據。現以目録與正文比勘，卷數、次第大致吻合，又間有出入。如"國史宗室王公傳目録"卷六未載"雅爾哈齊"，卷七未載"巴雅喇"，兩傳實有之；而卷九載"聶克塞"名，此傳實缺鈔。又如"大臣傳正編目録"卷二十八"傅達禮"名下，小字注"陳一柄附"，而陳傳實未附入；卷一百七十二"黃仕簡"名下未注有附傳，而傳目及傳文中實附有其子秉淳傳。凡此均可證國史館稿屢經增修分合。

一、本紀。包括自清太祖至清德宗十一帝本紀，原訂爲鈔本第一至第二十二册，凡太祖本紀二卷，太宗本紀四卷（天聰朝二卷、崇德朝二卷），世祖本紀八卷，聖祖本紀二十四卷，世宗本紀八卷，高宗本紀六十二卷，仁宗本紀二十五卷、凡例一卷，宣宗本紀三十一卷、凡例一卷，文宗本紀二十四卷，穆宗本紀五十四卷及德宗本紀。取校《總目》，與臺北故宮博物院所藏黃綾寫本前後五朝本紀（自太

祖至穆宗）卷數悉符，其中唯缺鈔文宗本紀凡例一卷。德宗本紀修
纂於宣統年間，至民國初清史館開館時尚未纂定，《總目》僅著録
清史館所纂德宗本紀六十二册。嘉業堂鈔本德宗本紀係據稿本傳
鈔，此本自光緒元年至三十四年，每年春夏秋冬各一册，卷數未定，
鈔本即以分册爲段落。

　　三、志。包括地理、食貨、禮、兵、樂、天文、時憲、選舉、藝文、職
官、儀衛、輿服、河渠、刑法十四志，原訂爲鈔本第二十三至五十三
册。其中地理志二百〇六卷，食貨志二百六十卷，禮志八卷，兵志
十五卷，樂志三十六卷，天文志十六卷，時憲志十六卷，選舉志六
卷，藝文志十卷，職官志十六卷，儀衛志四卷，輿服志四卷，河渠志
四卷，刑法志二十卷。取校《總目》著録臺北故宫博物院所藏《清
國史》各志稿本，出入較大。國史館十四志自乾隆朝至光緒末年
屢經續纂，早期輯成之志稿已寫有定本，晚輯者多爲長編檔册，未
經分卷寫定，存稿中缺漏、重複頗多。估計傳鈔時僅取纂修年代較
早、已經分卷寫定之成稿付鈔，以致鈔本各志内容詳略不一。如
《兵志》十五卷，底本爲乾隆間纂定本，記事僅自清初至雍正年間，
道光間增輯之稿本未能續鈔；又如《河渠志》稿本分爲黄河、淮河、
運河、永定河、漳河、子牙河、滹沱河諸水及江浙海塘，直隸、各省水
利，江防等類，各類又有初輯、覆輯、增輯之稿，史館存稿數量極夥。
現僅傳鈔清初至康熙朝有關黄河之成稿，缺鈔甚多。取校《總目》，
知嘉業堂鈔本《地理志》係據光緒間纂修之《皇朝地理志》傳鈔，
《食貨志》係據嘉慶以後所纂之《皇朝食貨志》傳鈔，《禮志》係據
《皇朝禮志》增輯本傳鈔，《兵志》係據乾隆間所纂《皇朝兵志》傳
鈔，《樂志》係據《大清國史樂志》增輯本傳鈔，《天文志》係據《大
清國史天文志》增輯本傳鈔，《時憲志》係據《大清國史時憲志》增
輯本傳鈔，《藝文志》係據《大清國史藝文志》續辦本所存十卷傳

鈔,《職官志》係據《皇朝職官志》嘉慶以後增輯本傳鈔,《儀衛志》係據《皇朝儀衛志》嘉慶以後增輯本傳鈔,《輿服志》係據《皇朝輿服志》嘉慶以後增輯本傳鈔,《刑法志》係據《皇朝刑法志》嘉慶以後所纂朱絲欄寫本傳鈔。如前所述。嘉業堂鈔本雖未能將史館各類志稿鈔全,但所鈔各稿均爲史館固有之定本,自爲起訖。諸志內容,多有《清史稿》所未採用者。

四、列傳。包括王公、大臣、循吏、孝友、儒林、文苑、忠義各傳,佔鈔本全部四分之三篇幅,訂爲鈔本第五十四至一百九十三冊。各傳所收人物,共計一萬四千九百三十四人,不僅包括《滿漢名臣傳》、《國朝耆獻類徵》、《清史列傳》、《清史稿》等書所收國史館列傳,且超過北京中國第一歷史檔案館及臺北故宮博物院所藏史館檔中保存之國史館傳稿總數。各類傳名目及人數(含附傳)爲:

(一)《國史宗室王公傳》十卷,卷首一卷,計王公二百二十七人。

(二)《國史滿漢文武大臣畫一列傳正編》一百九十二卷。計清初至康熙朝一千二百八十二人。

(三)《國史滿漢文武大臣畫一列傳次編》一百四十四卷,計康熙至乾隆朝八百七十三人。

(四)《國史大臣畫一續編》一百六十卷,計嘉慶至咸豐朝六百三十六人。

(五)《國史滿漢文武大臣畫一列傳後編》一百五十八卷,計咸豐、同治朝四百八十人。

(六)《新辦國史大臣傳》不分卷,計光緒朝五百五十三人。

(七)《循吏傳》十一卷,計二百三十人。

(八)《孝友傳》三十卷,計三百五十人。

(九)《國史儒林全傳》八十二卷,分爲前編八卷、上編三十卷、下編四十一卷、後編一卷,計六百一十人。前編與上、下編係國史館不同時期所纂,間有重複。

(十)《文苑傳》七十四卷,計六百五十人。

(十一)《國史滿漢文武忠義畫一列傳正編》三十三卷,計清初至乾隆朝五千人百九十七人。

(十二)《國史滿漢文武忠義畫一列傳次編》二十九卷,計乾隆至道光朝一千七百〇六人。

(十三)《國史滿漢忠義畫一列傳檔續編》三十八卷,計道光、咸豐兩朝三百五十四人。

(十四)《國史滿漢忠義畫一列傳檔後編》六十卷,計咸豐、同治兩朝六百二十二人。

(十五)《國史忠義畫一傳檔現辦》不分卷,分爲二百十七號(凡漢一百十四號,滿一百〇三號),又附"新辦已進忠義傳"、"新辦未進忠義傳"兩類,計咸豐至光緒朝六百六十四人,皆爲光緒末至宣統間所纂。

四

此次影印嘉業堂鈔本《清國史》,爲節省篇幅,將鈔本略行縮印,排爲上、下雙欄,並添印邊欄,新編頁碼,分裝爲十四冊。影印中底本曾作以下整理加工:

一、核對目録。《國史目録》係據國史館舊目傳鈔,鈔本內容雖與之大致吻合,又存有少許差異。現以書、目互相比勘,凡有目無傳者,存目而注闕;有傳無目者,補目而加注;傳鈔訛誤及因避諱而改寫之人名,經與有關資料比勘改正。爲便使用,現將目録保持原

貌重新排印 [①],增注頁碼,分置於各册之前。又據本紀及列傳(包括附傳)人名,編有《清國史紀傳人名索引》,置於第十四册之末,以備檢索。

二、核對正文。嘉業堂傳鈔《清國史》分期完成,歷時多年,鈔稿彙齊後據目録編排,又曾陸續補鈔缺傳及漏頁。初鈔、續鈔及補鈔各稿,雖經用心排次,終以事鉅量多,仍有跳卷、錯頁等失誤。又鈔本前有列傳總目,各卷之前仍有分卷目録,總目與卷目之編排順序不同,卷目與傳文之順序亦不盡相同。現爲清眉目,俾全書體例一致,删除各卷前之卷目,列傳正文均據總目之分卷及順序編排。一人兩傳而内容悉同者,去其重複;一人兩傳而内容不同者,則兩篇俱存;一人兩傳而載於不同類傳者,亦仍並存。

三、《清國史》鈔本第四十七、四十八册《時憲志》十六卷,其卷八至卷十六爲"八線對數表",因係普通數表,現未加影印。又影印本第十三册《國史滿漢忠義畫一列傳檔續編》,目録原題"欽定國史滿漢循吏忠義畫一列傳檔續編",首載循吏傳目録二卷;第十四册《國史滿漢忠義畫一列傳檔後編》,目録原題"欽定國史滿漢循吏忠義畫一列傳檔後編",亦首載循吏傳目録四卷,實皆有目無傳(各傳已收入《循吏傳》),故均删除。

《清國史》傳鈔完成迄今已逾六十載,歸於復旦大學圖書館亦將四十年。復旦圖書館長徐鵬教授夙主文獻公開,而中華書局趙守儼先生卓識鴻裁,慨允流傳,遂使海内孤本,化身千百,洵稱盛

[①] 目録與正文不合之處,仍依正文略加修訂。如《大臣傳次編》卷八目録"宗室興肇"下注"子成寬附","復興"下注"弟富鋭附",實則正文均各自爲傳;《大臣傳續編》卷四十八目録"那彦寶"下注"子容安附、姪容照附",正文"那彦寶"、"容安"各自爲傳,"容照"傳附於"容安"後,凡此均據正文改正,俾目録與傳名相符。

舉。本書影印完成，全賴復旦大學圖書館及中華書局編輯部之有效合作。復旦圖書館古籍部同人不憚煩勞，反復拆裝底本，校核複印稿件，爲影印提供清晰底本，其勤可感。中華書局影印部精心排版，反復函商，精神可嘉。沈達偉女士襄助整理目録，比勘傳文，同編索引，多著勞績。四方學人，亦多惠予支持，時賜教誨，實銘心版。又承美國學者司徒琳女士厚誼，代往臺北故宮博物院訪求所缺傳稿，蒙該院莊吉發先生協助複印缺頁，謹此並誌謝忱。吳格一九九二年九月於復旦大學圖書館。

（《清國史》，中華書局，1993 年）

嘉業堂傳鈔清《實録》及《國史》考

　　浙江吳興劉氏嘉業堂，爲晚近東南藏書大家。建於吳興南潯鎮之嘉業藏書樓，今猶保存完整。嘉業堂藏書始於清季，經民初十餘年發展，博收廣取，因時搜求，至 1925 年藏書樓落成時，已耗金三十餘萬元，置書六十萬卷，所藏典籍宏富，版本精善，一時稱私家藏書之鉅擘。嘉業堂主人自叙其藏書緣起有云："宣統庚戌，南洋開勸業會於金陵，瓌貨駢集，人爭趨之。余獨徒步狀元境各書肆，遍覽群書，兼兩載歸。越日，書賈携書來售者踵至。自是即有志聚書。逾年辛亥，武漢告警，烽燧達於江左，余避居淞濱。四方衣冠舊族，避寇氛而來者日益多，遂爲中原文獻所聚。如甬東盧氏之抱經樓、獨山莫氏之影山草堂、仁和朱氏之結一廬、豐順丁氏之持静齋、太倉繆氏之東倉書庫，皆積累世之甄録，爲精英所鍾聚，以世變之日亟，人方馳騖於所謂新説者，而土苴舊學，慮倉卒不可保，爲余之好之也，遂舉而委賈焉，而江陰繆藝風參議、諸暨孫問清太史，亦各以宋元精槧，取值畀余。論者或喜書之得所歸，余亦幸適會其時，如衆派之分流，而總匯於兹樓，以償夙願。"[①] 由於劉氏好書彌篤而又力能致之，鼎革之際，適會故家藏書播遷易主，復賴飽學精賞鑒之學者如繆荃孫、葉昌熾等爲之主持鑒定去取，故能插架琳琅，

----

① 劉承幹:《嘉業藏書樓記》，載《圖書館學季刊》第一卷第三期。

超邁時流。樓藏古籍,除宋元精槧、明清佳刻以外,又多珍秘稿鈔校本,"然主人搜書,平生措意所在,特重稿鈔校本,故其所獲至豐,至精且佳。又愛刻書,則所致孤秘,棗梨以行。於是老儒之占畢,介士之孤憤,繫一線於不墜,主人之功爲尤不可没也"①。業師吳興周子美先生,昔年曾司嘉業藏書樓筦鑰,八易寒暑,編成書樓藏書總目,別録《嘉業堂鈔校本目録》,近年排印流佈,著録樓藏稿本、鈔本近兩千種,學林詫爲罕覯。周師於《鈔校本目録》序言中謂:"最重要的還有本樓費數萬元到北京鈔來的全部清朝各帝的實錄和清國史館未用的名臣列傳二千多篇……"清各朝《實錄》及國史館《國史》稿本,卷帙浩繁,深藏史宬,嘉業堂如何得以傳鈔,傳鈔原委如何,鈔本今存何處? 事關清史史料之流佈利用,又屬近代藏書掌故,想爲學界所關心。茲據劉氏《求恕齋日記》、《求恕齋函稿》等有關記載,將嘉業堂傳鈔清《實錄》及《國史》原委略加徵考,以明端緒,並就教於當世學人。

一、清歷朝《實錄》傳鈔始末

　　1935 年六月間,前浙江省立圖書館館長陳訓慈先生偕同人夏定域、陳豪楚、張崟等往南潯訪嘉業藏書樓,下榻書樓,觀書四日有半,返杭後張崟撰《南潯劉氏嘉業堂觀書記》一文,載同年《浙江省立圖書館館刊》四卷三期,詳叙書樓藏書精華。張氏述所見《清實錄》鈔本謂:"《清實錄》共八百六十三册,裝十景櫥,聞係民國九年、十年間翰怡先生供職清史館時雇人就内府藏本録副者。鈔校之費,殆近二萬金云。現《實錄》正本已移存北平圖書館,副本存

---

① 胡道静:《嘉業堂鈔校本目録・天一閣藏書經眼録總序》,1986 年華東師範大學出版社鉛印本。

遼寧瀋陽故宮。自東北四省陷敵後,日偽已決付排印行世矣。此外僅前總統徐菊人(世昌)鈔有副帙,故在遼寧本猶未梓行以前,天壤實僅有此四種寫本而已。"夷考其實,清太祖至穆宗十朝《實錄》,僅漢文本即有五部。1925年故宮博物院成立後清點《實錄》寫本,除滿文本《實錄》五部、蒙文本《實錄》四部以外,漢文本《實錄》存五部:兩部大紅綾本,一藏故宮皇史宬,一藏盛京崇謨閣;兩部小紅綾本,一藏乾清宮,一藏內閣實錄庫;又有小黃綾本一部,亦藏內閣實錄庫。《德宗實錄》則有兩部:大紅綾本一部,1922年底始修成進呈;小紅綾本一部,鈔成進呈於1927年,又北京大學圖書館今尚藏有《德宗實錄》之定稿本。中華書局新近影印之《清實錄》,即據原藏上書房之《滿州實錄》,原藏皇史宬之大紅綾本十朝《實錄》(缺者以原藏乾清官之小紅綾本配補),及北大圖書館藏《德宗實錄》、《宣統政紀》定稿本爲底本 ①,較之1936年偽滿"滿日文化協會"據盛京崇謨閣藏本等影印之《清實錄》,質量更爲精良。《清實錄》係17至20世紀三百年間逐日月之官方檔案記錄,其翔實與完整爲舉世罕儔。清室遜位以前,歷朝《實錄》深藏中秘,除供職國史館者,外人無由獲見。民國初年清史館成立,館設故宮東華門原國史館舊址,採訪清史史料,首先利用《實錄》及《國史》等成書。嘉業堂傳鈔清《實錄》及《國史》稿本,亦即於清史館時期完成。

　　民國十一年壬戌(1922)初冬,嘉業堂主人劉承幹曾有北京之行。此次北上,爲代表上海及南方各地遺老遺少,前往祝賀溥儀大婚之喜,同行代表尚有汪春霖、毛承霖、劉世珩等。舊曆九月廿九日抵京後,劉氏即向溥儀小朝廷內務大臣耆齡呈交賀摺名單

---

① 何英芳:《清實錄的寫本及影印本》,載《書品》1986年第4期。

（共五百餘人）及貢金（四萬餘元）。此後,有入謁内務府諸大臣及醇親王、參加婚禮觀儀、接受溥儀召見賞賜、遊覽都中名勝、兩次赴梁格莊拜謁德宗崇陵等活動,居留五十日,至舊曆十二月十七日始返滬。

在京期間,劉氏與都中耆舊遺老廣事交遊,燕觴應酬,幾無虚日,今存日記、函稿中對此記載極詳。時在清史館供職之張爾田、夏孫桐、金兆蕃等,或有姻誼,或爲世交,與劉氏均有往還。舊曆十一月初二日,劉氏往訪清史館,由此引出傳鈔《實録》及《國史》之舉:

> 午時三時,出至東華門清史館。館則房楹洲隘而甚曲折,據云向之國史館、方略館、實録館三者併而爲一,故屋極多也。余至西館(現分東、西兩館,志表歸東館,紀傳歸西館。)晤提調邵伯炯及纂修協修夏閏枝、金雪孫、王伯荃、朱少濱、鄧孝先諸公。孟劬以病未至,籛孫已去。坐談良久,出示《大清一統志》《宫史續編》,皆係恭楷進呈之本爲外間所無者。未幾,館長趙次珊制軍知余至,來談。當日清史開館,曾聘余爲名譽纂修,故以新刻《章實齋遺書》全帙存之館中。至五時乃出。①

此次訪問以後,劉氏與張爾田、夏孫桐、金兆蕃諸人又數次晤首,尤與金、夏往復拜訪,屢次長談。利用清史館所貯《實録》鈔副之議,當由金、夏提出,並轉陳趙爾巽館長。本月下旬,劉氏爲傳鈔《實録》事專訪清史館:"出至東華門内清史館,訪金籛孫、夏孫桐。趙次珊館長亦在,遂同商繕鈔《實録》之事。承次珊滿口允許,並

①《求恕齋壬戌年日記》,十一月初二日。

擔任一手經理,且堅囑外界切勿聲揚,因此係史戒秘本,不許流出
於外,值此時局,多留一分於天壤間,至深欣幸云云。"①此次定議以
後,爲落實具體繕鈔事宜,舊曆十二月上旬、中旬,劉氏又兩次往訪
趙爾巽,商定鈔資數額:"至趙次珊處,爲鈔《實錄》事談良久,其款
約萬五千元。"②"佟劍濤來,余偕劍濤至清史館謁趙次珊諸公。爲
時稍晏,均已散去。復至次老家,謂赴天津,悵然而返。"③第二次走
訪趙爾巽,時在舊曆十二月十六日,以次日將南返,特往辭行,並爲
繕鈔《實錄》推薦佟劍濤。佟劍濤,名佩章,原陸軍學堂畢業生,其
弟佟楫先,爲溥儀小朝廷内務府官員。劉氏在京期間,與佟氏兄弟
頗熟稔。佟劍濤其時正欲覓事,劉氏則以繕鈔事重,亦思安排可信
者爲之襄助。面薦未成,遂託諸季遲代薦(後趙爾巽安排鈔校人員
時,未予接受)。

　　壬戌年十二月十八日夜劉氏返滬後,征塵未浣,即致書趙爾
巽,並通過興業銀行匯上鈔資:"次珊老伯大人尊察……侄十七日
出都,越夕抵滬,征車乍忽,夢觳猶縈。此次借鈔列朝《實錄》,既
蒙允許,復荷主持,俾得盡窺柱下之藏,實爲私幸。兹先匯奉大洋
五千元,交由興業京行開摺存儲,聽候撥用。所需鈔格紙,前囑文
楷齋印二萬,先送上五千張,如續有所需,即祈就近飭取爲荷。"④
嘉業堂傳鈔《實錄》稿紙,由法源寺文楷齋主人劉春生負責刷印,
分批送至清史館。文楷齋曾爲嘉業堂刻書多種,所印《實錄》鈔格
紙,因數至十餘萬張,版片曾屢次重刻,均統一格式,朱色刷印。鈔
格紙用太史連,每半頁十一行,行二十一格。版心上方刻"□□皇

①《求恕齋壬戌年日記》,十一月二十三日。
②《求恕齋壬戌年日記》,十二月初五日。
③《求恕齋壬戌年日記》,十二月十六日。
④《求恕齋壬戌年信稿》,十二月二十日。

帝實録”，魚尾下刻“卷□”字，供鈔胥填寫。版心下方，均刻有“嘉業堂鈔”四字。

　　《實録》繕鈔，自癸亥年（1923）正月趙爾巽收到劉氏匯款後，即組織鈔、校人員着手進行。劉氏爲慎重起見，曾囑記室沈焜致函在清史館任職之諸季遲，請協助督察繕校質量：“……內卿（格案，指劉氏）鈔書事宜，次帥處款項已經匯到，業已開辦，甚善甚善……內卿與執事亦有相知之雅，事恐草率，仍祈暗中督察繕寫如何，校對如何。次帥年高，未便時時瀆問，倘執事俯念內卿力求完善之心，時相顧及，或於校過之卷暗中復核，則內卿必有以相酬，祈大雅鑒察之。”① 舊曆三四月間，劉氏又先後致函清史館纂修金兆蕃，詢問《實録》鈔寫進度，獲悉“借鈔《實録》，已得十之五六，秋冬當可交卷”②，十分快慰。舊曆五月間，親承趙爾巽函示，告以《實録》繕鈔已過一半，年初所匯鈔資亦已用罄，劉氏當即匯款復函：“就審託鈔列聖《實録》已及太半，再經數旬即可蕆事。具見長者勤於督察，不憚煩勞。感謝之私，奚可言喻。且經費早罄，已蒙付給兩竿，既瀆清神，又煩墊款，捫心納手，何以自安。即日仍由興業再匯五千。深恐懸垂，特先馳復。”③ 劉氏請鈔《實録》之初，以家藏圖籍中已有購自四明盧氏抱經樓之太祖、太宗、世祖三朝《實録》，爲康熙時鈔本，原擬此三朝不再重鈔，後慮前後兩本或有異同，故又請前三朝《實録》一併鈔寫：“……至若太祖、太宗、世祖三朝雖經購備，購自甬上抱經樓，爲康熙鈔本，其中或有異同。敬請全付鈔胥，以歸一律。”④ 劉氏兩次匯款後，《實録》繕鈔至舊曆七月份已進入

---

① 《求恕齋癸亥年信稿》，正月十四日。
② 《求恕齋癸亥年信稿》，四月十六日。
③ 《求恕齋癸亥年信稿》，五月廿二日。
④ 《求恕齋癸亥年信稿》，五月廿二日。

尾聲。就列朝《實錄》之傳鈔次第言,自乾隆至《宣統政紀》傳鈔在前,太祖、太宗、世祖三朝《實錄》在後。七月中旬,劉氏致書趙爾巽館長奉謝:"《實錄》繕鈔已聞告備,公又慮其脱誤,屢爲校讎。自是故事諳熟,庶比乎應劭;秘書録副,豈讓乎班斿。其樂可知,能無銘感。"①

《實錄》繕鈔結束,爲校對及聯繫鈔稿南運事宜,延至次年(1924)春始落實行期。史館方面,劉氏託金兆蕃料理,並請在京之親戚金鞏伯協助。初議將鈔稿由轉運公司或商務印書館代運:"箋孫姻世叔大人尊鑒:前奉手箋,快如良覿。就審列聖《實錄》已經鈔竣,尤自忭慰無量……至於全書運南一節,尤所欣盼。敝處嘉業藏書樓已將工竣,此書運回,與明朝《實錄》同貯書樓,固所欣也……敢乞長者商之轉運公司,逕交運滬。該費若干,如可到滬收支最妙;設需付訖,則請尊處代墊示知,俟當由郵匯繳也。如或轉運公司不能運,則請裝箱送交琉璃廠商務印書館分館,請渠處代運到申,俟此間當即函託張菊生丈轉懇京館執掌也。"② 最後,《實錄》鈔本之南運,先由金兆蕃點交金鞏伯,再由金鞏伯經手,託往返於津滬間之"新銘輪"茶房孫桂,自天津至北京領取,由水道運滬。1924年四月初,首批《實錄》三箱已運至滬:"鞏伯表兄大人惠鑒:承託新銘輪茶房帶來清史館代鈔《實錄》三箱已交到,運費遵示付訖,空箱帶回。所餘仍懇陸續交該輪運滬,以便集齊製箱,爲藏書樓各書冠冕也。"③ 同月下旬,《實錄》鈔本第二批到滬:"鞏伯表兄大人惠鑒:……昨新銘輪船茶房孫桂來,又帶到《實錄》五箱,

---

① 《求恕齋癸亥年信稿》,七月十四日。
② 《求恕齋甲子年信稿》,二月廿四日。
③ 《求恕齋甲子年信稿》,三月初七日。

運資如前照給。弟並前寄到各捆統行點檢，業已齊全。唯嘉慶朝二百八十六至二百八十九一册，諒係史館遺誤，當已函託籛孫太守轉囑補鈔矣。"①

　　《實録》鈔本，初未裝訂，經劉氏清點排次，始付裝訂成册。排卷間發現有缺鈔之册頁，均即致函清史館，請求補鈔："次珊老伯大人尊鑒：……奉託代鈔列聖《實録》，現正飭胥裝訂，略事翻閲，其間尚有缺葉。俟裝訂齊全，按卷察看，尚擬瀆費清神，飭胥補足，以成全璧也。"②"籛孫姻世叔大人尊鑒：……又上次寄來《實録》，鈔寫未盡完善。即就嘉慶一朝而論，有缺數卷之多；其頁數上間有短少。俟檢點完後當再另紙開明，寄呈左右，請飭鈔胥補全。"③"籛孫姻世叔大人尊鑒：……嘉慶朝《實録》補鈔三卷，今日已由郵局寄來，照收無誤。兹檢得《太宗文皇帝天聰帝實録》卷二十，七頁以下盡缺。應補卷頁，另紙開呈，乞飭鈔胥照補爲荷。"④"綏青先生閣下：……同治朝《實録》卷三五九第一頁補繕者，亦經核對吻合，而康熙朝《實録》卷百七十一末三頁，俟調出正本時，還祈一併補齊，俾私家副本，得成全璧，紉感厚誼，詎有涯涘。"⑤裝訂補鈔工作，進行至本年底始告成。

　　《實録》繕鈔，自 1923 年春開始，1924 年春運滬後排次裝訂，配補缺鈔卷頁，並定製書箱，至 1924 年底正式完成，繕鈔費銀一萬元，内有少量餘額，劉氏爲示感激，均聽清史館處置："次珊老伯大人尊鑒：……列朝《實録》已荷長者飭鈔胥鈔校，次第藏工，感謝之

①《求恕齋甲子年信稿》，三月廿九日。
②《求恕齋甲子年信稿》，四月十八日。
③《求恕齋甲子年信稿》，四月十八日。
④《求恕齋甲子年信稿》，六月廿七日。
⑤《求恕齋甲子年信稿》，十月初十日。

私,奚可言喻……又獲太守來書,述及鈔資付訖,尚稍有餘,擇其勞者,略加酬贈云云。其見老輩慎勤,量入爲出,非後生小子所能企及。"① 清史館方面,由於時局動盪,經費支絀,其時清史編纂工作幾近停止。在館纂修人員,由於減薪及欠薪,生活頗難維持。趙爾巽館長爲支撐局面,多方籌款,甚至向軍閥募化。利用史館所藏典籍供人傳鈔,以謀稍稍補救,實出無奈。《實録》傳鈔既畢,趙爾巽館長與劉氏續商,願代嘉業堂傳鈔館中所存其餘稿本,因而繼傳鈔《實録》鉅帙之後,嘉業堂又有續鈔清國史館《國史》稿本之舉。

嘉業堂傳鈔清《實録》裝成八百六十三册,1925 年初因南潯嘉業藏書樓建成,即運回貯藏。劉氏視此"十三朝實録"(包括《滿州實録》與《宣統政紀》)珍同拱璧,嚴格規定此書不得出借,朋儕借觀,僅允至書樓檢閱。早在《實録》於滬裝訂之時,交好如張爾田等求借,均遭婉拒。《實録》藏南潯十餘載,抗日軍興,始匆匆運滬,藏於寓中。50 年代初期,劉氏慮私藏秘鈔,終非久計,遂由王欣夫先生介紹,論值讓售於復旦大學圖書館,今猶保藏完好。

二、清國史館《國史》稿傳鈔原委

早在清史館爲嘉業堂繕鈔《實録》時,雙方即有續鈔史館所存其餘各書之議。嘉業堂主人生性慷慨,熱心搜羅清代史料,其時正鋭意編纂《國朝詩萃》及《續碑傳集》,清史館諸公亦樂於助成。癸亥年(1923)春,《實録》傳鈔開始不久,金兆蕃即建議劉氏同時斥資傳鈔史館所存原國史館《國史》列傳稿,劉氏答函謂:"耆獻佚傳之鈔,卷帙浩繁,事非易舉,且俟《實録》鈔竣,再行奉商。"② 延至

---

① 《求恕齋甲子年信稿》,二月廿四日。
② 《求恕齋癸亥年信稿》,四月廿九日。

同年七月間,《實録》已告鈔成,進入校對階段,趙爾巽館長馳書滬上,提議爲劉氏續鈔史館其餘内府稿本,劉氏答函,屬意於《國史》稿本:"談遷《國榷》,早用購藏;《紀事》一編,思存非願。聞《國史》全稿書儲館中,敢乞將紀傳志表詳示目録。此爲史宬之珍笈,列朝之寶書。或日下舊聞,先睹斯快;河間博訪,好寫攸資。塵瀆高聽,俟容商略。"① 談遷《國榷》久以鈔本流傳,藏書家視爲珍秘,趙爾巽以史館所藏介紹傳鈔,亦屬善爲人謀。但嘉業堂前此已收藏有清平湖小重山館胡氏舊藏鈔本《國榷》六十册,書有莫友芝題跋,已稱善本,故無意再爲傳鈔。趙爾巽介紹之另一部内府本《洋務紀事本末》,劉氏也無興趣傳鈔。1923 年十月致書金兆蕃,再申傳鈔《國史》之願:"憶制軍以本朝《實録》鈔齊,慫恿别鈔秘笈。《洋務紀事本末》不甚著聞,不如《國史》表志紀傳爲佳。佇曾有復函,請開一單,以定應鈔應否,而制軍未蒙復示。如長者晤談之頃,便中提及,未知函爲洪喬誤否。"②

　　嘉業堂傳鈔《實録》與《國史》,金兆蕃爲史館方面之主持人之一,尤以《國史》志表紀傳之傳鈔,自倡議至日後選目定例,督察鈔校,往返函洽,安排運滬等,前後五年,均其經手。金兆蕃與另一位清史館纂修夏孫桐,在館負責《清史》列傳部分纂修職責,與清史館同始終,直至《清史稿》完成。由於在館日久,深識甘苦,有鑒時局不寧,《史稿》難以順利觀成,而史館所存清國史館《國史》原稿,爲乾隆至宣統年間歷朝史官所積累,久藏宫中,外罕流傳,不論《清史》能否成書,自有其史料價值,故對劉氏傳鈔此稿,甚爲熱心。嘉業堂傳鈔《國史》,固然對史館經費略有補助,爲趙爾巽館長所歡

①《求恕齋癸亥年信稿》,七月十四日。
②《求恕齋癸亥年信稿》,九月四日。

迎，但史館方面若無有力者爲之盡心董理，則南北懸隔，曠日持久，程功實亦不易。從劉氏1923年秋至1924年春致金兆蕃、趙爾巽諸函稿中可知，趙爾巽最初對劉氏請鈔《國史》曾有所躊躇，揣其原因，或以《國史》稿本量大而體例複雜，不如繕鈔《洋務紀事本末》之易於着手。但劉氏自《實錄》鈔成，求鈔《國史》之願望日益迫切，經金兆蕃指點，1924年初夏又致函趙爾巽："及此鈔胥未散之時，尊意欲勸鈔《洋務》，厚誼隆情，感荷非淺。但《洋務》一編，前此孫慕韓丈長外交時已曾印過，佺與有連，尚可乞贈。唯列傳則石匱秘書，録副儲藏，甚愜鄙願。已懇太守達意，倘蒙金諾，敝處《滿漢大臣傳》、《耆獻類徵》均已有之，敢託長者飭鈔寫諸君，除敝處《滿漢》、《耆獻》兩書所有各傳不鈔外，悉數全鈔。其體例只好每傳分寫，並不接連，而列傳全目仍須全鈔，俾敝處可據《耆獻》、《滿漢》兩書補入也。至叩至叩。此刻應劃鈔資若干，乞示祗遵。"[1]劉氏請鈔清國史館《國史》存稿，重點在列傳部分。最初計劃，因不知《國史》傳稿確切數量，僅思選鈔《滿漢大臣傳》及《國朝耆獻類徵》兩書所未收之國史館列傳稿，日後再將三處傳稿據國史館所編列傳目錄統一編次。具體做法，致金兆蕃函中曾述及："並懇制軍續鈔列傳，想蒙允可。但列傳浩如淵海，故《滿漢名臣傳》及《耆獻類徵》兩書中所有者，決議不鈔……特將《滿漢名臣傳》目錄一册呈奉籤室。又《耆獻類徵》目録綦繁，史館中想有儲者，敢請就近借鈔。將此兩書目轉交謄寫諸君，請彼按圖索驥，臨鈔時將兩書所有者除出也。"[2]1924年五月間，《國史》傳鈔事定議，劉氏致函趙爾巽館長，感謝清史館允其所請："借鈔列傳一節，昨得籛孫太守書，知長

① 《求恕齋癸亥年信稿》，二月廿四日。
② 《求恕齋甲子年信稿》，三月廿四日。

者命伊與閨枝太守主持,甚感甚荷。需款五千元,兹託商務印書館匯存興業銀行,其支摺即託該行附函呈奉,好在長者與興業甚熟識耳。至於《滿漢名臣傳》及《國朝耆獻類徵》中之《國史》列傳,不敢瑣瑣奉勞,昨將目錄鈔寄籛孫太守矣,蓋託其直提咨會寫胥,免費長者心神也。”① 《滿漢大臣傳》目錄一册,由嘉業堂鈔寫後寄京。《耆獻類徵》卷帙浩繁,目錄有十九卷之多,初欲借用清史館所藏該書供翻檢,後經洽商,仍由滬將此目寄京。《國史》傳鈔所用稿紙,仍由法源寺文楷齋印製,版式與《實錄》鈔稿紙相同:“此次所鈔列傳,其紙即擬仍用前格,長者電話飭文楷齋執事劉春生趨前,屬彼將格板中縫‘實錄’兩字鏟去,或竟刓改‘國史列傳’等字,祈酌定之。”②

《國史》傳鈔,自列傳部分着手,於 1924 年五六月間開始。由於鈔校人員大多爲前鈔《實錄》出力,老馬識途,初期進展頗速,八月間因鈔資用盡,劉氏又續匯兩千元至京。十月間劉氏有函致金兆蕃詢問:“戰雲倏起,音問久疏,北望京華,心驚風鶴,恒念故人不置也。所託代鈔列傳,未識鈔就若干? 際此兵革之秋,已否傳鈔,至爲繫注。此項列傳共需鈔資若干? 約何時告竣?”③ 本年秋北京政局發生變動,馮玉祥軍入都後有“逼宫”及取消“清室優待條件”等事件發生。劉氏原擬冬季北上,以時局動蕩而取消,故對《國史》列傳鈔寫事極爲關注。所幸不久即接史館通知,謂列傳已經鈔就。劉氏答金兆蕃謂:“此次所鈔列傳已經蕆事,殊屬迅速異常,具見次珊制軍之認真,公與閨枝太守之竭力,令人感荷無既。鈔件交金鞏伯舍親運南,甚善甚善。此間與新銘輪船本有熟人在内,招呼

① 《求恕齋甲子年信稿》,四月十八日。
② 《求恕齋甲子年信稿》,五月六日。
③ 《求恕齋甲子年信稿》,十月廿四日。

較便,故擬函致舍親,仍託新銘輪運申。"①《國史》列傳之傳鈔,前後約半年時間,舊曆十一月初鈔校既竣,即交金鞏伯轉交新銘輪運回,此爲嘉業堂傳鈔《國史》第一階段之成果。舊曆十二月間劉氏致書金兆蕃,告以列傳鈔稿已收到:"該鈔本已由金鞏伯舍親寄到,點檢一過,共計一千一百餘本。尊處所鈔未竣者未知尚有若干,便中催之,至叩至叩。"②《國史》列傳鈔稿初皆以原卷分册,未經合訂,故有一千一百本之多。此函中所云"所鈔未竣者",不久也由京運到:"葭月下澣由尊處寄到《國史》列傳一籐箱,趙次珊制軍函亦已收到……近又寄到續鈔一束,亦已收到,費神感謝。"③

　　1924年來陸續寄滬的《國史》列傳稿一千一百餘本,内容爲《國史》中之《大臣傳》、《儒林傳》、《文苑傳》、《孝友傳》四門。其中《大臣傳》係遵前約,僅鈔《滿漢大臣傳》及《耆獻類徵》未收之列朝臣工傳。《國史》列傳稿清本格式,係以卷爲單位,合數卷爲一册或一包;各卷則含數人之傳,視傳文長短,自二至數十人不等。各卷之前,有一封頁,寫明傳名與卷數,並列所含各傳傳主名氏,如《國史大臣列傳正編》卷十八封頁:

庫禮　　沈文奎　　蔡士英　　馬光輝　　于時躍　　劉清泰
李蔭祖(子鈵附)　馬鳴珮　　胡全才　　蘇宏祖

　　由於各卷傳文初非全鈔,故卷前封頁之傳名亦隨之更動,少於原有之數,後來補鈔原先未鈔各傳,除鈔胥筆迹不同、紙幅或異以

① 《求恕齋甲子年信稿》,十一月朔日。
② 《求恕齋甲子年信稿》,十二月十日。
③ 《求恕齋甲子年信稿》,十二月十九日。

外，卷前傳目也經補寫，凡此均可於嘉業堂鈔本中獲見。

　　《求恕齋日記》甲子年十二月、乙丑年一至五月日記中，有劉氏檢閲自京運來之《儒林傳》、《文苑傳》、《大臣傳》鈔本之記載。鈔成此部分《國史》列傳稿，劉氏先後匯款七千元至京。第一次匯京之五千元，趙爾巽館長起初似未查收，故實際所用鈔費不過後來匯京之兩千元。經劉氏與興業銀行京行及趙爾巽館長往復函洽核實，先匯之五千元終於查清。史館方面以經費緊絀，其時已不惜向軍閥募款，以濟拮据，自然希望劉氏斥資續鈔史館存稿：劉氏自檢閲新入藏之《國史》傳稿後，深喜史館秘册得以録副，亦由原先之選鈔《國史》傳稿，轉爲傳鈔《國史》全稿之設想。1925年春先後致函金兆蕃謂："承示《蒙古王公表傳》正編已入《耆獻類徵》，以續編鈔否見問。佴以史傳外間罕有副本，故特借鈔，此則萬難付之缺如，敬請即行飭鈔。至若正編，《耆獻類徵》雖有之，語多删節，還是並付鈔胥，以歸一律。"[1] "前函繕就，正待交郵，適奉手箋，藉審前此匯京第二次之五千元，次珊丈已經查晰……至於此次託鈔《王公表傳》正續編，鄙意不獨《王公表傳》而已，前擬《滿漢名臣傳》、《耆獻類徵》、《碑傳集》中所有者除去不鈔，今恐與史館稿本不符，特乞一例補鈔，以爲全璧。顧補鈔各傳鈔資非淺，即請轉陳次珊丈，於此五千元内留存一千元作爲鈔資，設或不敷，謹當再寄，其餘四千元盡數交興業匯南。"[2] 事實上此款後未寄還，悉數用於傳鈔《國史》列傳及紀志等稿。

　　史館方面之慫恿續鈔，劉氏之決意傳鈔《國史》全稿，遂使嘉業堂之傳鈔《國史》自1925年進入第二階段。1925年四月間，劉

① 《求恕齋乙丑年信稿》，正月廿九日。
② 《求恕齋乙丑年信稿》，正月卅日。

氏就續鈔《國史》志表紀傳及鈔費問題與金兆蕃商討："曩年所存之五千元,據夏閏枝太守所勸,補鈔志表等類以成全璧,甚善甚善。佺本有此意,千里一心,不謀而合,文章信有神哉。惟史館所有,不獨志表,帝紀亦有之。佺意總須全鈔,方不負諸公慫惠盛舉。當此洶洶之際,保無兵燹之虞,流傳中秘於外間,此事關係非淺,幸於次珊丈前婉達鄙悃,即乞飭胥從事,不必更匯南也。"① 續鈔《國史》列傳及各朝本紀,自 1925 年四五月間開始,舊曆六月間劉氏有函致金兆蕃問訊進度:"伏念曩昔奉書,知次珊制軍招集舊人趕送繕鈔,竣事必速等云,佺敬聆之下,欣慰莫名。值此時局艱危,能將史館全稿早日錄副本分儲東南,國粹保存,莫此爲甚。他日哀然鉅帙,捆載南來,雖制軍之惠,亦長者有以助成也。"② 至秋間,金兆蕃自史館來函,告以續鈔將竣消息。劉氏復函道謝,並提議鈔稿可由新銘輪船茶房直接至清史館領取,不必再由金鞏伯轉交。舊曆九月初,金兆蕃又有函至,謂《國史》鈔稿移交事宜,轉由清史館錫蔭負責。錫蔭字少華,據關外本《清史稿》職名表,知爲清史館庶務科長。劉氏當即致書錫蔭:"少華先生閣下:近接金籛孫太守函,敬悉執事綜持庶政,欽仰無暨。惟承幹曾託貴館代錄稿件,計已經收到者凡大臣、儒林、文苑、孝友四門,其餘尚有夥頤。雖蒙籛丈告知,次帥諭鈔全稿完竣,曾託執事照發,其後補苴修改,尚有稽遲。請將已經告成者先交茶役帶下,以便次第查檢。此外盡可從容,當再飭茶役走領,以冀完成。即分作二次,未爲不可也。統費清神,再容蕭謝。至鈔稿目錄,籛丈亦懇執事檢閱,並請轉交閏老暨籛丈審定。如已一律告藏,還乞將原目及鈔稿交新銘輪茶役帶滬,庶可按目編

①《求恕齋乙丑年信稿》,三月十六日。
②《求恕齋乙丑年信稿》,六月十八日。

排,免至舛誤。"①《國史》傳鈔,始於列傳,國史館所存傳稿極夥,自須有目錄加以組織,由於初期傳鈔工作係據《滿漢大臣傳》及《耆獻類徵》目錄與史館傳目對照進行,故史館原有目錄未經鈔錄。自劉氏與史館議定全鈔《國史》列傳,遂須先將史館傳目錄副一份,並據以檢查各類傳稿之已鈔、未鈔。今檢嘉業堂鈔本《國史》,全書一百九十五冊,首二冊爲目錄,詳載《國史》本紀、志、列傳各部分細目,十一本紀及十四志目以外,依宗室王公、滿漢大臣、循吏、孝友、儒林、文苑、忠義之次第,分卷開列傳主名氏,共載一萬四千餘人名。目錄之傳鈔,與紀志列傳同例,各卷之首署有鈔寫、校對人員姓名,並記明字數,以備計酬;目錄鈔校人名,均見於紀志列傳之鈔校者名單,可證目錄同爲史館所鈔。又以《國史》正文與目錄比勘,尚見不合之處,則可證目錄原有底本,爲國史館歷朝畫一史傳時所積累,與史館所存傳稿大致吻合而稍有出入。史館檢核鈔稿,補鈔起初未鈔之列傳,及日後嘉業堂編排裝訂鈔稿成冊,均據此史館舊目進行。

1925 年着手傳鈔之《國史》各朝本紀,補鈔之大臣、儒林、文苑等傳,及續鈔之宗室王公、忠義等傳稿件,本年冬由清史館會計科長劉濟(字綏卿,一作綏青)經手,轉交新銘輪運滬。劉氏檢收續鈔各件以後,仍欲繼續傳鈔未鈔各稿,致函金兆蕃謂:"兹由劉綏青先生遞到史稿一箱,並清單一扣,計稿本七百五十二冊,凡歷朝本紀及補繕之宗室王公傳、大臣傳、忠義儒林文苑各傳均備。不識是稿曾否齊全。然查后妃列傳暨隱逸、藝術、外戚等門尚在缺如,頗慮遺□;且有紀傳而無志表,尤滋疑竇。敢乞就近查詢示明,至盼……又,計查未繕各稿(此係據歷史臆測,未敢妄言):《后妃列

---

① 《求恕齋乙丑年信稿》,九月初五日。

傳》、《外戚列傳》、《隱逸傳》、《藝術傳》、《方伎傳》、《宦者傳》、《奸佞
傳》、《外域傳》，此外各種表志未知是否脱稿，亦乞一併賜繕。”① 今
查清國史館傳檔目録，除去嘉業堂《國史》已鈔之宗室王公、大臣、
循吏、孝友、儒林、文苑、忠義等傳以外，實有不少類傳尚付闕如，未
見傳鈔，如后妃、宰輔、疆臣、孝義、隱逸、藝術、列女、叛臣、逆臣等
傳 ②，與劉氏開列傳目雖不盡相符，然據史例推測，缺鈔者數實不
少。但清史館所存各類稿件，情形極爲複雜，“傳稿有清國史館及
清史館前後所立傳，亦有不明來由之稿本，有草稿及歷次修訂清繕
本，有單篇亦有彙編合訂之稿本，又有人名録及各編之序目等” ③。
在劉氏志欲得其全帙，以壯書樓藏書規模，事成過半，迫切盼望得
竟全功。而清史館金兆蕃、夏孫桐諸人，雖承重託，有心玉成，礙以
種種困難，實不克全力以赴爲劉氏謀。史館存稿積累有年，重複紊
亂者所在都有，欲盡數鈔寫，勢難實現，亦非必需，故何者宜鈔，何
者宜省，仍由金、夏等商諸趙爾巽館長，待籌謀定議，劉氏只得遵
從：“謹誦賜書，並附書單一紙均悉。此稿既經酌定，謹如尊命，將
《道咸外藩蒙回王公表傳》及《外藩西藏王公表傳》各録一份，十四
志亦録一份，俾敝處得一完全無缺，無任紉感。此外無須補鈔者既
蒙明白示復，概行接洽，敬祈寫官即行從事，以冀速成。” ④ 自 1925
年冬清史館第二批鈔稿運滬以後，《國史》本紀及列傳部分存稿已
初步録就，嘉業堂主人下一步之設想，乃在請清史館繼續補鈔列傳
稿並發鈔《國史》志表。自此，嘉業堂傳鈔《國史》進入第三階段。

① 《求恕齋乙丑年信稿》，十月初十日。
② 臺北故宮博物院編：《“國立”故宮博物院清代文獻檔案總目》史館檔，1982
　年鉛印本。
③ 《求恕齋乙丑年信稿》，見書首編輯凡例。
④ 《求恕齋乙丑年信稿》，十月廿九日。

第三階段之傳鈔事宜,於 1926 年間未獲開展。1926 年秋劉氏致金兆蕃函謂:“承代鈔列傳全稿,敝處已收到者録請備覽。惟念列傳浩繁,尚非全豹,而志表又全本缺如。用求飭胥趕鈔,俾得早成,感荷非淺。緣值此危局,中秘禁書,流傳在外,或不罹蟲沙浩劫,此皆次老與長者維護之功,千萬襪不可没也。至鈔資等項設如不敷,明示寄繳。”[1] 嗣接金兆蕃回函,知續鈔《國史》志表仍由錫蔭與劉濟兩位經手,劉氏又屢函北京清史館,懇求鈔寫工作早日完成。劉氏自辛亥後以遺少自居,對搜羅逐清列朝文獻極爲熱心,本年尚與時任溥儀顧問官之羅振玉洽商,並匯款七百元至京,由羅在京津代爲收集辛亥後“宮門鈔檔案,作爲書料”,纂鈔成册,以備徵考。劉氏又與其時已脱離清史館之纂修張爾田函商,由張出面,請史館爲劉代鈔張氏主纂之清列朝后妃傳稿(嘉業堂傳鈔《國史》中無后妃傳)。壬戌年訪問清史館時所見内府稿本《宮史續編》,也在屢函催詢《國史》志表鈔寫情形時,提請史館准予發鈔[2]。但史館方面遲遲延宕,致《國史》第三階段之傳鈔事宜迄 1927 年春猶未見進展。

1927 年暮春,劉氏致函金兆蕃謂:“承示續鈔稿件於本年正月間准可招集鈔胥趕速從事,聞之大慰。款項設或不敷,尚祈開示,當即設法匯京。惟往時所鈔就者,敬祈檢集運南,無任注盼。”[3] 觀此函措辭,似第二階段傳鈔《國史》列傳之稿件,尚有未曾檢寄者。觀《國史》鈔本中補鈔稿之鈔手筆迹及鈔稿格紙,亦可證補鈔非一時完成。本年清史館進入結束階段,金梁到館,受命協助袁金鎧刊

---

[1]《求恕齋丙寅年信稿》,七月十三日。
[2]《求恕齋丙寅年信稿》,致張爾田、金兆蕃函。
[3]《求恕齋丁卯年信稿》,三月廿三日。

印《清史稿》。劉氏與金梁本有交往,因又轉請金梁設法在館促進《國史》志表之傳鈔:"惟《國史》全稿當初曾託金籛孫、夏閏枝兩太守轉錄副本。紀、傳先後收到,而志、表闕如者甚夥。函詢次老,久不得復。且經聲明,經費不足,可以續匯。今竟遽爾停頓,無可爲謀,不識執事能斡旋玉成否? 甚盼。"[1]史館之傳鈔中頓,揣其原因,無非以經費不足,難以覓雇鈔手,劉氏前存館中之鈔資,或已挪爲薪俸用罄。

　　1927年秋,趙爾巽館長逝世,未克獲觀《清史稿》印成。劉氏致書金兆蕃有謂:"此次次老作古,老成凋謝,言之黯然。所託貴館代鈔之列傳,當年結束,次老以敝處多匯三五千元,已移付薪修,允將此款留存,爲續鈔本紀等經費。現本紀業已鈔竣,應鈔志表,此刻諒未着手。付去本紀鈔資外,尚存若干? 統計志表鈔資應須若干? 時在懸懸。近得金息侯都護來函,謂本朝史事行將告成,明春刊竣,館即擬撤銷,勸佇從速進行,遲則不及。用敢奉瀆長者,請將餘存之款及應鈔志表寫資統核示知,或須匯款到京,亦乞明示,俾可早日蔵工。國粹保存,諒長者樂於贊成也。"[2]此函辭氣,略顯急切,微寓責備之情,因清史館行將結束,時機一失,《國史》全帙之傳鈔將無指望。金兆蕃答函大約對史館内部艱窘狀況有所剖陳,並允不日將重覓鈔胥以踐前諾,具體事宜,仍由錫蔭與劉濟二人負責。舊曆年底劉氏續爲奉函:"佇因息侯都護之勸,以補鈔志表奉瀆清神,乃承長者與閏枝太守借箸代謀,轉倩少華、綏卿二公趕付鈔胥,俾早成事,使金匱石室之舊儲,分貯雪渚苕溪之上,不獨光我

<hr>

[1]《求恕齋丁卯年信稿》,七月二十日。
[2]《求恕齋丁卯年信稿》,九月廿八日。

書樓,抑且爲我敝鄉子弟幸矣。"①

　　然而好事多磨,1928 年初,又聞清史館庶務科長錫蔭逝世消息:"葭月之杪遞到損答,發緘中誦,情見乎辭。續鈔表志,少華先生無端作古,天豈不欲錄此副稿壯我書樓耶? 且其易簀彌留,猶以此殷殷在念。失此大雅,感悼奚如。幸綏卿先生不憚煩勞,仍招鈔胥鈔寫,不朽盛事,借助他山,爲道謝忱,至叩至叩。表格改刻,即求就近關照文楷齋梓人,瀆神至感。"② 錫蔭逝世以後,金兆蕃與夏孫桐轉委劉濟經管《國史》志表鈔寫事宜,按理原先由錫氏保管之鈔費應亦轉交明白,俾便早日雇員發鈔,但劉氏存款,大部被錫氏家屬佔用,未能交齊。劉氏爲使鈔寫不致中途而廢,不得已又速匯款千元赴京,以救燃眉之急:"承示續鈔表志各稿,劉君綏卿已爲召集鈔胥督促繕錄,感篆靡既,顧非鼎力不至此。豈意前此存款有貳千餘元,今經錫君少華家交出只二百數十元。託人之難,竟非意料所及。顧不匯則無以成事,且又仰負盛情,況長者自認收支,代爲料理,決無意外之虞,用特遵奉千元,託在京商務分館匯呈,到祈察入。志畢即鈔表稿,既已從事於斯,頗願得其全豹。唯屢瀆清神,殊抱不安,劉君處亦請爲我代謝。"③ 由於事經波折,最終仍請金兆蕃經理款項,落實鈔校人手,《國史》諸志鈔寫於 1928 年春重行開始。諸志之中,《地理志》卷帙最繁,鈔寫即從《地理志》着手。自此,劉氏月必數函催詢鈔寫進度:"適奉手箋,知託商務京館匯奉之銀幣已達籤掌,忭慰之私,奚可言喻。所鈔各志,蒙長者力趣綏翁實行發鈔,甚感甚荷。《地理志》卷帙最多,先從此種入手,事極

---

① 《求恕齋丁卯年信稿》,十一月七日。
② 《求恕齋丁卯年信稿》,十二月三日。
③ 《求恕齋戊辰年信稿》,正月廿一日。

攸宜。至計字發款,不敢虛靡,尤深感幸……鈔書事宜,趁長者在京,尤易趕緊多招鈔胥,俾獲速竣,幸甚幸甚。”①“流光彈指,倏又二旬有餘……懇鈔志表,諒已繕成不少。值此春日舒長,又荷長者督促,想蕆事亦可指日待也。”②“奉示敬悉,就審《地理志》已鈔畢。接鈔備志,附注工尺圖表,鈔價稍加,事無不可,即請大方酌奪可也。惟念南北交鋒,烽煙四起,得蒙此項早日鈔竣,由新銘運南,留此副本於南中,或不致有同燼之虞,想尊意亦以爲然也。”③

　　《國史》志稿鈔寫進展頗速,1928年舊曆四月間即已完成,今檢《國史》諸志鈔稿,合訂三十一册,計字近二百萬,鈔成於數月之間,又適值兵戈擾攘之際,實稱迅捷。劉氏爲此所匯鈔資,也適足支付,慶幸之餘,即與金兆蕃商洽鈔稿運返事宜:“兩奉手書,就審志稿已蒙綏卿兄督胥鈔竣,感謝之私,奚可言喻。現稿暫存尊寓,俟當先此復謝外,再備一緘寄申,託新銘輪茶房來前領取。所有款項,恰俖付給鈔資及劉龍伯始款兩抵,甚善甚善。”④不久,劉氏又繕發託新銘輪茶役面交金兆蕃之信函:“尊處志稿及代購《清史》第一批新書,特遣新銘輪茶房趨前領取,務希檢交運申。所有裝籍一切費用,敢乞示知,以便奉繳,若新銘輪運費,由敝處自行可耳。”⑤至此,嘉業堂傳鈔清國史館《國史》志、紀、列傳稿之工程,前後歷時五年,耗資近萬元,終於告成。《國史》表稿,則以時勢變更,終未獲鈔成。

　　嘉業堂傳鈔《國史》諸志既竣,清史館隨之結束。1928年六

①《求恕齋戊辰年信稿》,二月廿六日。
②《求恕齋戊辰年信稿》,閏二月二十日。
③《求恕齋戊辰年信稿》,三月九日。
④《求恕齋戊辰年信稿》,四月十一日。此函發自吳興南潯。
⑤《求恕齋戊辰年信稿》,四月十八日。

月,原故宮博物院接收清史館,館藏書籍及各類史稿均被封存。1929 年十月,故宮博物院又將清史館所有圖書檔案清點移藏,《國史》稿本從此即扃閉深藏,嗣又屢遭播遷,長期未獲整理刊佈,罕爲人知。1948 年以後,《國史》志表紀傳稿之大部,又遷至臺灣,現藏臺北故宮博物院,除從該館所編之《"國立"故宮博物院清代文獻檔案總目》中可知其踪迹外,清理利用,尚待時日。而嘉業堂傳鈔之《國史》志、紀、列傳稿,皇皇鉅册,以主人珍秘,隨在行篋,不輕借觀,歷民國時期亦迄未爲人利用。《國史》鈔本一百九十五册,字數逾一千萬,志紀以外,列傳人物計約一萬三四千以上,其數量遠勝於《清史稿》、《清史列傳》等史籍。

嘉業堂傳鈔清歷朝《實錄》及《國史》稿之舉,爲近代藏書史之佳話,亦爲保存清代文獻之盛事。《實錄》與《國史》之傳鈔録副,既賴嘉業堂主人資力雄厚,志願弘毅;又以機緣適會,時勢促成,遂使前朝史戎秘笈,皇皇鉅帙,竟得獲寫副本,儲於東南。清歷代《實錄》以原本俱在,又經多次影印流傳,嘉業堂鈔本之作用,自應稍遜;而清國史館《國史》全稿及有關檔案,則自 20 年代以來,數經播遷,久閉鎖鑰,世人少所利用,現又分藏海峽兩岸,歸併無期。際此《清史稿》、《清實錄》及《清史列傳》相繼重行刊佈,清史研究史料行將大備之時,《國史》原稿整理既時日攸待,嘉業堂六十年前鈔成之《國史》傳本,正可供治清史學人徵討之用。《國史》紀志列傳之史料價值,囿於學力,尚愧無所發明,不辭淺陋,爰先述嘉業堂 20 年代傳鈔《實錄》及《國史》原委如上,以諗海内外學人。

(《古籍整理與研究》,1991 年第 6 期)

《嘉業堂藏書志》整理記

　　《嘉業堂藏書志》(下簡稱《藏書志》)原稿本,著録吳興劉氏嘉業堂所藏善本書一千七百餘種,計含宋、元刻本九十一種,明刻本八百四十一種,明活字本六種,稿本五十六種,明、清鈔本七百四十一種。入録各書,除詳記書名、卷數、著者、版本及藏印以外,又迻録原書序跋題識,並附簡要解題,實爲一部具有多種功用之善本書目。

一

　　嘉業堂主人劉承幹(1882—1963),字貞一,號翰怡,別號求恕居士,浙江吳興人。劉氏少席豐厚,饒於資産,而性好風雅,熱心藏書與刻書事業。其藏書始於清末,盛於 20 年代。由於適逢鼎革之際,舊家藏書播遷易主,前後二十年間,劉氏耗資三十萬元,即聚書六十萬卷、五十餘萬册,網羅珍本秘笈,規模幾與同時南北公立圖書館相垺,人稱近代私家藏書之鉅擘。1924 年落成於浙江湖州南潯鎮上之嘉業藏書樓,至今保存完整。20 世紀 20 年代前後,劉氏藏書既富,遂有《藏書志》編纂之舉。

二

　　據《嘉業堂送付編志書目》^①，《藏書志》編纂始於 1917 年，初由繆荃孫主其事。自 1917 年夏至 1919 年秋，繆氏共撰成書志一千二百餘篇，於是志稿略具雛形。其時繆氏年事已高，世務又多，精力實未能專注。所撰書志，用丁氏《善本書室藏書志》之例，略事解題，稀見書則詳其行款藏印，而不録原書序跋。其解題多採撫《四庫提要》及前人評騭，殊少出於己裁，語多重複，間又漏略。後吳昌綬對此曾加批評："筱老筆墨，往往兩字爲句（其自著中即有之），如'佳甚'之類。坊肆口吻，通行俗字，一概闌入。且爲晚年所作，有僅寫數字而語氣不完者（如寫"持静齋"三字，欲有所引而未及者）；有僅記其人之姓而忘其名字，空格以待補者（如忘晴江之爲翟灝）；及所引書名訛敚，尤難僂數。更有一書兩見，疑不盡出繆手者。"^②1919 年冬繆氏去世，《藏書志》編纂遂中輟，存稿訂爲十七册。

　　至 20 年代初，劉氏取繆氏未竟之稿，延吳昌綬賡續編纂。吳氏頗不滿意繆稿，曾重擬體例，其意見爲：（一）劉氏藏書佳本不多，繆稿采録過濫，如所録鈔本非盡屬舊鈔，即使不加剔除，也應分甲、乙兩編處理。（二）繆稿以解題爲主，不録原書序跋，其體例"尚不能追蹤楊、瞿，無論張、陸"^③。接續辦理，凡佳本應備録原書序跋，而解題則應簡略，"有説則略附己説，無則闕之，何苦如官修提要，每書必强加評騭耶"^④。（三）繆稿所録各書題識及印章過濫，續纂時非名家題識及印章可省略。（四）繆稿悉沿《四庫》分類，各册封頁題有部類名，其中尚多屨誤，續稿併入時應拆開改移。吳氏接手續編時，曾邀傅增湘共同分擔，然今存志稿中未見傅氏手筆，

---

①《嘉業堂送付編志書目》，不分卷，民國初嘉業堂稿本，現藏復旦大學圖書館。
②③④ 吳昌綬：《嘉業堂藏書志編纂擬例》，稿本，現藏復旦大學圖書館。

推想傅氏或僅流覽成稿,未曾親預編纂之役。今檢吳氏所纂之稿,凡一百十四篇,其中新纂者五十一篇,與繆稿重複者六十三篇。新撰、重撰各稿,解題甚略,持論矜慎,而多録各書序跋。如《罪惟録》鈔本,前有列傳目録及自叙,長達數十頁,吳氏盡加迻録,不厭其煩,其書日後幸付影印,不則所録自成善本無疑。吳稿雖篇數不多,仍爲劉氏所重視,《藏書志》稿歸復旦大學圖書館時,已由劉氏將其與繆稿合訂爲一。

　　繼吳氏爲嘉業堂續纂《藏書志》者爲董康,其於繆稿,所持意見與吳氏相近:"一、解題太略者宜補(如《中興綱目》竟不知書中所言爲何代之書,當查原書著明之)。二、通行本及惡本宜删除。三、枝詞累句及習見語宜修改。四、簡略者宜查原書增補。五、後來所收之書宜加入。"① 現存董氏所撰之稿,總計六百三十六篇,凡新撰者四百一十六篇,繆稿已有而重撰者二百二十篇,共訂爲六册。董稿體例,亦與吳稿同,評語簡覈而鈔録原書序跋甚詳。其所録之書,以明人別集爲多,嘉業堂所藏稀見明刻本,多賴董稿而存其大概。董稿底本八册,現藏上海圖書館,謄清本六册,早在20年代周子美先生司嘉業藏書樓筦鑰時即已訂成,著録於《嘉業堂鈔校本目録》,但劉氏迄未將其與繆、吳之稿合編。劉氏晚年撰《嘉業堂藏書志序》時,似仍未將其收入《藏書志》,乃謂:"《藏書志》創稿,以藝風之力爲多,今仍以此稿爲主,都十五册。其中頗有傅、吳兩君參訂者,詳略互見,則兩稿並存。"原其本意,或以董氏所録多爲明刻本,倘加收入,將使《藏書志》遜色。

　　《藏書志》經繆氏、吳氏及董氏先後編纂,猶非定稿,劉氏摩挲此編,曾略加修改,並增入自撰解題十餘則,均甚簡略。嘉業堂藏

① 董康:《嘉業堂藏書志編纂擬例》,稿本,現藏復旦大學圖書館。

書自 30 年代起陸續散出,劉氏晚年,"雖欲追記概略,補完此志,亦勢所不能"①。至 50 年代後期,曾補鈔目録,稍加整理,仍藏於家②。1963 年劉氏逝世後,《藏書志》稿本由家屬售與上海古籍書店。至 1982 年,此稿本歸於復旦大學圖書館。

三

復旦大學圖書館古籍藏書之構成,與嘉業堂藏書淵源甚深。自 1953 年至 1957 年,由王欣夫先生介紹,復旦圖書館先後三次購入嘉業堂舊藏明、清刻本及鈔本書,其中包括劉承幹出資於民國初年從清史館傳鈔之清代十三朝實録及《國史》稿本。至 1982 年,又自上海古籍書店購入一批嘉業堂遺書,除《藏書志》以外,尚有《嘉業藏書樓書目》、《嘉業堂鈔本書目》等稿本多種,均編成於二三十年代,爲樓藏古籍盛期之可靠記録。《藏書志》入藏復旦以後,工作人員鑒於董稿未曾併入,遂依《四庫總目》分類,將董稿剪貼歸入繆、吳之稿,並補鈔董稿目録,重加裝訂成二十八册。

《藏書志》雖然成於衆手,又無統一體例使之齊整,未能與劉氏同時之同鄉蔣氏《密韻樓藏書志》、張氏《適園藏書志》方駕,然其畢竟爲嘉業堂所藏善本之全面記録。況其入録之書,多數尚存於海內外圖書館中,所録各書序跋、行款,藏印及解題,對當前古籍整理與研究,實有參考價值。

四

此次整理,除文字點校以外,曾對底本作如下處理:

---

① 見《嘉業堂藏書志自序》。
② 據《求恕齋日記》,助劉氏鈔補目録者爲瞿宣穎(兌之)。

（一）依《北京圖書館古籍善本目錄》之分類，重新編次全部稿件，分爲經、史、子、集四卷，各卷又據其內容增立類目。各部類圖書多寡不一，因而各卷篇幅並不相等，爲免過事更張，不再多析卷次。

（二）繆氏、吳氏及董氏之稿雖加統一編次，各稿下仍注明“繆稿”、“吳稿”、“董稿”字樣（尚有少量“劉稿”），俾便比較研究。凡同一書有兩稿或三稿者，書名項即省併爲一，以避重複。

（三）底稿中著録及議論之內容，存其原貌。底稿中空格待填者（如字號、籍貫等），酌爲補完，傳寫疑訛之字，亦加擬改。疑訛之字以圓括號括出，擬改及補填之字則置於方括號內，以利辨識。稿中沿用清代諱字，則逕予回改。

（四）上海圖書館所藏董稿底本八册中，羼入吳稿二十九篇，其內容有諸稿所無者，現輯爲《藏書志補》一卷，以爲補苴。

（五）《藏書志》目錄初編於劉氏，又經復旦圖書館有關人員增補，現全稿既經重新編次，目錄亦隨之重編。原稿書名與目錄繁簡不一，刻本又稱“刊本”，鈔本亦作“抄本”，現均加劃一，以合規範。全書之後，又附以書名著者索引，以便查檢。

五

嘉業堂於民國初年聚書之同時，曾擇所藏珍善之本，延請學者校讎編訂，次第刊刻，廣爲流傳。“網羅前哲遺編，曰《嘉業堂叢書》；彙集近儒述作，曰《求恕齋叢書》，限鄉賢所著書，曰《吳興叢書》，闡性理之微言者，曰《留餘草堂叢書》。又精槧影宋《四史》、《晉書斠注》、《舊五代史注》及金石諸書。”[①] 所刻書卷逾三千，版

---

① 見《嘉業老人八十自叙》。劉氏所藏鈔本鉅帙力不能刻者，如清鈔本徐松《宋會要》、明鈔本《明實録》、清鈔本查繼佐《罪惟録》等，先後由北平圖書館、商務印書館等影印流傳。

式精雅,校讎審慎,世多稱譽。所刻各書,俱有序跋,提要鈎玄,窮委竟源,實有裨於學術。1965 年,王欣夫先生曾輯《嘉業堂群書序跋》四册,首册載《嘉業堂叢書》序一篇、跋五十三篇;第二册載《吳興叢書》序一篇、跋六十一篇;第三册載《求恕齋叢書》序一篇及各書序三十一篇,又《留餘草堂叢書》跋十一篇、金石叢書跋五篇、影宋刻《四史》跋四篇;第四册則載劉氏所撰其他序跋四十二篇,而附以《嘉業藏書樓記》(二篇)及《嘉業老人八十自叙》。今即將《嘉業堂群書序跋》編爲四卷,並補輯劉撰《論語注跋》及《危太僕文集》、《續集》跋兩篇,與《藏書志》同加整理付印,作爲嘉業堂收藏流傳古籍之總結,以供海内外學人採摭利用。《嘉業藏書樓記》及《嘉業老人八十自叙》則另輯爲附録,殿於其後。《自叙》之思想局限,覽者自能辨之,因其所述生平與藏書始末可留作掌故,故仍存之。

整理點校之誤,敬祈讀者惠予指正,以匡不逮。

復旦圖書館古籍部同人沈達偉、楊光輝、眭駿協助審閲校樣,多著辛勞。沈達偉女士又代編書後書名及著者索引,極費精神,謹此並致謝忱。一九九四年十月於復旦大學圖書館。

(《復旦學報[哲社版]》,1994 年第 6 期)

《求恕齋日記》影印前言

　　《求恕齋日記》（以下簡稱《日記》，訂爲十八册），係 20 世紀著名藏書家劉承幹日記原稿之影印本。《日記》記事始自清光緒二十六年（1900），迄於 1962 年，時間跨度長達六十三年。日記稿本原藏劉氏上海寓所，身後散出，今分藏於上海圖書館及復旦大學圖書館。上海圖書館所藏凡五十一册，起清宣統二年（1910），迄 1960 年。復旦大學圖書館所藏四册，分別爲清光緒二十六年、光緒二十九年、1958 年各一册，1961 年、1962 年合一册。

　　《日記》原稿之稿紙分爲兩種：一爲“求恕齋”稿紙，分別以綠、紅、藍、黑色刷印，每半葉十行，四邊雙欄，單魚尾，版心下鎸“求恕齋”。如自“庚戌”至“丁卯”十八年二十一册，均用此類稿紙。另一爲“嘉業堂”稿紙，以藍、黑色刷印，每半葉十一行，左右雙欄，右欄外上方鎸“吳興劉氏嘉業堂鈔本”。如自“戊辰”（1928）至“庚子”（1960）三十三年三十册，均用此類稿紙。《日記》書寫，細審筆迹有多種。現知早年及晚期，多由劉承幹親自書寫。20 世紀二三十年代，則出於秘書代筆者居多。

　　作爲一部近代名人日記，《日記》不僅因其紀年跨越一甲子，自 20 世紀初以至 60 年代迄未間斷，整體影印，彌足珍貴，更因其視角獨特，記録詳盡，真實反映劉承幹及其家族在中國近代社會變革洪流中之特殊命運，折射出近代中國歷史、經濟、文化等發展軌迹，堪稱劉承幹爲後世遺留之又一貢獻。《日記》影印面世,爲近代經濟史、家族史、文化史、藏書史等研究提供大量原始記録,學者深入考察,用心爬梳,必能産生無可限量之研究成果。兹據《日記》所載,參考相關資料,鈎稽劉承幹及其家族事迹如次。

吳興劉氏家族之興盛,與其地理條件及人文環境有關。湖州地處太湖西岸、杭嘉湖平原北部,負山面湖,北鄰皖南,東接蘇南,素稱江南魚米之鄉。境内水網密佈,舟楫之利,通江達海,京杭大運河亦經湖州北上,爲皖、浙、蘇三省物産財貨之交匯地。明清以還,太湖流域江蘇境内之蘇州、松江、常州,及浙西之杭州、嘉興、湖州地區,爲封建國家財政税收之主要供給地。湖州盛産絲綢,蠶絲産量冠於江浙,世稱"湖絲"、"湖綢"。南潯鎮位於湖州東南,枕河瀕湖,交通發達,工商繁榮,居民多以繅絲爲業,商人亦以絲綢貿易致富,向稱湖州首富之區。19世紀後半葉五口通商,上海對外貿易興起,成爲東南進出口物資之集散地,並輻射其周邊地區。南潯鎮之傳統生絲收購加工業,成爲經由上海出口歐洲之重要資源。本地固有之工商傳統,海外貿易之巨額利潤,促使南潯絲行林立,涌現大量從事絲綢貿易之商户。至今南潯民間仍流傳"四象八牛七十二條狗"之謡諺,即爲當年因貿絲而致富之大家富户"排名榜"。劉氏家族,即爲其中"四象"之一,據稱曾擁有千萬銀兩以上財産。

劉氏家族之發迹,始於劉承幹之祖父劉鏞(1826—1899)。鏞字貫經,原籍浙江上虞,清康熙間五世祖遷徙湖州,世居烏程縣南潯鎮(今屬浙江湖州市)。劉鏞出身貧寒,少爲綿綢布坊學徒。後以薄資自設絲行,因頭腦靈敏,生性堅毅,因時乘利,白手起家,創下上千萬資産。以絲業致富以後,劉鏞又多方投資,從事鹽務、茶業、典當、墾牧、房産等經營,獲利豐厚。年逾三十即成爲鉅富之劉鏞,深諳世事盈虧循環之理,故自奉甚儉,治家嚴謹,並具樂善好施之風。清咸豐四年,劉鏞由國學生遵籌餉例報捐國子監典簿。十一年,又由國子監典簿報捐藍翎光祿寺署正。同治五年,於甘黔皖統捐案內捐升花翎員外郎。六年,再以"海運勞績"保薦加四品銜。近代名人張謇爲劉鏞作《墓誌銘》,譽其與杭州胡雪巖、寧波葉澄衷,俱爲同光間"東南商富最著稱,而能以風義自樹立於當時者"。又稱其富而不驕,能教育兒孫讀書仕進,爲胡、葉等人所不及。鏞子四人:長子安瀾,附貢生,捐工部郎中;次子錦藻,光緒十四年舉人,二十年進士,官工部郎中;三子安洤,廩貢生,捐候選直隸州知州;四子安溥,國學生,捐候選分省同知。父子俱由商而仕,成爲湖州旺族。至劉承幹出生,父祖對其讀書成名,尤寄厚望。

劉承幹之本生父劉錦藻(1862—1934),原名安江,字澂如,號橙墅,晚號堅匏盦。光緒二十年成進士後,以郎中籤分工部都水司行走,受命勸募直隸賑捐,旋以父喪去官。二十七年,因捐家財助陝賑,欽加三品銜,特命以五品京堂候補。三十一年,浙江築路風潮中,奏派滬杭鐵路副總理,佐湯壽潛維護路權。未久,又出任上海大達輪船公司總辦。宣統二年,以奏咨劉氏義莊立案,御賜"承先睦族"匾額。隨任崇陵工程處監修,工竣,御賜"令裕衍蔓"匾額。辛亥後,錦藻寓居上海,與諸遺老同效忠於溥儀小朝廷,並致力於編纂《皇朝續文獻通考》,成書四百卷,記錄清乾隆以至宣統朝之典章制度,即今傳"十通"之一。民國九年書成進呈,溥儀特賞內閣侍讀學士。民國二十三年卒於滬寓,年七十三。所著有《新政附考》、《堅匏盦集》、《南潯備志》、《陸放翁年譜》、《吳興劉氏支譜》等。錦藻繼其父業,曾經營蠶絲、鹽務、墾牧、金融等實業。經商之餘,亦熱心本族及鄉梓公益活動,曾於南潯興建義倉,貯穀救災。又訂定條規,創立劉氏義莊,興辦義學,資助本族貧寒兒童免費入學。承幹因嗣父早逝，成人後交遊出處，受錦藻之影響爲多。

劉承幹之嗣父劉安瀾（1857—1885），字觀伯，號紫回。同治十一年補縣學生，附貢生。光緒五年報捐工部郎中，虞衡司行走。十一年，與弟錦藻同至杭州赴鄉試，未及入闈，以急病亡故，無嗣。宣統二年，以其迭次捐資助賑，追贈“樂善好施”坊額。安瀾生前好詩，有志著述，所著有《葭洲書屋詩集》，並纂輯《國朝詩萃》。《國朝詩萃》博採清人詩集，彙選自清初至同光間各家詩作，臨歿尚未編定，民國間由承幹續增。

劉承幹（1882—1963），字貞一，號翰怡、求恕居士，室名有嘉業堂、求恕齋、留餘草堂等，晚年自稱嘉業老人。承幹原爲錦藻長子，因伯父安瀾早逝無後，四歲時遵祖父之命，過繼爲長房之子，成爲劉家之承重孫。光緒二十五年劉鏞去世，十八歲之承幹兼祧兩房，成爲劉家首位繼承人，從此坐擁厚貲，富極一時。承幹清末求學鄉里，曾就讀於潯溪書院。年二十，補縣學生，以優行附貢生。辛亥革命發生，清帝遜位，承幹時年三十，此前雖因歷次捐金助賑，累獎分部郎中，特賞四品卿銜、三品卿銜，其實並未正式出仕清朝，但以家世及交遊之故，仍以遺少自命，隨其父錦藻與南北諸遺老密切交往，效忠遜帝溥儀，並終其一生堅持守舊立場。

據《日記》記載，劉承幹於民國間有以下活動：民國三年，以報效清德宗崇陵種樹經費，獲溥儀賞給“欽若嘉業”匾額，此即劉氏藏書樓名“嘉業堂”之來歷。民國六年，因進呈與章梫合纂之《綸旅金鑒》及所刻書籍，獲賞“抗心希古”匾額。後以德宗實錄館報效，賞二品頂戴，内務府卿銜；以宗人府工廠報效，晉頭品頂戴。民國十年溥儀成婚，承幹代表南方遺臣，自滬北上觀賀獻禮，獲賞御用金盒銀杯、“金聲玉色”匾額，及“福”、“壽”字，並獲溥儀於養心殿召見兩次。在京期間，承幹前往崇陵拜謁，因見陵樹土木毀損,自願與父錦藻同任補種繕葺之資,耗銀二萬餘兩。旋奉派承修事宜,特擢內務府卿,賞菊花立軸。又以進呈嘉業堂所刻書,獲賞御筆"七略遠承都水學,百城高擁弁山居"對聯,此聯今仍鑴刻南潯嘉業堂正廳。民國十七年東陵被盜,承幹又進貢修陵銀兩,獲賞"世有令名"匾額、御用佩玉四件。又以進呈嘉業堂所刻書,再蒙賞磁盆花瓶。民國二十年,承幹五十歲生日,溥儀賞給"橐莢槼謨"匾額。僞滿洲國僭立,承幹從南方具疏向溥儀請安。次年溥儀三十歲生日,承幹又奉書籍方物,出關至長春祝壽,並進言"敬天法祖"。娓娓愚忠,深獲溥儀賞識。承幹六十歲生日時,又獲溥儀"圭璋令望"之褒。抗戰結束後,聽聞被蘇軍拘留於西伯利亞之溥儀將遭"引渡",承幹曾會集諸遺老謀議上書營救。此外,民國初陳煥章等成立孔教會,創辦《孔教會雜志》,清史館修《清史稿》,僞滿時重印清列朝實錄,承幹亦均獻金資助,不遺餘力。

　　劉承幹家饒資財,爲人慷慨,與前清遺老及朋輩交往,能隨時周濟窮病,急人之難,素以忠厚著稱。"嘗鑴小印,曰'寧人負我,毋我負人'。每詔兒子世燨等,以立品爲重,謂有品無學,尚不失爲鄉黨自好者,反是則所學適以濟其惡。"(《嘉業老人八十自叙》)《日記》中記其歷年與師友親朋交往,歲時存問、賀壽祝婚、恤孤弔亡、視病贈藥之事,幾乎無旬無之。與其往還密切見於《日記》者,如梁鼎芬、沈曾植、勞乃宣、鄭孝胥、王秉恩、繆荃孫、許湞祥、楊鍾羲、陳夔龍、褚德彝、羅振玉、吳慶坻、李之鼎、馮煦、汪鍾霖、孫德謙、葉昌熾、鄭文焯、朱祖謀、章梫、喻長霖、曹元忠、唐晏、況周頤、吳士鑑、黃孝紓、胡思敬、王季烈、朱學程、張爾田、董康、章鈺等,均清末至民國時期名流,《日記》中所載各家文章議論、撰著校勘、藏書刻書等活動,多可與其他記錄相印證,足補史料之闕失。

　　劉承幹受父祖行善積德之風影響,亦能輕財好施,熱心慈善事業,遇事慷慨解囊。如曾於杭州西湖岳墳後設立義冢,掩埋無主棺槨骨罈;於家鄉南潯設立育嬰堂,捐萬金爲之倡;又斥資擴建屋宇,設保嬰會,增雇乳媼,凡貧婦乳嬰者月餼之;同鄉陸樹藩於蘇州設苦兒院收養難童,承幹積極輸款,每歲或至萬金,歷二十餘年不替;馮煦設"義賑會"於上海,承幹亦任董事,每遇兵荒水旱,則輸粟泛舟,始終不渝;同鄉周慶雲建"歷代兩浙詞人祠堂"於杭州西溪,承幹則捐田二十畝,以爲香火之資。凡此,均可見其富而好禮,熱心公益,行事謹遵儒家傳統道德規範。

　　作爲近代著名藏書家,劉承幹畢生行事中最足述者,乃其於清末民初,憑藉雄厚財力,網羅江浙私家藏書,建造嘉業藏書樓,並延攬通儒宿學,整理校勘,刊刻《求恕齋叢書》《嘉業堂叢書》《留餘草堂叢書》等,並編纂《嘉業堂藏書目録》《嘉業堂藏書志》,於新舊文化轉型之時,爲保存流播傳統典籍所作之貢獻。《日記》中對嘉業堂藏書之收集鑒定、整理編目、刊刻印行等,均有詳細記載,屬嘉業堂藏書研究之可靠史料。

　　嘉業堂藏書之積聚,始於清宣統間。劉承幹自述其藏書原委云:"溯自宣統庚戌,南洋開勸業會於金陵,環貨駢集,人争趨之。余獨徒步狀元境各書肆,遍覽群書,兼兩載歸。越日,書賈携書來售者踵至。自是有志聚書。逾年辛亥,武漢告警,烽燧達於江左,余避居淞濱。四方衣冠舊族,避寇氛而來者日益多,遂爲中原文獻所聚。如甬東盧氏之抱經樓、獨山莫氏之影山草堂、仁和朱氏之結一廬、豐順丁氏之持静齋、太倉繆氏之東倉書庫,皆積累世之甄録,爲精英所鍾聚,以世變之日亟,人方馳騖於所謂新説者,而土苴舊學,慮倉卒不可保,爲余之好之也,遂舉而委賈焉。而江陰繆藝風參議、諸暨孫問清太史,亦各以宋元精槧,取值畀余。論者或喜書之得所歸,余亦幸適會其時,如衆派之分流,而總匯於兹樓,以償夙

願。都計所得約六十萬卷,費逾三十萬。"(《嘉業藏書樓記》)

　　據《日記》記載,民國初年,嘉業堂藏書進入急劇增長期。其時上海爲東南舊家世族麕集之地,書業興旺,遭逢鼎革,家道中落之家,以生計維艱,遂紛紛以"藏書易米"。劉承幹因時乘勢,大舉收羅,使嘉業堂藏書之數量與質量迅速增長。嘉業堂藏書之形成,係彙聚盧氏抱經樓、莫氏影山草堂、朱氏結一廬、丁氏持静齋、繆氏東倉書庫、繆氏藝風堂、顧氏藝海樓、湘陰郭調元等家散出之藏書。嘉業堂主人收羅故家文獻,與其觀念上之"遺民"情結相關。辛亥以後,承幹將藏書及交遊,均視爲"故國之思"之表現。承幹藏書之迅速積聚,不僅因遭逢圖書聚散之良機,亦因獲得同時學者之指導。承幹移居滬上後,隨其父錦藻交遊,獲識繆荃孫、葉昌熾、沈曾植、朱孝臧、況周頤、楊鍾羲、馮煦諸老輩,詩酒譚讌,歲時往來,折簡請教,獲益良多。諸老輩或爲其鑒定版刻,或以自家藏書讓售,令承幹左右逢源,多獲善本。其中繆荃孫、葉昌熾等爲其主持鑒定,所起作用尤大。專家指導以外,承幹又得書商之配合。其時經常爲嘉業堂送書之書友,有蘇州柳蓉村、北方李紫東、揚州李長春、杭州朱甸丞等。承幹出身商家,並無輕視生意人之偏見,加以宅心仁厚,凡書賈挾書前來,多不願令其失望,故能多得書賈效勞。承幹與博古齋主人柳蓉村交誼尤厚,曾稱柳氏爲前代錢聽默一流人物。

　　嘉業堂藏書除價購以外,又重鈔書。所鈔之書多篇帙浩繁,質量精審,不惜鉅資,爲人所難。如著名之清代歷朝《實錄》寫本、清國史館《國史》稿本等,均爲數千卷之巨帙,原先深藏於清宮,外人無由窺見,民國初清史館成立,始從原國史館調出,作爲纂修清史之史料。其後清史館經費不敷,修史事屢次中斷,進展遲緩,經承幹向清史館提供經費資助,得度難關。作爲報償,由清史館在京組織人手,前後花費八年,於清史館結束前,將兩書完整鈔出。

20年代之嘉業堂藏書,已形成如下特色:一、宋元本,其中宋本七十七種、元本七十八種(張鈞《嘉業堂觀書記》稱宋本完真三十八種,元本完真六十八種)。二、明刊本二千種,爲嘉業堂藏書精華,其中明人集部約六百餘種,多屬《四庫》未收(如范欽《天一閣集》爲存世孤本)。集部以外,史部之明刊精本亦爲數不少。三、清刊本詩文集五千種,内多冷僻稀見之書。四、鈔校本近二千種。其中如明鈔《永樂大典》四十四册、明鈔《實録》五百册、萬斯同《明史列傳稿》、查繼佐《罪惟録》等,均爲極寶貴史料。《宋會要》五百卷,亦係孤本。又承幹出資數萬元從北京鈔得之清代各朝《實録》,及國史館未刊之名臣列傳二千多篇等,均珍貴異常。五、方志一千一百多種,其中含不少明刻本及孤本(《嘉業堂藏書聚散考》)。承幹於十數年間,得天時地利人和,積聚起如此豐富之古籍珍本,實爲古今藏書史中所罕見。

據《日記》記載,至民國十年前後,嘉業堂藏書已初具規模,承幹隨即致力於建造藏書樓及編目整理。嘉業堂藏書初藏於劉氏滬寓,後因數量激增,不便庋藏,爲謀妥善處置,遂決意於南潯建造"嘉業藏書樓"。藏書樓建築始於民國十年冬,完成於十三年底。佔地三十畝,樓高兩層,前後兩進,其風格中西合璧。樓内有室五十餘間,取名"嘉業堂"、"求恕齋"、"宋四史齋"、"希古樓"、"黎光閣"等,分別部居,存放各類藏書。樓外建有園林,花木明秀,頗饒景觀。承幹曾兩撰《嘉業藏書樓記》,歷數其中之精心佈置。

據《日記》記載,藏書樓落成後,承幹即組織人手從事圖書整理,編纂藏書目録。民國十四年初,其同鄉周子美先生(1896—1998)受聘爲藏書樓編目主任,助理爲海門施韻秋先生。此外,書樓尚有職員數人、工友數人,協助整理圖書,鈐蓋藏書印章。周子美先生在施韻秋等人幫助下，至民國二十年，先後編成嘉業堂藏書目錄多種。值得慶幸者，嘉業堂藏書雖已流散，而藏書目錄仍存於世，今人可藉窺嘉業堂藏書盛況。除浙江圖書館、上海圖書館所藏嘉業堂書目多種鈔本外，復旦大學圖書館現藏有承幹自存之《嘉業藏書樓書目》、《續編》及《嘉業藏書樓善本書目》、《嘉業藏書樓鈔本書目》、《嘉業藏書樓明刊本書目》、《嘉業藏書樓刻書目》、《嘉業堂藏書志》等，足以還原嘉業堂藏書之原貌。

　　《嘉業藏書樓書目》以外，承幹又延請繆荃孫、傅增湘、吳昌綬及董康等學者，爲其編纂《嘉葉堂藏書志》。承幹自述《藏書志》編纂原委云："余席先人餘慶，昧道薄學，常愧無以自樹立。涉世以後，每於暇日閱市，訪求珍籍，遇之輒斥橐金以購。其始也，不過姑自託於此，以蘄聊勝於無所用心耳。四十年來，由簡而至鉅，由約而至博，積累遂多，漸至不勝部居之煩。於是每獲一書，必仿前人之例，撮其指歸與夫源流所自，簿而錄之。其尤罕異者，則更詳其行款、版式、印記，以備與藏書家相質證。輓近博聞彊識之彦，若藝風繆君，若藏園傅君，若誦芬董君，若松鄰吳君，或爲余創稿，或丹墨覆勘，或書問商榷，遂得所謂《嘉業堂藏書志》者十數帙，存於篋笥。諸君年輩皆在余前，相繼下世，輟操觚者又屢易寒暑。後此所得爲諸君所不及見者，則猶有待焉。中更多故，余亦顛連，侵尋暮齒，大部皆以易米而耗散，不復可蹤迹。其庋於南潯故里者，亦已獻爲公有。自是余歷年一手所蒐訪、充棟所不能容者，不再縈繫於心目。性又多忘，雖欲追記概略，補完此志，亦勢所不能。自維謭劣，幸不爲海內方聞所鄙，且以力任表揚先哲爲有一節之長，忝竊虛譽，已逾涯分，其敢復沾沾矜其所獲以重取戾？特以方今耆舊日就凋淪，往日友朋鉛槧賞析之勤，不忍聽其放墜。況夫文獻徵存，人皆有責。傳曰：與其過而廢也，無寧過而存之。則雖鱗爪不全，自珍敝帚,或猶可後賢證古之一助耳。"(《嘉業堂藏書志序》)《嘉業堂藏書志》著錄善本書一千七百餘種,内含宋元刻本九十一種,明刻本八百四十一種,明活字本六種,稿本五十六種,明清鈔本七百四十一種,樓藏善本,囊括無餘。入錄各書,除詳記書名、卷數、著者、版本及藏印外,又迻原書序跋題識,實爲一部具有多種功用之善本書目。

《日記》不僅反映嘉業堂藏書之積聚,也記録其藏書之流散。嘉業堂以傳統典籍爲主之收藏活動,始於清末,經歷二十餘年發展,至30年代達到高峰,擁有僅次於南北諸大圖書館之古籍藏量。經歷短暫輝煌後,其藏書事業隨即衰落,樓藏圖書之精華,相繼流散。40年代初,劉氏滬寓所藏圖書大半售出。至50年代初,南潯嘉業藏書樓及所藏圖書、書版,由承幹捐歸浙江圖書館。此後,承幹滬寓藏書之剩餘,除讓售於復旦大學圖書館外,又零星售予南北書業。至80年代初,《嘉業堂藏書目錄》歸於復旦大學圖書館,而《求恕齋日記》、《求恕齋函稿》、《求恕齋友朋書札》則歸於上海圖書館。至此,嘉業堂藏書完成由私藏轉爲公藏之歷史。嘉業堂藏書之急劇聚散,較之歷史上私人藏書家"世守不替"之遺風,明顯帶有時代烙印,而劉承幹對傳統典籍之收集、傳鈔、保藏、編目、刻書等活動,至今仍具研究價值。

據《日記》記載,承幹少長鄉里,民國初移居滬上,其後每年還鄉小住,並曾旅居蘇州、杭州、青島等地。其在滬居宅,建於今北京西路泰興路口,民國四年遷入。30年代後,因經濟狀況變化,曾六次遷徙。50年代後,家鄉南潯及各地田産、滬上房産等均歸公有,嘉業藏書樓及藏書亦捐歸國家。因賴房産定息爲生,滬寓剩餘藏書陸續售去,以補家用。其時子女成長分居,起居由他人照料。暮年衰病,窮愁寂寥,僅三二友人稍稍過從。寓中所存僅《嘉業藏書樓書目》、《嘉業堂藏書志》稿本及日記、函稿數百冊,摩挲自娛,百感縈懷,"回首自少而壯而老,心事寒灰,一切如夢幻泡影"。至1963 年去世,年八十二。

　　劉承幹雖以近代著名藏書家著稱於世,同時又爲清末民初活動於江浙之湖州富商代表,其父祖及家族成員所經營之商號、典當、錢莊、房地產、紡織、墾殖等業,清末已遍佈浙西及蘇南地區。民國初,家族產業移至上海,又有家族成員發展至海外。其家族之興衰榮辱,可作爲考察近代民族資產階級發展之個案。承幹因其經濟地位及政治立場,親歷並參與清末民初以上海爲中心之遺老政客、文人學士各種活動,可作爲考察近代政治、文化變革之參考。承幹作爲家族長孫,長期主持南潯劉氏家廟祭祀、義莊管理等家族事務,又可作爲考察近世封建家族制度式微之樣本。承幹親手創立之嘉業堂藏書、嘉業藏書樓及嘉業堂刻書事業,雖及身而結束,却爲其贏得長久聲譽,至今仍播惠學林,造福桑梓。

　　《日記》稿本,流傳珍秘,收藏鄭重,檢閲不易,且分藏不同圖書館,今經國家圖書館出版社與上海圖書館合作,不惜鉅費,複製底本,多年籌謀,終告成功。筆者廿載企盼,一旦成真,不禁爲之歡欣鼓舞。化秘藏爲公開,變稀見爲易得,仁者用心,功德無量。不辭淺陋,聊贅蕪言,用申感念,並志賀忱。公元二〇一六年七月吳格識於復旦園。

　　　　　　　　　　　　(《求恕齋日記》,國家圖書館出版社,2016 年)

《嘉業堂訪書記》整理説明

　　《嘉業堂訪書記》輯自已故文獻學家王欣夫（1901—1966）《學禮齋日記》稿，爲先生民國癸酉（1933）訪問浙江湖州南潯劉氏嘉業藏書樓期間之讀書記録。此行由筆者業師周子美先生（1896—1998）陪同，八月七日自蘇州出發，同月十六日離潯返蘇，前後凡十日。蘇湖之間，中隔太湖，三吳舊地，風土相似，而人物著述，並稱文獻名邦。自清季湖州陸氏皕宋樓藏書以降，南潯亦以藏書家輩出而著稱，而劉氏嘉業堂尤推鉅擘。劉承幹（1881—1963）席父祖之聲光，乘易代之機遇，自清末致力收羅典籍，聚書六十萬卷，刻書數百種，至1924年於南潯鷗鴱谿畔建成嘉業藏書樓，藏書事業至於鼎盛。主人生性和易，宅心寬厚，樂與同道分享所藏，同時如北平圖書館、浙江圖書館、江蘇國學圖書館、"中研院"史語所等，與嘉業堂藏書均曾互通有無；私人藏書家如湖北徐行可、江蘇王欣夫等，更有先後造訪書樓、任意翻閱並傳鈔樓藏秘笈之佳話。欣夫先生此行，爲時雖短暫，效率則極高，八日滯留，七日閱書，因傾盡全力，最後一日不得不用於恢復體力。經先生手披目驗之樓藏典籍，數逾百千。兹據先生所記，回溯訪書日程：

　　七日，先生由好友周子美陪伴，自蘇州搭車至吳江平望，換乘航船，由水路行至南潯鎮，午後復乘小舟抵達小蓮莊。子美老師即南潯人，前任嘉業藏書樓編目主任，時與先生同事於上海聖約翰大學國文系,利用暑期,促成此行。

八日,爲先生抵潯次日,"八時,登宋四史齋樓,觀宋元善本",雖嘉業堂主人劉承幹身未在潯,書樓所庋宋元善本數十種,經施韻秋先生等安排,仍得以徧覽,並各作摘記。

九日,先生早起,"七時登嘉業堂。先觀鈔本書,擇尤記出",此日專閱樓藏鈔本,自朝至暮,"所看鈔本約五六百種,舊鈔名校,美不勝收,然猶非其至者,尚有五六百種皆在滬上,觀其目皆精華也"。先生手不釋卷,筆不停揮,所作摘記,連篇累幅,日暮小結,謂"據今日所見,經、子兩部多未刻稿本,史部多長編鉅册,集部最多,大半皆抱經樓物,其淵源則古香樓汪氏、文瑞樓金氏物居多。兹所記者,百之二三而已"。

十日,先生又復早起,"六時,偕子美、韻秋至社廟前茶點。坐有王君,歸途順至王君所設之照相館。又至安徽會館看《四明叢書》修板印書之所,爲施君所管理。九時,登嘉業堂看經部書。新舊刻雜居,間有鈔本,已別爲提出,故無之。摘記一二於此"。先生其時正輯刻《黄顧遺書》,廣事搜討清黄丕烈、顧廣圻批校題跋,此日用心檢索,亦有收穫。

十一日,先生"晨起,偕子美遊張氏適園",而後轉回嘉業藏書樓,"九時登樓觀書"。此日閱書,發現樓藏精金良玉,美不勝收,不僅黄、顧批校題跋可貴,各書中待輯之前人批校題跋及藏印猶夥,苦於書籤標注未詳而時間匆促,不克徧拾遺珠:"集部成宏正嘉本最多,隨手取來,皆皮紙黑口本。平日偶見一二册,即矜爲秘册者,至此爽然自失。惜書籤不注校跋,海中淘金,雖覺甚苦,然偶得一册,即爲欣然。每箱中不過隨手抽視二三種,而名家校跋即出於是,以此知遺漏者不知凡幾也。限於時日精力,不能每部細閱,則此行之遺憾也。往日頗注意收藏印記,至此則無暇顧及,因每種必有大收藏印一二也。館中整理時注重分類,而收藏校跋概所不問,余所發現者,十之一二而已。寶藏無盡,趣味深長。”

十二日,先生繼續閲書,“登詩萃室,觀清代集部”。清人集部著作爲嘉業堂藏書特色,故此日閲書尤爲辛苦:“今日所看清代集部約二三千部,不過翻閲書簽,而已盡一日之力矣。大約康乾多軟體精刻,而冷名者尤多。吴郡先哲集,亦不下數百種。此須先有目的,然後尋查,方有用處,余則走馬看花而已。”

十三日,先生再登樓閲樓藏叢書,並聽沈焜(劉承幹記室)等介紹樓藏典籍之來歷掌故。

十四日,先生繼續選録樓藏集部書中之吴人著作,矻矻至晚,檢得數十種。

十五日,先生因“連日辛勞,目眩神倦,肩腕酸楚,不得不休息一天”,然而“泛覽藏書樓,又發見善本多種。因此日記爲韻秋借去録副,不能詳記”,故此日記録較少。

十六日,先生結束訪書,“未明即起,與子美同行,乘小舟至輪。韻秋送至河邊而别,此行招待殷勤,殊可感也。九時抵平望,登岸改乘汽車。子美則須至嘉興,遂成獨行。十一時抵蘇”。

先生返棹時,已發願重訪嘉業堂:“此行地志、史部兩項,竟不及觀,遺漏善本當不少,留爲後日之再訪可也。”此行入寶山而未空返,密集閲書及過録之成果,有先生遺存之兩萬餘字訪書日記爲證。猥以後學,九十年後展讀《訪書記》,由此重温先生愛書之深摯,閲書之勇猛,鑒書之博洽,録書之精悍,不能不爲之心悦誠服。先生畢生從事文獻之學,於書志、書録編纂,多有要著傳世,《訪書記》爲嘉業堂閲書之實録,體裁略有不同,而書樓主人之慷慨好客,同行友人之意氣相孚,書樓同道之殷勤禮待,先生之嗜書如命,所記無不栩栩如生,令人掩卷而興歎。辛丑孟秋古烏傷後學吴格謹識於滬東小吉浦。

又記

　　王欣夫先生《嘉業堂訪書記》（1933）整理既畢，適值復旦大學中華古籍保護研究院與上海朵雲軒爲王欣夫先生誕辰一百二十周年，聯合籌辦"蛾術軒書物2021秋季展"，同時舉行紀念先生學行之研討會。承《國學季刊》杜澤遜先生、韓悦女士美意，惠允將《訪書記》抽印成册，以饗同好，極感關愛。校稿之間，發現《學禮齋日記》丁丑（1937）五月廿一至廿二日，有欣夫先生再訪南潯嘉業堂之記載。此行乃以沈焜（醉愚）爲導，與趙詒琛（學南）作伴，嘉業堂方面仍由施韻秋接待，雖爲時僅兩日，半日閲書，半日遊覽，來去復各半日，但仍留下閲書筆記，先生返蘇後又致函施韻秋，請求代鈔嘉業堂藏書若干種。所記閲書内容雖不如四年前詳盡，然於國事蜩螗之際，留下先生孜孜訪書足迹，及嘉業堂藏書遭戰亂播遷前之掠影，皆爲不可多得史料。兹徵得編輯同意，輯爲續記，印入《訪書記》後。吳格再識。

（《國學季刊》第二十四輯，2021年）

《惜陰堂匯刻明詞》述略

一

《惜陰堂匯刻明詞》（一名《惜陰堂叢書》）二百六十八種,武進趙尊嶽輯,民國十三年（1924）至二十六年（1937）刻版,白紙初印紅本,各卷後附有趙氏墨筆校注。皇皇鉅帙,收明詞萬餘首,爲近代輯刻明詞卷帙最富而又迄未墨印傳世之秘本。值此宋元明各代總集搜輯整理方興未艾之時,此書如能影印面世,以供詞學愛好及整理者鑒賞參考,功實不朽。兹以整理所及,獲睹其書,爲志書緣,爰簡述《匯刻明詞》輯刻原委及内容等如次。趙氏學詞,夙稱況（周頤）門高足,湛精詞學,著有《珍重閣詞》;又爲其師校刻《蕙風詞》《蕙風詞話》,風行海内。家富藏書,辛亥後廣搜詞籍,經與同時藏書家董康、徐乃昌、劉承幹、張元濟、葉恭綽等通假傳鈔,所蓄益富;又與並世詞學研究者如趙萬里、龍榆生、夏承燾、唐圭璋、任二北等郵筒往返,切磋研究,考訂歷代詞集、詞律極勤。所撰《詞總集考》十六卷（一名《詞籍提要》）,著録唐宋以來詞總集刻、鈔本甚備,除刊於《詞學季刊》部分成稿外,全書屢經修訂,迄未付印,手稿十鉅册,曾託付龍榆生先生,後由龍先生轉贈杭州大學文學研究室夏承燾先生,動亂中不幸遺失。趙氏以出處不慎,抗戰時期投身僞政府,勝利後家遭籍没,所藏詞集及刻詞樣本均歸公有。1948

年,趙氏遠走南洋,輾轉至新加坡等地任教,繼續詞學教授與研究。客居海外期間之詞學著述,如《玉田生謳歌要旨八首解箋》、《填詞叢話》、《珠玉詞選評》等,近年陸續於《詞學》刊佈,“逾淮之枳,復歸本土”;其早年辛勤輯刻未及完成之明詞總集樣本,歷五十餘載之若存若亡,所幸尚存人間,亟待重印流佈,沾漑今人。

二

　　趙尊嶽輯刻明詞之舉,發端於乃師況蕙風之勸誘。1936年趙氏自述謂:“十餘年前……蕙風先生嘗一日見語曰:詞籍單行,易多散佚,自汲古輯《六十家》,而集刻之風寢盛。《彊村叢書》網羅五代,迄於金元,精心校訂,尤爲聲黌之大業。惜朱明以後,紹述罕聞。吾子有意者,曷勿溯源以沿流,竟此宏緒耶? 余深韙其言。”① 其事經始,在1923年:“迨癸亥間,蕙風先生所輯《歷代詞人考鑒》已至元季,將欲賡續,亦苦於明詞之不多,則督余搜篋以應之。拙藏本不甚豐,但以明人詩文集之附詞者賫上。先生復曰:此即輯刻明詞之嚆矢,聚沙成塔,寧可忽諸? 於是余遂立意,盡所得者爲立總目,且各撰短跋爲記,前後亦得數十家,遂付剞人姜文卿雕板。”② 今檢《匯刻明詞》各卷後跋語署年,刻於20年代後期者有《復宿山房詞》、《黃忠端公詞》等三十餘家,或即趙氏取諸家藏明集而付刻者。刊刻既始,趙氏遂取前人著録之明詞書目,廣事搜求,“因就《四庫總目》、《蘭皋》、《詞綜》諸著録,懸格以求。復馳書南京、杭州兩書藏,乞録明人集本,截篇求詞”③。此爲自公藏圖書中搜求之明詞,今考趙氏詞跋,所述迻録自“西湖書藏”(浙江圖書

①②《惜陰堂匯刻明詞記略》,載1936年8月13日《大公報》。
③《惜陰堂明詞叢書叙録》,載《詞學季刊》三卷四期。

館）、"盍山書藏"（國學圖書館）、"北海書藏"（北平圖書館）者，比比皆是，即爲此類。其時浙圖所藏文瀾閣《四庫全書》明集、國學圖書館所藏錢塘丁氏八千卷樓遺書及北平圖書館藏書中之明詞，或已經傳刻之本，或附於詩集後未曾單獨流行者，篇制雖殊，多經趙氏商諸各館主事之人代爲迻寫，陸續求得，"每獲郵束，即得十餘家"。公家收藏以外，趙氏又廣通聲氣，向詞林同道、藏書故家傳寫明詞若干種："……而四方朋好聞之，亦復出所藏，以拓吾疆業，若董綬金、葉遐庵、徐積餘、趙斐雲、唐圭璋諸君子，所惠尤厚。"①今觀《匯刻明詞》中趙萬里、唐圭璋、夏承燾、黄孝紓等代撰諸跋，頗述助趙氏搜輯明詞情形，可以想見當日聲黨同人襄助之盛，其中趙萬里先生自北平郵寄傳鈔詞集尤夥。公藏、私藏明詞以外，趙氏又從書肆購求明詞，以增其不備："此後于役南北，冷攤窮巷，往往得致善本。同聲之雅，相與和鳴，每有所見，馳書走告。輦金以求，前後彌多增益。"②至 30 年代中期，趙氏所藏刻、鈔本明詞數已頗夥，"十年以還，始及四百家"③。搜書同時，刊刻亦隨之。刻詞進度，1933 秋稱"刻成者甫五十家"，1934 年秋則稱"已刻成者八十家矣"，證以《匯刻明詞》樣本，均爲相當。所得之四百家詞集，至 1936 年 8 月謂"隨得隨刊，將三百家"④，則刻成者已有四分之三。今檢《匯刻明詞》樣本，始《自娛集》，終《徧行堂詞集》，僅見二百六十八種，以校北圖、上圖所藏《匯刻明詞》樣本殘册，均爲重出，似所見之本並無缺失，趙氏所謂"將三百家"者，或即此近二百七十種。各家詞集，付刻最遲者，爲《靈山藏詩餘》以下

———————————

①《惜陰堂匯刻明詞記略》，載 1936 年 8 月 13 日《大公報》。
②③《惜陰堂明詞叢書叙録》，載《詞學季刊》三卷四期。
④《惜陰堂匯刻明詞記略》，載 1936 年 8 月 13 日《大公報》。

二十八種(載第五十五至五十七册),詞後跋語署年至丙子(1936)
仲冬止,刻竣當在 1937 年初。通檢全書,凡已刻成各詞,均經趙
氏初校,改出錯訛之處,並經姜文卿修版①。經初校改刻之《匯刻明
詞》樣本,趙氏自 1936 年始曾斷續重校一過,費時經年,各卷後墨
筆注記可證。而 1937 年刻成之三册,尚屬初校樣本,僅見墨筆改
出錯訛,扉頁題:"照改好,印清樣與此本一同寄來。"最末《徧行堂
詞集》僅刻成一卷,尚非全豹。以此知趙氏刻詞至 1937 年夏已中
止。"七七"以後,國事蜩螗,刻書勢難繼續,趙氏亦無意於校刻詞
籍之冷清生涯,上述墨筆校讀注記,遂同時結束。至辛巳(1941)
春,趙氏曾再次校讀此刻成諸詞,墨筆注記,僅至第四册《盧忠烈公
詞》,仍未克完成。視已校各詞注記,大抵僅取家藏底本與紅印樣
本對勘一過,未嘗取校他書。

三

　　趙氏輯刻明詞原委,詳於各家詞後所刻跋語②。跋語多述底本
所自及版刻異同,又略識作者行誼,評騭詞品優劣,均可供參稽。
至明詞輯刻標準,趙氏曾自訂凡例,分別於《大公報》及《詞學季
刊》發表。今檢二《凡例》,《大公報》所載略簡,《詞學季刊》所載
者似經重訂,現爲改正訛字數處,逐錄於下:

　　一、明人詞集之分合單行者,無論合刻唱和,篇帙多寡,率爲收
　　刻(單行詞集,多者如《秋佳軒詩餘》十二卷,《升庵長短句》六
　　卷,少者如《舜和詞》僅數首;合刻者如王、曹兩家之合爲《草

---

① 凡上圖藏初校本墨筆注出須改刻之字,今所見本上均已剗去錯訛字,遵改
　重刻。
② 《惜陰堂匯刻明詞跋》,將於《詞學》刊出。

賢堂餘意》,蔣、周、沈三家合爲《支機集》;唱和如倪雲林之
《江南春》、萬年少之《遁渚唱和集》)。

二、明人詞之載在全集者,無論專勒卷帙,或附入詩卷,率爲裁
篇收刻(明人集部,大抵詞篇較富者,多別爲分卷;其僅有一二
首者,或附入詩林。唯其僅有柳枝、竹枝絶句者,無足專存,不
爲別輯)。

三、明人詞集之板本流傳各有同異者,綜輯合刻之(所刻《桂
洲集》,據嘉靖刊《玉堂餘興》本,既又轉得《賜閒堂稿》,合
刻之;《升庵長短句》盋山所藏與北海不同,則互放而刻北海
後刻之本;《寶綸堂詞》於刻成後復得手稿,則別刻《佚詞》,附
同行)。

四、詞曲之同在集中者,汰曲存詞;惟傳本較少,則併收曲調
(汰曲如《苑洛集》、《洗心亭詩餘》;存曲如《葵軒詞》)。

五、明詞總集,不論明、清人所選,率爲收刻(明選如錢、沈二家
之《草堂詩餘》,清選如《蘭皋明詞選》、《明詞綜》)。

六、明清選集,如斷代分卷者,收刻明詞;其不斷代分卷者,不
收(斷代分卷如《詞匯》僅刻二編,《林下詞選》僅刻六至九卷;
不斷代者如《詞統》、《倚聲集》、《瑶華集》)。

七、明人所選唐宋元詞,僅收其單傳孤本(《百琲明珠》、《唐詞
紀》均明選孤槧,因收刻之;他若《詞林萬選》有汲古閣本,則
但爲著餘)。

八、明人所撰詞譜,率爲收刻(《詩餘圖譜》及《嘯餘譜》中之詞
譜)。

九、明人詞之雜入唐、宋舊作者,但收明詞(如周履靖《唐宋元
明酒詞》,實爲周氏撰和舊作,因僅刻周詞)。

十、明人詞集、詞話之有近刊本者,著餘待刻(《花草粹編》有盋山

精舍影印本,《衆香集》董氏誦芬室景印拙藏本,《升庵詞話》等有金陵唐氏《詞話叢書》本,流傳已廣,特先爲著餘,用候續刊)。

十一、集中之箋注眉批,以及惝詞致語,要多冗濫,除略存一二以示定式外,率予刊落(致語庸濫,眉批膚淺,箋注空疏,無一可存,率爲乙勒,惟凡屬批注之本,仍爲記入跋尾,用資考證)。

十二、所刻均改易行款,用示一律,每集均繫以跋文,略記作者之年代行誼,間及板本之同異,藏家之淵源,乃至通假者之姓氏,用鳴高誼。

觀此《凡例》,足見趙氏立志甚弘,初意乃欲竭私己之力,畢舉明詞之單刻、附見者及明清選本而合刻之,據趙氏自述:"明詞家數,因總集之罕傳,一時未易得其統計。然即據《蘭皋》選本及《明詞綜》約略記之,亦有六七百家,今所刻之三百家,見于選本者三之一,而著者之不列名選本者,亦復數十家;且因朋好一一樂爲流通,寫目見示,可以增補者,即今尚有二十餘家。執此以觀,則明詞非不繁富。"[1] 趙氏以十年之力,搜羅明詞已及四百家之多,而陸續付刻者亦數將三百,雖全功未竟,刻成者亦未及墨印傳播,而篳路藍縷,功實難没。所惜世局翻覆,事竟中輟,趙氏以慧業文人,復又涉足官場,遂使鉛槧業冷,初志難酬,至今思之,令人嗟歎。

四

現存《匯刻明詞》初印紅本,所收明人詞作及詞話、詞譜等共二百六十八種,以作者計則爲二百五十九家。衡以《凡例》所示,所收詞話,則有李漁《窺詞管見》一卷;所收詞譜,則有《詩餘圖

① 《惜陰堂匯刻明詞記略》,載 1936 年 8 月 13 日《大公報》。

譜》、《嘯餘譜》兩種；一家而數集者，有陳洪綬、楊慎、夏言、顧璘、王夫之、李漁諸人；所收合集，有蔣平階、周積賢、沈億年之《支機集》；所收明清人詞選，有《類編箋釋國朝詩餘》、《古今詞匯》、《名媛詩緯初編餘集》、《林下詞選》、《明詞綜》等；所收倡和詞集，則有倪瓚等人之《江南春詞》、徐士俊及卓人月之《徐卓晤歌》等。衆體咸備，網羅稱富。又搜討所及，不遺餘力，閨秀如商景蘭、吳綃、徐媛、沈宜秀、葉小鸞、葉紈之、王端淑、楊宛等，忠節如楊漣、盧象升、夏完淳、陳子龍、吳易、張煌言等，遺民如王夫之、屈大均等，釋道如正嵒、今釋、張宇初等，皇室如明仁宗朱高熾、遼藩朱憲㸉、蜀藩朱讓栩、周藩朱有燉等，或長篇鉅制，或單詞數闋，莫不輯刻入編，蔚爲大觀。又依時代而觀察，明初詞人特盛，如劉基、高啓、楊基、陶安、林鴻諸家，多生於元季，上承宋元詞風，吐屬雅麗，恒多佳構；至於中葉，作者益衆，大臣如李東陽、王越、顧鼎臣、王鏊、夏言，儒學如章懋、丘濬、薛應旂、毛憲等，武職如任環、高濂、蔡道憲、萬惟檀、孫承宗，閨秀如《衆香集》載，無不訂律拈詞，有集傳世；洎乎明季，内亂外患，相踵而至，忠節之士，多託變徵之聲以寄其懷抱，而山林隱逸，亦莫不以長短之句寫其滄桑感喟。凡此種種，均爲《匯刻明詞》收錄，一編在手，足覘明詞發展之大概；雖滄海遺珠，漏略尚多，後來繼起，續爲補輯，正可以趙氏所刻爲發軔。

五

趙氏刻詞，始於 1924 年，止於 1937 年，已如前述。刻成之詞集，於 1936 年春裝訂成册，所見《匯刻明詞》首册題謂：“丙子（1936）清明，全書殺青甫竟，潢整初成，晴窗重校一過。珍重閣。”以此知 1936 年春已有意將刻詞暫告段落。今北京圖書館藏有《匯刻明詞》八冊,收詞六十八種,爲趙氏同時裝訂之本,書首有題:"拙刻明詞前後十餘年,近茲初集甫成,以其朱印本猶俟復斠,先奉翊唐道兄清賞,更乞訂誤。丙子清明日。趙尊嶽。"[①] 又據友人見告,此本書根以天干爲序,所記自甲至辛,恐缺二冊。此外,上海圖書館亦藏有《匯刻明詞》四十二冊,收詞一百五十六種,同爲趙氏取初校樣本裝訂成冊者。兩本所收明詞,均不如所見趙氏自藏本完備,亦無出於趙氏自藏本之品種。上圖本經目驗,凡趙氏改出錯訛之字,多已改刻,改字之行端粘有簽條,此爲初校樣本;而所見趙氏自藏本,則爲經初校改刻後紅印待復校之樣本。趙氏復校始於1936 年春,延至 1937 年夏始藏事;而 1937 年春夏間續刻之最後三冊,仍爲初校樣本,各頁墨筆改出之錯訛字,尚不及交姜文卿遵改重刻。各本中諸家詞集之裝訂次第,似非據作者之生卒爲序,亦非以輯刻先後爲序。北圖本題語雖稱所刻爲"初集",亦未見有初集子目、序文刻成,意其仍屬匆促所爲,尚待整理。1937 年"七七"以後,戰火延燒,南京不久陷落,姜文卿所存書板,據傳初皆埋藏地底,不久即遭毀。趙氏自藏之經初校、重校之紅印樣本,遂爲天壤間唯一完整之本。此本 50 年代輾轉歸於龍榆生先生收藏,外間知者不多。60 年代初,施蟄存先生於龍寓獲見此書,曾假歸傳鈔《支機集》、《草堂餘意》兩種。至動亂來臨,龍先生藏書遭播遷,《匯刻明詞》紅印樣本流入上圖。70 年代初,復旦大學圖書館自上圖調撥入部分古籍,此本又轉入復旦,近因發還龍榆生先生後人,始爲檢出。光陰荏苒,自趙氏輯刻明詞,至今已逾一甲子,而此本由龍先生處流出,倏忽亦已二十餘載,孤本秘籍,歷劫不亡,既幸前人精力之所聚,雖經播遷,猶卷帙完好;又恐孤槧之傳,稍有不慎,仍虞

---

① 此跋及北圖藏本情況,均承鮑國强同志熱心錄示,謹此致謝。

放失。倘承有關部門亟予重視,安排影印,俾化身百千,永其流傳,
爲益世人,自不待言。

(《古籍整理出版情況簡報》第 231 期,1990 年)

《惜陰堂匯刻明詞》書後

右《惜陰堂匯刻明詞》二百六十八種,民國間武進趙尊嶽輯,趙氏惜陰堂刻紅印樣本,十行二十字,首行下鐫"惜陰堂叢書",各卷眉端有趙氏校記,書尾有趙氏識語,存五十七册。此書彙刻明人詞集及詞話、詞譜凡二百六十八種,載明人詞作一萬餘首,刊版共三千九百餘面,洵稱近世明詞總集之版刻鉅製。趙氏(1898—1965)字叔雍,號高梧,武進人。清季名幕趙鳳昌(竹君)之子。少好詞章,曾從臨桂況氏學詞,長而寄情藝文,所著甚豐,有《高梧軒詩全集》、《珍重閣詞》等傳世。案清季以還,彙刻詞集之風大盛。自王鵬運《四印齋所刻詞》、朱祖謀《彊村叢書》、吳昌綬《雙照樓景刊宋元明本詞》諸編刊行,宋元詞集之整理校勘,堂廡已廣。宋元以下,明詞以專刻甚罕,搜討不易,清詞則浩如煙海,遍涉爲難,非有力者出,實難措手,故詞壇尊宿況周頤撰《歷代詞人考鑒》,亦僅止於元代。趙氏出身舊族,廣於聲氣,藏書甚富,尤留心於明詞收集。自20年代起,於京津滬寧等地多方收羅明詞刊本,又從南北公私藏家借鈔迻録,至30年代,所藏明詞已積至四百餘家,遂發願陸續付刻,"先就拙藏之所及,再求之於各地公私書藏,乃至朋好之秘笈"。歷時十餘載,事未及蕆而"七七"事變起,戰火南延,南京淪陷,刻詞之役,遂爾中斷。承刻此書之南京姜文卿刻書坊爲避兵燹,將所存書版悉埋於地,不久悉遭毀壞。《匯刻明詞》書未刻竣,已刻者亦未墨印,此紅印本係書坊刻成之初,交趙氏校閱之樣本,粗經裝訂,遂成天壤間之孤本。今檢其書,有趙氏 1936 至 1937 年之初校,及 1941 年未完成之再校,墨筆記注,一一可尋。趙氏因中日戰爭期間出處不慎,1945 年後遠走南洋,教授新加坡等地,1965 年客死異鄉。其所藏《匯刻明詞》刻鈔底本,40 年代後期已流失,此紅印校樣本則於去國前轉交龍榆生先生代管,屬爲保存。20 世紀 60 年代初,施蟄存先生於龍寓獲見此本,曾假鈔其中《草堂餘意》《支機集》兩種(80 年代刊於《詞學》)。至 1966 年動亂驟起,龍氏藏書悉爲抄沒,《匯刻明詞》輾轉流入復旦大學圖書館收藏。迨 80 年代後期,龍榆生哲嗣厦材先生尋訪先人遺書,此本始被檢出。格以典書之故,獲睹其書,披塵展對,撫卷興感,遂稍稽故實,略詳原委,並將趙氏校跋録出,纂爲《惜陰堂匯刻明詞跋》,存篋待刊。嗣以孤本流傳,仍虞放失,商諸上海古籍出版社,蒙於 1992 年付諸影印,遂使趙氏未竟之書,於一甲子之若存若亡後,終於流播人世。90 年代中,施蟄存先生曾損書見召,督問此事原委。趨候之間,承諭趙氏後裔亦曾尋訪此書,欲爲流佈,而囑施老主持其事。格告以紅印樣本已重歸龍氏後人,而影印之事已經完成,蒙先生首肯。又香港饒宗頤先生留心明詞輯校多年,90 年代過滬,亦曾以趙氏存稿情形見詢,並承告以趙氏海外遊蹤及墓址所在等情形。又《匯刻明詞》紅印樣本於 1990 年歸藏於龍氏,光陰荏苒,忽逾十載。客歲厦材先生見招,承告歷年辛苦經營,先人遺著已陸續刊佈,唯此書歸宿未定,莫安於懷。猥以相知,遂慨然將此本贈予復旦大學圖書館皮藏,以永其傳。竊念歷代典籍之存於今者,莫不賴志士賢人以傳,孤本秘籍之保存護惜,古人尤視同於掩骴埋骼之德。趙氏匯刻明詞之業,非龍榆生先生保藏之力莫顯於後,而《匯刻明詞》紅印樣本歸於公藏,又足徵厦材先生之通懷樂善,克紹箕裘。龍氏

兩世於詞學文獻之貢獻,當爲識者所銘記。公元二〇〇四年仲夏
古烏傷後學吳格謹識於復旦大學圖書館。

(《古典詩學會探——復旦大學中文系教授榮休紀念文叢:陳允
吉卷》,復旦大學出版社,2006 年)

《江上詩鈔》之編纂與刊印

　　《江上詩鈔》一百七十五卷《江上詩鈔補》十一卷,清咸豐間江陰顧季慈輯,民國初江陰謝鼎鎔補輯,民國二十至二十二年(1931—1933)江陰陶社木活字印本。十一行二十二字,白口四周單邊單黑魚尾,版匡 18.5×13 厘米。

　　《江上詩鈔》及其補編、續編,是一部全面記録自唐宋以迄民國初歷代江陰籍詩人作品之總集,始輯於清咸豐年間,補輯於 20 世紀二三十年代,刊印於"一·二八"抗戰烽火中,成書至今,已逾七十寒暑。由於内容豐富(含一千餘位詩人之二萬餘首詩歌),卷帙浩繁(約三千二百葉,訂爲四十四册),刊印校對,工鉅事繁,而所需經費,均賴地方士紳自籌,終始其事者爲民間詩社陶社成員,成事極爲不易。由於採用木活字印刷,印數原本有限,書成拆版,遂無重印可能。且印製於動盪年代,書成未久,抗日戰争全面爆發,江南地區飽受蹂躪,民生維艱,故其書銷路不暢,未能流行於通都大邑。據初步調查,目前國内僅少數圖書館尚藏有此書(國家圖書館藏有兩部以上完整的《江上詩鈔》及《江上詩鈔補》活字印本,還收藏有謝鼎鎔《江上詩鈔續》稿本)。兹因江陰地方重印《江上詩鈔》之役,略述此書内容及編纂刊印原委如次。

一、《江上詩鈔》之編纂

　　江陰爲長江下游近海之歷史文化名城，地處大江之南。歷史上戰亂頻仍，雖使江陰屢遭生靈塗炭，而當地人民重視文化教育、勤於積累文獻之傳統，並未因此而衰落。清代自雍正十三年（1735）始，江蘇學政駐節江陰，每歲於此考察大江南北生員，遂使非省治、府治所在之江陰，於科舉文化方面佔有特殊地位。清光緒八年（1882），江蘇學政黃體芳於江陰創辦南菁書院，培植樸學人才。稍後王先謙於學政任內，創辦南菁印書局，刊印《南菁書院叢書》、《清經解續編》等重要典籍，尤使江陰地方人文蔚起，著述稱盛。流風所及，邑人夙以鄉邦文獻之搜羅保存爲要務。

　　地方性詩歌總集之編纂，屬於地方文獻之一種，具有悠久傳統。民國間江陰學者夏孫桐論其作用云："乃近就一方郡邑，裒集成編，於以著耆舊之風流，表桑梓之恭敬，以人存詩，以詩存人，二者兼取，蓋有數善：名臣言行，未必編錄靡遺；鉅儒著述，難得並傳無佚。往往篇章寓意，謦欬如親，鉅帙鴻編，沾溉固大，一鱗片甲，窺管知全，斯一善也。鄉里雅流，方志登其較著；煙霞陶寫，吟詠出於別才。楓江斷句，空谷遺音，片善可稱，闡微是賴，又一善也。斐然作者，剞劂或艱；蕞爾孤縑，覆瓿偏易。有詩而付刊者少，已刊而獲傳者少，惟有彙編，流傳始久，又善之善也。是以重鄉邦掌故者，每從事於文鈔、詩鈔之役，而詩之存人倍多，尤汲汲焉。"（夏孫桐《江上詩鈔序》）

　　江陰人士夙有編纂地方詩歌總集之傳統，早在明代萬曆年間，即有許學夷、丘維賢同編之《澄江詩選》問世，至清初，邑人陳芝英又曾編纂《江陰詩粹》，兩書均經刊印。清嘉慶間，又有邑人楊敦厚編《江陰詩存》、著名學者李兆洛編《江干香草》，彙聚本地人所作詩歌。至咸豐年間顧季慈（字心求）編纂《江上詩鈔》，尤稱江陰地方歷代詩人作品集大成之作，"承前人諸編，下迄有清，至道光朝止，成書一百七十六卷，凡八百五十九家，爲詩一萬七千首，搜羅所及，蔚爲巨觀。未幾東南寇亂，江左淪陷，烽燹所及，文物凋殘，獨賴此編存其百一，不可謂非大幸也"（夏孫桐《江上詩鈔序》）。《江上詩鈔》所輯邑人詩作，起於唐代，迄於清道光末年，存詩一萬七千餘首，數量遠遠超過同類之地方詩歌總集，足見江陰地方詩風之盛、詩人之衆。顧氏稿本前有咸豐八年（1858）"督學使者臨川李聯琇"所撰序言，可知此書編成後曾送呈江蘇學政審閱。顧氏此書雖於地方文獻之保存意義重大，終因卷帙浩繁，絀於財力，生前未能刊佈，除曾經門生唐守禮（訒齋）鈔錄副本外，稿本一直收藏於家。至民國初年，始有鈔本數部流傳人間。江陰籍學者繆荃孫、金武祥及夏孫桐等，均曾議及校訂刊印事。

顧氏《江上詩鈔》之編纂體例，見於書前《凡例》，其編選特色如下：一、"彙聚衆本"，所編採錄《澄江詩選》、《江陰詩粹》、《邱氏交遊翰墨》、《涉江詩社錄》、《片玉集》、《瓊屑檢存》、《江陰詩存》、《舊言集》、《江干香草》、《江陰文獻錄》、《八影唱和集》等前人所編地方詩歌總集，並參考各家詩文專集；二、"以人繫詩"，按

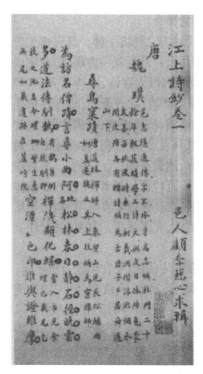

國家圖書館藏《江上詩鈔》鈔本

年排列,而不用詩歌分體之法;三、"詳遠略近",對於元明以前詩人作品,"吉光片羽,收錄無遺",明清人作品,則選錄較嚴;四、"選錄結合",入選人詩集已亡者,作品悉依前人選本過錄,詩集尚存者,選詩或出己意;五、"附載小傳",入選詩人,或據國史,或據方志,撰爲人物小傳,以便闡幽表微;六、"附錄閨秀",入選部分婦女作品,"巾幗之才,亦足表江山之秀也";七、不錄生存之人詩,"其人現存者,詩雖佳弗錄,一遵成例,恐徇情者也";八、"以人存詩","以事存詩","詩不甚佳,而其人足爲表率者,則詩以人存;或其事足以風世者,則詩以事存,明眼人當分別觀之"(顧季慈《江上詩鈔凡例》)。

顧氏《江上詩鈔》稿本,經檢各館書目,未見著錄。國家圖書館藏鈔本一種,著錄爲"一百七十三卷,目錄一卷",由該館同時藏有《江上詩鈔續》稿本及謝鼎鎔著述多種推測,該鈔本應屬謝氏校刊《江上詩鈔》時所用底本。

二、《江上詩鈔》之補輯

《江上詩鈔》編纂於咸豐年間,稿本完成以後,顧氏又曾補輯部分咸豐朝詩人之詩。咸同至清末數十年間邑人詩作,則未及補輯。至民國初年,邑人謝鼎鎔始起而增補。

謝鼎鎔(1878—1960),字幼陶,號冶盦,清末曾肄業南菁書院,自幼篤嗜詩歌,長於吟詠。中年任職四方,所到之處,遍閱書肆及圖書館,銳意搜集江陰人士著述。先後輯刻《陶社叢書》、《江陰先哲遺書》等地方文獻多種,《江上詩鈔》之補編及續編,爲其對於江陰地方文獻之又一貢獻。《詩鈔》何以有補?以顧氏原書之失選也。原書何以失選?以吾邑地界遼闊,人才衆多,而耳目或有所不及也。謝子冶盦留心掌故,自幼即以博聞強識爲樂。比長續學劬書,著述宏富,而於地方文獻尤恣意搜採,不遺餘力。自南菁輟學後,宦游閩贛蘇浙諸省,先後凡十餘年,轍迹所經,凡山川名勝,靡不流連光景,發攄論說,撰叙佳勝,或因寄所託,形諸歌詠,而所尤關心者,則在書肆或圖書館,從公之暇,必往觀焉。若紙版之考校也,若文字之辨正也,固一一詳審而評騭之,間有關於吾邑文獻,或宦遊政績,或流寓珍聞,或騷人詩酒之倡酬,或才人伉儷之贈答,以至荒祠古刹,斷碑殘碣,破笥舊帙,零縑碎錦,靡不周咨博覽。偶有一得,珍同瓊寶,積之既久,裒然成書。"(祝廷華《江上詩鈔補序》)

謝氏積三十年之力搜集鄉邦文獻,初未編纂成書。民國二十年(1931)謝氏家居,適逢陶社刊印《江上詩鈔》之役,受聘任全書總校,遂賴多年積累,同時從事《江上詩鈔》之補編及續編。"歲辛未,中東役起,冶盦家居,適祝吏部丹卿、錢茂才翰五汲汲焉有刻顧選《江上詩鈔》之議,冶盦力任校讎。二君鳩貲經始,板初鋟,冶盦有言曰:吾邑詩人,寧止於是哉?溯清初自江上七子結友聲社以來,李養一大師曾選《江干香草》八十家。於時詩學盛興,顧先生心求生丁其際,乃搜採唐宋以下詩,迄道咸朝止,都凡八百五十九家、一萬七千首,甄錄而手鈔之。又仿元遺山《中州集》體例,人列一小傳,俾不失以詩存人及以人存詩之本旨,意至美也。……誠以一時一地,吾人之耳目爲有限,異時異地,衆人之採摭實無窮也。吾踵顧先生後,斷代爲限,凡列咸豐前者,悉入此編,列咸豐後者,則另入續編。庶幾燦然畫然,無滄海遺珠之憾云爾。冶盦之言如此,其皇皇於舉世不爲之日,並役役於烽火交迫之區,可佩也。"(章鍾祚《江上詩鈔補序》)

謝氏對於《江上詩鈔》之增補工作,分爲"補編"與"續編"兩部分。"補編"是增補顧氏原編所未收之清咸豐朝以前江陰人詩作,謝氏自述其體例如下:

一、是編體例悉本顧氏正編，但於其搜羅所未及者搜羅之而已，故名之曰《江上詩鈔補》。

一、顧氏正編雖成於咸豐八年，然脫稿後仍時有增加，今觀顧氏稿本可見，故是編斷代以咸豐朝爲限，凡歿於咸豐前者入補編，歿於咸豐後者入續編。

一、正編不録"方外"，謂其人已出倫常之外，何取其言。然鄙意昌黎訂交不拒大顛，歐陽論詩獨推秘演，方外之詩亦不妨存之，故另輯"方外"詩一卷，非敢與原輯故有所同異也。

一、是編叙次，意在矜慎，故有科名者以科名爲準，有譜牒者以譜牒爲準，若並二者無之，則約計其時，附之於各卷之末。

一、正編"閨秀"附載徐翩翩、洪夢梨之名而無其詩，是編則物色得之，故仍列入，當不嫌其複遝也。

一、朱竹垞《明詩綜》每於詩家小傳後附以詩話，兹略仿之。

一、詩鈔與詩選不同，選詩取其嚴，鈔詩取其備，況是編志在補輯，苟有可存，雖零章斷句，亦珍同拱璧，閲者幸勿以選詩之眼光視之。

謝氏增補《江上詩鈔》，曾遍檢《全唐詩》、《江陰縣志》、《江陰縣續志》、《江蘇詩徵》、《澄江詩選後集》、《江陰詩萃》、《輿地紀勝》、《珊瑚木難》、《明詩綜》、《静志居詩話》、《婦人集》、《公餘日録》、《雪橋詩話》、《繆氏舊德集》、《張氏吉光集》、《閨秀正始集》、《續閨秀正始集》、《閨秀正始再續集》、《楊舍堡城志》、《粟香隨筆》、《八影倡和詩集》、《龍砂詩存》、《瑶池冰雪録》、《餐櫻廡隨筆》、《秦淮聞見録》、《夢花雜志》及各家詩文集，採擷宏富，用力甚勤。

謝氏熱心鄉邦文獻之輯存，以個人之力完成《江上詩鈔》之補編與續編，其貢獻與咸豐年間編纂《江上詩鈔》之顧季慈相埒，足稱江陰地方文獻徵存之功臣。謝氏友人唐鳴鳳《江上詩鈔補序》云："《江上詩鈔補》者,謝子冶盦補顧子心求所輯《江上詩鈔》之所遺也。顧子輯《江上詩鈔》,上溯唐宋元明,下訖有清道咸,吾江千百年詩人之流風餘韻,燦然大備,固極不世之功矣。而謝子尤能窮搜冥索,使沉淪不顯之滄海遺珠,均得以吉光片羽傳其名於後世。謝子所補,非特補其詩,補其人也,其功較顧子爲尤不可及也。"

祝廷華《江上詩鈔補序》曾記載《江上詩鈔》刊印期間謝氏一則動人故事:"客歲東倭肇釁,淞滬戰禍蔓延長江,吾邑地處要塞,勢尤危殆。冶盦不以室家爲念,而戚戚於《詩鈔》之寄頓。時衆議以江北一帶較爲寧靜,乃將原書絡繹運北。迨消息日惡,冶盦手攜雙篋,挈眷渡江。比登舟時,稍一不慎,失足墜水。黑夜茫茫,江濤洶湧,存亡之機,間不容髮。冶盦於風濤中,高擎雙篋待救。令弟少卿見兄危狀,奮躍入水,互相抱持,冶盦得不死,而《詩鈔》亦因以保存。冶盦出險後,急啓篋視書,則顧氏原書已濕兩帙,而《詩鈔補》及《續選》數冊則赫然無恙焉。嗚呼噫嘻,是書也,固天地鬼神所式憑者也。是書無冶盦不傳,則冶盦之不死,又天地鬼神所呵護者也。"

《江上詩鈔補》十一卷,計録詩一百六十九家,與《江上詩鈔》先後付印。《江上詩鈔》之"續編",謝氏計劃輯録咸豐朝至清末之江陰人詩作。現據《江上詩鈔》正編、補編之各家序跋所述,知此項工作已大致完成而未及刊印。謝氏《江上詩鈔續》稿本,今已於北京國家圖書館訪得。

三、《江上詩鈔》之刊印

《江上詩鈔》之刊印,於民國二十年(1931)由江陰陶社發起。

陶社爲20年代江陰地方士人組織之詩社,主持人爲社長祝廷華
(字毅丞)。民國十九年(1930),祝氏自顧氏後人處購得《江上詩
鈔》稿本,遂倡議由陶社刊印其書。"先是庚午春季,同人感世變之
日亟,歎風俗之日敝,思有以補救之,而苦無長策。余謂陶社成立
已久,詩酒之樂,漸亦疏懶,吾儕設社初意,既以正人心、維風教爲
職志,則刊訂遺集,表章前哲,亦近日切要之圖,而刊印《江上詩鈔》
一書,尤至急焉。同人僉以爲然。咸詢費從何出,且謂如此巨集,
非萬金不克濟事,萬一力不能濟,事將若何? 余曰然,然天下事不
辦則已,辦則必求其成,茲事余已籌之熟矣,自曩歲走訪顧君驤瑶,
商得同意,願以乃祖心求先生原稿付梓,後又以唐君訒齋所鈔副本
交廷華,欣喜過望,窮日夜之力觀之,旬餘始竟。自得書後,日遊揚
於親故間。錢君翰五慨然允諾,謂余家與顧氏三代師門,茲事果擬
實行,籌款之事,敢不惟命。所慮者全書付刊,曠日持久,孰任全
責,事或難耳。余曰:此當與社友商之。於是復邀同社諸君集議,
僉推謝君冶盦主其事。冶盦欣然允諾,並指請錢君夔若、章君孫
宜、陳君景侯助之,而社中耆碩,如許君頌慈,曹君綸香,顧君驤瑶,
章君松盦、滕粟昆仲,均自願分任校刊。"(祝廷華《江上詩鈔跋》)
祝氏因獲顧季慈後人所贈《江上詩鈔》稿本,遂發願由陶社主持刊
印《江上詩鈔》,足徵識見卓犖,熱心地方文獻傳播。不然,經歷後
來之社會動亂,稿本一旦遺落,損失遂無法彌補。祝氏爲刊印《江
上詩鈔》,先於祝氏怡園設立書局,擬定刊印及籌款章程,同時物色
籌款與校對之人,負責籌款之錢翰五雖不幸物故,承擔校對之謝鼎
鎔則終始其事,凡此亦見祝氏之處事有方,識人善任。

　　《江上詩鈔》刊印,始於民國二十年(1931)初夏。刊印事務,
委諸無錫"文苑閣",由文苑閣派員赴江陰完成。"陶社成立以來,
首以誘掖後進、維持詩教爲己責,因有刊印是編之議。顧卒以款絀

工鉅，屢議屢輟，而願莫之遂。醞釀既久，始與錫山文苑閣主人商定，仿《武英殿叢書》用聚珍板印行故事，於辛未夏開始付印。"（謝鼎鎔《江上詩鈔跋》）

《江上詩鈔》校刊事宜，據辛未冬日謝氏所擬"校刊例言"，體例如下：一、對顧氏原編"非萬不得已，概不敢妄行刪削"；二、對顧氏原編酌情重選，如邑人宋康勝仲詩，據康氏《丹陽集》重行選定；三、對顧氏原編酌加增補。謝氏以爲各家之詩"有散見他書而其詩轉較本選爲勝者"，遂附錄於該人後，並注明出處，以示與原編之區別；四、審核顧氏原編詩人小傳，"兹爲慎重起見，凡小傳事實均經審查，或略有所修正"；五、爲詩人小傳添注，"凡編中各詩人正史有傳，或附見他人傳者，小傳下必添注'某史有傳'，或'附見某史某某傳'字樣。至傳儒林者，則作'某史傳儒林'；傳文苑者，則作'某史傳文苑'。其筮仕他省，有爲方志傳入'名宦'者，苟有所知，亦必添注'某志傳名宦'字樣；六、刪除顧氏原編中所附詩集序，"原編各詩人之詩，有冠以序者，有不冠以序者，在前人體例中甚屬罕見，兹從刪"；七、補足顧氏原編中所刪節之詩前小引及同題之詩；八、調整顧氏原編中次序凌亂處；九、校對顧氏原編入選各詩，"凡集有單行本者，以單行本校之；有刊入叢書中者，以叢書本校之；有採自《澄江詩選》《江陰詩粹》者，則以適園所藏趙曦明手鈔本校之。有數見於其他各選本者，則以其他各選本校之。如字有可疑而無從考證者，或從□，或仍其舊，以符'不知闕如'之例，概未敢妄行臆改"；十、校改之處，詳慎考證，字有歧異而皆可從者，則注"一作某"於其下；十一、重編版心詩人姓名，"概行從名，以醒眉目而便檢索"。以上各節，均謹慎得當，具見謝氏用心精密，校刊認真。

國家圖書館藏江上詩鈔預約簡章

　　《江上詩鈔》刊印工作,初期進展順利,不久則因主要籌款人錢翰五去世,造成經費困難。原先設計發售"預約券"以募集資金之舉,亦進展不利(國家圖書館現藏有"江陰陶社印書局"當年所印之《江上詩鈔》預約簡章一種)。"議既定,余與翰五購紙開辦,時甚樂觀。詎事有不可料者,自辛酉四月八日開始,殺青未及半載,而翰五突然作古,華又以痼疾羈纏,歷數月之久,足繭不出門戶。時江西產紙區域悉爲匪據,紙價翔貴,一月數漲,幾逾原價之半,而吾邑凶災疊告,哀鴻遍野,急待賑濟。原議發售預約券若干,減收半價,無人過問。至詩人後裔,調查詳確,指畫鑿鑿,卒亦無可啓齒。甚至登報佈告,時逾半載,應者寂然也。廷華此時,大有進退維谷之勢,然決不敢半途中止,雖甚窘迫,仍策進行。"(祝廷華《江上詩鈔》跋)

經費支絀以外,國難正殷,時局動蕩,也使刊印工作幾乎停頓,所幸祝氏意志堅定,臨危不亂,負責校對之謝氏專心致志,配合有效,工作得以繼續推進:"乃至秋冬之間,倭難復作,時局驟變,吾邑地處要塞,禍恐波及,急將已刊十六册先行裝訂妥放。迨臘尾年頭,消息益惡,廷華與冶盦堅持初意,度歲以後,循舊開工。時許頌老已於去秋物故,而社友中又有因事他就者。冶盦疲精勞神,日與錢君夔若伏案校對,不以爲苦,而印刷處以受冶盦獎勸,益孜孜工作,出版日多。維時校對益煩,日無暇晷,而冶盦更不言勞。嗚呼賢矣!設非冶盦,則此書不成,夫如是而冶盦之功真不朽矣。"(祝廷華《江上詩鈔跋》)

爲籌集《江上詩鈔》刊印缺款,祝氏曾專程赴滬,向同鄉募捐,爭取經費支持:"若夫經濟方面,全書工料,連同局用一切開支,需費綦鉅,雖百計羅掘,於事無濟。不得已奔走滬上,商得同鄉諸公贊助。若薛氏淦生昆仲,若奚氏萼銜叔侄,若葛君鳳池、劉君善齋、崔君福莊、夏君季瑜、朱君少鴻、程君厚坤等,靡不慷慨樂輸。而最先提倡如馬邑尊漢波、夏公使挺哉,亦解囊資助。其他捐户,尚不乏人。嗣刊《續集》,悉數登載,以彰盛德。"(祝廷華《江上詩鈔跋》)

《江上詩鈔》於民國二十一年(1932)冬刊印告成,一百七十五卷之鉅著,未滿二載即獲完成,實稱幸事。承擔《江上詩鈔》總校及補續之謝鼎鎔,對於祝廷華主持之功亦備加推崇:"籌款之責,由祝丹卿先生及錢君翰五任之,而刊政則屬之予。乃開局甫半載,而翰五物故,款由丹卿先生獨任。其勢乃不得不出之於募捐,募捐不足,乃更鬻書以補助之。先生用心,可謂苦矣。"(謝鼎鎔《江上詩鈔跋》)

　　壬申（1932）冬《江上詩鈔》刊印完成後，次年（1933）春又繼續《江上詩鈔補》十一卷之刊印：“歲壬戌（1922），自贛旋里，以時局日非，愛女留育夭喪，遂無復出山之志，乃取篋中手鈔本，稍稍整理，若者續顧氏《江上詩鈔》，若者入《江上詩鈔補》。……陶社成立，同人提議刊印《江上詩鈔》，社長祝丹卿吏部主持尤力，余乃復從事補輯，以竟曩昔未竟之功。親故有知其事者，間或録送先人詩稿，堅請纂入。余體仁人孝子之用心，凡其詩稍有可存，即不忍加以拒絶。久而久之，得詩一百六十九家，共十一卷。書成，呈之吏部，時刊《江上詩鈔》將竟，乃即以是編付刊，並囑迅將《續江上詩鈔》脱稿，以便明春續梓，勿以日久而厭生，勿以款絀而氣餒，情長語重，反復叮嚀。昔人謂梓人遺詩，勝於埋骴掩骼，才魂有知，不必感余之廣爲搜羅，而當感吏部之勇於負責也。”（謝鼎鎔《江上詩鈔跋》）未久，《江上詩鈔補》刊印成書。《江上詩鈔續》則功虧一簣，未及付印。祝、謝二氏之精誠合作，是《江上詩鈔》刊成之保證，兩位江陰先賢苦心保存地方文獻之功績，足爲今人銘記。

　　民國學者夏孫桐贊譽《江上詩鈔》刊印之事云：“延陵舊鄉，千餘年來，名卿碩儒，文人逸士，同留光氣於斯編。從此傳佈人間，有功於一邑甚鉅。昔顧俠君選《元詩》成，夢衣冠而拜者甚衆。不獨（顧）心求先生編輯盛心，宜有此感應；諸君印行之功與編輯之功，同垂不朽矣。”（夏孫桐《江上詩鈔序》序）《江上詩鈔》編成後七十年，經陶社諸君之努力終獲刊印成書；《江上詩鈔》刊印後七十年，經江陰地方有識之士之倡導又獲重印。江陰暨陽名賢研究院諸君熱心鄉邦文化事業之願力，足與陶社諸賢相媲美而造福桑梓於無窮矣。

（《文獻》，2004 年第 3 期）

重印《八年叢編》説明

  《八年叢編》爲近代著名文獻學家趙詒琛、王欣夫等所編系列叢書之彙編，包括《甲戌叢編》（二十種）、《乙亥叢編》（十六種）、《丙子叢編》（十二種）、《丁丑叢編》（十一種）、《戊寅叢編》（十種）、《己卯叢編》（四種）、《庚辰叢編》（十種）、《辛巳叢編》（九種）等八部叢書。《八年叢編》所含子目逾百種，雖多小種之書，而經史百家，諸部皆備①。

  《八年叢編》或稱《紀年叢編》，始於甲戌（1934），迄於辛巳（1941），年各一編，分別以紀年干支爲書名，因延續八年，故後人合稱爲《八年叢編》。初編《甲戌叢編》，署名爲“趙詒琛、王保譿編”。次年《乙亥叢編》出版，增加王欣夫姓名，署爲“趙詒琛、王保譿、王大隆編”。自《丙子叢編》以訖《辛巳叢編》，王保譿姓名隱去，改爲“趙詒琛、王大隆編”（其中《庚辰叢編》僅署“王大隆編”）。實際

----

① 《集印丁丑叢編緣起》附簡章：一、採輯宗旨，以詁經、訂史、小學、掌故、金石、目録、藝術、説部等類，向無刻本或曾刻而未流傳者，均應搜羅。嘉道以來，詩文集浩如煙海，概不録取。惟名人著作，有關實學，與尋常集部不同者，不在此例。至生存人所作，無論何種，嚴行屏絶。一、如有家藏稿本秘笈，願印入本編者，請將原書寄下，由同人審定去取，即行具覆。一、每股國幣十元，可依下列地址，由郵局匯寄蘇州護龍街郵政局交發起人查收，即日填具正式收據，寄奉不誤。

編纂事務,應主要由王欣夫操持①。

　　《八年叢編》創始人趙詒琛與王保譿,皆爲民國間吳中藏書家。二老身處文化轉型時代,情繫鄉梓,熱心文獻,不僅以藏書名家,又性好鈔書刻書,樂善不倦,遺惠後世。

　　趙詒琛(1869—1941),字學南,江蘇崑山人。元益子。元益(1840—1902),字靜涵,光緒十四年(1888)舉人,同光間任職上海江南製造局附設譯館,協助西人傅蘭雅等翻譯新學著作,成書甚夥②。趙氏又曾隨薛福成出使英、法、意、比四國,留心考察海外學校、圖書館建制,爲洋務運動中較早接觸西方文化之人才。詒琛少年赴滬,隨父校譯西書,曾與舒高第合作,譯刻美國施妥縷所撰《農務全書》等。父子居滬期間,購得黃氏士禮居、汪氏藝芸書屋遺書,築峭帆樓於黃浦江濱,藏書稱盛一時。又因性好刻書,樂於流通秘笈,趙氏峭帆樓刻本遂流行遠邇。元益曾輯刻《新陽趙氏叢刊》(又名《高齋叢刊》)十四種(1885—1902),詒琛繼之,續刻《峭帆樓叢書》十八種(1911—1919)、《又滿樓叢書》十六種(1920—

---

① 《集印乙亥叢編緣起》:“逕啓者。去年琛等集貲排印《甲戌叢編》,承諸君子嘉許,惠然入股,用溃於成,感佩無已。今已出書,分佈士林,見者贊歎,以爲其事甚善,而集貲之法,舉重若輕,琛等私幸,未負委託,用堪自慰。夫以年名集,歲有所編,使前賢所著零星小種,彙納成帙,固屬最善之法。今擬續印《乙亥叢編》,仍以十元爲一股,集六十股,印書五百部,每部仍爲四册,以半年爲期,收得股款若干,陸續印書,如此事有把握,指日可成,務望諸君子力爲贊助,從速輪股,不勝翹企之至。所有一切體例及按股份派書籍之法,悉依《甲戌叢編》,兹不復贅。乙亥孟春,崑山趙詒琛、吳縣王大隆、太倉王保譿同啓。”

② 據趙詒翼修纂《趙氏家乘》(民國八年刻本)卷十“藝文”記載,元益於製造局譯館從事期間,筆述譯書計十九種、未成稿六種,學科涉及理工醫法以至軍事史地。又據《中國古籍總目》粗略統計,署名“趙元益筆述”之新學書目,數逾六十種。

1925）、《對樹書屋叢書》六種（1932—1936）等，並於家鄉崑山正儀鎮創辦趙氏義莊圖書館，編纂《趙氏圖書館藏書目録》①。父子相承，身體力行，非僅參與新學傳播，而且有功傳統文獻保存。趙氏晚年居蘇州，節衣縮食，猶勤於傳古，曾仿《檀几叢書》例，選輯明清藝文小品，與王欣夫等合編《藝海一勺》二十三種，以鉛印形式傳播金石、書畫、園藝類小書。由此發軔，擴大收書範圍，採用集資形式，彙輯各家所藏稀見之書，發起編纂《紀年叢編》，以爲文獻繼絶之助。

　　王保譓（1880—1938），字慧言，江蘇太倉人。祖畲子。祖畲字漱山，號紫翔，光緒九年（1883）進士，所著有《王文貞集》。父子相繼主持《太倉州志》編纂，藏書數萬卷，内多鄉賢稿本。保譓勤於著述，熱心纂輯家族及地方文獻，所惜遭遇戰亂，藏書散失，奔走避難，年未六十而卒。所著有《樂天生文稿初集》、《溪山文稿》等②，輯有《太原藝文目録》、《太原世次事略續輯》、《太原賢媛事略續輯》等，又與趙詒琛等同輯《甲戌叢編》、《乙亥叢編》。《甲戌叢編》所收清王原祁《王司農題畫録》二卷，亦出王保譓輯校。《丁丑叢編》所收《遼廣實録》，則以王氏所藏清程穆衡手鈔本付印。

　　《八年叢編》編纂主持人王欣夫先生（1901—1966），原名大隆，號補安，以字行，室名學禮齋、抱蜀廬、蛾術軒等，吳縣人，原籍浙江秀水。欣夫先生少年力學，迭遇名師，生長吳門，浸潤傳統，目録校讎，本色當行，文獻徵存，夙爲職志。畢生所事，集藏書、校書、鈔書、編書、著書於一身，殫精竭力，矻矻不休，無一不與文獻保存

---

① 《趙氏圖書館藏書目録》五卷《補遺》一卷《新鈔書目》一卷《峭帆樓善本書目》一卷，趙詒琛編，民國十五年（1926）趙氏鉛印本。
② 稿本未刊，今藏南京圖書館。

流傳相關,世稱名副其實之文獻學家。先生曾輯刻《黃顧遺書》,
增補清黃丕烈、顧廣圻詩文,苦心孤詣,不遺餘力。以家藏所輯鈔
之前賢遺著,未刊待印者猶多,礙於版刻費時,人力有限,而世變日
亟,時不我待,亦謀所以變通之道。《吳縣王大隆先生傳略》云:"歲
甲戌(1934),趙詒琛、王保讓輯印《甲戌叢編》,命先生爲助。叢編
之輯,以傳佈先賢未刊遺著爲宗旨,多選前賢詁經、訂史、小學、金
石、目録、掌故、藝術、説部之作,尤著意於短篇小種、流傳罕見而有
裨實學者。印書採用活字豎排,白紙線裝,費省而猶饒古趣,印資
則募諸並時同好,集股以行。自乙亥(1935)以後,選本借書,集貲
校印,先生多任煩劇。歲出一輯,輯各十數種,歷八載而不輟,遂成
世所謂《八年叢編》者,至今爲學林所推重。溯自'九一八'事變,
東人亡我之心日熾,時勢危迫,先生雖枝棲於教會學校,傷時憫亂,
憂深故國,遂藉流傳先賢文字以寄意。所輯印《倭情考略》、《遼廣
實録》、《惕齋見聞録》、《靖康稗史七種》各書,既存遺聞,復昭史鑑,
流傳至敵僞地區,竟列爲禁書。丁丑(1937)之秋,先生避居洞庭
東山,猶手自一編,校刊不輟。"①

　　《八年叢編》所採著作,附有原書序跋及輯鈔、收藏者題識。自
《乙亥叢編》以下,欣夫先生於諸書又多繫以自撰題跋,提要鈎玄,
要言不煩。先生晚年撰《蛾術軒篋存善本書録》,著録所藏稿鈔、
批校本書千餘種,内多《八年叢編》之底本,所述輯鈔原委,文字略
詳,多發潛闡微語,與各書後題跋參照閱讀,於先生治書之旨趣、
《八年叢編》選編之經緯,實可增進了解②。

---

① 《吳縣王大隆先生傳略》,載《書目季刊》2001 年第 1 期,臺灣學生書局。
② 《蛾術軒篋存善本書録》(下簡稱《書録》)著録《八年叢編》相關圖書計四十
　　種左右。

　　《八年叢編》之編纂印行,堪稱民國時期文獻學者群體合作之
典範。叢書編纂,一賴經費,二求底本,三則需有足以凝聚同道之
號召力。《八年叢編》編纂經費,出於自願衆籌,人各認股;底本則
群策群力,由近及遠;編纂則鄉邦耆宿倡議在先,同道參與,南北
響應,隨年推進,聲譽漸隆。1937 年抗戰全面爆發,生靈塗炭,圖
書遭厄,文獻繼絶之任,尤其迫在眉睫①。《集印戊寅叢編緣起》云:
"逕啓者。詒琛、大隆輯印《叢編》,肇自甲戌。海内通碩以爲可取,
踴躍贊助,得成鉅帙。當《丁丑叢編》之付印,正兵火彌天,校讐不
輟,幸告藏事。兹則故家文物大半摧殘,先哲遺書恐遭沈没,未嘗
不盡焉傷之,是故刷印流傳,勢且益急,拾遺補蒇,責在我輩。雖
際喘息未定之日,彌深保存舊物之思。爰踵前例,廣徵集腋,幸垂
察焉。"

　　《八年叢編》之底本,初期頗採趙詒琛、王保譿兩家藏本。趙
氏長欣夫先生三十齡,王氏長先生二十齡。《甲戌叢編》之編纂,爲
先生與趙、王兩位鄉先輩合作之始。先生晚年記原藏趙氏之清徐
枋鈔本《鄭桐庵先生年譜》云:"學南先已刻《桐庵文稿》於《峭帆
樓叢書》,得此時適議印《甲戌叢編》,即首將《年譜》編入焉。繼又
輯印《桐庵存稿》、《桐庵筆記》、《筆記補遺》,與桐庵若有宿契者。"
又痛惜趙氏身後蕭條,遺書蕩然無存,云:"蓋學南學問人品,殊類
桐庵,生平嗜書若命,尤好表彰潛德,刊印遺著,汲汲若不及。所刻
《峭帆樓》、《又滿樓》、《對樹書屋》三叢書,已名著書林,晚偕余輯印
《叢編》至八集,而君之力爲多。乃身殁未久,藏書悉散,一孫又愚
騃,其所遇又何酷也。此兩册落入冷攤,余見而亟收之,不但以名

① 《書録・庚辛稿》卷二。

鈔爲重,亦藉志不忘死友云爾。"①

　　《八年叢編》所收圖書底本,除上述趙詒琛、王保諴二老藏書外,又有出於欣夫先生自藏或自輯者。如收入《乙亥叢編》之清陳奐《三百堂文集》二卷、清周星詒《窳櫎日記鈔》三卷,收入《丁丑叢編》之清勞經原父子所撰《勞氏碎金附録》一卷,收入《戊寅叢編》之清孫星衍撰《孫淵如先生文補遺》一卷,均爲先生所輯名家遺作。此外,讀諸家題跋及欣夫先生《蛾術軒篋存善本書録》,時見曹元忠(君直)、章鈺(式之)、胡玉縉(綏之)、傅增湘(沅叔)、盧弼(慎之)、王季烈(君九)、冒廣生(鶴亭)等民國學人活動之迹。諸老關注《紀年叢編》編纂,或撰序題字,或慨贈秘本,或覓本校勘,或代爲集股,情辭懇摯,風義感人。至欣夫先生與同輩學人顧廷龍(起潛)、劉公魯(之泗)、瞿鳳起(熙邦)、王重民(有三)、徐恕(行可)、周暹(叔弢)等,底本傳鈔,異文校勘,著作商量,郵筒往復,互動尤爲頻繁。近世學人傳承保護文獻之功績,多於此可徵。

　　如清仁和勞權、勞格兄弟等所撰藏書題跋,民國初曾經吳昌綬輯刻行世,欣夫先生述蛾術軒鈔稿本《勞氏碎金拾遺》云:"勞氏兄弟藏書之名,自葉菊裳《藏書紀事詩》著之而始爲人知,然所述殊簡略。逮吳印臣輯其群書題跋爲《勞氏碎金》並爲撰傳,於是其手校書益爲人重。余與瞿君鳳起各據所見,補輯吳本,重印入《丙子叢編》。友人王君九季烈、周叔弢暹見之,又各以所藏鈔寄。今併他處所得合鈔一卷,以免散失,而待補遺。"② 可知《勞氏碎金》及《拾遺》係先生重印吳昌綬所輯,並與瞿鳳起同加增補。而印入《丙子叢編》後,先生又獲王君九、周叔弢等鈔寄勞跋,所藏輯本又續有

①《集印戊寅叢編緣起》,民國鉛印本。
②《書録·未編年稿》卷四。

補充。

　　又清乾嘉學者孫星衍著述宏富，集外文字所見甚夥，後人起而輯集者不止一家，欣夫先生繼王重民之後，曾輯《孫淵如先生文補遺》一卷，收入《戊寅叢編》。先生述《孫淵如先生文再補》云："淵如《平津館文稿自序》有云，其已刊石及附刊各書序跋，世人多見之，不復録入，故所刻雖有《問字堂》、《岱南閣》、《五松園》、《嘉穀堂》、《平津館》諸集，而未入集者尚多。嚴鐵橋曾有《外集》之編，繆藝風爲盛杏蓀輯《常州先哲遺書》猶列其目，不知失於何時。余於瀏覽之餘，見有淵如佚文，愛其博雅，輒札録之。嗣友人王君重民輯本行世，其未録者廿餘篇，因輯《補遺》一卷，印入《戊寅叢編》。其後續有所獲，又輯此《再補》。見聞隘陋，未敢言備也。"又云："竊謂淵如當日，其刊石、刊木各文，或尚易見，今則時越百餘年，日在摩滅散佚中，乃偶一遇之而已。如《重修東海孝婦廟記》、《重修桃花庵碑記》、《阮湘圃墓誌銘》，必已大書深刻，拓有墨本。然或僻在海隅，或頹爲廢墟，或埋諸兆域，今反於《郯城縣志》、《吴郡文編》、《瀛舟筆談》得之，信知金石之壽不如紙。至諸題跋，則墨迹流傳，尤爲難得。然則淵如所不復録入者，正賴後人亟爲輯存者也。"[1]所述石刻與紙質文獻之互補作用，及其孜孜於文獻輯集保護之努力，至今仍具教益。

　　《八年叢編》底本，亦向同道作嚶鳴之求。所知有傳鈔自江南藏書名家如吴興劉氏嘉業堂、張氏適園及貴池劉氏暖紅室者。如欣夫先生跋《乙亥叢編》所印嘉業堂藏鈔本《兩漢訂誤》四卷云："三百年來未有刊本，爰借吴興劉氏嘉業堂藏青浦王蘭泉家鈔本付

①《書録·未編年稿》卷四。

印而識其後。"① 又述學禮齋鈔本明徐晟《存友札小引》一卷云："余
於一九四零年冬借鈔於張芹伯,越歲印入《辛巳叢編》。"② 又述學
禮齋鈔本明徐柯《一老庵遺稿》、《文鈔》云："余先從吳興劉氏嘉業
堂傳鈔陳仲魚跋《一老文鈔》。據雍正丙午茂秦跋,謂遺詩四卷,鄭
季雅刻之。訪諸藏書家,均未聞焉。一九四一年春觀書於張君芹
伯之適園,獲見鈔本,字體方正,似從刻本影鈔者,亦有仲魚藏印。
喜二書之析而復合,亟借鈔印入《辛巳叢編》以傳。劉氏藏本,後
亦歸余……"③

《八年叢編》採書,頗得前輩學者、京津著名藏書家傅增湘慨
助。傅氏贊同欣夫先生等傳播稀見文獻之旨趣,曾親爲《辛巳叢
編》撰序,又以鄴架所藏秘本,隨時寄南,以供採摭。如《庚辰叢編》
所收明劉鑾撰《五石瓠》六卷、《風人詩話》一卷,其底本即由傅氏
搜討並提供:"嘉慶時楊復古輯《昭代叢書》始刻之,後跋僅考得其
占籍貴池、字曰興父而已,蓋名衹一字,字又變體,遂致迷離莫辨。
而所刻僅六十六則,詩話僅二十則,又經吳江吳權嫌其雜而寡要芟
汰之本。江安傅沅叔先生丙子春遊吳,得一寫本,通一百九十二
則,校刻本溢出兩倍而贏,知即吳氏芟汰之原本。越四年庚辰,知
余有《叢編》之刊,特加長跋,屬爲傳播。"④ 此外,清張宸撰《平圃
雜記》一卷,係江安傅氏雙鑑樓輯鈔本,收入《庚辰叢編》,亦由傅
增湘校跋寄贈:"沅叔先生從道州何氏鈔本《平圃遺稿》中鈔出,
附《中書述》、《督捕述》各一篇,以朱筆手校,一九四零年春自北寄
贈。余又據金山錢氏鈔本,補逸文三則,印入《庚辰叢編》。"⑤ 清

---

① 《乙亥叢編》,民國二十四年排印本。
②③ 《書録·未編年稿》卷二。
④ 《書録·未編年稿》卷一。
⑤ 《書録·未編年稿》卷二。

譚宗浚《荔村隨筆》一卷,收入《辛巳叢編》,爲江安傅氏俸三齋鈔本,亦出傅增湘傳鈔並手校:"傅沅叔先生從其後人所藏手稿鈔出,以朱筆校其脱訛見寄,余已綴跋印入《辛巳叢編》矣。"① 又傅氏於《庚辰叢編》見惠定宇所輯《硯谿先生遺稿》,知欣夫先生致力於收集東吳惠氏遺著,已得惠周惕《硯谿先生詩集》而求《文集》不獲,遂慨然以清康熙惠氏紅豆齋刻《硯谿先生文集》寄贈,欣夫先生云:"此初印本二册,爲舅氏吳問潮所賜,藏三十年。及得定宇所輯《硯谿先生遺稿》,印入《庚辰叢編》,於末跋引吳志忠'刻本書法雋逸精好'之語,致慨於《文集》之不可復遇。傅沅叔先生見之,遂以所藏本鄭重寄贈,詩文始得璧合,爲之喜而不眠。附志得書因緣於此。"② 書林掌故,老輩風義,真令人懷想不置。

　　《八年叢編》底本,亦有得諸圖書館、博物館者。如清汪宗沂撰《逸禮大義論》六卷,收入《己卯叢編》,其書清末進呈内府,因有避忌,内容有刪節,欣夫先生學禮齋鈔稿本,係據故宫博物院藏本傳鈔,並經趙詒琛等手校:"其書於光緒季年進呈,今在故宫圖書館,余向傳鈔。又從章式之丈所藏手稿,校其誤脱,並補首末兩序。《大夫以上昏禮篇》後論一節,則進呈本以避忌已删去,印入《己卯叢編》。"③ 清桂文燦《論語皇疏考證》十卷,亦係欣夫先生傳鈔故宫圖書館藏清末進呈本,收入《庚辰叢編》。又明徐圖等編《行人司重刻書目》,收入《己卯叢編》,係欣夫先生借鈔自北平圖書館:"昔黄蕘圃得明刻《兩漢紀》,有'行人司藏書記',則所藏尚有存者,亦猶内閣藏書之鈐以'廣運之寶'可作參考,故此目《絳雲樓書目》載

---

① 《書録・未編年稿》卷二。
② 《書録・甲辰稿》卷四。
③ 《書録・未鯿年稿》卷一。

之。余又以其爲我國圖書館史之先河，所用當在此而不在彼，故借鈔北京圖書館藏明萬曆刊本，印入《己卯叢編》，亦曰藉存一掌故而已。"①

綜上所述，《八年叢編》之編纂，因尊重國故，搶救珍籍，主持得人，同道多助，雖遭逢亂世，不克延續，所獲成績，猶有可觀。欣夫先生於教學之餘，力任繁劇，八年於兹，劬勞可佩。其書出版，因時制宜，採用新法，鉛印線裝，自印自銷，故成書迅捷，書品優良。又因非圖牟利，印數有限，雖爲近製，收藏已罕，故特予影印，以饗讀者。《八年叢編》選書策劃，校對付印，裝訂分發，集資核算，均由民間學人自主完成。文獻收藏刊印，雖屬小衆之事，而典籍存亡，關係文化傳承，學林前輩之勇於擔當，造福後世，不僅其精神難能可貴，其經驗亦足爲後人借鑒。今日古籍影印大行其道，用書選本仍徵及公私藏家，出版資金則公費外復行衆籌，以視《八年叢編》之出版運作模式，前人實久已開啓先河。

（《八年叢編》，上海人民出版社，2019 年）

①《書録·未編年稿》卷一。

王重民《校讎通義通解》述評

引　言

　　王重民先生爲近代著名文獻學家,先生完成於 20 世紀 60 年代之《校讎通義通解》①,運用傳統著述形式,對清儒章學誠《校讎通義》詳加注解,隨文箋疏,徵引周備,勝義叠出,發明極夥。先生平生服膺章氏學識,視《校讎通義》爲"我國古典目錄學專著中最重要的一部",所爲《通解》,目的在"極力用現在的語言,解説章學誠在《校讎通義》中所討論的目錄學方法、理論"。章氏《校讎通義》完成於 18 世紀之末,對於晚近文獻學、目錄學發展影響至鉅。先生對章氏學術所作梳理辨析,闡幽發微,識見透徹,其發明之處,周密精確,拙見以爲二百年來無出其右,足以代表現代目錄學發展之成績。兹以重讀先生遺著,略述先生之生平學術,及先生對章氏學術之疏解發明,並求同道指正。

---

① 《校讎通義通解》,章學誠著,王重民通解,上海古籍出版社,1987 年。按,先生《序言》撰於 1963 年。

壹、王重民先生之生平

一、先生之生平活動

王重民先生(1903—1975),一名鑒,字有三,號冷廬,1920年畢業於高陽縣高等小學,同年考入保定第六中學,1924年考入北京高等師範大學,受教於陳垣、楊樹達、高步瀛、黎錦熙諸先生,學業大進。未久,爲兼任師大目錄學課程之北海圖書館館長袁同禮先生識拔,介紹至北海圖書館兼職。1929年畢業後,遂至新成立之國立北平圖書館服務,開始畢生從事圖書館學、文獻學研究。

1930年,先生任國立北平圖書館編纂委員會委員兼索引組組長。1934年八月,以"教育部派考察圖書教育"身份,前往巴黎國家圖書館考察。抵法後與袁同禮先生函商,將考察任務確定爲調查流失海外之中國圖書資料:(1)敦煌遺書,(2)明清來華天主教士華文著述,(3)太平天國史料,(4)稀見古刻舊鈔本漢籍。此後肆力搜求,發奮鈔纂,四歷寒暑,成績斐然。

旅歐期間,先生利用假期,1935年夏曾至德國柏林普魯士圖書館搜集罕傳古書及太平天國史料,1936夏往梵蒂岡圖書館閱讀明清之間來華天主教士譯著書籍,1938年與向達同赴英國倫敦博物院圖書館閱讀敦煌卷子。1939年二次世界大戰爆發,離歐洲前往美國,擔任國會圖書館遠東部所藏中國古籍善本書之整理,此後又承擔1941年運美寄存之北平圖書館善本書之整理,先後從事《美國國會圖書館藏善本書目》、《中國善本書提要》及普林斯頓大學葛斯德東方圖書館中文善本書志之編纂,直至1947年返國。

1947年二月回國後,先生任北平圖書館參考組主任,後代理館

長。同年九月,受北京大學校長胡適委託,在北大中文系創辦圖書
館學專科,招收學生兩屆。1949 年,任北京圖書館副館長。同年,
北大圖書館學專科正式成立,先生兼主任,1952 年,辭去北京圖書
館職務,專任北大圖書館學專科主任。1956 年,任新成立之北大圖
書館學系主任,1958 年離任。1959 年借調至中華書局,參加《永樂
大典》整理工作,1960 年回系教學。1963 年開始招收"中國目録
學史"方向之研究生。"文革"期間,遭受迫害。1974 年,受命參加
《史綱評要》鑒定與整理工作,因堅持學術真理,不屈服於權勢,横
遭誣陷,1975 年四月十六日含冤辭世。①

二、先生之學術貢獻

先生早年攻苦力學,多遇名師,年方弱冠,已嶄露頭角,人稱陳
援庵門下"河北三雄"之一。畢業後投身圖書館,博覽群籍,躬親
實踐,舊學新知,根柢益深。壯歲遠遊歐美,多識異邦文物,眼界愈
寬而學問益加沈潛,於圖書館學、目録學、版本學、校勘學、輯佚學、
敦煌學及索引學諸領域,均有卓越貢獻。綜其平生學術成就,有以
下數端:

(一)圖書館事業

先生長期任職於圖書館,從事圖書編目、版本鑒定、提要撰寫、
資料輯集、索引編製、參考咨詢等實踐,由實踐而博大其學識,由
學識而精深其業務,爲名實相符、合乎傳統校讎學理念之文獻學大
家,亦爲近代圖書館界知行合一、貢獻卓越之學者型圖書館員。

---

① 先生生平,可參考劉修業《王重民教授生平及學術活動編年》,載《冷廬文
藪·附録一》,上海古籍出版社,1992 年;《王重民先生百年誕辰紀念文集》,
北京大學出版社,2003 年。

（二）圖書館學教育

先生爲北大圖書館學系之創始者。該系由附屬專修科而後獨立建置，由專修科而升爲招收本科生、研究生之專業系科，先生蓽路襤褸，備極辛勞，作育人才，遍佈天下。先生曾爲該系開設“普通目録學”、“中國目録學史”、“目録與書刊評介”、“歷史書籍目録學”、“中國目録版本學”、“中國書史”、“中文工具書使用法”等課程，編寫相關講義，誨人不倦，深受師生愛戴。

（三）目録學研究

先生先後爲美國國會圖書館、美國普林斯頓大學葛斯德東方圖書館、北京圖書館、北京大學圖書館所藏善本古籍撰寫書志性質之提要，僅《中國善本書提要》及《補編》所收者已達五千六百餘種，所述各書版本特徵、刊刻原委、著者及編校刊刻者情況，均爲古籍研究者之津逮。以個人之力著録古籍之富，近代文獻學領域無出其右者。先生目録學研究成果，又見於《圖書與圖書館論叢》、《中國目録學論叢》、《冷廬文藪》及《校讎通義通解》各書。

（四）目録索引編製

先生編纂之《老子考》，著録有關《老子》著述五百餘種；主持及參與編纂之《國學論文索引》三編及《清代文獻篇目索引》等，前者爲現代最早編纂之學術論文索引，後者爲檢索常見清人文集内容之重要工具，

（五）敦煌學研究

先生於 20 世紀敦煌學研究具開拓性功績，所著《敦煌古籍叙録》、《敦煌遺書總目索引》爲敦煌文獻目録之里程碑式成果，《敦煌變文集》、《敦煌曲子詞集》、《補全唐詩》又爲敦煌文獻研究之開創性成果。

三、先生之學術特色

（一）傳統與現代之結合

先生生於 20 世紀之初，身際現代中國學術轉型時期。在圖書文獻學領域，隨西方現代圖書館學、目錄學傳入，公立圖書館先後建立，存世之典籍逐步完成由私藏向公藏之轉移，新型圖書、報刊大量產生，文獻收藏與研究之方法急劇刷新。與此同時，目錄學成爲高等學校文史學科之基礎學科，一批目錄學專著相繼問世。先生之學術研究，既繼承古典文獻學傳統，又融會新知，接軌中西，較之同期目錄學家，更具傳統與現代結合之特色。

（二）理論與實踐之結合

先生畢生從事文獻學實踐，舉凡書目編纂、版本鑒定、提要撰寫、遺書輯集、索引編製等文獻學活動，均曾長期參與，積有經驗，成果沾漑後世。先生由此而從事古今目錄、目錄學家、目錄學史研究，遂持之有故，言之成理，立論大抵可信，而非迄無實踐、徒爲議論者可比。先生教授目錄學課程，亦多年堅持指導學生參加圖書館古籍編目、報刊書評撰寫之實踐。①

（三）目錄、版本與校勘學之結合

對於"文獻學"之含義，古今解釋，多有不同，時賢所論，亦各有側重。又"文獻學"與"目錄學"之界定亦時相重合，或稱"文獻目錄學"，先生以爲目錄學乃闡述編製及使用目錄之理論、方法之學，其內容包含編製目錄、整理圖書、校定新本，其目的爲揭示圖書內容、系統介紹文化。② 此義與向歆父子之"校讎"活動相合，與

---

① 劉修業《王重民教授生平及學術活動編年》，《冷廬文藪·附錄一》，上海古籍出版社，1992 年。

② 王重民《校讎通義通解·序言》，上海古籍出版社，1987 年。下同。

章學誠《校讎通義》中所論 “校讎” 定義相符,亦與時賢以爲 “文獻學” 涵蓋目録、版本、校勘學之觀點相同。①

（四）《校讎通義通解》之形式

先生目録學研究成果,大多以現代著述形式寫就,論文結集爲《中國目録學史論叢》及《冷廬文藪》。先生所撰《中國目録學史》爲未竟之稿②,論述始於向歆父子,止於宋鄭樵及馬端臨。先生視向歆父子、鄭樵、章學誠爲中國目録學史上之 “大目録學家”,其對於章學誠生平及學術之研究,論文《章學誠的目録學》之外,則有《校讎通義通解》。“通解” 以 “按語” 形式,隨文附注於正文之後,含校勘、注釋及疏解等内容,既便現代學人研讀,又合於傳統 “箋疏” 形式,此在先生著述中爲僅見,亦足以見先生對於章氏《校讎通義》研究之鄭重。

貳、《校讎通義通解》之體例與特色

一、章氏《校讎通義》之文本研究

（一）《校讎通義》之卷數

《校讎通義》爲章氏對於 “校讎學”（即目録學）之研究專著,初稿完成於乾隆四十四年（1779）,原稿四卷。其書尚未寫定時,已被友人傳鈔數本於外。乾隆四十六年（1781）章氏往河南,路遇盜匪,行囊中書稿盡失,《校讎通義》原稿亦在其中。後從友人借傳

---

① 王欣夫《文獻學概論・緒言》（上海古籍出版社,1986 年）認爲,文獻學包含目録、版本、校讎三内容,三位原一體,無分先後。
② 王重民《中國目録學史（先秦至宋末元初）》,載《中國目録學史論叢》,中華書局,1984 年。

鈔本過録,發現各本均僅三卷,且内容互有異同。至乾隆五十三年（1788）,章氏於歸德書院修改《校讎通義》,仍定爲三卷,即今通行本《校讎通義·内篇》三卷。①

(二)《校讎通義》之書名

1.《續通志校讎略擬稿》　先生據"廬江何氏"所撰《文史通義鈔本目》②,其《古文十弊》篇後所載《續通志校讎略擬稿》三篇,以爲此即今本《校讎通義》前三卷之原名,可證《校讎通義》原本曾編入《文史通義》内,初未别行,亦無《校讎通義》之名③。

2.《校讎略》　先生據章氏乾隆四十八年（1782）所撰《文史通義·詩教》三篇自注中,屢引"《校讎略》"（一稱"詳見外篇《校讎略·著録先明大道論》",二稱"六藝爲官禮之遺,其説亦詳外篇《校讎略》中《著録先明大道論》",三稱"説詳外篇《校讎略》中《漢志詩賦》",四稱"説詳外篇《校讎略》中《漢志兵書論》"）之稱,證明《校讎通義》原名《校讎略》,本屬爲《續通志·校讎略》所擬之稿,初僅三篇,編入《文史通義》外編,未嘗獨立成書。④

3.《校讎通義》之篇名　先生又據上引四例,證明今本《校讎通義》卷一《原道第一》,原稿題爲《著録先明大道論》;今本卷二《漢志詩賦略第十五》,原稿題爲《漢志詩賦論》;卷二《漢志兵書第十》,原稿題爲《漢志兵書論》。以上篇名,均係摹仿鄭樵《通志·藝

---

① 章學誠《跋西冬戌春志餘草》:"己亥著《校讎通義》四卷,自未赴大梁時,知好家前鈔存三卷者已有數本。及余失去原稿,其第四卷竟不可得。索還諸家所存之前卷,則互有異同,難以懸斷,余亦自忘其真稿果何如矣。遂仍訛襲舛,一併鈔之。戊申在歸德書院,别自校正一番,又以意爲更定,則與諸家所存又大異矣。"（《章氏遺書》卷二九）
②《靈鶼閣叢書》本《文史通義補編》附。
③④《章學誠大事年表》,《校讎通義通解·附録二》。

文略》分章標題之方式。①

　　4.《校讎通義》之定名　先生據章氏乾隆五十二年（1787）
《上畢撫臺書》"生平撰著，有《校讎通義》、《文史通義》尚未卒業"
語，認爲章氏自乾隆四十四年（1779）著成《校讎通義》（《校讎
略》）以後，對於目録學理論之認識仍不斷深化，在次年（1788）於
歸德修改此書之前，已將《校讎通義》與《文史通義》並稱，而不再
作爲《文史通義》之一部分。②

　　（三）《校讎通義》之版本

　　《校讎通義》有三卷本及四卷本，三卷爲道光十二年（1832）章
華紱所刻《章氏遺書》本，四卷爲民國十年（1921）吳興劉氏嘉業
堂所刻《章氏遺書》本。四卷本係據沈曾培所藏清王宗炎原編本
覆刻，王氏於"内篇"三卷以外，增輯"外篇"一卷。此本經民國
二十五年（1936）商務印書館據以排印後，流傳甚廣，今通行各本，
大多自嘉業堂本出。

二、《校讎通義通解》之文本研究

　　（一）《校讎通義通解》之底本

　　《校讎通義通解》所用底本，爲1956年古籍出版社據嘉業堂所
刻四卷本之排印本。此本原爲《内篇》三卷、《外篇》一卷。《外篇》
係清王宗炎校定《章氏遺書》時所增編，收入章氏論文二十一篇。
先生認爲《外篇》内容與《内篇》關係不大，故删去《外篇》，而另編
"卷四"一卷，成爲章氏《校讎通義》之新"四卷"本。

　　（二）《校讎通義通解》之内容

　　《校讎通義通解》卷一至卷三爲《内篇》，卷四爲"附録"，附録

①②《章學誠大事年表》，《校讎通義通解·附録二》。

凡二種:"附録一"爲先生所輯《章學誠目録論文選》,收入章氏有
關目録學方法之論文五篇;"附録二"爲先生所撰《章學誠大事年
表》,"專輯有關章學誠學術研究和目録工作活動的資料,與五篇
論文合讀,也許符合王宗炎編輯《外篇》的意圖,但對讀者來説,比
《外篇》更有用"①。

(三)《校讎通義通解》之體例

《校讎通義·内篇》凡十八章、一百二十八條,先生逐章逐條爲
之作解,體例如下:

1. 對於常見之文字、人名、書名(如出於《漢書·藝文志》者),
不作注解;

2. 對於稀見之文字典故、原書引誤之人名、書名,以及需要闡
釋之問題等,均作校勘及注解;

3. 對於章氏所述有關目録學方法、理論者,加以重點疏解,並
指出對其立説之是非得失②;

4. 新編之卷四"附録"兩種,先生亦隨文加"按",以爲"通解"。

叁、《校讎通義通解》對章氏學術之梳理

章氏對於目録學理論及方法之論述,主要發表於《校讎通義》
卷一"通論"性質之九章中,其篇目爲:《原道第一》、《宗劉第二》、
《互著第三》、《別裁第四》、《辨嫌名第五》、《補鄭第六》、《校讎條理
第七》、《著録殘逸第八》、《藏書第九》。《校讎通義通解》對於章氏
學術思想之梳理,隨文注解,散見於各章之下。現略加歸納,撮述
如次。

---

①②《校讎通義通解·序言》。

一、對章氏目録學思想之總結

（一）文獻與目録之關係

1. 目録之任務，在於揭示文獻之内容，爲學術研究提供正確、系統指導；

2. 目録學家能否編製出優秀目録，取決於是否具備正確之目録學方法理論；

3. 正確之目録學方法理論，取決於能否正確認識文獻、研究與目録之關係；

（二）學術與目録之關係

1. 目録學之宗旨爲“辨章學術，考鏡源流”；

2. 文獻之著録、分類、提要，均需爲學術史、科技史研究服務；

3. “六經皆史”命題之意義，在於弱化經典之偶像地位，强調學術研究中文獻之作用；

4. 文獻保存與整理對於學術研究之作用，爲“三月聚糧”、“蕭何轉餉”、“化腐臭爲神奇”；

5. 文獻與學術研究之關係，即“器”與“道”之關係，“道不離器，猶影不離形”；

6. 理學之失在“離器言道”，考據學之失在“溺於器而不知道”，“道器合一，方可言學”；

7. 考據爲學術研究之必備手段，並無獨立於“學問家”以外之“考據家”。①

（三）目録學之系統思想

1. 治目録學須“先明大道”，“道者萬事萬物之所以然，而非萬事萬物之當然也”；

①《校讎通義通解·序言》。

2. 戰國之前，"官師合一"，"學在王官"，故而文獻由官方執掌，尚無私家著述；

3. 春秋之後，私家著述出現，學術發展，逐漸形成系統目録，故而産生向歆父子之《七略》；

4. 文獻分類由"七略"而演變爲"四部"，乃目録學對於漢以後出現之大量圖書之適應；

5. 目録編纂由"輯略"（叙録）而發展爲簡單著録，有背"辨章學術，考鏡源流"之傳統。

二、對章氏目録學方法之歸納

（一）《七略》之編纂方法

1.《七略》爲最早之古代系統目録，又是目録學（即校讎學）之典範；

2.《七略》之分類（"部次條别"）體系，爲班固《漢書·藝文志》所繼承；

3.《七略》之著録法（有叙録，加大、小序），即"辨章學術，考鏡源流"之具體體現；

4.《七略》中之"輯略"，"最爲明道之要"，是對於文獻内容及學術源流之集中闡述①；

5.《七略》之分類體系後世不得不改變，其著録之法仍應保持。②

---

① "《輯略》蓋劉氏討論群書之旨也。此最爲明道之要，惜乎其文不傳。"（《校讎通義·宗劉第二》）

② "《七略》之古法終不可復，而四部之體質又不可改，則四部之中，附以辨章流别之義，以見文字之必有源委，亦治書之要法。"（《校讎通義·宗劉第二》）

（二）"辨章學術,考鏡源流"

1. "辨章學術,考鏡源流",爲目録學(校讎學)之精髓,亦爲"校讎學"與後世"徒爲甲乙紀録之需"者之區別;[①]

2. "辨章學術,考鏡源流",還具有結合時政、評論當代學術思想之意義;[②]

3. 後世目録形式簡化,不用叙録體及大小序(輯略),失去"辨章學術,考鏡源流"功能;

（三）"互著"與"別裁"法

1. "互著"與"別裁"爲圖書分類著録中之重要輔助方法;

2. 宋王應麟《玉海·藝文》中對於"類書"之類目或編題已使用"互著"之法;

3. 明祁承爜《澹生堂書目》及《庚申整書略例》中已使用並討論"通"、"互"之法;

4. 《校讎通義》對於"互著"、"別裁"法之總結,爲章氏對於目録學之重大貢獻;

5. "分類"之功能在"即類求書,因書究學","互著"之功能在"繩貫珠聯,即類求書";

6. "互著"法兼收並載"書之易淆者"及"書之相資者",以克服分類著録之弊;

7. "互著"法將一書著録於不同類目,"別裁法"則將一書及其部分内容著録於不同類目。

8. "別裁"法重複著録之書,有"裁篇別出"與"別出行世之

---

① "由劉氏之旨以博求古今之載籍,則著録部次,辨章流别,將以折衷六藝,宣明大道,不徒爲甲乙紀數之需,亦已明矣。"(《校讎通義·原道第一》)

② "劉向父子部次條别,將以辨章學術,考鏡源流,非深明於道術精微、群言得失之故者,不足與此。"(《校讎通義·自序》)

本"之區别；

9. 使用"别裁"法，須在書目之下出注，"申明篇第之所自"，以明編目者之意圖。

三、《校讎通義通解》卷四之編例

（一）《章學誠目録論文選》

《章學誠目録論文選》收入章氏以下五篇文章：

1.《和州志藝文書序例》

2.《和州志藝文書輯略》

3.《論修史籍考要略》

4.《史考釋例》

5.《史籍考總目》

諸文均爲章氏從事目録編纂實踐之産物，具有重要參考價值。

1.《和州志藝文書序例》録自《章氏遺書外編》卷一七，並據章華紱所刻《文史通義·外篇一》參校。先生以爲此篇爲《校讎通義》中《原道》、《宗劉》、《互著》、《别裁》四篇之初稿，前後對讀，可窺章氏目録學思想成熟之軌迹。

2.《和州志藝文書輯略》録自《章氏遺書》外編卷一七《和州志·藝文》（一名《志隅》）之第六節，前五節即上篇，已刻入《文史通義·外篇一》。先生以爲此節内容與上篇相仿，故而加題篇名，輯出别行，並據《靈鶼閣叢書》本參校。

3.《論修史籍考要略》録自《章氏遺書》卷一三。《史籍考》爲章氏費時十餘年從事編纂之史部專科目録，凝聚其畢生學術抱負，可惜原稿已失。本篇爲乾隆五十三年（1788）《史籍考》動議編纂之初，章氏向畢沅提出之纂修規劃，包含大量其從事目録學研究之心得與創見。

4.《史考釋例》錄自《章氏遺書・補遺》,爲嘉慶三年(1798)謝啓昆繼畢沅主持編纂《史籍考》時,章氏新擬之編纂計劃,較之十年前所撰《論修史籍考要略》,内容更爲詳細,理論與方法亦更爲成熟。

5.《史籍考總目》錄自《章氏遺書・補遺》,即章氏所編《史籍考》之目錄。

目錄學爲具有較强實踐性之學科,《校讎通義通解》前三卷爲先生對於章氏目錄學理論與方法之梳理,尚停留於對古代目錄之研究與討論,新編《卷四》所載章氏諸文,則均爲章氏從事目錄編纂實踐之成果。章氏平生如未參與方志目錄、史籍目錄之編纂,不足以成其目錄學功績之卓著;先生爲《校讎通義》作《通解》,如未涉及章氏目錄編纂實踐,則不足以見先生目錄學造詣之深厚。

(二)《章學誠大事年表》

先生所撰《章學誠大事年表》,採用編年形式,分年輯錄章氏目錄學研究與目錄編纂活動之史料,内容極爲豐富。

《章學誠大事年表》之編例,就其不錄章氏其他活動而言,内容不及年譜全面;就其專輯章氏目錄學研究及目錄編纂活動而言,詳贍又勝於年譜。先生爬梳章氏著述及其他史料,編次排比,徵引考辨,對於章氏學術活動之背景、研究思路之發展,目錄編纂之細節、撰著成果之得失等,原原本本,介紹綦詳,知人論世,足資考訂,堪稱章氏研究之傑作。

肆、《校讎通義通解》對章氏學術之辨證

一、章氏對《漢書・藝文志》之辨證

《校讎通義》卷二至卷三,均爲對於《漢書・藝文志》之討論。

其中卷二《補校漢書藝文志第十一》《鄭樵誤校漢志第十一》《焦竑誤校漢志第十二》三章，爲章氏依據自己之目錄學理論及方法，提出研究《漢書·藝文志》之原則；卷三《漢志六藝第十三》《漢志諸子第十四》《漢志詩賦第十五》《漢志兵書第十六》《漢志數術第十七》《漢志方技第十八》六章，則爲章氏依據自己提出之原則，對於《漢書藝文志》"六略"所作深入討論，並對鄭樵、焦竑批評《漢志》之意見加以辨證。由於劉歆《七略》原本已經不傳，《漢書·藝文志》係改編《七略》而成，章氏對於《漢書·藝文志》之辨證，仍包含對於《七略》之認識。章氏對於劉、班二書之辨證，涉及以下問題：

（一）劉歆《七略》與班固《漢書·藝文志》之功過問題；

（二）叙錄體目錄與"辨章學術，考鏡源流"之關係問題；

（三）理論類圖書（"道"）與方法類圖籍（"器"）之分類及排列問題；

（四）目錄類圖書應歸於"名家"類之末問題；

（五）同一種圖書之重複著錄（互著）問題；

（六）"裁篇別出"（別裁）之方法及著錄問題；

（七）建立類目增附圖書之問題。

二、章氏對鄭樵《通志·校讎略》之辨證

章氏對於宋鄭樵之史學思想十分推崇，但對其目錄學理論則評價不高，尤其對鄭樵《通志·校讎略》討論歷代書目時輕視《漢書·藝文志》，深爲不滿。章氏自視對於目錄之學有獨到見解，《校讎通義》初名《續通志校讎略》，本爲續鄭樵《校讎略》而作，故而於《校讎通義》卷二、卷三專門討論《漢書·藝文志》，並專立《鄭樵誤校漢志第十一》一章，作爲對《校讎略》之補正。章氏對於鄭樵之評論，主要有以下意見：

（一）鄭樵《通志‧校讎略》《藝文略》對於目錄學之貢獻，爲劉、班以後所僅見；①

（二）鄭樵對《漢書》“斷代爲史”不滿，因而對《漢書‧藝文志》不免“過爲貶駁之辭”；

（三）鄭樵對目錄學研究不够深入，“於古人大體終似有所未窺”，故著作中錯誤較多；

（四）鄭樵《校讎略》中批評《漢書‧藝文志》意見，大多不可取，章氏已逐條加以辨證。

三、對章氏立説中偏頗處之辨證

章氏學術思想對先生影響甚深，先生夫人劉修業女士回憶云：“在清代學者中，他最崇拜章學誠之校勘學，使他以後到國外訪書及撰寫《中國善本書提要》的工作有一明確的指導思想。”又云：“有三對中國地方志也有研究，他的方志學觀點，是繼承章學誠之遺緒。”②先生爲章氏《校讎通義》作疏解，稱“章學誠《校讎通義》是我國古典目錄學專著中最重要的一部，它對我國近百年來的目錄學方法、理論一直發生著很大的影響。”③但是對於《校讎通義》中之疏漏舛誤，先生仍心細若髮，一一抉摘，並尋繹致誤之由，加以糾正。《校讎通義通解》中此類文字，隨處可見，限於篇幅，僅舉二例，以見一斑。

（一）關於古代圖書分類

章氏述上古圖書目錄之起源與發展云：“想見三代盛時，《禮》

---

① “鄭樵生千載之後，慨然有會於向、歆討論之旨，因取歷朝著録，疏其魚魯亥豕之細，而特以部次條別，疏通倫類，考其得失之故而未之校讎，蓋自石渠、天禄以還，學者所未嘗見者也。”（《校讎通義‧自序》）

② 《王重民教授生平及學術活動編年》。

③ 《校讎通義通解‧序言》。

以宗伯爲師,《樂》以司樂爲師,《詩》以太師爲師,《書》以外史爲師,"三易"、《春秋》亦若是則已矣。"又云:"官守之分職,即書之部次,不復有著録之法也。"①

先生爲之辨證云:追溯古代圖書目録之歷史,當其"學在王官"、"官師合一"時期,文獻與學術均掌於官師,圖書分類與官守分職實存聯係,然以《周官》所列"三百六十官"即爲其時之圖書分類表,則失之牽强。圖書分類之發展,仍由目録學家"因書設類"而促成。

(二)"互著"與"別裁"法

章氏對於"互著"、"別裁"有深刻理解,以爲圖書著録"理有互通,書有兩用"時,理應於不同類目中"兼收並載",又對"互著"、"別裁"之類型與層次細加辨析,將其意義與功用發揮盡致,並將此歸功爲劉歆《七略》所開創。②

先生高度評價章氏對"互著"、"別裁"法之歸納定性,並對章氏《校讎通義》卷二、卷三中運用上述方法補正《漢書·藝文志》,以"別裁"法著録經、子、集部書以增補《史籍考》之實踐給予贊賞,同時又指出,章氏以爲"互著"、"別裁"由劉歆《七略》所開創使用,並舉《七略》之例爲證,實屬誤解。揆諸章氏對於"裁篇別出"與"別出行世之本"之區別,《七略》所載,實非有意使用之"別裁",而爲"別出行世之本,故亦從而別裁之耳"。

四、關於《校讎通義》卷四

原本《校讎通義》卷四已逸,今本《校讎通義》卷四爲王宗炎所補,《校讎通義通解》卷四則爲王重民先生所補,已如前述。章

---

① 《校讎通義通解·原道第一》。
② 《校讎通義通解·互著第三》。

氏《校讎通義》原本卷四内容爲何？先生據卷二《焦竑誤校漢志第十二》，提出推測意見。

（一）明焦竑撰《國史經籍志》後有《附録》一卷，對《漢志》以下八種書目作"糾謬"；

（二）章氏《焦竑誤校漢志第十二》，即對焦氏《漢藝文志糾謬》之十三條意見所作辨證；

（三）章氏以爲焦竑"似不爲無見"，但因"未悉古今學術源流"，所議仍屬膚淺；[1]

（四）章氏又云"《國史經籍志》其書之得失，別具論述於後"，而此條後未見相關討論；

（五）今本《校讎通義》卷二、卷三皆討論《漢志》，推測原本卷四乃討論《漢志》以下歷代目録之得失，《國史經籍志》亦爲其中一種。

伍、《校讎通義通解》之特色

一、通俗性

先生自述撰《校讎通義通解》之旨趣云："我爲這部目録學古典專著作通解的目的，就是想爲圖書目録工作者和學習古典目録學的人提供一部通解式的讀本，極力用現在的語言，解説章學誠在《校讎通義》中所討論的目録學方法、理論。"[2]

---

① 《校讎通義通解·焦竑誤校漢志第十二》。
② 《校讎通義通解·序言》。

二、學術性

《校讎通義通解》雖以語體寫作，閱讀對象亦慮及修習文獻學、圖書館學之學生，其內容似淺而實深，非心粗氣浮者所得而問津。章氏一生，身世坎坷，貧病交集，炎涼飽經，著述雖勤，校訂乏力，粗疏訛舛，在所不免，若非先生目錄學造詣之深，對於章氏學術研究之久，《通解》之作，實不易成。化艱深爲平易，作前賢之諍友，先生之志，令人欽敬。

三、實踐性

先生嘗云："一個成熟的、有貢獻的目錄學家，必須接觸豐富的圖書資料，有長時期的目錄實踐，才能批判地繼承古代目錄學家的經驗、方法和理論，從而創造新的方法理論，並檢驗與修正自己的方法理論，使它更系統、更完整、更能促進今後的目錄工作。"①

先生强調之"知行合一，躬行實踐"精神，貫穿其畢生所從事之目錄學研究活動，爲探驪得珠之秘訣，亦爲吾人求學問道之指南。

（《章學誠研究論叢：第四屆中國文獻學學術研討會論文集》，學生書局，2005 年）

---

① 《校讎通義通解·序言》。

王欣夫與《文獻學講義》

一

　　《文獻學講義》係復旦大學中文系王欣夫先生遺著。此部以"講義"馳名之大作,乃 20 世紀 50 年代先生於中文系講授"文獻學"(一名"文獻學與工具書使用法")課程時,陸續完成編撰之講稿。自 1986 年以來,此書已有以下多種正式出版印本:

　　一、《文獻學講義》,王欣夫述,上海古籍出版社,1986 年。

　　二、《文獻學講義》,王欣夫述,臺灣文史哲出版社,1987 年。

　　三、《文獻學講義》,王欣夫述,臺灣商務印書館,1992 年。

　　四、《王欣夫説文獻學》,王欣夫撰,上海古籍出版社,2000 年("名家説上古學術萃編"本)。

　　五、《文獻學講義》,王欣夫撰,上海古籍出版社,2005 年("世紀文庫"本)。

　　六、《文獻學講義》,王欣夫著,上海古籍出版社,2014 年("百年經典學術叢刊"本)。

　　以上六種版本,前三種爲同一版本,後三種則略經刪減,並改用簡體字,與 1986 年版略有差異。一部文獻學"講義"之作,撰述者已辭世多年,三十年間六度付印,平均五年重印一次,可知雖同類著述層出不窮,此書因其惘惘無華,自具特色,至今仍受人重視。

茲因此書第七次再版，受命校讀，遂不辭謭陋，略述欣夫先生事迹及成書原委如次。

1986年上海古籍出版社版《文獻學講義》之前，欣夫先生此書至少應有三種油印本，已經流傳於東南諸高校。其一爲1959年前後復旦大學中文系油印本，曾經欣夫先生校訂，並以此分贈友好，如華東師大周子美、洪範五諸先生，欣夫先生《蛾術軒日記》中曾有記録（詳後）。其二爲《文獻學要略》，1978年華東師大古籍整理研究室油印本，小字謄寫，油印一册，作爲教材，僅印百部。筆者當年肄業麗娃河畔，與諸同學從吳興周子美先生受"古典文獻學"，曾人手一册，朝夕相伴。猶憶其時動亂方已，圖書匱乏，此本雖字小紙劣，因内容充實，足以療飢，故得者珍愛逾常。其三爲1983年南京大學中文系油印本，大字謄寫，分訂三册。當年就讀南大中文系之同輩學人，發篋或尚能檢得。南大油印本封面題"古文獻要略"，目録頁題"古文獻學要略"，正文題"文獻學要略"。此本題名雖與華東師大本稍異，底本則應相同，亦源自復旦大學油印本。據徐有富先生回憶："王欣夫先生的《古文獻要略》，原爲復旦大學中文系出版的油印講義，有位復旦大學學生將這本講義拿給程千帆先生看。當時我們正在寫《校讎廣義》，程先生考慮到王先生的《古文獻要略》非常少，就讓我找人將該講義重新油印出來給大家學習。"今以滬、寧兩油印本與上海古籍版《文獻學講義》比勘，除去少量編輯加工之差異，其所分章節、篇目及全書内容，已屬相同文本系統。

1986年上海古籍出版社出版之《文獻學講義》，係經欣夫先生當年助教、復旦中文系徐鵬先生整理完成。徐先生於古籍版《文獻學講義》"前言"云：

先生畢生致力於目録版本之學,書中採輯、徵引的材料相當豐富,有些院校曾據以翻印,作爲參考教材,但由於所據爲油印講義,其中有不少文字訛誤。現據先生手稿加以整理出版,以供從事研究目録版本及古籍整理等工作的同志參考。

徐先生所言《文獻學講義》有"油印講義"及"手稿"兩種底本,自屬事實。因70年代末華師大油印《文獻學講義》之底本,係由業師周子美先生提供。子美先生與欣夫先生爲同道好友,兩人交誼始於30年代同事於聖約翰大學時。欣夫先生編撰《文獻學講義》期間,曾與子美先生郵筒往返,多所切磋,講義編成之後,又將油印本面贈請教,而早在60年代,子美先生已建議《文獻學講義》謀求出版。凡此細節,現存欣夫先生日記中幸而均有記載。

二

1952年全國高校院系調整,欣夫先生調入復旦大學,任中文系教授,曾先後擔任中文系、新聞系"中國文學史"及"古典散文選讀"等課程。與劉大傑先生合作擔任"中國文學史"課程時,所編講義,當時曾受到重視。如1958年二月欣夫先生《蛾術軒日記》曾記載:

(八日)北京人民出版社編輯室來函,在高教部"各校講義展覽會"見余《文學史講義》,特來借閱。
(十一日)覆北京人民出版社,並寄去《文學史作品講義》兩冊。

具體授課及編撰講義情形,如1955年二月欣夫先生《鴿巢日

記》載:

> （七日）本學期仍與大傑合授"中國文學史（二）"，晨走晤商分
> 工鐘點。
> （九日）今日開學。即上課。"中國文學史"每周五小時，仍與
> 大傑合授，星一之第一課大傑任之，第二課則兩人參互任之，
> 星三之兩課均由余任，星四之一課由大傑任。余再加任課堂
> 討論二小時及答疑，臨時安排。
> （二十八日）上午授課。編注講義，"晚唐詩"畢。

關於欣夫先生曾擔任新聞系"中國文學史"課程，1955 年 12
月欣夫先生《鴿巢日記》載:

> （二十六日）下午全系全面規劃會議。余定一九五六年至
> 一九五七年改任新聞系"先秦至五代文學史"。
> （二十七日）上午編注講義。下午治《管子》。

關於欣夫先生曾擔任"古典散文選讀"課程，1958 年十月
（二十七日）《蛾術軒日記》即有"擬'古典散文選讀'教學大綱"之
記載。次年（1959）欣夫先生《蛾術軒日記》又載:

> 二月
> （十六日）今日開學上課。本學期余任一年級"古典散文選
> 讀"，每周兩小時。顧易生爲助教。
> （二十日）上午授課。本學期任一年級"古典散文選讀"，每周
> 兩時。

　　七月

（十日）“古典散文選”課結束。

　　上述“中國文學史”、“古典散文選讀”課程以外，自1956年秋開始，復旦中文系新設“文獻學”課程，由欣夫先生主講。據筆者所知，除北大以外，高校開設古典文獻學相關課程，似流行於20世紀80年代以後，而復旦大學開設此課程，至少可溯自1956年（徐鵬先生《文獻學講義》“前言”謂始於1957年），此舉實與欣夫先生文獻名家、本色當行有關。“文獻學”開課同時，徐鵬先生作爲中文系青年教師，任欣夫先生之助教，1956年九月欣夫先生《管窺居日記》記載：

　　（十日）本學期任本系三年級“文獻學”二小時，新聞系“中國文學史”三小時，又爲助教研究生講授“文選”二小時。自來復旦後爲最多之學期，不知屝軀能勝否。

　　（十四日）始授“文獻學”課。

　　（十七日）新助教徐鵬由余指導，來談。

　　“文獻學”課程之開設，因人制宜，時屬創舉，教學提綱之擬訂及講義編寫，隨授課而開展。1956年十月十一日欣夫先生《管窺居日記》，已有“下午教研組會議仍出席，因討論‘文獻學’教學大綱也”，十二月二十四日又有“下午爲‘文獻學’補課”之記載。由於《蛾術軒日記》書缺有間，1957年中文系“文獻學”教學情況未詳，而1958年欣夫先生《蛾術軒日記》中，對授課及講義編寫，記載十分詳盡：

二月

(二日)編《文獻學講義》。

(九日)整日趕編《文獻學講義》。

(十三日)今日無會,得趕編《講義》。

(十四日)下午趕編《講義》。

(十六日)編講稿。

(十七日)農曆大除夕。整理講稿。

(二十一日)編《講義》。草自訂規畫。

三月

(三日、四日)編寫《講義》。

(五日)上午編寫《講義》。

(二十四日)整日編寫《講義》。

(二十六日)上午草《參考書目提要》。

(三十一日)趕編《講義》。

四月

(四日)上午清潔運動,下午植樹。因須趕編《講義》,乞假。併力編寫《講義》,至晚始息。

(五日)上午編《講義》。

五月

(十二日、十三日)編《講義》。

(二十四日)四月分《文藝月報》署名"中興繆雯"者,撰《千樹萬樹梨花開》一文,中有涉及余者,録之:

……年邁體衰的王欣夫教授,遵從醫囑,一向晚上不工作的,現在竟打破常規,晚上編寫講義了。本學期的第一課,學生就拿到他的講義,這是從來没有過的,這還不够,他約定晚上到學生宿舍去,却不料那天晚上風雨交加。去不去呢?王先生猶豫了一會,終於決定:去! 這一去,王先生可真正受了感動。
他説就像一個在外多年的父親,一旦還到自己子女身邊。那
種熱情和温暖,還用説嗎? 這一晚,王欣夫教授十點多鐘才回
到自己宿舍。按常規,這一夜是不能闔眼的了,可是這回王先
生却睡得分外香甜。

　　六月

(二十六日)學校公佈本學期課於下月二日結束,余之"文獻
學"本有三星期,亦須於今日授完。下堂時,全體學生熱烈鼓
掌,爲余生平所未遇。

晚民盟小組討論總結,將余要求加開課、晚上編《講義》二事
列入,作爲舉範。余以二事皆分内應作,不足稱道,力請除去。
未被採納。

　　七月

(二日)陳望道校長交系"國務院整理和出版古籍計劃草案",
計文學、歷史、哲學三册,爲隨手批注應採書名與版本。
二年級"古代文學史"余與徐鵬任之,由徐鵬授課,余則預備
"工具書使用法與文獻學"講義。整理古籍計劃,各人選任
一二種,即作爲科學研究,余勉擇《陳伯玉集注》一種。

　　十月

(八日)運熙來談,語言專業之"中國文學史",本學期本定不
開,故余得專力編寫《講義》,今忽變更計劃,並須兩班合併,即
日上課,事前毫無準備,殊感匆促。

"文獻學"授課及講義編撰,1959年仍然繼續。1959年欣夫先
生《蛾術軒日記》中記載:

六月

（十九日）開始編寫《文獻學講義》。

（二十日）下午編寫《講義》。

（二十二日）至館查書。編《講義》。

（二十三日、二十四日、二十六日、二十七日）上午編《講義》。

（二十五日、二十八日、三十日）編《講義》。

七月

（一日）編《講義》。計一小時課，所需教材費時至四五天，爲提高教學質量，敢不自勉。

（二日）北京人民文學出版社訂約選注唐五代文，雖展至今年年底交稿，而實無時暇操筆，且此類書出版已多，亦毋需重複，因作函並訂約合同寄去，乞作罷論。

（四日）上午編《講義》。

（五日、六日、八日）編《講義》。

（九日）編寫《講義》。

（十五日）編《講義》，"目録學"部分初稿成。

（十六日）編《講義》，"版本"部分始。

（十九日）編《講義》。

（二十九日）編寫《講義》。

（三十日）編《講義》。

（三十一日）下午教研組會議。黨支通知赴杭州屏風山休養，因編《講義》緊迫，辭之。

八月

（五日）編《講義》。

（七日）編《講義》，至館查書。

（八日）編《講義》。

（十一日、十三日、十五日、十九日）編寫《講義》。

　　九月

（二日）上午開會。編《講義》。

（七日）編寫《講義》。

（八日、九日、十一日）上午編《講義》。

（十二日）“文獻學”開始上課，登臺即掌聲熱烈。選課諸生代表宣讀致余書，表示決心與感謝。此爲從來所未有，而學習政治之表現也。

（十四日）編《講義》。

（十五日）上午編《講義》。

（十六日）上午編《講義》第三章畢。

（十八日）擬“文獻學”教學大綱。

（二十二日、二十三日、二十四日、二十六日）編《講義》。

（二十八日）上午編《講義》。

　　十月

（五日、六日、七日）編《講義》。

（八日）晨率文獻學課全體學生至上海圖書館參觀“珍本展覽會”，即作爲教學實習，植立講解三小時，疲甚。

（十三日、十四日、十六日）上午編《講義》。

（十五日、十九日、二十一日、二十三日）編《講義》。

（二十四日）上午編《講義》。

（二十五日、二十六日、二十九日）編《講義》。

　　十一月

（二日）仍編《講義》，爲大躍進也。

（三日、四日、五日、九日）編《講義》。

（十日）上午編《講義》。

（十一日）編《講義》。

（十三日）上午編《講義》。運熙來商"文獻學"延爲一學年。

（十六日、十七日、十八日）編《講義》。

（十九日）至圖書館編《講義》。

（二十日）上午編《講義》。

（二十一日、二十二日）編《講義》。

（二十五日）編寫《講義》，主持學生實習。

（二十六日）編寫《講義》。

（二十八日）上午授課。下午寫《講義》。

（二十九日）寫《講義》。

　　　十二月

（一日）因亟欲整理《蕘圃題跋》，擬於短期内趕寫《講義》。竟日握槧，頗覺疲勞。

（二日）竟日寫《講義》。

（三日）編寫《講義》。

（七日）上午爲諸生實習。編寫《文獻學要略》初稿完成。

（九日）編《文獻學》目録。

（十日）編《文獻學》目録畢。此事告一段落，可整理《蕘圃遺書》矣。

　　自1956年秋季始，中文系"文獻學"課程延續四年之久。此數年間，國家形勢多變，人心思奮，校園中無論老少健弱，莫不焕發出因應時代之激情。1960年一月《蛾術軒日記》載：

（六日）運熙晚來，商下學期停"文獻學"課，别開新聞系"古典文學散文選"，允之。

（九日）上午授課，"文獻學"結束。

欣夫先生於復旦中文系講授"文獻學",結束於1960年初,爲"文獻學"課程編撰之講稿,則完成於1959年末。欣夫先生日記中,對此講稿或稱"講義",或稱"要略"。油印本《文獻學講義》所載先生"後記",較通行本内容略詳:

> 文獻學這一門課,是新設的具有歷史性的新課,應該注意於搜集和整理材料的方法,我在前年曾試開過一次,認爲對於接受祖國文化遺産和進行研究工作是有幫助的。今年系領導要我繼續講授,因考慮到文獻學的三個内容是相當廣博,而講授的時間却有所限制,倘不先行編寫好講義,對教學效果是没有把握的,於是打破了顧慮,而决定了編寫的嘗試。
>
> 本是準備一邊講一邊寫,在今年八月中開始的講義,爲了響應黨的"反右傾、鼓幹勁"號召,提出了提前一個月完成的諾言。今天幸而如期完稿,但是非常粗糙的,只好作爲未定的初稿,待以後再加修改吧。一九五九年十二月七日於復旦大學宿舍。

三

1966年欣夫先生逝世後,遺書傳藏於復旦圖書館,内有先生著作稿本多種。所謂稿本,往往含一種著作之初稿、定稿及謄清稿等。筆者尋訪多年,迄未見徐鵬先生所言《文獻學講義》手稿及其他稿本,也未見完整之復旦版《文獻學講義》油印本,即周子美先生受贈於欣夫先生、後付華師大古籍整理研究室再次油印流傳者。近承顧雷同學之助,見假1959年復旦大學中文系《文獻學與工具書使用法講稿》油印本一種,其中"文獻學"部分内容,恰好保存《文獻學講義》之雛形,令人極感寶貴。

油印本《文獻學與工具書使用法講稿》一册,分爲八章,凡一百九十五頁,後附“文獻學參考資料”三十頁,又七十五頁,合共三百頁。察其內容,前四章爲“文獻學”,後四章爲“工具書使用法”。“文獻學”部分四章,分別爲“第一章　緒言”(下分二節)、“第二章　目錄”(下分十節)、“第三章　版本”(下分十節)、“第四章　校勘(校〔讎〕)”(下分九節),共占八十七頁,較之後來油印本及排印本,分章已相同,節目及文字則略簡。此本第四章末,有欣夫先生附記云:

> 以上自第一章至第四章,由徐鵬同志據課堂筆記並參考他書所編寫,其勞績爲不可没,謹志於末。一九五九年二月,王欣夫。

由此可知,徐鵬先生作爲欣夫先生助教,曾隨堂聽課,作有筆記。1959年初,“文獻學”教學尚在繼續,中文系學生所用之講義,已形成日後《文獻學講義》之基本框架,其中包含徐鵬先生整理之功。而上引1959年全年間欣夫先生孜孜從事之《文獻學講義》編撰,似應即據《文獻學與工具書使用法講稿》中“文獻學”部分擴充增訂。

至1960年秋,經欣夫先生重新修訂之《文獻學講義》,再次油印成編。1960年九月《蛾術軒日記》載:

> (九日)校《文獻學講義》蠟紙,老眼昏花,焉烏滿紙,甚苦。
> (十六日)校《文獻學》補印蠟紙七十四頁畢,因待用,故負病速校,稍覺疲乏。

1960年本《文獻學講義》(或稱《古文獻學要略》)印成後,曾分送校內外周予同、周子美、洪範五、胡道靜等名家學者,聽取意見。1961年《蛾術軒日記》載：

　　　一月

（十八日）予同前索《文獻學講義》，今裝成，以一部贈教。

　　　四月

（六日）子美來談，經歲不見矣。贈以所編《古文獻學要略》印本。

（十九日）接子美函，力勸《文獻學講義》付印，並爲洪君範五索一本。

（二十二日）覆子美，並贈洪範五《文獻學》一冊。

（二十五日）接子美函，洪範五謂《文獻學》爲功深力到之作。

　　　五月

（二十四日）前年所編《文獻學講義》，本欲修訂後再謀出版，而周予同、洪範五及子美均力勸先付印。今日運熙又以爲言，因並已標點之《提要補正》五冊同掛號寄胡道静，乞其教正。

（二十七日）接胡道静覆，謂《文獻學》一稿誠爲傳授古籍校理工作絕學之佳著，對後學作用極大，若公之於世，必受歡迎，並索寄原稿本。

（二十九日）覆道静，寄去《文獻學》原稿八冊。

（三十日）黨支顧平爾來，欲余指導助教文獻學。

　　　九月

（十五日）本學期要求輕微工作，委授研究生文獻學，每周兩節課，取座談形式，今日開始。

　　　十二月

（二十二日）《文獻學》稿寄北大文獻專業審閱。

周予同（1898—1981），經學史專家，時任復旦歷史系教授，兼系主任、副教務長。周子美（1896—1998），文獻學、圖書館學專家，時任華東師大圖書館參考部主任。洪範五（1893—1963），圖書館學專家，時任華東師大圖書館副館長。胡道静（1913—2013），文獻學、科技史專家，時任中華書局上海編輯所編輯。王運熙（1926—2014），古代文學及文學批評史專家，時任復旦中文系教師。自以上記載可知，由於諸先生之肯定與推薦，《文獻學講義》於 20 世紀 60 年代初，即曾謀求於中華書局出版，出版社方面並對書稿修訂提出過意見。此時之《文獻學講義》油印本，仍訂爲一冊，而交給出版社審定之書稿，則有八冊之數。欣夫先生結束本科生"文獻學"教學後，除用力於胡玉縉《許廎遺集》《四庫全書總目提要補正》等稿整理，並據個人藏書撰寫《蛾術軒書録》外，60 年代又以"文獻學"課指導本系助教及研究生，《文獻學講義》則據出版社意見，仍在修訂中。如 1962 年《蛾術軒日記》載：

　　一月

（十二日）"文獻學"課結束。

（二十七日）接中華編輯所函，並《文獻學》原稿提出修訂意見若干項。

　　九月

（五日）爲結束胡著編校，開始《文獻學》修改，故書跋工作暫停，先休息數天作思想準備。

　　十一月

（一日）函周谷城，候其病癒，並以《文獻學講義》就正。

（四日）接谷城覆，《文獻學要略》主於第四章後加"庋藏"一章，並擴而爲《文獻學史》一書。

　　1962 至 1965 年欣夫先生《蛾術軒日記》中，除 1964 年一月
十一日，有"函錢亞新，贈以《文獻學講義》"之記載外，未再見關於
《文獻學講義》修訂之記錄。對周谷城《文獻學講義》應增加"庋
藏"一章、並將此稿擴充爲《文獻學史》之建議，也未付諸實施。此
數年間，欣夫先生强扶病體，力疾著述，全神貫注於家藏圖書之書
錄撰寫，邀天之幸，竟然在 1966 年浩劫降臨之前，完成其不朽傳世
之作《蛾術軒篋存善本書錄》。

　　筆者學習古典文獻學，係以欣夫先生《文獻學講義》入門。先
生繼清季吳中樸學傳統，早遇名師，精於治學，因將文獻傳承視若
己任，故經史子集，無不涉獵，流略版本，尤所擅長，平生拾遺補缺，
樂而不疲，自少至暮，矻矻不倦。欣夫先生閲世雖僅中壽，而集收
書、藏書、鈔書、校書、著書、編書於一身，逾五十年而不改其志，堪
稱名實相符之文獻學家。欣夫先生中年授課之講稿，初非以著述
自視，因其畢生從事目録、版本、校讎學實踐，學問博贍，循循善誘，
故即以此三者概述文獻學，提綱挈領，源流並舉，而所述言之有物，
引人入勝，有如"從山陰道上行，山川自相映發，使人應接不暇"。
欣夫先生又於《文獻學講義》"後記"中，特引宋人衛湜"他人著
書，惟恐不出於己；予之此書，惟恐不出於人"之言，以明著書旨趣。
三復斯言，深仰先生卓爾不群，未可企及，亦無怪乎《文獻學講義》
至今仍爲復旦學子治文獻學之首選入門書。猥以樗材，於先生之
學，至今鑽仰無成，於先生未刊著述，纂輯之願未竟，值此《文獻學
講義》重印之際，謹檢舊日讀先生日記摘稿，略述《文獻學講義》成
書原委，以諗願讀先生遺書、有志從事文獻學之同道。二〇一五年
仲春吳格識於復旦園。

　　　　　　　　　　（《文獻學講義》，復旦大學出版社，2015 年）

中國圖書館古籍工作的現狀與展望

本文據 1994 年對中國 22 所公共圖書館及 38 所高等學校圖書館古籍工作情況的調查統計,分別對古籍收藏數量、古籍管理建置與人員、古籍目録編製、古籍利用與保管、古籍整理與開發的現狀加以介紹,並對今後中國圖書館古籍工作的發展提出建議。

一、圖書館古籍工作面臨新課題

中國是歷史悠久的東方文明古國,尤爲值得驕傲的是,中華民族五千年文明史上所産生的各類文獻記載,借助中國傳統的筆墨紙張、書寫裝訂及雕版印刷技術,歷經我們祖先的傳鈔刻印、流播保藏,至今仍大量留存於世,被視爲人類文明史上的一宗寶貴遺産,受到精心保護與整理。

自清末以來,存世的各類古代典籍,猶如衆川歸海,逐步地由民間私人收藏轉爲公家收藏。1949 年以後,隨着國家公有制的建立,古籍的收藏進一步國有化。目前,除了少量的民間及海外收藏以外,絶大部分的古籍被珍藏於國家、地方各級公共圖書館(以下簡稱公共館)及高等院校圖書館(以下簡稱高校館),其中又有部分收藏於國家及地方的研究機關、博物館、文化館及文物保管等部門。

在中國現代化的進程中,對於傳統文化的繼承與發揚,已成爲新文化建設的一個重要方面，對於傳統文化的繼承與發揚，需要以對於古籍的整理與研究爲依託；而對於古籍的整理與研究，又需要以圖書館對古籍的搜集與保管爲基礎。中國古籍的搜集採訪、編目分類、保管修理、流通閱覽及參考咨詢等基礎工作，因爲具有自身特點，涉及專門學問及技術，多年來在圖書館內部已形成特殊的管理部門，並形成了專業的管理人員隊伍。隨着時代的進步，今天的中國圖書館古籍工作者面臨着一系列新的課題，如對於國家頒佈的《中國古籍著錄規則》的遵循實施、地區性以至全國性古籍聯合目錄的編纂修訂、各館古籍館藏中珍稀品種的整理發掘、計算機編目技術的引進試用，以及兼具管理與研究能力的專業人員之培養造就等，亟待研究並解決。

　　爲迎接 1996 年 IFLA 大會在中國的召開，配合《中國古籍著錄規則》的修訂實施及《中國古籍總目》的編纂，復旦大學圖書館受中國圖書館學會及全國高校圖工委、國家古籍整理出版規劃小組的委託，於 1994 年六月在上海召開了“圖書館古籍工作研討會”，邀集來自全國公共館、高校館及古籍整理研究所的四十餘名代表，就上述問題進行了交流與探討。爲掌握各地區、各類型圖書館古籍工作的現狀，展望今後古籍工作的走向，復旦大學圖書館於會前寄發了“圖書館古籍工作情況調查表”，受到各地同行支持，共收到全國 22 所大、中、小型公共館，38 所大、中、小型高校館古籍部門的答復。對各項調查數據的歸納整理，使我們對各館古籍的收藏數量、人員建置、目錄建設、服務質量、保管設施及整理開發的成果等，有了較爲深入的了解，並可據此對全局狀況加以評估，以供決策部門及海內外同行參考。茲將調查情況及意見分述如下。

二、圖書館的古籍收藏情況

中國圖書館的古籍收藏量究竟有多少？這是長期以來中外學者共同關心的問題。所謂古籍收藏量，應包括品種數及總數兩個數據，前者是從古代至本世紀初期前各類著作的品種總數，而後者則是連同一種著作的各種版本及複本在內的總數。在《中國古籍總目》編纂完成以前，對於現存歷代著作的品種數量，目前只能作出大致的推測。而對於國內圖書館古籍收藏總數的調查統計，影響數據準確性的困難很多：一是從國家至地方圖書館、從著名高校至地方院校、從著名城市文物保管部門至各地相關部門中，現有古籍收藏的單位總數尚不明確；二是依照傳統的統計方法，古籍的計量通常以冊數爲單位，冊數與種數尚須作一折算，因而所得數據仍嫌籠統；三是各館古籍，尚有未經全部清理登錄者。現要對全國圖書館古籍收藏總冊數作推測，根據此次調查，可供參考的數據如下：

（1）館藏古籍收藏量逾 100 萬冊的圖書館，有著名的北京圖書館、上海圖書館、南京圖書館及北京大學圖書館等。

（2）省級公共館的古籍收藏量，一般在 20—60 萬册（如遼寧省館爲 60 萬册、吉林省館爲 33 萬餘册、江西省館爲 55 萬册）。

（3）市級圖書館的古籍收藏量，凡省會所在及經濟文化發達地區，收藏量在 5—20 萬册（如武漢市館 21 萬册、蘇州市館 27 萬册，泰州市館 5.5 萬册），而中小城市圖書館的古籍收藏量則遞減至 0.5—5 萬册（一般均低於當地高等院校之古籍收藏量）。

（4）高校館的古籍收藏量，凡新建院校及規模較小之地方院校，收藏量爲 0.5—5 萬册（如四川内江師專爲 0.2 萬册、湘潭大學爲 2 萬册、徐州師院爲 5.8 萬册），而一般的綜合性高校館，收藏量爲 5—40 萬册（如河北師大 6 萬册、湖北大學 7 萬册、陝西師大 23 萬餘册、中國人民大學 40 萬册）。

綜計參加此次調查的 22 所公共館及 38 所高校館，其古籍藏書總數已逾 1400 萬册（見表 1、表 2）。以參加《中國古籍善本書目》的 780 家藏書單位爲基準，此次參加調查的藏書單位僅佔 1／10，將上述藏書總量擴大 3—4 倍，估計國內現存的古籍總量在 5000 萬册以上。

表1：公共圖書館古籍收藏及利用情況表

館名	藏書總量	善本	新近藏書增長量（種）			閱覽人次	流通量	開放時間	古籍修補
	（萬册）	（萬種/萬册）	舊線裝	新線裝	捐贈	（人/周）	（册/周）	（小時/周）	（有：√）
北圖善本部	180	2.5/19	220		5	80	400	35	√
上海圖書館	153	1.5/15	√	√	√	40	74	44	√
天津圖書館	46	0.4/7	371	474	20	13	10	45	√
遼寧省圖書館	60	0.7/12	5000	1000		8	50	40	√
吉林省圖書館	33.4	0.17/1.5	28146	√		21	96	44	√
河南省圖書館	50	0.2/2.2				25	60	48	√
河北省圖書館	5.4	0.015/0.06	5451	233	700	2		36	√
山西省圖書館	28	0.35/5	1369	493		15	20	45	√

續表

館名	藏書總量	善本	新近藏書增長量（種）			閱覽人次	流通量	開放時間	古籍修補
	（萬冊）	（萬種/萬冊）	舊線裝	新線裝	捐贈	（人/周）	（冊/周）	（小時/周）	（有：√）
湖北省圖書館	43	0.6/6	55	103		26	50	48	√
武漢市圖書館	21	0.039/0.48	200	500		1	10	34	√
江西省圖書館	55	0.5/5				120	350	44	√
中山圖書館	38.6	0.269/9	3000		200	125	100	39	√
漳州市圖書館	0.4		116		1	20	20	20	√
泉州市圖書館	3.3	0.042/0.4						39	
溫州市圖書館	15	0.106/0.71		32	48	12	20	33	√
湖州市圖書館	0.4	0.002/0.024	562	149	417	16	7	52	
杭州市圖書館	9.7	0.059/0.445	1068	33	290	10	40	35	√
天一閣文保所						5	10	48	√
嘉興市圖書館	1	0.02/0.18	√	√		10	5	42	√
揚州市圖書館	10	0.049/0.542		3	√	105	60	33	√

續表

館名	藏書總量	善本	新近藏書增長量（種）			閱覽人次	流通量	開放時間	古籍修補
	（萬冊）	（萬種/萬冊）	舊線裝	新線裝	捐贈	（人/周）	（冊/周）	（小時/周）	（有：√）
泰州市圖書館	5.5		√	√	√	4	5	42	√
蘇州市圖書館	27	0.256/5.05	√	√	√			48	√
總計	約785.7	約7.78/89	約73%	約73%	約55%	2～125	1～400	20～52	91%

表2：高校圖書館古籍收藏及利用情況表

館名	藏書總量	善本	新近藏書增長量（種）			閱覽人次	流通量	開放時間	古籍修補
	（萬冊）	（萬種/萬冊）	舊線裝	新線裝	捐贈	（人/周）	（冊/周）	（小時/周）	（有：√）
北京大學圖書館	150	?/16	√	√	√	15			
人民大學圖書館	40	0.25/3	√	√	√	24	40	35	√
北京師大圖書館	36	0.26/2.8					50	140	42
清華大學圖書館	30	0.2/2	100	500	1000	30	90	41.2	√
首都師大圖書館	12	0.045/0.3		244	2	20	30	40	
南開大學圖書館	20.2	0.18/2	30	885	42	40	30	35	√
復旦大學圖書館	36	0.75/7	1000	700	5000	20	150	36	√

續表

館名	藏書總量	善本	新近藏書增長量（種）			閱覽人次	流通量	開放時間	古籍修補
	（萬冊）	（萬種/萬冊）	舊線裝	新線裝	捐贈	（人/周）	（冊/周）	（小時/周）	（有：√）
華東師大圖書館	27	0.2/2	√	√	√	80	60	42	√
東北師大圖書館	43.2	0.12/1.5	400	400	√	20	15	39	
吉林大學圖書館	40	0.35/3.3	800	150	3000	10	15	40	√
哈師大圖書館	10	0.028/0.3	10	100	5	2	10	70	√
陝西師大圖書館	23.4	0.062/0.84	8299	1418		50	160	35	√
西北大學圖書館	11.6	0.058/0.81	100	50	1	48	56	48	√
山西大學圖書館	11	0.035/0.21	√	√		20	50	42	
西北民院圖書館	6.5	0.0108/0.14	973	1158	1	150	240	42	
河北大學圖書館	12.6	0.036/0.49	386	226	385	17	18	40	√
河北師大圖書館	6	0.0009/0.014		720		2		30	
河南大學圖書館	17	0.049/0.578		√		45	64	70	
山東大學圖書館	15	0.07/1.4	100	100		8	10	40	

館名	藏書總量	善本	新近藏書增長量（種）			閱覽人次	流通量	開放時間	古籍修補
	（萬册）	（萬種/萬册）	舊線裝	新線裝	捐贈	（人/周）	（册/周）	（小時/周）	（有：√）
安徽大學圖書館	12	0.046/0.73	507	338		20		44	
徐州師院圖書館	5.8		4564		1505				
蘇州大學圖書館	13.2	0.082/0.69	160	350	196	42	47	40	√
湖北大學圖書館	7	0.031/0.41		156		20	34	38.5	
武漢大學圖書館	20.5	0.048/0.83		248		16	19	40	√
湘潭大學圖書館	2	0.0039/0.04		256	245	60	80	8	
南京大學圖書館	30.3	0.16/1.9				80	40	40	
中南財大圖書館	6	0.011/0.1	√	√	√	22	38	35	
四川大學圖書館	25	0.11/2.7	5	69	2	65	92	32.5	
重慶師院圖書館	4.5	0.0065/0.083	15	541	181	20	20	40	√
南昌大學圖書館	4.9	0.034/0.37		127	6	18	20	54	
廈門大學圖書館	13	0.07/1	8151		1	25	60	36	√

續表

館名	藏書總量	善本	新近藏書增長量（種）			閱覽人次	流通量	開放時間	古籍修補
	（萬冊）	（萬種/萬冊）	舊線裝	新線裝	捐贈	（人/周）	（冊/周）	（小時/周）	（有：√）
福建師大圖書館	19.6	0.101/1				30	90	35	√
中山大學圖書館	30	0.23/2.3		100	√	100	160	40	√
暨南大學圖書館	11	0.049/0.52	44	2500	4600	30	20	41.5	
雲南大學圖書館	17	0.025/0.3	99	651	96	7	30	70	
浙江師大圖書館	5.2	0.011/0.183	√	√	√	20	25	34	
六安師專圖書館	2.1	0.0016/0.024	1035	82		12		40	
内江師專圖書館	0.2		617						√
總　計	774.6	約3.75/42	70%	85%	70%	2～150	3～160	30～70	42%

　　圖書館在古籍管理中,通常將古籍區分爲善本古籍及普通古籍兩部分,依據略寬於《中國古籍善本總目》的收錄標準,上述 22 所公共館善本古籍總量約 7.78 萬種、90 萬册左右,33 所高校館的善本古籍總量爲 3.75 萬種、42 萬餘册,總計 11 萬餘種、140 萬册左右。以 1∶10 的比例推算,全國圖書館現存善本古籍的總量將在 500 萬册以上。

　　圖書館古籍藏書的構成,得自歷年的採購與接受捐贈及國家調撥。藏書淵源可上溯自清末及民國時期的公共館及高校館,由於處於近代中國社會變動時期,正值私家藏書通過市場與其他渠道向圖書館轉移,藏書積累較爲豐厚。1949 年以後,古籍圖書市場仍然活躍,1950—1966 年間,經各地古籍書店收售,加以國家調撥及私人捐贈,各館收藏基本形成了規模。1978 年以來,公共及高校館仍致力於古籍的採訪增藏。與此同時,古籍書源則逐漸枯竭,古籍書店流通的影印本古籍數量逐年上升。據此次調查,1980 年以來,22 所公共館中,73% 的館仍有舊版古籍入藏,73% 的館有影印本古籍入藏(增藏量逾 5000 種的有遼寧省館、河北省館),又有 55% 的館曾接受各類捐贈;在 38 所高校館中,70% 的館也有舊版古籍入藏,85% 的館則有影印本古籍入藏(增藏量逾 8500 種的有復旦大學、陝西師大圖書館),又有 70% 的館曾接受各類捐贈。

三、圖書館古籍部門建置及人員情況

　　中國圖書館古籍工作的承擔部門,其名稱目前仍未統一,其職能也因其歸屬而有所不同。此次調查中發現,各地圖書館內負責古籍管理事務之部門,有古籍部(室)、特藏部(室)、典藏部(室)、參考部(室)、閱覽部(室)及古籍整理研究所等名稱。其中特藏、典藏的名稱,反映了圖書館歷來重視古籍保護、通常將線裝形式的古籍與其他圖書分別庋藏的特點;而參考、閱覽的名稱,又反映了古籍的服務對象較爲特殊、古籍利用主要是提供閱覽服務的特點。

　　近代圖書館創立之初,藏書仍以線裝形式的古籍爲主,早期以鉛字印刷的報刊書籍,也曾沿襲古籍的排版及裝訂形式,因而當時的古籍管理與讀者服務無需特殊區分。隨着文化逐步轉型,現代出版物數量激增,並逐步成爲圖書館藏書的主體,古籍的地位才開

始特殊起來。隨着讀者對於古籍利用的需求日趨專門化,圖書館對於古籍的採訪、編目、保管及服務也逐步專業化。在對各類圖書館古籍部門建置情況的調查中,發現以下特點:

（1）古籍收藏量較少之圖書館,古籍管理尚無獨立建置,通常將有關業務隸屬於管理普通圖書的流通、閱覽部門,或闢專室提供服務。

（2）歷史文獻部、特藏文獻部之類的建置,其管理及服務内容不僅限於古籍,通常還包括出版年代較久之平裝書籍及報刊。而隨着古籍管理工作日趨專業化,古籍部獨立建置的趨勢也隨之增強。如上海圖書館古籍部成立於1991年,其前身曾爲隸屬於特藏部的善本組（1952年）、隸屬於保管部的古籍組（1971年）,而最終獨立建部。

（3）古籍工作不僅具有獨立建置之趨勢,其部門職能也不斷增加。此次調查結果表明,對於古籍的採訪、編目、保管、閱覽、流通、咨詢、整理研究七項内容,高校館古籍部門有50%、公共館古籍部門則有80%已全部承擔。進入90年代以來,古籍收藏豐富的蘇州市圖書館、南京圖書館,先後建成獨立館舍,改古籍部爲"古籍館",其内部管理及對外服務體制相應更趨獨立。實踐證明,隨着圖書館藏書結構及服務體系的日益現代化,古籍管理與服務的各環節業務,勢必從主要開展現代文獻管理與服務的體系中分離出來。值得注意的是,自1980年以來,已有數十所高校陸續成立了專門從事古籍整理與研究的研究所,由於此類研究所主要依賴圖書館所藏古典文獻開展工作,而圖書館古籍工作人員也具備古籍整理與研究的素質,目前已有兩所高校（福建師大和中國人民大學）在本校圖書館内設立了古籍研究所,研究所不僅從事古籍整理研究,也承擔了原先的古籍管理工作。

　　圖書館古籍工作專業化、獨立化的趨勢,對古籍工作人員提出專業化的要求。現代教育體制及現代文化内容有别於傳統教育體制及傳統文化内容,古籍工作人員則需具備雙重的知識結構與技能,才能勝任古籍管理與研究的要求。據此次調查結果表明,22 所公共館的古籍工作人員爲 224 名,38 所高校館的古籍工作人員爲 168 名,由於藏書量大致相近(各爲 700 萬册左右),可知公共館對古籍工作投入的人力較高校館多 1/3。而據上述圖書館古籍工作人員數推測,目前全國圖書館從事古籍工作的人數,估計在 1000 名以上。又據對上述圖書館工作人員之年齡、學歷、職稱情況調查,可知有以下特點(詳見表 3):

　　(1)工作人員年輕化。公共館古籍工作人員的年齡,30 歲以下約佔 25%,30—39 歲約佔 30%,40—49 歲約佔 20%,50 歲以上約佔 20% ;高校館古籍人員的年齡,30 歲以下約佔 22%,30—39 歲約佔 37%,40—49 歲約佔 20%,50 歲以上約佔 22%。兩相比較,高校館因大量補充大學畢業生及研究生,年輕化程度更高。年輕化有利於培養合格專業骨幹,有利於古籍管理手段之現代化改造,同時也增加了工作人員業務素質提高的任務,否則,將會削弱古籍工作人員整體力量。

　　(2)工作人員學歷增高。公共館古籍工作人員中具有各類學歷者佔 76%,其中研究生佔 2%,本科生佔 23%,大專學歷佔 41%,中專學歷佔 10%。高校館古籍工作人員中,具有各類學歷者佔 90%,其中研究生約佔 10%,本科生佔 40%,大專生佔 34%,中專生佔 6%。兩相比較,高校館人員大專以上學歷佔 84%,較公共館人員比例(66%)爲高。較之圖書館其他部門,古籍工作人員學歷程度普遍較高。

　　(3)工作人員職稱狀況較好。公共館古籍工作人員中,具有管理員以上職稱者約佔 87%，其中正副研究館員 10%，館員 35%，助理館員 29%，管理員 12.1%。高校館古籍工作人員中，具有管理員以上職稱者約佔 90%，其中正副研究館員約 21%，館員約 42%，助理館員約 20%，管理員 7%。兩相比較，高校館人員職稱狀況高於公共館，而各館古籍工作人員之職稱比例及層次，均高於館內其他部門。

表3：公共圖書館古籍工作人員情況表

館名	人數	年齡				學歷程度				職稱			
		30以下	30—39	40—49	50以上	研究生	本科	大科	中專	研究員	館員	助館	管理員
北圖善本部	20	3	9	4	4	1	6	5		4	10	5	1
上海圖書館	24	5	4	9	6		6	6	7	1	13	6	2
天津圖書館	14	6	5		3		4	7	3	2	3	6	3
遼寧省圖書館	14	5	3	3	3		5	6		1	5	3	
吉林省圖書館	16	1	2	1	12		5	10	1	4	10	2	
河南省圖書館	10	2	6	1	1	2	2	3	3	1	2	4	3
河北省圖書館	7	4	3				1	5	1		2	5	
山西省圖書館	8	2	1	3	2		2			2	1	2	
湖北省圖書館	12	4	3	4	1		1	11		1	5	6	

續表

館名	人數	年齡				學歷程度				職稱			
		30以下	30—39	40—49	50以上	研究生	本科	大科	中專	研究員	館員	助館	管理員
武漢市圖書館	5	4	1					3	2	1	1		3
江西省圖書館	17	6	4	6	1		6	6		1	5	6	2
中山圖書館	36	2	9	4	2	1	5	11		1	8	11	8
漳州市圖書館	2		1		1			1			1		
泉州市圖書館	3	1	1		1		2	1		1		2	
温州市圖書館	4	2	2					2			1	1	
湖州市圖書館	3	3					1	2				2	1
杭州市圖書館	5	1	3	1			2	1	1		2	1	2
天一閣文保所	11	1	4	3	3			6	2	1	3	2	2
嘉興市圖書館	1		1				1				1		
揚州市圖書館	4	2	1		1			3	1	1	1	1	
泰州市圖書館	2		2				1		1		1		

續表

館名	人數	年齡				學歷程度				職稱			
		30以下	30—39	40—49	50以上	研究生	本科	大科	中專	研究員	館員	助館	管理員
蘇州市圖書館	6	1	1	3	1	1	1	4			1	4	1
總計	224	55	66	42	42	5	51	93	22	23	79	66	27
百分比		24.5	29.4	18.8	18.8	2	23	41	10	10	35	29	12.1

　　古籍工作人員年輕化及高學歷、高職稱狀況,是古籍工作業務要求既高且難的證明。事實上,古籍部建置獨立以後,工作人員需承擔從採訪、編目、保藏至服務、研究等圖書館各業務環節"一條龍"的工作,其人員素質理應精益求精,而隨着古籍整理研究任務的增加,隨着學養湛精、經驗豐富的前輩逐漸退休,古籍工作人員業務素質仍有青黃不接、力不能勝之憂,在職培訓與工作實踐仍需注意兼顧。

四、圖書館古籍目録建設情況

　　目録建設是圖書館工作的基礎,古籍目録尤其是揭示館藏古籍品種及内容的重要工具。通常,衡量一個館古籍工作水準的高低,首先可考查該館目録編製的質量。古籍目録的編製涉及目録學、校勘學及版本學知識,傳統的古籍著録強調學術考訂,以便對產生流傳於各時代的典籍之書名、卷帙、著作及版本形式有準確的描述,而"辨章學術、考鏡源流"的學術傳統,更在古籍目録的分類及編排中得以體現。據統計,藏書規模較大的圖書館,歷年來均編有卡片式及書本式的館藏古籍目録,這些目録凝聚了數代圖書館古籍編目人員的心血,是進行全國圖書館古籍普查及編纂大型聯合目録的寶貴書目資源。由於這些目録完成於不同歷史階段,印刷有鉛印及油印之分,流傳有公開及内部之别,其收録範圍、分類及著録規則也存在歧異,因而又都有待依據統一標準加以修訂。

1987 年,由中國"全國文獻工作標準化技術委員會"起草的《中國古籍著録規則》(GB3792.7-87)由國家標準局頒佈,1992 年又對《規則》進行了修訂,使古籍著録格式更接近國際書目規範,以便於與海外編纂的中國古籍機讀書目接軌。自 1993 年以來,國家古籍整理出版規劃小組又組織國内部分圖書館開展編纂《中國古籍總目》的工程,並計劃在本世紀末完成該項目。面對書目編製標準化、聯合化及計算機化的形勢,中國圖書館古籍編目人員肩負着完成各自館藏目録及改造現有目録的雙重艱鉅任務。據此次調查,圖書館古籍編目的現狀如下:

(1)各館館藏目録尚在繼續編製修訂中。22 所公共館中有 50%、38 所高校館中有 15% 尚未完成館藏古籍著録。已完成古籍目録的高校館,絶大多數配置有供内部使用的公務目録及對外開放的讀者目録,公共館則僅有 87% 對讀者開放了館藏目録。由此可知,高校讀者利用古籍的條件較好。未完成館藏目録的,通常是古籍藏量較大及較小的圖書館,大館人力不足,小館則缺少勝任人手。古籍編目難度高,積累性强,倘無穩定的編目隊伍,勢難在短期内完成積欠,如果草率從事,仍於事無補,因此培養稱職的編目人員實屬要務。

(2)目録改造任務艱鉅。未完成古籍著録的圖書館急需補齊目録,已完成目録的圖書館也面臨着改造原有目録的任務。古籍目録編製不易,前後經歷數十年,其間因人成事、各自爲政,在所難免,加以世事干擾,人員變遷,反映在目録質量上,尤見紛歧。藏書較豐富的圖書館,因古籍目錄形成於各個時期,採用分類法既不一致(如北京大學圖書館古籍曾採用三種分類法),著錄格式也隨之參差。要使一館目錄的分類與著錄格式統一,其難度不低於新編書目,而調查結果表明,目前高校館中僅有 65%、公共館中僅有 70% 館設有專職編目分類人員。任務艱鉅而人力不足,編目人員亟待培養。

(3)標準化、自動化建設已起步。自《中國古籍著錄標準》(GB379.7-87)頒佈以來,已有部分圖書館(如復旦大學、浙江師大圖書館)開始依照《規則》改造本館目錄,以期先實現本館古籍著錄標準化,進而與同行實行書目共享。中國人民大學圖書館古籍所,多年來也堅持不懈地重新著錄該館古籍,計劃於 20 世紀末修訂完成館藏目錄。在機讀目錄編製方面,北京圖書館善本部自 90 年代以來,開始依照機讀格式著錄該館所藏的宋元版古籍,北京大學圖書館、中國科學院圖書館、遼寧省圖書館、湖北省圖書館及復旦大學圖書館,近年來先後參加與美國 RLG 合作編製《RLG 中文善本書國際聯合目錄》,為今後着手編製中國古籍機讀目錄積累了經驗。

為加快圖書館古籍目錄建設的步伐,目前正在進行的《中國古籍總目》編纂工程實為契機。《總目》的著錄原則是按品種立目,兼及各主要版本。《總目》編成後,不僅可提供現存中國古籍(漢文)確切的品種數量,而且可反映其現存的版本及主要收藏單位,具有國家聯合目錄的功效。《總目》的工作方式,是先由若干圖書館依據本館藏書並利用各家館藏目錄,編成各部類目錄的初稿,然後分批組織國內各圖書館根據館藏對初稿進行增補與修訂。目前《總目》第一階段工作已近完成,以後核查規模逐漸擴大,參與編纂的圖書館將隨之增加,各參與館古籍編目人員如能未雨綢繆,加緊本館古籍目錄的整理,至時不僅可為《總目》增補款目,而且可利用

《總目》成果完善本館目録。

五、圖書館古籍的讀者服務與保管情況

公共館及高校館的古籍讀者,主要是國家各級機關的研究人員和高校教師及研究生,此外,還包括社會各類型讀者及海外漢學研究者,其主要服務内容包括書目咨詢、幫助檢索、提供閲覽及複製等。近年來,國家和地方各級研究機關、高校在人文科學研究方面的衆多成果,出版部門在古籍整理與影印方面的鉅大成績,都與圖書館提供的古籍收藏及服務有關(如僅據湖北大學圖書館古籍室統計,該校教師近年利用館藏古籍所完成的各類著作,即有 50 種左右)。中國圖書館的古籍服務對象,還包括亞洲、歐洲及北美的各類學者及研究生(在中國圖書館,古籍部是接待外國讀者最多的部門)。目前讀者利用古籍的條件,據此次調查情況如下(詳見表 1、表 2):

(1)公共館古籍閲覽室開放時間,由 20 小時 / 周(如漳州市圖書館)至 52 小時 / 周(如湖州市圖書館)不等。平均閲覽人次由 2 人 / 周(如河北省圖書館)至 125 人 / 周(如中山圖書館)不等。每日用書量,在 10—400 册之間。

(2)高校館古籍閲覽室每周開放時間約 30~40 小時,最多爲 70 小時(如雲南大學圖書館)。平均閲覽人次,由 2 人 / 周(雲南大學圖書館)至 150 人 / 周(西北民院圖書館)不等。每日用書量,在 10—160 册之間。

相對國家對於圖書館古籍部門的人員投入,古籍讀者的人數偏低,古籍的利用率尚不理想。古籍讀者人數減少的原因,主要是由於近年來影印本、整理本古籍大量出版發行,常用典籍、工具書均可利用非線裝本古籍。爲此,在一些圖書館的古籍部門,其收藏

文獻中也包括影印本、鉛印本的古籍，以方便讀者利用。隨着國家出版事業的發達，數以千百計的重要古籍不斷經影印整理獲流通，圖書館所藏的部分古籍，將會日益減少其使用價值。但是作爲凝聚了前人精神與物質創造的文字載體，每一種古籍本身，又具有珍貴的文物價值，其紙張墨色、封頁題籤、序跋印章、刻印風格、裝幀形式等，無一不具研究與鑒賞價值，亟須妥善保藏，作爲中華民族的文化遺産世代流傳。爲此，圖書館古籍部門又承擔着保管文物的使命。

圖書館古籍保管的現狀，經此次調查了解到：

（1）各館均闢有專門的古籍書庫（室），普通古籍大多庋藏於鐵、木制成的書架，按分類排架。善本古籍則一般配有書櫥或書箱，專室妥藏。近年新建館舍的圖書館，善本古籍庫均裝置恒溫、恒濕及防火報警系統。建築年代較久的書庫，則防塵、防潮及恒溫功能較差。

（2）古籍流傳歷年久遠，破損現象較爲普遍。南方地區因潮熱，所藏古籍有霉損及蟲蛀現象，北方地區因氣候乾燥，所藏古籍積灰及紙質發脆現象較嚴重。對於古籍的破損及老化，目前措施主要是人工修補及置放驅蟲塊劑、配製函套等，一些現代科技手段尚未推廣使用。傳統古籍修補技術歷史悠久，至今仍爲修複破損古籍的有效手段，目前90%的公共館、43%的高校館尚有專職修補人員，但面對數以萬計待修補的書籍，人力、經費均嫌不足。

六、圖書館的古籍整理與開發

古籍搜集與保藏的目的，在於對其内容的研究與利用。在古代，圖書的編纂與保管，起初均由官方學術機構承擔，後世藏書漸爲普及，民間收藏者仍多爲學者與專家，因而古籍的收藏保管者往往兼具整理研究者身份。現代圖書館興起後，對於圖書的管理及服務方法的研究成爲專門學科，圖書館員均經圖書館學、情報學專業訓練，但圖書館古籍管理部門的合格管理者，不僅應勝任古籍文獻各管理環節業務，還應具備從事古籍整理與研究的能力，才能符合新時代古籍工作的特殊要求。實踐證明，掌握現代圖書情報學知識技能的圖書館員，尚不能勝任古典文獻管理的專業性要求，古籍利用日漸減少，古籍讀者日益專業化的現狀，對古籍工作者提出了專家化的要求。古籍不僅是工作人員的管理對象，同時也是其研究對象。古籍管理逐漸由專家及專業人員承擔，是今後圖書館古籍工作的發展趨勢。

近年來，中國圖書館的古籍工作者在從事古籍管理的同時，已逐漸在古籍的整理與開發領域中發揮作用，成爲國家古籍整理研究人員隊伍中的一部分，他們在編纂館藏古籍書目、編製專題古籍目録及工具書、發掘整理稀見古籍、配合出版部門影印各類古籍叢書，以及從事各種專題研究中，取得大量成果。現據此次調查，將有關成果介紹如下：

（1）古籍聯合目録的編製。中國古典目録學歷史悠久，前人在文獻著録與分類方面積有豐富經驗與成果，足供今人繼承與借鑒。但是傳統目録有別於圖書館目録，現代圖書館目録所需反映的文獻量大而面廣，加以書目及文獻資源共享的需要，規範化與準確性要求更高。當前，書目編製的標準化及操作的機械化已成爲迫切課題，因此編目人員既需熟悉傳統目録，又需學習現代編目技術。在中國，編製古籍聯合目録的傳統源遠流長。1949 年以來，反映全國主要藏書部門館藏、由多館專業人員聯合編製的《中國叢書綜録》（1959—1962）、《中國地方志聯合目録》（1985）、《中國古籍善本書目》（1985—1996）等大型目録，均以其搜羅完備、編製精良、用途廣泛而受人稱道。編製全國性聯合目録,對於各館的編目工作及人員培訓均有積極影響,如由於曾經合作縮纂上述書目,各參與館館藏的叢書、地方志及善本就家底較清,目録也較齊全(參加此次調查的 87% 館印有上述門類的館藏書目),同時,參加者的編目素質也有明顯提高。全國性聯合目録的編製,還對地區性聯合目録的組織編纂產生推動,如中國東北地區遼寧、吉林、黑龍江三省近 60 所圖書館,目前正致力於聯合編纂《東北地區古籍線裝書聯合目録》,現已將近完成編纂階段工作。

(2)古籍專題目録及工具書的編製。專題目録包括善本目録、地方志目録、地方文獻目録、家(族)譜目録、年譜目録、碑帖拓片目録等,分專題匯編各館專科文獻收藏(部分專題目録反映了數館收藏,如華東師大圖書館所編的《上海地區高校圖書館藏詞目録》等),此類目録篇幅雖小,文獻覆蓋面也不全,但著録項目齊全,準確反映館藏信息,既方便讀者查檢,又爲地區性乃至全國性同類目録的編製核查提供了基礎。其中反映館藏特色的專題目録(如活字本書目、評彈目録等),尤爲重要。工具書包括索引(如叢書子目索引、室名別號索引、詞名索引、傳記索引等)、題録(如善本書解題、地方文獻提要等)、年表(如地震年表、中日朝越四國歷史年代對照表等)、資料匯編(如經濟史料類纂、地方文獻資料匯編等),内容廣泛,收羅詳盡,反映了圖書館員的辛勤勞動。

(3)館藏古籍的開發與整理。近年來,古籍影印事業發展迅猛,借助於現代印刷技術,大量常用而有價值的古籍經影印流傳,充實了海内外圖書館的收藏。大型影印叢書如《中國地方志集成》《古本戲曲叢刊》《古本小説集成》的完成及目前正編纂的《續修四庫全書》《四庫存目叢書》,均經各館配合進行書目與底本的調查,利用了全國各大圖書館的收藏。各館除爲大型影印叢書提供影印底本外，又主動發掘館藏珍稀古籍，如未刊稿本、鈔本及孤本，經研究整理，主動推薦給出版部門，選擇重新排印或影印的方式流傳，推動了古籍整理事業的發展。藏書豐富的著名圖書館，如北京圖書館出版影印或排印的館藏善本、珍本、稿本叢書，尤具重要文獻價值。圖書館古籍工作人員在古籍整理之底本選擇、版本鑒定、校勘標點、注譯匯編等環節，正發揮越來越重要的作用。

七、對今後古籍工作的展望

中國圖書館古籍工作的現狀已如上述。多年來，圖書館古籍管理與研究已有了充分的積累與長足的進步，爲海内外同行所贊許。但置身於當今世界性的文獻資源共享及文獻貯存及傳遞服務手段更新的環境中，我們仍面臨着許多挑戰，現對今後工作目標略加展望與建議：

（1）加强古籍基礎管理仍爲工作重心。如古籍的登録、統計、修補、庋藏及流通、閲覽等工作，事關長遠，均需專人分管，持之以恒，嚴格把關，精益求精。爲此，對公共館及高校館古籍管理職能部門的建置、人員及經費都應增加投入。

（2）對現存古籍的搜集仍有可爲。古籍書源雖日漸枯竭，但民間收藏及流通市場仍然存在，除國家調撥徵集以外，應繼續注重民間尋訪搜集，鼓勵私人藏書寄存及捐贈，以防民族文化遺産的人爲流失。開展國内圖書館間古籍複本交換，是行之有效的增加館藏途徑，現需有關部門統一規劃與協調，以便切實收益。海外保存而國内失藏的古籍，也應積極組織調查與複製。

（3）加强古籍目録標準化建設迫在眉睫。各館古籍著録與分類各行其事的局面應盡快結束，有關方面應爲統一古籍著録規則及分類體例加大宏觀調控力度。《中國古籍總目》的編纂，應在古籍著録格式及分類體例方面顯示其權威性及標準性。古籍書目數據庫的建設現已開展,應注意避免人力、物力的重複投入。在機讀數據庫建設方面,應重視增加國際協作,以期與海外編製的古籍書目實現共享。

(4)古籍縮微品複製宜擴大規模。將存世古籍分期分批製成縮微膠卷或平片,對保存、借閱、貯存及交流均有益處,現已被經驗證明。全國圖書館文獻縮微中心多年來已對公共館所藏善本古籍開展縮微工作,成果卓著。此項工作在高校館尚未進行,亟須組織開展,並利用縮微品促進古籍利用與開發研究。

(5)古籍整理與影印出版應增加協調。近年來古籍影印甚爲普及,如能通盤考慮,增進合作,更可發揮公共館及高校館的群體優勢,大型影印出版計劃應及時通報,使各館了解動態,主動參與,並執行統一的使用及收費標準,減少隔閡與選題重複,以節省文獻資源開發的投入。

(6)中小型圖書館特色文獻收藏大有可爲。各地圖書館近年來重點開發地方文獻,成績顯著,但因經費與協作等原因,困難較多。建設各館特色收藏,尤其是地方文獻,對促進各地文化、經濟事業的發展作用鉅大,大型公共館及高校館在目録調查、文獻複製方面,理應予以支持,主動向地方圖書館提供幫助及優惠。

(7)圖書館古籍工作人員培訓任務緊迫。面對古籍工作者年輕化趨勢及專業化要求,在崗培訓及集中培訓亟待抓緊進行。在此方面,國外同行經驗尤可借鑒(如日本每年舉行初、中、高級漢籍研究管理人員講習會、研修會)。較爲可行的培訓方法,是依託古籍基礎工作質量好、專業人員力量强的大館,以工作實習與專業補缺相結合。

(《津圖學刊》,1997 年第 1 期)

近年來中國圖書館古籍修復工作的
調查與回顧

　　中國圖書館的古籍修復，主要指對於印刷鈔寫於 20 世紀以前的歷代線裝（含少量卷軸裝、冊葉裝）古書的修復工作。圖書館的古籍保護包括諸多方面，如防火、防水、防霉、防蟲等。自有圖書傳世，我們的祖先即爲其收藏與保護苦心經營，傳承了許多與歷代藏書條件及圖書特性相適應的保護措施。在前人遺留的圖書保護措施中，對於老化及破損的紙質圖書的修復工作，是一門傳承有緒、匠心獨具的傳統技藝，千百年來，無數古代圖書賴此絕技而獲續命延年，使得中國古籍至今仍以其豐富的藏量及良好的書品爲世矚目。令人憂喜參半的是，中國古籍的修復工作雖有值得驕傲的傳統，目前又遭遇了種種困難。

　　爲迎接“中文善本古籍保護與保存國際研討會”的召開，本文根據對 25 所公共圖書館（含科學院圖書館）及 22 所高校圖書館古籍修復工作的調查，就近年來古籍修復的人員狀況、古籍修復工作的回顧、古籍修復人員的培訓、古籍修復工作的成績，以及今後修復人員培養的對策等問題略陳己見，以就教於關心中國古籍修復事業的海內外同行①。

———————

① 本次調查，筆者向全國近百所公共圖書館及高校圖書館分發了（轉下頁）

一、近年來古籍修復人員的狀況

當前圖書館古籍修復工作面臨的普遍困難,是經費與人員投入不足、現有修復人員本身業務素質有待提高、統一的修復標準及工作條例有待建立。

古籍修復工作的盛衰,取決於人力的投入。目前中國圖書館古籍修復隊伍,存在著人員不足、層次偏低、後繼乏人的問題。回顧歷史,圖書館古籍修復工作的人員投入,近五十年來經歷了低—高—低的發展階段。

20 世紀 50 至 60 年代,圖書館在藏書規模擴大的同時,逐步設立了古籍修復人員的編製。當時承擔各館古籍修復的骨幹,多爲舊時代裝裱修復行的工匠、私營舊書店的轉業人員,他們在新中國圖書館古籍修復事業中起了承前啓後的作用,不僅將民間的傳統工藝帶入圖書館,培訓了一批接班人,其勤勉謙恭的作風,至今爲人稱道。60 年代以後,圖書館自行培養的古籍修復人員逐步成長,修復業務逐步規範,其間經 70 年代的人員補充、80 年代的再度專業人員培訓,一度形成了各館修復人員較爲穩定、修復業務開展較爲正常的可喜局面。90 年代至今,隨着原有古籍修復人員的陸續退休、部分從業者的崗位變動,不少圖書館的修復人員又呈現青黃不接狀態,有些部門目前已無後繼的修復人員。

(接上頁)調查表,收到 47 份書面回復(公共館 25 份,高校館 22 份)及部分口頭回復(如中國人大、山東大學、安徽師大圖書館等),獲取不少寶貴信息,在此謹向有關圖書館的支持深表謝意。此外,1998 年遼寧省圖書館受中國圖書館學會學術委員會下設的"文獻修復與保護專業組"委託,也曾向部分公共及高校圖書館分發《古籍保護情況問卷調查表》,對不同類型圖書館的古籍保護現狀進行調查,全國有 29 個省、市、縣級圖書館及大專院校圖書館回復該次調查,提供了不少信息。

　　據本次調查,目前圖書館修復人員狀況,具有以下特點:

　　(1)修復人員中幹部與工人的比例爲 2/1(公共館 3/1,高校館 4/5)。

　　(2)修復人員中初級、中級、高級職稱的比例爲 3/4/1。

　　(3)修復人員中 20—30 歲、30—40 歲、40—50 歲、50—60 歲的比例爲 1/6/6/3。

　　(4)修復人員中男、女比例爲 1/3。[①]

　　調查結果表明,目前圖書館古籍修復人員中,有半數仍爲工人待遇;屬於幹部系列而獲圖書館高級職稱(副研究館員)者,仍屬鳳毛麟角。目前,圖書館古籍修復人員以中年女性爲主,大多擁有初、中級專業技術職稱。與博物館系列的文物修復人員專家相比較,其待遇偏低。

　　據 1995 年的調查統計,中國圖書館從事古籍管理與研究的人員,在 1000 人左右[②]。在此千人之中,專職從事古籍修復工作者,比例不到一成,即不足百人。上述千人左右的圖書館古籍從業人員,所承擔管理與保藏的古籍,據初步統計,約在 5000 萬册以上,其中善本書約在 500 萬册左右[③]。在 5000 萬册的現存古籍中,需要不同程度予以修復者,數量接近一半[④]。隨着歲月的推移,除了破損古籍,其餘古籍的老化現象、因使用而加劇的破損現象,仍在繼

---

① 詳見附表一、附表二。

② 吳格:《近年來中國圖書館對古籍的開發與利用》,日本:《中國古典研究》第
　　45 號,2001 年 3 月。

③ 復旦大學圖書館古籍部:《中國圖書館古籍工作的現狀與展望》,《津圖學刊》
　　1997 年第 1 期。

④ 王清原:《當前圖書館古籍保護工作的現狀與問題》。按,筆者調查的各館古
　　籍破損率,較上述"文獻修復與保護專業組"的結論(四分之一)爲高。

續。要使古籍破損狀況有所改觀，依靠現有修復人員，即使竭畢生之力，仍屬杯水車薪，前景令人擔憂。

目前傳世的線裝古籍，其形制始於宋元以後。利用傳統工藝製造的植物纖維紙，經印刷或鈔寫後，配以護頁封面，裝撤訂線而成的線裝古籍，不僅具有紙墨取材便利、製作成本低廉的特點，較之卷軸裝、經折裝、包背裝圖書的糊裱裝潢，非但省料省工，而且牢固美觀，易於修復重裝，故明清以後成爲圖書裝幀的主要形態。傳世古籍作爲中國古代文明的物質凝聚物，具有不可再生的珍貴價值，而古籍修復作爲歷代圖書流傳中形成的獨特維護方法，是真正具有民族特色的傳統技藝。古代藝人使用針、筆、刀、剪等簡單工具，水、漿、紙、線等普通材料，精心巧運，對破損圖書經配紙、染紙、揭頁、去污、補洞、接補、溜口、托裱等修補工序，又經折頁、齊欄、配册、鑲補、襯紙、包角、加封、訂撤、穿線、貼籤、配套等裝幀工序，遂能妙手回春，"化腐朽爲神奇"，使破損圖書面貌焕然一新。在歷代修補實踐中，古人又創造了"整舊如新"和"整舊如舊"等不同修補技術，使傳世古籍尤其是善本，凡經修復，無不精美絶倫，於圖書的文獻價值以外，又增添了藝術觀賞價值。這種高超的修補技藝，目前尚無其他現代手段能予取代，亟須保留延續。中國古籍不消亡，古籍的修復活動即不應停止。何況，今天古籍修復的對象，不僅包括中國大陸及港臺地區公私收藏的數千萬册古籍，也包括歷代（尤其是 19 世紀後半期至 20 世紀前半期）流傳至海外的大批珍貴典籍。

二、近年來古籍修復工作的回顧

流傳至今的歷代典籍，存世年代多在距今上百年至千年左右。古書流傳有年，修復工作即不可或缺。雕版印刷術流行以後，

新印圖書的裝訂與破損圖書的修復,一直是圖書賴以流通的基本
保障①。流覽各館現存的古籍藏本,舊時代公私藏書中遺留的修
復痕迹,隨處可見。古籍修復的傳統是隨損隨修,這一傳統,自近
代中國出現圖書館事業、古籍藏書逐漸歸爲公藏以後,仍然保留
不變。據調查,1949 年以前南北各大圖書館,包括部分私人藏書
樓,均曾聘有負責館藏古籍修復的工匠②。值得注意的是,當時中
國境內的一些西方文化機構,如教會及教會學校的圖書館中,因曾
藏有古籍之故,也使用過一批掌握修補技藝的工匠,他們的傳統
修復手藝與西方的圖書裝訂技術結合,曾創造了新型的古籍裝訂
形式③。

　　1949 年以後,古籍公藏成爲主流,古籍的民間收藏及市場流通
逐漸減少。至 50 年代末,存世古籍(線裝書)已基本歸爲各地各級
圖書館的收藏。古籍的公藏趨勢,使圖書館收藏的品種與數量激

---

① 潘景鄭《古籍修復與裝幀序言》。唐宋以來歷代公私圖書收藏著録中,有不
　少涉及裝潢工匠的紀録。明代謝肇淛《五雜組》、清代周嘉胄《裝潢志》中,
　已有關於圖書裝幀形式、圖書修復時染紙及製漿方法的系統描述。
② 當時圖書館從事古籍修復的人員,有正式職工及臨時聘用的不同身份,其
　工作又不限於古籍修復,通常尚須兼顧館內出版物及期刊的裝訂。至於私
　家藏書樓,以 20 至 40 年代浙江湖州南潯鎮的劉氏嘉業堂、龐氏虛齋、龐氏
　百櫃樓爲例,均常年聘有專司家藏古籍字畫修復裝裱的工匠,人數尚不止
　一名。龐氏所藏書畫夙以“精、齊、整”著稱,以至收藏界至今流傳“曾經龐
　氏收藏,絶無品相不佳”之美譽,筆者以復旦圖書館所藏龐氏百櫃樓遺書驗
　之,深知其語不謬。
③ 如上海聖約翰大學、震旦大學等教會學校圖書館所藏古籍,爲合於西方圖書
　館藏書開架直立的習慣,曾將線裝書改裝爲洋裝書。其形制合線裝書數册
　於一册,硬面包背裝訂,書脊燙金,注明書名册次,頗便檢閱。這種“中西合
　璧”的形制,對於册數繁多、使用頻率較高的普通古籍,不失爲一種實用方
　法,也反映了中、西方在藏書利用上重“藏”與重“用”的觀念差別。

增,也加重了收藏保管方面的壓力①,對古籍修復人手的需求隨之
增長。經調查得知,50 年代初,各級各類古籍收藏館中,不少已建
置古籍修復機構(如裝訂室、修補組等)並配備修復人員,其人手除
圖書館原有職工外,還吸收了原先在民間從事舊書業、裝裱修書業
的個體工匠。如北京圖書館、上海圖書館,復旦大學、華東師大圖
書館建館初期的古籍修復人員中,均有來自公私合營後由原舊書
店、裝裱修書行業的轉業人員②。由於舊時代的書業不僅承擔古籍
流通之責,同時也兼顧古籍修繕,上述自幼學徒出身、長期從事古
書修復工作的老藝人,轉業至圖書館後,成爲新中國圖書館古籍修
復事業的元老,目前各大圖書館修復人員中的骨幹(部分已退休或
轉業),均曾直接或間接學藝受業於他們。

　　20 世紀 60 年代,鑒於老一輩古籍修復人員年事已高、圖書館
古籍修復任務日益繁重的狀況,文化部文物局圖書館處 1964 年曾
於北京圖書館舉辦爲期兩年的古籍修復人員培訓班,遴選各省公
共圖書館青年職工進行培訓。受訓期間,參加培訓班的學員除跟
隨著名修補專家學習古籍修復技術外,同時參加了文化及古籍知
識的學習。此批學員約有二十人,回到各地後,大多繼續從事古籍
修復實踐,至七八十年代,逐漸成長爲各館古籍修復工作的骨幹,
在各自崗位上做出優異成績③。事實證明,文化部當年的舉措意義
深遠,不僅及時搶救了老一輩古籍修復藝人的技術,而且真正將古
籍修復工作納入了圖書館古籍管理的範疇,培養了建國後第一批

---

① 由於館藏古籍不盡得自選購(如接受調撥、捐贈等),因而不少圖書館存在複
　本現象。複本過多,增加了庫藏、編目及維護修補的壓力。
② 如上海圖書館的黃懷覺、嚴希魁、曹有福,北京圖書館的張士達、蕭振棠等
　先生。
③ 王清原:《當前圖書館古籍保護工作的現狀與問題》。

圖書館古籍修復人員。

70 年代,各地各類型圖書館人員有所補充,新入館的工作人員中,又有部分進入古籍修復部門,增強了各館的修復力量。至 80 年代初文教復興,文化部鑒於 60 年代集中培訓古籍修復人員的成功經驗,又委託北京圖書館、上海圖書館、浙江圖書館等大館,先後舉辦爲期一年的全國圖書館修復人員培訓班。此外,上海圖書館、南京圖書館、福建省圖書館等,又利用本館技術力量,爲本地區的中小圖書館培訓了修復人員,提高了圖書館古籍修復的技術水平。這一時期,隨着各館古籍整理工作的開展,修復業務獲得長足的進步,一些爲人稱道的古籍修復重大成果,也均在此期間完成 ①。

90 年代以來,隨着五六十年代成長的古籍修復人員逐漸退休,七八十年代補充的修復人員,因重新擇業又有部分轉崗流失,古籍修復工作因而又步入低谷。據本次參加調查的圖書館回復得知,目前除國家圖書館、上海圖書館、天津圖書館、南京圖書館、浙江圖書館等大型公共圖書館仍設有古籍修復組,並配備相應的修復人員外,不少原先設有修復機構的圖書館,因人員不足,修復力量單薄,承擔館藏破損古籍的修復業務已力不從心,更有甚者,一些圖書館修復部門形同虛設,目前已無專職修復人員。

三、近年來古籍修復人員的培訓

據筆者 1994 年對 22 所省市級公共圖書館、38 所高校圖書館的調查,當時開展古籍修復業務者,公共圖書館佔十分之九,高校

---

① 這一時期圖書館修復人員,不僅承擔破損古籍的修復工作,而且參與了各館新印古籍的裝訂任務。如遼寧省圖書館七八十年代所影印的數十種、數千冊稀見古籍,其切紙、印刷、分葉、折葉、齊欄、訂撚、配面、穿線成書等各道工序,均由館內古籍工作人員自行完成。

圖書館佔十分之四；本次對 25 所公共圖書館、22 所高校圖書館的調查結果表明，目前開展古籍修復業務者，公共圖書館佔十分之八，高校圖書館佔十分之五。幾乎所有回復調查表的圖書館同行，都對當前古籍修復工作的疲軟及今後發展前景表達了相同的憂慮。在古籍修復人員普遍缺乏的同時，我們還應看到，即使在一些古籍修復工作正常開展的圖書館，也仍然存在修復人員專業素質有待提高、後備力量不足的問題。因此各館的回覆意見中，對於穩定古籍修復人員編製、舉辦修復人員培訓班以提高修復技藝的呼聲最爲集中。毫無疑問，培養大量合格的古籍修復人員是當務之急。

　　圖書館古籍修補人員從事的是手工勞動，其技術的掌握最初得自師傅的傳授，經驗的積累則依靠長期的實踐，因而其專業素質的形成與培訓，有着自身的特點。多年來，修復工作雖從屬於圖書館古籍部門，但與古籍的日常工作（如編目、閱覽、整理等）聯繫不多，修復人員的選拔培養、技術培訓、工作要求、業績評估，與其他古籍工作人員存在差別。從全國範圍看，古籍修復需要製定統一的修復標準與工作條例，以實現行業規範。目前，古籍修復人員的專業素質，存在着技術性含量較高、知識性含量偏低、綜合素質不足的傾向。

　　古籍修復人員綜合素質偏低的現狀，與其隊伍形成的歷史有關係。20 世紀 50 年代初任職於圖書館的古籍修復人員，由於大多爲工匠或書店出身，自幼學徒，雖苦學成材，以藝名家，文化水平一般不高。手工勞動行業中父子、師徒間口耳相傳、閉門授藝的傳統，舊時代以技謀生、個體經營的經歷，形成其注重個人經驗、習慣獨立操作的特點。建國初圖書館對於上述老一輩修復人員的吸收，不僅使他們的個人技藝獲得發揮，並使傳統的古籍修復技術獲得傳承,意義深遠。但是,由於個體勞動不同於集體勞動,父子、師徒關係不同於同事關係。老一輩修復人員身懷技藝而文化程度不高的局限,使他們進入圖書館以後,對後來學習修復者雖有傳授技藝之功,却無力在圖書館建立起古籍修復行業的技術標準與管理規範,圖書館領導對於古籍修復人員的定位,一直在專業人員與普通工匠之間遊移,使得古籍修復人員的選拔、培養及考核,始終處於不穩定狀態。

古籍修復人員需經專門訓練,久已成爲圖書館的共識。多年來,國家圖書館及各地圖書館曾先後舉辦各種層次的修復人員學習班,如以受訓的絶對人數計,全國各級公共館及高校館的修復人員,應不致如目前之窘迫。據調查回復反映,各館曾經參加培訓的人員,回館後分別有以下流向:(1)繼續從事修復工作;(2)調離圖書館崗位;(3)調離古籍部崗位;(4)調離古籍修復崗位。已經受訓而未從事修復專業工作,不僅是人力資源的浪費,也影響了在崗人員對於本職工作的自信心,削弱了古籍修復工作的凝聚力。事實説明,在當前社會轉型加劇、圖書館本身面臨人才流失的形勢下,古籍修復力量的後繼乏人,尚未引起有關領導的充分重視。

本次調查回復中,目前擁有 12 名修復人員的國家圖書館善本部,呼籲加緊培養高學歷的修復人員;已擁有 3 名修復人員的北京大學圖書館,仍建議增加人員、加强培訓。以上兩館分别爲公共館與高校館中的大館,一直重視館藏古籍的修復工作,尚且對修復人員的素質提高及人員增加有如此要求,足見古籍修復面臨的形勢何等嚴峻。

古籍修復人員的培訓既然公認必須進行,而以往的效果又不理想,今後選擇何種程度的人員受訓,應成爲重加考慮的問題。據筆者在復旦大學圖書館的觀察,今後從大專以上文化程度者中挑選古籍修復的接班人,並非沒有可能,説明如下:(1)復旦圖書館近年連續吸收在校大學生與研究生參加館藏古籍修復工作,每學期有 3—5 名學生課餘來館服務,加速了修復進度;(2)學習古籍修復技術的同學,文、理學科背景者均有;(3)修復工作辛苦,要求嚴格,報酬微薄,同學仍熱情不減;(4)同學對傳統文化的熱忱、對古籍工作的重視、對修復技術的鑽研,以及對今後從事修復工作的興趣,均超出筆者的想象;(5)對同學的輔導訓練,增加了本部修復人員的工作積極性與責任心。

筆者相信,隨着高等教育的普及、勞動市場的就業競争,今後具備高等學歷者從事基礎工作的趨勢已十分明顯。如能因地制宜,把握機會,改變原有認識誤區,逐步從高學歷、有基礎的學生中遴選並培養古籍修復人員,或許能使古籍修復工作的被動局面根本改觀。

文化傳承,圖書攸賴,事關國脉,責任重大。聯合國教科文組織已對世界各民族文化遺產中瀕臨衰亡的技藝展開調查,建議有關方面將中國古籍(包括書畫裝裱)修復技術也列爲申報項目,以增進世人對傳世古籍命運的關心與扶持。

四、近年來古籍修復工作的成績

圖書館古籍修復工作雖然面臨着種種困難,近年來仍然取得了令人讚歎的成果。限於篇幅,不暇細數,兹僅舉數例如次:

1972 至 1973 年,湖南長沙東郊馬王堆漢墓陸續發掘出大量西漢文物,其中有竹簡、帛書、帛畫等稀世之珍。這批竹簡與帛書、帛畫出土後,均經博物館與圖書館選派一流修復人員進行搶救整理,才得以恢復原貌,成爲今人認識二千多年前西漢文獻的寶貴實物。

如其中著名的彩繪"人物御龍"帛畫,全長 205 厘米,上部寬 92 厘米,下部寬 47.7 厘米,畫面圖像採用單線平塗的繪法,使用了石青、石綠、朱砂等礦物顏料,線條流暢,描畫精細,爲中國乃至世界藝術史上的驚人之作。帛畫出土時,畫面已經污染受損,經修復人員仔細清除污迹,並精心整理了帛絲的紋理,拓裱後煥然一新,被人譽爲巧奪天工。馬王堆帛畫的修復,是中國傳統修復絕技的一次出色發揮。

　　1975 年,上海嘉定明代古墓出土了一批罕見的明成化間所刻唱本,因屬民間流行的通俗文學作品,爲歷來書目文獻所未著錄。稍後,江蘇太倉古墓又出土明刻本兩種。江南氣候潮濕,地下水位較高,上述古書出土時,已經板結成磚狀,無法揭頁,幾近廢物。經上海博物館修復人員採用薰蒸方法,先將此"書磚"軟化,然後逐頁揭開,洗淨污漬,再經修補襯裱等工序,使該書"死而復生",重復舊觀。

　　1997 年以來,上海圖書館啓動館藏家譜族譜的搶救工程。該館收藏歷代家譜族譜 1.1 萬餘種、近 10 萬册,其品種及數量均居國內外之冠。以往由於貯藏條件不佳,年久塵封,破損散亂現象嚴重。1996 年上海圖書館新館落成後,在改善貯藏條件同時,成立了譜牒部與譜牒研究中心,對館藏譜牒展開全面整理。該館利用原有古籍修復技術,並吸收社會勞動力,組織近二十名人手,經集中培訓後,對破損譜牒逐種進行修復,現已取得階段性成果。上圖此項專題文獻的集中搶救活動,被人譽爲建國以來規模最大的古籍修復工程。

　　2000 年六月,北京清華大學圖書館爲迎接九十周年校慶,斥資組織了館藏"焚餘圖書"的修復工程。"焚餘圖書"爲該校抗戰期間遷往西南的 1.2 萬餘册古籍之孑遺(該校內遷圖書 1940 年六月二十四日於重慶北碚遭日機轟炸焚燬），計有 227 種、2358 册（内含善本 58 種、1003 册）。此批古籍因當年自水火中搶救而出，又經六十年塵封，"大多破損嚴重，燒掉的部分早已焦脆不堪，觸手即破，有些書頁甚至已支離破碎；而因救火被水濕的部分，則已霉變糟朽，連正常揭頁都很困難，個别書已形同一個個'書餅子'；有些書頁在南方潮濕的環境中被蟲蛀或鼠嚙，看上去令人痛心不已"①。限於本館古籍修復力量不足，該館實施了借助兄弟圖書館及古舊書店修復力量的方案，經工作人員精心組織，廣泛聯絡，在國家圖書館、國家圖書館分館、北京大學圖書館、天津圖書館、遼寧省圖書館、上海圖書館及北京中國書店古籍修復人員的幫助下，分工協作，各施妙技，歷時經年，於 2001 年四月完成全部修復任務。同年五月校慶期間，該館將修復一新的"焚餘圖書"舉辦專題展覽，在師生與校友間獲得强烈反響，一時好評如潮。

上述成果的取得，是圖書館古籍修復人員辛勤勞動的結晶，也是傳統的古籍修復技藝至今仍未失傳的見證。總結經驗，對於我們討論如何振興古籍修復事業，具有以下啓示：

1. 圖書館古籍修復雖然面臨人員不足的困境，但從全國、全社會範圍看，仍然是人才濟濟，前途光明。收藏古籍的各級圖書館，如能領導重視，深謀遠慮，加以集思廣益，多方設法，仍能承擔並完成古籍保管修復的職責。

2. 圖書館古籍修復需要國家及各級政府機關的經費投入，如上海圖書館的家譜族譜搶救、清華大學圖書館的"焚餘圖書"修復，如無專項經費支援，則諸如專業技術指導、人員招募訓練、各方協作援助，以及修補材料購置等，均無從着手進行。在公共圖書館

---

① 劉薔：《戰火劫難，古籍新生》，《清華大學學報》2001 年第 3 期。

系統,80 年代曾有用於古籍保護的專款下撥,目前應酌情加大經費支持的力度。

　　3. 圖書館古籍修復存在不同層次的要求,應分別輕重緩急,投入不同的人員與技術力量。簡而言之,善本書與普通書、嚴重破損書與一般破損書(如常見的封面脫落、絲線斷裂),修復難度有別,待修復的數量也不同,可組織不同類型的修復人手分別從事。目前缺少高級修復人員的圖書館,館藏善本的修復宜慎宜緩。"不遇良工,寧存故物"。自身修復力量不足的古籍收藏館,能培養修復人員固然是長遠之計,如目前條件不足,爲了有效保護保存古籍,也可採用變通之法。清華大學圖書館籌措專款、借助館外修復力量的思路,值得借鑒①。

---

① 借助他館力量的做法,不僅指委託他館代爲修復館藏善本,也可包括委託他館代爲保管館藏善本。因爲古籍保護包括建築設施、恒温恒濕、藥物投放、修補裝幀等多方面內容,目前各館藏書保護條件參差不齊,一般地説,古籍藏量較多的大型圖書館,保護設施較爲先進,並設有專職修復人員,資金較爲充足;而古籍藏量較少的中小型圖書館,往往庫房設施較差,缺乏專職修復人員及資金,存在的困難較多,所以即使修復了部分館藏,收藏條件仍不樂觀。本次調查中,遼寧省圖書館王清原同志提議:"保存民族文化遺產,是所有圖書館工作者的職責。由於受經濟實力的約束,一些中小型圖書館的古籍保護措施很難到位,因而其古籍藏書(包括善本)就很難得到妥善的保管。爲此,筆者以個人的名義建議:一些確實缺乏古籍善本書保藏條件的圖書館,是否可以向上級部門申報,將所藏古籍轉到有收藏條件的圖書館集中保藏? 如果將圖書館收藏的古籍善本,看作是中華民族共同的文化遺產,拙見或許不被看作是無稽之談。"福建漳州市圖書館張大偉館長也有相近的意見:"現在公共圖書館,尤其是地市級以下圖書館中,願從事古籍工作或有培養前途者甚少,而社會上正有人脫穎而出,圖書館應利用社會人才和資金來保護修復古籍。目前有相當部分古籍受損程度嚴重,不加保護,何論開發與利用? 長此以往,恐怕要下道通知,將縣市級圖書館收藏的古籍集中上交大館,否則其利用價值幾近於零。"

　　4. 圖書館古籍修復人員的培養刻不容緩。明清以來,古籍的修復活動主要在民間,各地裝裱修補行業的工匠,是古籍修復的主要承擔者。進入 20 世紀,古籍逐步成爲圖書館藏品。1949 年以前,古籍的民間收藏與市場流通仍然活躍,故民間裝裱修補行業仍承擔古籍的修復功能①。1949 年以後,傳世古籍迅速由私藏向公藏過渡,其保藏與修復的任務,遂責無旁貸地由民間轉到圖書館。中國古籍由民間收藏轉爲公藏已是歷史事實,面對總量達數千萬册的古籍收藏,圖書館古籍修復力量的投入顯然遠爲不足。作爲古籍載體的手工製植物纖維紙,其使用壽命雖遠勝於現代造紙業生產的含酸性紙張,但因植物纖維紙的天敵是水火蟲蠹,流傳年代較久的古籍,很少未遭水火蟲蠹的侵害,加以歲月推移,古籍逐步老化是無法回避的命運。如何延緩古籍的老化? 如何加快破損古籍的修復? 有識之士,當共謀良策。

五、今後古籍修復人員培養的對策

　　改善古籍的收藏條件(如建築、光線、恒温、恒濕、防蟲、防蛀等),可以延緩古籍的老化,此事尚可借助現代科技力量的支持;而要加快破損古籍的修復,唯有加快培養大批合格的古籍修復人才。合格的古籍修復人才之造就,需要特殊的方法與途徑。兹就古籍修復人才的培養,提出一些個人意見,供同行討論:

　　1. 古籍修復作爲一門特殊的工種,需要選拔專門人才來從事。古籍修復人員選拔中的難點,是對於工作人員的定位。以往將修

---

① 明清至晚近的藏書家日記、題跋中,對於所得圖書送交裝裱修補行修復的記載,尤爲習見。20 世紀二三十年代海外圖書館來華採購的大量中國古籍,除選書時即十分注意書品外,其書均由京、滬等地書坊負責完成修補及函套裝配。

復工作看作是簡單勞動、只需普通工人即可勝任的認識,是多年來的誤區。傳統的工匠今天已不可能產生,傳統工匠的技藝,今天需要有傳統文化修養者始能掌握①。今後古籍修復人才的素質要求,應包括以下各點:

（1）對於古籍修復工作的濃厚興趣,人員遴選時充分考慮個人志趣;

（2）大專及大專以上的學歷,與從事其他古籍工作的專業人員同等要求;

（3）適於從事手工勞動的身體素質（如體力、視力與靈巧性等）;

（4）熟悉古籍的基本知識（如藏書史、圖書裝幀史、版本鑒定等）;

（5）具備從事古籍修復工作的職業道德和鑽研精神。

2. 古籍修復作爲一門特殊的技藝,人才培養應有自身的方式,各級圖書館應爲其創造成才條件。修復人才的培養,應包括以下條件:

（1）提供拜師學藝機會以接受專門訓練;

（2）提供長期實踐機會以增進熟練程度;

（3）提供版本觀摩機會以增加版本經驗;

（4）提供同行修補成果觀摩以切磋技藝;

（5）提供進修、出訪、展示的機會。

3. 古籍修復作爲一門特殊的工作,業務評估應有自身的標準。修復成果固然是主要考核指標,作爲專門人才,還需兼顧各個

---

① 傳統工匠雖然文化程度不高,其生存環境的文化氛圍却非今人所得。個體工匠承接委託裝裱修補的圖書字畫時,多與藏書家與書畫家交往,逐漸加深了傳統文化修養。收藏者與修復者之間的供求關係,促使工匠們諳熟各類書籍的修補與裝幀要求,技藝隨之精益求精。

方面。如以往考核中，論文專著爲修復人員的弱項。其實，一份包括對破損圖書的版本鑒定、修補方案及工作小結等内容的報告，即足以反映修復人員的綜合業務素質。此外，對於本部門初級人員的培訓成績，也應成爲高級修復人員業務評估的指標，圖書館要完成繁重的修復任務，需要訓練有素的群體力量，因技術保守而"一枝獨秀"現象應予克服。一名高級古籍修復人員，應具備以下能力：

（1）對於各類修補材料的鑒別能力；

（2）對於各類破損圖書的修補能力；

（3）對於各類修復圖書的裝幀能力；

（4）對於重點修復圖書的總結能力；

（5）對於專項修復工作的組織能力；

（6）對於初學修復人員的培訓能力。

4. 古籍修復作爲一門特殊的技藝，急需國家大力扶持，各項待遇應有所傾斜。如：

（1）享受與其他古籍工作人員相同的工資待遇；

（2）享受與其他古籍工作人員相同的職稱待遇；

（3）目前可比照博物館修復人員的晉級待遇；

（4）享受特殊工種勞動防護的待遇。

古籍修復中可供討論的問題很多，如南北修復流派技藝的比較問題，傳統的宫廷與民間修復技藝的融合問題，傳統的古籍修復技藝與西方圖書修復技術的交流問題，目前古籍修復中所用紙、漿等原材料的標準問題，古籍修復中合適原材料的定製及供應問題，古籍修復機械的研製與推廣問題，古籍培訓班的課程設置問題等等，限於篇幅，不及細述。感謝本次會議的組織與召開，爲推進中國古籍的修復事業提供了動力，也使筆者有機會向各位同行陳述以上的意見。（本文寫作，承復旦大學沈達偉女士協助調查，樂怡女士代爲編製表格，謹致謝忱。）

（《國家圖書館學刊》，2002 年第 1 期）

附表一：25所公共圖書館古籍修復情況表（2001年10月）

圖書館	藏書（萬冊）	始藏年代	管理人員	修復人員	古籍破損年代	受潮	霉損	蟲蛀	紙脆	脫線	破損比例	修復經費·善本	修復經費·普通	本館	專款	手工	機器	所缺材料
國圖（分）	164	1909	7	2	80年代	○	○	○	○	○	30%		○			○		連史紙
國圖（善）	27	1909	70	12	建館初	○	○	○	○	○	30%	○		○	○	○	○	
上海	230	40年代	47	5	建館初	○	○	○	○	○	15%	○		○	○	○	○	
南圖	150		11	1	50年代	○	○	○	○	○	15%	○		○		○		連史紙
遼寧省	60	50年代		3	50年代	○				○	4%	○				○		溜口紙、絲線
河北省	8	80年代	4					○	○	○					○		○	
河南省	50	1909	7	2	60年代	○	○	○	○		50%	○	○	○	○	○		連史紙、手勁
山東省	80	1909	8	0	70年代	○	○	○	○	○	5%	○	○	○		○		封面紙
江西省	50	20年代	9	2	70年代	○	○	○	○	○	80%	○	○	○		○		絲線

續表

圖書館	收藏情況		修復建制			古籍破損情況			修復重點		破損比例	修復經費		修復方式及材料				所缺材料
	藏書（萬冊）	始藏年代	管理人員	修復人員	始建年代	受潮	霉損	蟲蛀	紙脆	脫綠		善本	普通	本館	專款	手工	機器	
湖北省	45		9	1	50年代	○		○		○	20%	○				○		
湖南省	80		12	4	50年代			○		○		○		○		○		封面紙、絲綠
福建省	54	1912	18	1	50年代					○		○			○	○	○	
廣東省	50		20	2	80年代		○	○		○	10%	○	○	○		○		
四川省	50		3	1	50年代	○		○		○	10%	○		○		○		
甘肅省	40	20年代	2	2	50年代			○	○	○	30%	○	○	○		○		
武漢市	21		5		80年代	○	○	○	○	○			○			○		
泰州市	5	20年代	2	2				○	○		20%	○		○		○	○	連史紙、毛邊紙、絲綠
溫州市	16	1919	5	1		○	○	○	○	○	30%	○	○	○	○	○	○	
天一閣	1.46		8	5	50年代								○	○	○	○		
鎮江市	8.6		2	0	90年代	○	○	○	○	○	10%	○	○			○		連史紙、絲綠

續表

圖書館	收藏情況 藏書（萬冊）	修復建制 始藏年代	管理人員	修復人員	建立年代	古籍破損情況 受潮	霉損	蟲蛀	修復重點 紙脆	脫綠	古籍修復情況 破損比例	修復經費 善本	普通	修復方式及材料 本館	專款	手工	機器	所缺材料
漳州市	0.8	50年代	3	1	90年代	○	○				10%		○	○		○		連史紙、封面紙
科學院	70	20年代	8	2	50年代				○	○		○	○	○		○		
故宮	50		31	2		○				○								
嘉興市	10		1	0			○	○	○	○	30%				○			
杭州市	5	60年代	4	1	80年代		○	○	○	○	70%		○	○	○	○		連史紙
小計						14	14	18	16	8		15	10	14	5	55	5	

附表二:22所高校圖書館修復情況調查表(2001年10月)

圖書館	收藏情況		古籍破損情況								古籍修復情況								
	藏書(萬冊)	修復建制(始藏年代)	管理人員	修復人員	年代	受潮	霉損	蟲蛀	紙脆(修復重點)	脫線(修復重點)	破損比例	善本	普通	本館	專款	手工	機器	材料不足
清華大學	30	20年代	8	1	建館初			○	○	○		○	○	○		○		
南開大學	30	30年代	3	1			○	○	○	○	3%	○	○	○		○		絲線
復旦大學	40	30年代	7	2	50年代	○	○	○	○	○	60%	○	○	○		○		毛邊紙
華東師大	31		5	1	50年代	○	○	○					○			○		毛太紙
南京師大	12		1.5	兼職		○	○	○			5%							
河南大學	18		2	1	70年代	○			○			○	○	○		○		
蘇州大學	13		5	1	80年代	○		○	○	○	40%	○	○	○		○		
浙江師大	4	50年代	1			○			○	○	5%		○					
陝西師大	24		2	1	60年代	○		○	○		10%	○	○	○		○		連史紙
四川大學	50		3	1	50年代	○			○		10%	○	○	○		○		
廣西師大	11		0.5			○	○		○	○								
新疆大學	16	30年代	3		80年代			○	○				○	○	○	○		連史紙、毛邊紙
內蒙古大學	11	50年代	1		60年代					○						○		

續表

圖書館	收藏情況	修復建制	人員	古籍破損情況（數）	古籍破損情況（年代）	古籍破損情況	修復重點	修復經費	修復方式及材料	材料
湖北大學	7.5	30年代	2	2	80年代	○	○	20%	○	連史紙、毛邊紙、封面紙、綾綠
武漢大學	16		3	1						
吉林大學	40		4	2	70年代	○	○	40%	○	連史紙、毛邊紙、封面紙、綾綠
山西大學	13	20世紀初	2			○	○	20%		
福建師大	20	20年代	5	1	50年代	○	○	20%	○	連史紙、封面紙
暨南大學	11		3	1	80年代	○	○	40%	○	封面紙
安徽師大										
雲南大學	17		2	1	90年代	○	○	40%	○	
小計	9					9　11　14　15	8	9	9　11　2　12	

一名圖書館員眼中之古籍影印本

一、喜見古籍影印前所未有之繁榮

古籍影印之歷史，可以追溯至 19 世紀中期。利用西方傳入之影印技術，選擇古本，複製底版，印刷裝訂，流佈遠近，因其準確傳真及便捷成書之功效，爲雕版印刷時代之圖書複製工藝所無法比擬，遂迅速爲出版業及知識分子所接受，百餘年來風行不衰，成爲近世古籍流傳之重要方式之一，其產品則成爲目前圖書館古籍收藏與利用之重要組成部分。古籍影印事業之普及，是中國人接受西方現代文明過程中，善於消化吸收新技術，並用以改進傳統工藝，使其成爲延續傳統典籍"利器"之證明。

20 世紀 80 年代以來，中國古籍影印事業出現前所未有之繁榮，數以萬計之古代典籍，因影印而"化身千百"，獲有效保存並廣泛流通，形成當代古籍整理之持續"熱點"，也成爲出版史研究中值得注意之課題。茲據聞見所及，略述近年影印本古籍如下。

（一）"四庫系列叢書"影印本

近三十年來之古籍影印事業，以《文淵閣四庫全書》影印爲發端，至"四庫系列叢書"之相繼問世形成高潮。隨着"四庫學"及傳統文化研究之深入，目前已完成及仍在影印中之《四庫全書》及"四庫系列叢書"主要有：

1.《四庫全書》

《影印文淵閣四庫全書》　臺灣商務印書館,1982—1986

《影印文淵閣四庫全書》　上海古籍出版社,1989,2003

《影印文淵閣四庫全書》　上海人民出版社,2000

《影印文淵閣四庫全書》　廈門鷺江出版社,2004

《影印文津閣四庫全書》　北京商務印書館,2005

《影印文瀾閣四庫全書》　杭州出版社,2006

《四庫全書》爲清代乾隆年間編纂之大型古籍叢書,計收録中國古代重要典籍 3460 餘種(内經部書 689 種,史部書 561 種,子部書 924 種,集部書 1280 種),原書抄成七部,分藏南北,現存文淵閣、文津閣、文溯閣及文瀾閣(有抄配)四部。自 20 世紀 80 年代臺灣地區出版《文淵閣四庫全書》影印本(裝爲 1500 册 / 部)以來,該本又經多次重印,其餘各閣《四庫全書》也陸續影印,總印刷數量已達 2000 部以上,目前大陸 800 家以上圖書館有收藏(部分圖書館所藏不止一部)。

2.《摛藻堂四庫全書薈要》

臺灣商務印書館　1990 年影印

此書據臺北故宮博物院所藏《摛藻堂四庫全書薈要》稿本影印,收書 460 餘種,裝爲 500 册 / 部,現海内外流行數百部。

3.《續修四庫全書》

上海古籍出版社　1996—2002 年影印

此書搜羅《四庫全書》未收及清代乾隆以後問世之古代典籍,收書 5380 餘種(内經部書 1237 種,史部書 1113 種,子部書 1642 種,集部書 1396 種),裝爲 1800 册 / 部,現大陸 300 家以上圖書館有收藏。

4.《四庫全書存目叢書》

齊魯書社　1997 年影印

此書專收《四庫全書存目》所著録清代乾隆以前産生之歷代典籍。《存目》著録圖書 6300 餘種,現經全國範圍内調查徵集,收書 4500 餘種(其中經部書 743 種,史部書 1086 種,子部書 1253 種,集部書 1434 種),裝爲 1200 册／部,現大陸 100 家以上圖書館有收藏。

5.《四庫全書存目叢書補編》

齊魯書社　2001 年影印

此書爲增補前書而編印,收書 220 種左右(其中經部 6 種,史部 23 種,子部 26 種,集部 160 種),裝爲 100 册／部,現大陸 100 家以上圖書館有收藏。

6.《四庫禁燬書叢刊》

北京出版社　1997 年影印

此書專收清代前期官方禁燬而現尚有傳本之圖書,收書 630 餘種(其中經部 16 種,史部 157 種,子部 59 種,集部 402 種),裝爲 311 册／部,現大陸約 170 家圖書館有收藏。

7.《四庫禁燬書叢刊補編》

北京出版社　2005 年影印

此書爲增補前書而編印,收書 200 餘種,裝爲 90 册／部,現大陸約 170 家圖書館有收藏。

8.《四庫未收書輯刊》

北京出版社　1997 年影印

此書據民國時期東方文化事業總委員會所編《續修四庫全書總目》選目,收書 1328 種(其中經部 288 種,史部 278 種,子部 249 種,集部 513 種),裝爲 301 册／部,現大陸約 30 家圖書館有收藏。

（二）其他古籍影印本舉隅

1. 地方文獻影印

地方文獻之影印，歷來爲古籍影印之熱點。繼80年代臺灣地區影印《中國地方志叢書》後，大陸地區先後推出《天一閣藏明代方志選刊》及《續編》（上海書店）、《中國地方志集成》（江蘇古籍出版社・上海書店・巴蜀書社）、《宋元方志叢刊》、《日本藏中國罕見地方志叢刊》（中華書局）、《日本藏中國罕見地方志叢刊續編》（北京圖書館出版社）、《明代孤本方志選》（全國圖書館縮微中心）、《清代孤本方志選》（線裝書局）等大型方志影印叢書。自20世紀70年代後期開始之各地新修方志活動中，所印本地舊方志及地方文獻，亦取得許多成果。

2. 常用古籍影印

傳統文化研究之常用典籍，如叢書、類書、工具書等，爲各地出版社影印古籍中較爲關注之選題。其中如《十三經注疏》（中華書局）、《清經解正續編》（上海書店）、"二十四史"、《清實錄》（中華書局）、《永樂大典》（中華書局、書目文獻出版社）、《叢書集成續編》（上海書店）、《續修四庫全書總目提要》（齊魯書社）、《中華歷史人物別傳集》（文津書店）等書，或爲舊籍新印，或爲稿本發掘，深受圖書館及個人讀者歡迎。許多品種屢經重印、翻印，因底本選擇、編輯加工、印刷質量、開本裝訂之優劣，對於讀者來言，已出現有關影印本之版本選擇問題。

3. 善本叢書影印

善本影印事業，是對於前代影刻、翻刻善本傳統之繼承，可稱古籍影印之"正宗"。近年出現之善本影印叢書，如《續古逸叢書》（商務印書館）、《古逸叢書三編》（中華書局）、《故宮珍本叢刊》（海南出版社）、《北京圖書館古籍珍本叢刊》（書目文獻出版社）、《北

京大學圖書館館藏善本叢書》、《北京大學圖書館館藏稿本叢書》
（北京大學出版社）、《天津圖書館稿本百種叢刊》（書目文獻出版
社）、《遼寧省圖書館館藏孤本善本叢書》（線裝書局）、《中華再造
善本》（書目文獻出版社）、《日本國宮內廳書陵部藏宋元版漢籍》
（線裝書局）、《哈佛燕京圖書館藏中文善本匯刊》（廣西師大出版
社），以及各圖書館所印館藏善本書影等，選題層出不窮，製版印刷
考究，量多質精，成績卓著。尤其可喜者，目前之古籍善本影印，其
底本搜羅，已自孤本名槧之重點選擇，發展至斷代出版物之全面影
印，版本徵集則不限於國內圖書館，搜討及於海外，目前已發掘不
少古籍珍稀品種回歸故土，文獻備徵，功稱不朽。

4. 專科文獻叢書影印

　　專科文獻之影印流傳，既反映學術研究對於圖書出版之需求，
又反映出版部門對於學術風氣之把握，最足以反映編選者之眼光
與學養。近年出版之《大藏經》（臺灣）、《中華大藏經》（中華書
局）、《道藏》《藏外遺書》（上海書店等）、《俄藏敦煌文獻》、《法藏
敦煌文獻》《清代硃卷集成》（上海古籍出版社）、《古本戲曲叢刊》
（商務印書館、上海古籍出版社）、《古本小說叢刊》（上海古籍出版
社）、《車王府藏古本戲曲叢書》（首都圖書館）、《北京圖書館藏家
譜叢刊》、《北京圖書館藏珍本年譜叢刊》、《中國國家圖書館藏早期
稀見家譜叢刊》、《地方志人物傳記資料叢刊》（書目文獻出版社）、
《羅氏雪堂稿本遺珍》（全國圖書館縮微中心）、《羅雪堂全集》（大
連圖書館）、《中國著名藏書家書目匯刊》（煮雨山房）等專科文獻
匯輯，雖然印刷成本較高，市場銷售數量有限，但因其搜羅費時，採
集有心，編輯出版，俱見專業水準，故仍受學術界歡迎，並獲業內人
士好評。此外，各地出版社、社會團體及個人出資影印之古籍中，
也包含不少稀見之地方文獻及前賢遺著，值得重視。

二、影印本古籍之評估及反思

（一）古籍影印之成果評估

1. 構成古典文獻基本書庫

以上諸種"四庫系列叢書"，共計收錄歷代典籍 15000 種以上，加以近年新印或重印之其餘古籍影印本，總數已逾 30000 種，構成了今人研習古典文獻之基本書庫，被譽爲 20 世紀末中國古籍整理之重大成果，嘉惠學林，讀者稱便。近三十年來影印古籍之功，實已遠邁前人。目前仍在繼續中之大型古籍叢書影印，來勢洶湧，令人興奮，可以預計，作爲中國傳統文化基本載體之現存古籍，將有更多品種於不遠之日獲影印（或重印）之機會。

2. "善本不善，要籍易得"

古籍影印之直接效益，一在形成"善本不善，要籍易得"之文獻保護與利用新格局。如目前正在進行之《中華再造善本》，將國內各圖書館收藏之絕大多數宋元善本陸續付諸影印流通，即此理念之最好證明，其影印規模之大，成果利用之便（教育部已爲全國 100 所高校無償配備此書），洵稱絕大手筆，無愧中華文明、泱泱大國之宏偉氣魄；二在收羅古今四部要籍，變"深藏固閟"爲方便取閱，莘莘學子、學者專家，均蒙其利。如筆者服務所在之復旦大學圖書館，購藏上述"四庫系列叢書"後，採用開架陳列方式，爲讀者（主要是在校研究生）提供可靠之文獻保障。許多本館失藏之稀見典籍，藉影印本得以滿足讀者需求；許多本館已有收藏之古籍，也因影印本之開架服務可供讀者直接取用。青年學生初涉學術殿堂，最初查閱古代典籍，莫不受惠於影印本。較之視傳統典籍爲禁區之文化封鎖時代，或者因觀念保守造成之古書流通隔閡局面，影印本之"傳真"與"便捷"功能，確乎造福無窮。

(二)古籍影印之問題反思

清末民初流行之古籍影印本，大多以"石印本"爲主。此類印本保存至今，業内有"大石印"、"小石印"本之稱，其收藏及利用價值實有不同，此在目前圖書拍賣市場也可獲驗證。兩者之區分，約略言之，前者旨在仿真保存，傳播珍秘，因而多慎選書本，精製底版，印工印料、裝訂版式，亦講究不苟；"小石印"則重在流通普及，適應社會多方面需求，因而定題選本、製版開本、印刷裝訂，多採取"多快好省"方法。以今人眼光評判，前者學術含量較高，多注重影印圖書之自身價值，因而其版本價值與文獻價值，經得起時間考驗；後者則多以暢銷贏利爲目的，注重所印圖書之趨時與合用，因而可能短期獲利，但大多不具備收藏與利用價值。由於影印圖書均需投放市場，兩者又彼此滲透，區別似不明顯，但如考察其選題之出發點，即該書影印是否爲讀書人及文化發展長遠利益考慮，仍可區分其品位之高下。筆者認爲，古籍影印中之"大石印"與"小石印"本，不僅反映製作成本及工藝之區別，同時也反映不同之市場定位與出版理念，由此決定圖書内容與書品質量之優劣，並確定出版人及出版物在出版史上之地位。目前古籍影印本市場存在之良莠不齊現象，仍與上述不同出版理念及定位之影響有關。

作爲一名圖書館員，面對古籍影印風氣日盛、古籍影印本風行天下之形勢，深喜時代進步，觀念更新，舊籍新印，文獻足徵。影印古籍因其"多快好省"之特點與優勢，近年大受出版社青睞，面對古籍叢書編選影印，已成爲各家策劃重點之現狀，欣喜之餘，不免杞人憂天：已有之古籍影印質量如何評估？今後之古籍影印工作如何開拓？竊思盛衰循環，事理之常，深恐特點流爲平庸，優勢竟成劣勢。不辭冒昧，願陳己見，以供採摭。

1. 選題重複，應注意避讓

大型影印本叢書涵蓋四部，收書成千上百種，"開疆拓土"，解決"書荒"，增加館藏，造福學林，功自不朽。面對大中型圖書館基本典籍初步配備，圖書市場如何再擴大，影印古籍之選題如何開發？如選題缺乏新意，繼續做"多"做"大"，內容版本，難免重複，不僅造成資源浪費，市場前景莫測，質量平庸，尤其貽譏後人。

2. 版本選擇，應加意講求

版本選擇，包含"求一書之異本"，及"求一書之佳本"兩層含義。大型叢書選書千百，自成體系，入選品種，由人及書，互相出現重複，雖曰難免，仍可於底本有所避讓。讀者常用之本，流行熱銷之書，如能多做案頭目錄調查，勤訪各家圖書館，用力稍深，講究版本，即便同人同書，仍可避免雷同。如以"四庫系列叢書"爲例，現經編製綜合索引，發現子目與版本重複現象不少。讀者使用中又發現，入選之書，迫於程期，成書過速，加以求書不易，比勘未周，不同程度地存在底本殘缺未審、印本漫漶不清、書目著錄失誤等問題。

3. 影印質量，應與時俱進

古籍影印具有"質量好"、"成書快"、"成本省"等優點，有利於增加出版量，完成大制作。古籍影印包含調查選本、比勘配補、複製印刷、裝訂裝幀、撰寫前言、編製目錄（索引）等環節，綜合而言，其學術、技術含量並不比排印本爲低。回顧近代以來影印古籍之歷史，質量優秀之古籍影印本，均由一流學者及專家精心完成。如果選題定位匆促、底本選擇草率、印製質量粗糙、前言目錄錯謬，則不僅喪失影印本之長處，甚至出現質量不如前代石印本之現象，值得引起反省。

4. 檢索工具，應同步編製

影印古籍，"功德無量"，配備準確方便之檢索工具，始可稱"功德圓滿"。如前述"四庫系列叢書",每種叢書所含種數册數,均成百上千,内容不予揭示,效用即受影響。具體而言,不僅需要編製著録詳明、按類編排之各叢書目録,又需要編製以書名、著者爲檢索途徑之綜合索引,還需要以各叢書目録索引爲基礎,編製匯集多種叢書之目録索引。

編製匯集多種叢書之目録索引,一因影印古籍數量增長迅速,蔚爲大觀,古籍影印叢書現已成爲讀者經常使用之文本,而各叢書子目及其著者又互有關聯(如同一著者之著作分見於各叢書,同一著作有不同版本經影印),綜合檢索,勢在必行;二因編製覆蓋面廣而檢索手段完備之目録索引,既方便讀者充分利用出版界已提供之古籍影印成果,又方便出版界了解古籍資源開發利用之現狀,以利策劃新選題時避免重複。

古籍影印本目録索引之編製,其對象包括歷年所有影印本及影印本叢書兩種類型。當務之急,爲首先編纂影印本叢書之目録索引。目録應依四部分類,逐種著録各叢書子目書名、著者、版本、分類、所在叢書及册次;索引則以四角號碼混合編排各叢書子目之書名及著者名(包括參見與互著款目)。爲便使用,索引尚需附有四角號碼索引字頭與筆畫索引、拼音索引之對照表。

古籍影印本目録索引之編製,既應利用計算機技術編製電子檢索文本(數據庫),同時亦不廢書本式之目録索引。此外,目録索引編製中,應注意書名項、著者項、版本項、出處項,以及稀見字、異體字之規範處理等細節。具體編製步驟,可先編製古籍影印本綜合數據庫,再由數據庫轉換爲書本式目録索引。

5. 值得稱道之影印古籍舉隅

《地方志人物傳記資料叢刊》(西北卷、東北卷、華北卷)

北京圖書館出版社 2000 年以來影印

該叢刊依全國行政區劃分爲西北、東北、華北、華東、中南、西南六編，網羅方志三千種，經比較挑選，輯印其中人物傳記資料（方志傳記以外，旁及職官、選舉、藝文、金石等類目），採集人物數萬，時代起自上古，下迄民國，各冊編有細目，並組織專家編製（拼音、筆畫）索引，甚便檢索。叢刊現已出版“西北卷”（20 冊）、“東北卷”（12 冊）、“華北卷”（66 冊）三編，即將推出“華東卷”（100冊）。該書具有文獻搜羅全面、資料加工深入之特色，並爲出版界與圖書館合作進行古籍影印之成功嘗試。

《明代傳記叢刊》、《清代傳記叢刊》

周駿富編　　臺灣明文書局 163 冊 /205 冊

《明代傳記叢刊》匯印《明儒學案》等 147 種明代傳記資料，裝訂成 163 冊；《清代傳記叢刊》匯印《漢學師承記》等 150 種清代傳記資料，裝訂成 205 冊。兩書內容銜接，體例相同，均編有姓名、字號、諡號等索引三冊，以姓名索引爲主要索引，以字號、諡號爲輔助索引。

以上兩部人物傳記叢書，收羅同類文獻詳備（較之前人所編《八十九種明代傳記綜合引得》、《三十三種清代傳記綜合引得》均範圍更廣），底本選擇清晰，印制精良，裝訂堅固，甚便利用，而其書合檢索工具與文獻資料爲一編之特點，深合“爲讀書人考慮”之旨，尤其值得稱道。該書爲便讀者使用，所編人物姓名、字號、諡號索引，均附有部首、筆畫、四角號碼、羅馬字母（耶魯音標）、日本五十音順等五種檢字表，與索引字頭相對應，用心縝密，設想周全。“以數人之功，省千萬人之力”，洵稱仁者胸懷，足爲有志起而效法者學習。

（《古籍影印出版叢談》，天津古籍出版社，2006 年）

《新中國古籍影印叢書總目》前言

　　20世紀80年代以來,中國古籍影印事業持續繁榮,數以萬計的古代典籍因影印而"化身千百",獲再生性保護並廣泛流傳,創造了中華文獻傳播史上的豐功偉績。

　　中國古籍影印的歷史,可以追溯到19世紀中期。國人採用西方傳入的影印技術,選擇底本,複製印刷,裝訂發行,傳播遐邇。因其較之雕版印刷時代圖書複製技術,如翻刻、影刻等,具有無法比擬的便捷與傳真,故而迅速流行,蔚然成風,百多年來盛行不衰,成爲近世古籍傳播的主要方式之一。古籍影印大行其道,不僅延續了歷史文獻的流傳命脉,同時產生大量古籍新版本,爲目錄版本學者提供了大量新的研究素材與課題。

　　近三十年來的古籍影印事業,以著名的文淵閣本《四庫全書》影印爲發端,至"四庫系列叢書"的相繼問世形成高潮。《四庫全書》爲清代乾隆年間編纂的大型古籍叢書,收録中國古代重要典籍3460餘種,以當時舉國之人力物力,尚且不克採用傳統工藝雕版刷印,僅能以手工繕録方式完成。洎乎現代,則藉助影印方式,昔日皇家秘閣所藏,一舉而可供讀書人隨意披覽。《四庫全書》自臺灣地區(1986年)及大陸(1989、2003年)影印後,已爲海内外衆多圖書館收藏。隨着"四庫學"及傳統文化研究的深入,又有一批大型影印叢書隨之涌現,陸續充實並豐富各級圖書館的收藏。如《四庫全書》除文淵閣本外，文津閣本、文溯閣本、文瀾閣本也曾計劃影印，文津閣本並有成書問世。《四庫全書》以外，《摛藻堂四庫全書薈要》（1990年）、《四庫全書存目叢書》（1997年）、《四庫全書存目叢書補編》（2001年）、《四庫禁燬書叢刊》（1997年）、《四庫禁燬書叢刊補編》（2005年）、《四庫未收書輯刊》（1997年）、《續修四庫全書》（2002年）等相繼編印出版，共計收錄歷代典籍15000種以上（7000餘冊），形成"四庫系列叢書"，構築起今人研讀古典文獻的基本書庫，嘉惠學林，讀者稱便。

古籍影印事業的持續繁榮，促進了古籍影印叢書的豐富多樣化。除上述涵蓋四部的大型影印叢書外，多年來南北各出版社利用資源，開發選題，鈎沉拾遺，填補空缺，又先後推出大量專題性的影印叢書，同樣深受學界與市場的歡迎。如以古籍影印爲基本業務的國家圖書館出版社（原名書目文獻出版社、北京圖書館出版社），依託國家圖書館及國內外其他圖書館文獻資源，二十年來積極進取，拾遺補闕，已完成13000餘種古籍的影印，大多採用專題形式，編爲叢書出版，有效補充了各館館藏，爲學界提供了優質服務。

古籍影印傳承文化，延續典籍，化身千百，守先待後，對於傳統典籍的保存與利用，堪稱"功德無量"。影印古籍的數量激增，目前已成爲古籍流通的主體，書目建設的要求隨之産生。爲歷年影印的古籍叢書編製與之匹配的目錄及索引，是令"功德無量"進至"功德圓滿"的必要環節。理由如下：

一、各家出版的影印古籍叢書，子目成百上千，版本層出不窮，不經分析著錄，內容無從揭示；

二、各家出版的影印古籍叢書，雖或已編製目錄，因其分別成書，若需查重參考，綜合檢索爲難；

　　三、各叢書子目的書名、著者互有重合，書同而版本不同，著者同而著作不同，關聯信息，需鈎稽互補；

　　四、各館收藏的影印古籍叢書，内多館藏所缺，子目不經揭示，内容每易忽視，讀者利用，難免"入寶山而空返"；

　　五、各館購置的影印古籍叢書，即或與館藏重複，而版本先後、卷帙多寡，仍存差異，注明影印底本，可增書目信息。

　　綜上所述，出版社與圖書館，作爲古籍影印的製作方與利用方，都期待回溯歷年影印的古籍叢書，早日編製分類體例統一、檢索手段完備、文字校勘精準的目録及索引，充分揭示各叢書内容，提供瀏覽與檢索之便。國家圖書館出版社有鑒於此，不失時機地組織編纂了《新中國古籍影印叢書總目》（下簡稱《總目》），行將面世。身爲同行，聞之忭喜。

　　《總目》收録1949—2010年間中國大陸出版的新編影印古籍叢書400餘種（未包括近年已編製目録索引的"四庫系列叢書"），涉及子目近5萬種，旨在反映新中國成立以來影印古籍中叢書類成果。《總目》編纂，分爲兩部分：（一）目録部分，内分（1）叢書總目，含叢書順序號、題名及卷册、編者、版本等信息，（2）叢書子目，於各叢書總目下依次著録其子目（含二級子目）書名、著者及版本；（二）書名筆畫索引部分，含筆畫字頭檢字途徑。編纂目的，播惠讀者；體例設計，有因有創；分類處理，繁簡適宜；文字校勘，精益求精。凡此種種，均繼承了叢書目録編纂的固有規範。不避費辭，兹略回顧叢書目録編纂之原委。

　　中國叢書目録的編纂，已經歷二百餘年的實踐，目前形成了優良的編目傳統。古人彙編鈔刻諸書而成叢書之法，自宋元以來流行不衰。經驗證明，叢書較之單刻零種，其圖書刊刻之質量尤爲精審，於文獻保存之效用則更爲經久，故明清以後爲出版家及藏書者所鍾愛。叢書雖受歡迎，叢書目録之編纂則頗爲不易。其難點在：（一）叢書因刊刻周期較長，初印後印、彙編選編、轉版翻刻等情況複雜，造成叢書書名歧出（同書異名、同名異書），子目多寡不一；（二）叢書因其“蒼萃群書”之特點，編目中既需反映叢書編纂信息，又需反映子目内容信息，需要多層次著録；（三）叢書存在彙編（跨部類）、類編（同部類）兩種類型，其類編性質的叢書，編目實踐中，又與各部中合刻、叢編等類圖書不易區分，時常混淆。職此之故，叢書收集難以完備，子目著録難以窮盡，檢索途徑難以周全，書目學者多知其甘苦。

叢書目録體制之成熟，係經逐步發展而來。早期的叢書目録編纂，用力於對叢書的認定與收集。清嘉慶初顧修創編《彙刻書目》，所收叢書僅 260 種。延至清末民初，《彙刻書目》曾經傅雲龍、朱學勤、朱記榮、楊守敬、李之鼎、劉聲木、孫殿起等十餘家先後續編。各家或增補未備，或獨樹一幟，分類著録，搜羅愈備，至李之鼎《增訂叢書舉要》集諸家書目之大成，收録叢書已達 1605 種。民國以後，因應圖書館讀者服務之需求，各館所編館藏叢書目録，探索便於檢索之形式，遂由原先之總括著録，演變爲或編纂子目書名索引，如浙江圖書館編《叢書子目索引》（收叢書 469 種）、清華大學圖書館編《叢書子目書名索引》（收叢書 1275 種）、沈乾一《叢書書目彙編》（收叢書 2086 種）等；或編纂子目著者索引，如金陵大學圖書館編《叢書子目備檢：著者之部》（收叢書 361 種）等。至1960 年顧廷龍先生主持編纂《中國叢書綜録》出，叢書目録編纂體制終於成熟。《中國叢書綜録》編纂中，對應叢書特點，選擇了既反映叢書編纂信息（如叢書題名、編纂者、版本等），又反映子目内容信息（如子目書名、著者、版本及分類屬性），同時附表反映各主要圖書館叢書收藏情況，使該目録不僅具有完備的專科書目性質，又具有反映收藏信息的聯合目録作用。

《中國叢書綜録》著録叢書 2797 種，子目共 70000 餘條。其中一書爲兩種以上叢書所收者，經比勘同異，分別作一種或數種處理，共得 38891 種。相對於《彙刻書目》等叢書目録僅有"總目"（總括著録子目於叢書名下），讀者無從直接檢索某書，或某著者所著書收入何種叢書之局限，《中國叢書綜録》增編"子目分類目録"及書名、著者索引，使讀者無論從總目、分類目録、子目書名、子目著者等角度檢索，均可一查即得。反觀《總目》，因其主要著録影印本叢書，各叢書多由今人據相關主題選編，故總括著録以外，不再另編子目，也未使用四部分類，而是依各叢書内容，對應現代人文學科分類，將所收叢書分爲傳記文獻、史籍史料、書目版刻、文學藝術、方志輿地、哲學宗教、金石文獻、科技軍事中醫、綜合文獻九類，同類叢書，則按出版時間先後排序。如此體例設計，亦合於實際情況。

《總目》作爲一部大型古籍書目，内容涉及"影印"及"叢書"兩個範疇。具體著録，以影印本古籍叢書爲對象，未收録其他影印古籍；所收叢書又以專科性叢書爲主，彙編性質的"四庫系列叢書"因已有專目，亦未予收入。兹據中華文獻傳播歷史考察，影印古籍已成爲雕版印刷時代後中國古代典籍複製及流通的主要形式，而影印本實不止於叢書，影印本叢書亦不止於專科性叢書。爲此筆者與圖書館同行衷心期待，不久即有涵蓋近代以來所有影印本古籍（包括叢書本及單刻本），或涵蓋所有影印本叢書（包括彙編及類編叢書）的更理想的書目問世。二〇一二年五月一日吴格識於日本早稻田大學圖書館。

（《新中國古籍影印叢書總目》，國家圖書館出版社，2016 年）

《中國古籍總目》及《索引》之編纂

一、《總目》之編纂原委

（一）《中國古籍總目》（下簡稱《總目》）是現存中國漢文古籍之綜合目録，旨在全面反映中國（大陸及港澳臺地區）及海外（如日本、美國等）現存漢文古籍之主要品種、版本及其收藏單位。《總目》著録以古籍品種立目，同時反映入録各書之主要版本。《總目》兼具聯合目録功能，各版本後附注相關收藏圖書館之簡稱。

（二）《總目》編纂始於 20 世紀 90 年代，2004 年重新啓動，由國務院古籍整理出版規劃小組（現全國古籍整理出版規劃領導小組）主持，國家圖書館、上海圖書館、南京圖書館、天津圖書館、北京大學圖書館、復旦大學圖書館等圖書館集體編纂。復旦大學圖書館古籍部承擔《總目》收録範圍、立目原則、著録規則等編纂檔之製訂，並負責《總目》統稿修訂工作。2007 年以來，本人依據各館提交之分部初稿，承擔全目校訂，並配合出版社完成出版前各項編輯處理。歷時七載，始克於成。

（三）自 2009 年至 2013 年，《總目》經部、集部、叢書部（中華書局）、史部、子部、索引（上海古籍出版社）已完成校訂出版。

二、《總目》之編纂分工

（一）經部：北京大學圖書館

（二）史部：上海圖書館

（三）子部：南京圖書館

（四）集部：國家圖書館

（五）叢書部：湖北圖書館

（六）新學類：天津圖書館

（七）索引：復旦大學圖書館

（八）總校訂：復旦大學圖書館

三、《總目》之編纂文件

（一）各部類所之收書範圍；

（二）各部類屬之分類設置；

（三）各部類品種立目原則；

（四）各部類書之著録細則；

（五）書名及著者索引凡例。

四、《總目》之收書範圍

（一）著録民國元年以前鈔寫、刻印、活字印刷、影印之歷代古籍；

（二）著録民國元年以前成書而鈔寫、刻印稍後，與上述圖書屬性相同之古籍；

（三）所録均屬經鈔寫、刻印、活字印刷、影印成書者（專書、報刊中之單篇文字不予著録）；

（四）著録漢文與少數民族文字合刻（如滿漢合璧）之古籍（少數民族文字古籍不予著録）；

（五）著録以漢文注釋外文之圖書（如《華夷譯語》等）；

（六）整體著録佛藏、道藏子目，子目未單刻者分別立目，已有單刻者增加著録藏經版本；

（七）甲骨、銘文、碑刻、竹簡、木牘、帛書等具文物性質之文獻原件，敦煌遺書、金石拓本、輿圖、字畫、魚鱗册、寶鈔、契約、誥命、文告等（含已裝裱成册或成卷者），除已經編纂、鈔寫、刻印、影印成書者，不予著録。

五、《總目》之分類設置

（一）參照《中國古籍善本書目》類表，分爲經、史、子、集、叢五部；

（二）參照《中國古籍善本書目》類表，擬定各部下類、屬名目及內容；

（三）各類、屬名目及內容調整，均經編委會討論並協調各分編館確定；

（四）新學類書籍獨立著録，作爲子部新增之二級類目，置於子部之末。

六、《總目》之立目原則

（一）分別立目之古籍品種

（1）原本內容不同之書；

（2）原本內容相同而後世加工方式不同之書；

（3）部分內容相同而全書仍互有差異之書；

（4）著者相同而不同時期結集之書。

（二）不分別立目之古籍品種

（1）保留原本內容之重（影、覆、翻）刻本；

（2）保留原本面貌之清末影印本，以及原本已佚之民國影印本；

（3）不同批校題跋之相同版本。

七、《總目》之著録内容

（一）書名項（包括書名、副書名、附録及其卷數等）；

（二）著者項（包括主要著者及其他著者之朝代、姓名及著作方式）；

（三）版本項（包括出版年、出版者、出版地、版本類型、叢書名、批校題跋者等）；

（四）附注項（對於書名、著者、版本項著録之補充説明）；

（五）圖書館業務注記（收藏圖書館簡稱，"簡稱表"見全書各部後）；

（六）分類標記（依《中國古籍總目分類表》標記於各部、類、屬之首）。

八、《總目》之編排規則

（一）立目品種參照《中國古籍善本書目》按類編排；

（二）相同類型之著作、相同著者之同類著作，均依成書先後編排；

（三）相同著作所衍生之著作，按白文、隨文釋義、評論研究之順序編排；

（四）相同品種之各種版本依時代編排，版本時代相同者，依稿本、印本、鈔本之序編排。

九、《總目索引》之編製

（一）《總目書名索引凡例》（見附録）；

（二）《總目書名索引》（以四角號碼編排，附《索引字頭筆劃檢字》、《索引字頭拼音檢字》）；

（三）《總目著者索引凡例》（見附錄）；

（四）《總目著者索引》（以四角號碼排列，附《索引字頭筆劃檢字》、《索引字頭拼音檢字》）。

十、《總目》及《索引》編纂之意義

（一）著録了現存中國古籍近二十萬種。

20 世紀中葉以後，絶大部分的存世中國古籍，已成爲國家及各地公共圖書館、高校及科研機構等圖書館的館藏。參與《中國古籍總目》編纂的國内各大圖書館，所收藏古籍已涵蓋現存古籍百分之九十以上品種，編纂中又吸收圖書館歷年編纂的叢書、方志、家譜等聯合目録成果，所録古籍收藏機構已逾千家，對現存中國古籍，完成了迄今最大規模的調查與著録。

（二）著録了港澳臺地區及日本、韓國、北美、西歐等地圖書館所藏中國古籍稀見品種。

現存中國古籍的總目録，理應反映全球收藏的中國古籍信息，限於人力物力，此項工作目前尚屬起步。《中國古籍總目》已利用知見的港澳臺地區及日本、韓國、北美、西歐等地圖書館古籍收藏目録，採録大陸圖書館未見著録的古籍品種，並爲稀見品種增補了海外收藏機構名稱。

（三）著録了現存中國古籍的主要版本。

中國古代典籍的撰著與流傳，經歷了漫長的過程。宋元以降，歷代典籍屢經寫鈔刊刻、彙編選輯，傳存後世，版本極爲複雜，人稱書囊無底，難以窮盡。《中國古籍總目》的版本著録，不僅包括歷代公私寫鈔、刻印、排印、影印之本，又綜録佛道二藏，旁搜秘本僻書，兼及批校題跋，囊括所有版本類型。至如叢刻單刻、彙印選印、增刊補版、鈔配補本等版本特徵，形式多樣，著録歧異，整合歸併，多費斟酌。《中國古籍總目》對於所著録古籍的版本描述，已具初步清理之功。

（四）依據傳統的四部分類法並有所突破。

《中國古籍總目》沿用四部分類法類分古籍，並參酌《中國叢書綜録》《中國古籍善本書目》等增損類目，部居類分，有條不紊。如照應現代圖書館編目及庋藏實際，將"彙編叢書"單列爲"叢書部"，與經史子集四部並列，形成五部分類。《中國叢書綜録》收録的"類編叢書"，則分歸四部之首，各設"叢編"以統之。又如明清以來方志、家族譜編纂興盛，清季新學流行，相關譯著及著述繁多，遂因書設類，特於史部增立"方志類"、"譜牒類"，子部增立"新學類"，彙録相關書籍，以便讀者即目求書。

（五）爲專家學者提供書目工具，爲古籍同行提供交流平臺。

文獻整理與研究中，書目指導的重要作用，久已成爲共識。古籍編目似易實難，人才培養須經多年歷練。近代以來，圖書館界曾涌現不少古籍編目專家，建國後歷次全國性古籍聯合目録編纂，多由目録版本專家主持。《總目》編纂持續多年，參與其事者多經磨練，已造就一批古籍編目骨幹。然而，在近年開展的古籍保護、古籍普查工作中，面對全國數千家古籍收藏機構所藏的數千萬册古籍，古籍編目力量仍嫌薄弱，可資參考的書目工具仍感不足。古籍書目編纂是一項逐步積累、漸臻完善的事業，書目收羅的完備與著録質量的精準，前修未密，後出轉精，校核修訂，迄無止境。《總目》的編纂完成，不僅爲古籍整理與研究者提供了前所未有的書目工具，又爲古籍書目建設培養了後繼人材，並提供了可持續發展的平臺。各館古籍編目人員利用《總目》及其索引，可收舉一反三之效。《總目》的著録質量，又可借助古籍讀者與同行的核查比勘而精益求精。

（六）**吸收了古代文獻研究最新成果。**

《總目》初稿完成，編委會即分邀各學科專家學者參與審稿。參與審稿的數十位專家學者，來自文學、史學、哲學、宗教、軍事、地理、醫學、科技、藝術、出版等領域，遴選及於臺灣地區及海外。各科專家學有專長，熟精文獻，認真審閱，悉心校核，補苴罅漏，多所指正，及時反映了古代文獻研究成果，由此提高《總目》編纂質量，促進了學術界與圖書館界之交流。

（七）**利用《總目書名索引》及《總目著者索引》，可以方便檢索《總目》著錄信息**，如：

（1）《總目》所載古籍品種之書名及卷數（含不同題名及卷數）；

（2）《總目》已收古籍品種之著者及朝代（含相同及不同著者）；

（3）《總目》已收古籍品種之主要版本；

（4）《總目》已收古籍品種之主要藏館；

（八）**利用《總目書名索引》及《總目著者索引》，可以爲《總目》修訂增補提供依據**，如：

（1）《總目》失收古籍品種之增補；

（2）《總目》著錄古籍信息之修訂。

附錄一

《中國古籍總目書名索引》凡例

一、本索引據《中國古籍總目》（下簡稱《總目》）所著錄各書題名編製，經分析正書名及附屬書名，共得檢索款目約 187000 條。

二、檢索款目依"四角號碼檢字法"編排,並附編"書名索引字頭筆劃檢字"、"書名索引字頭拼音檢字"作爲輔助索引。

三、各檢索款目後分別注明其在《總目》中之分部(經史子集叢)、分冊及序次號(取末五位)。如:

　　0010₄童

　　17 童子鳴集　集 2—9652

　　即《童子鳴集》見於《總目》集部第 2 冊第 9652 條。

四、《總目》中連續著録之相同書名,爲省篇幅,合併檢索款目。如:

　　一齋雜著三卷(子 4—22389)

　　一齋雜著六卷(子 4—22390)

　　合併爲:

　　一齋雜著　子 4—22389 ~ 90

　　即《一齋雜著》見於《總目》子部第 4 冊第 22389、22390 條。

五、《總目》中分別著録之相同書名,合併檢索款目,分注出處。如:

　　童山詩選五卷　集 3—21766

　　童山詩選五卷　叢 1—328

　　合併爲:

　　童山詩選　集 3—21766　叢 1—328

　　即《童山詩選》分別見於《總目》集部第 3 冊第 21766 條、叢書部第 1 冊第 328 條。

六、書名文字部分重合而内容多寡不同者,檢索款目仍加分列。如:

　　童山詩集　集 3—21764　叢 2—731(43)

　　童山詩集、文集　叢 1—282(4)

　　童山詩集、文集、詞、補遺　集 3—21765

七、方志類書名前冠有纂修、刊刻年號者,爲免繁複,將年號移至書名後。如:

　　全州志［康熙］　史 8—61269

　　全州志［嘉慶］　史 8—61271

　　全州志［乾隆］　史 8—61270

八、譜録類書名冠有郡望、籍貫者，爲便檢索，將地名移至書名後。如：

　　八賢劉氏桂枝房支譜［福建建陽］　史 5—39350

　　八賢劉氏桂枝房支譜［福建閩侯］　史 5—39345

九、書名中含子書名、合刻書名、附屬書名者，檢索款目酌加分析。如：

　　5090_4 未

　　未學庵詩蒐（尺五集、得閒集、懷古集、愚公集、集外詩）附頤仲遺稿　集
2—12870

　　　7780_7 尺

　　10 尺五集　集 2—12870

　　　2624_1 得

　　77 得閒集　集 2—12870

　　　9003_2 懷

　　40 懷古集　集 2—12870

　　　6033_2 愚

　　80 愚公集　集 2—12870

　　　7178_6 頤

　　25 頤仲遺稿　集 2—12870

十、《總目》著録之大型類編、叢書條目，其子目因無對應序號，翻檢
　　不易，兹加分析，增注頁次，以利檢索。如：

　　叢書集成初編四千一百七種　叢 2—731

　　　治世餘聞八卷　明陳洪謨撰

　　　　3316_0 治

　　　44 治世餘聞　叢 2—731（51）

即《治世餘聞》（明陳洪謨撰）見於《總目》叢書部第 2 册著録：

　　1.《總目》叢書部第 2 册第 731 條爲《叢書集成初編》（ 785 頁）；

　　2.《叢書集成初編》含子目 3500 餘種起訖凡 69 頁（ 785—853 頁）：

　　3.《治世餘聞》作爲《叢書集成初編》之子目見於該册第 835 頁；

　　4. 爲此加注該子目見於《叢書集成初編》條所在 785 頁始第 51 頁。

又如：

　　4003。大

　　30 大寶積經論　子 6—32081（22）、32084（13）、32085（22）、32086（24）、
　　32088（16）、32089（41）、32090（50）、32091（47）、32092（33）、
　　32093（27）

即《大寶積經論》（東魏釋菩提留支譯）於《總目》子部第 6 册
凡十次著録，分别見於：

　　1. 第 32081 條（《萬壽大藏》）所在 2590 頁始第 22 頁

　　2. 第 32084 條（《金藏》）所在頁 2708 始第 13 頁

　　3. 第 32085 條（《磧砂藏》）所在 2740 頁始第 22 頁

　　4. 第 32086 條（《普寧藏》）所在 2795 頁始第 24 頁

　　5. 第 32088 條（《洪武南藏》）所在 2861 頁始第 16 頁

　　6. 第 32089 條（《永樂南藏》）所在 2902 頁始第 41 頁

　　7. 第 32090 條（《永樂北藏》）所在 2953 頁始第 50 頁

　　8. 第 32091 條（《徑山藏》）所在 3019 頁始第 47 頁

　　9. 第 32092 條（《乾隆大藏經》）所在 3101 頁始第 33 頁

　　10. 第 32093 條（《頻伽精舍校刊大藏經》）所在 3144 頁始第 27 頁

十一、書名款目單列而難以區分者，酌加括注，以明指向。如：

　　0040。文

　　文集、詩（鄒漢勳）　叢 2—1810

　　文集、詩集（徐繼畬）　叢 2—821

　　文集、三經合説（方鑄）　叢 2—2120

　　文集、外集（章學誠）　叢 2—1527

附録二

《中國古籍總目著者索引》凡例

一、本索引據《中國古籍總目》所著録各書著、撰、編、輯、校、注者姓名（含異稱）編製，共得檢索款目 81600 餘條（未含佚名著者）。

二、檢索款目依"四角號碼檢字法"編排，並附編"著者索引字頭筆畫檢字"、"著者索引字頭拼音檢字"作爲輔助索引。

三、各檢索款目後分別注明其在《總目》中的分部（經、史、子、集、叢）、分册及序次號（取末五位）。如：

　　　　0010_4 童

　　27 童佩　子 4—24707　叢 1—223（48）、227（8）

説明：

"童佩"見於子部第 4 册第 24707 條，叢書部第 1 册第 223、第 227 條。

四、同一條目中出現多位著者姓名，分別著録，各歸其類。如：

　　經部第 1 册第 33 條

　　鄭氏周易注三卷補遺一卷　漢鄭玄撰　宋王應麟輯　清惠棟增補　清孫堂校並補遺

　　著者款目分析爲：

　　　　8742_7 鄭

　　　　00 鄭玄　經 1—33

　　　　　1010_4 王

　　　　10 王應麟　經 1—33

　　　　　5033₃惠

　　　　50 惠棟　經 1—33

　　　　　1249₃孫

　　　　90 孫堂　經 1—33

五、相同著者姓名反復出現者,檢索款目酌予合併,分注出處。如:

　　　　0022₇方

　　　　10 方干　集 1—1730～4,6—41878、41882～3　叢 1—223（50）

　　說明:

　　"方干"分別見於集部第 1 册第 1730 至 1734 條、第 6 册第 41878 條、
　　第 41882 至 41883 條,叢書部第 1 册第 223 條。

六、相同著者姓名因刻鈔及著録存有差異者,不作歸併,檢索款目
　　分列。如:

　　　　0010₄童

　　　　44 童葉庚　史 2—10326　子 3—18495～500

　　　　64 童葉庚　子 3—17959、18140、18218、18260、18350～3、18416,4—21914

七、僧人著者法名後,括注"釋"字。如:

　　　　0022₂彥

　　　　13 彥琮（釋）　子 6—32093（52）

　　　　14 彥琪（釋）　子 7—33980、33987～8

八、帝王后妃著者本名後,括注其廟號等,如:

　　　　清文宗奕詝　　奕詝（清文宗）

　　　　明仁宗朱高熾　朱高熾（明仁宗）

九、《總目》著録之大型類編、叢書條目,其子目及著者因無對應序
　　號,翻檢不易,兹加分析,增注條目後頁次,以利檢索。如:

　　　　7529₆陳

40 陳存禮　集 1—5522　叢 1—223（62）、227（10）

説明：

"陳存禮" 分別見於

1. 集部第 1 册第 5522 條；

2. 叢部第 1 册第 223 條（《文淵閣四庫全書》）下第 62 頁；

3. 叢部第 227 條（《摛藻堂四庫全書薈要》）下第 10 頁。

（《中國索引》,2013 年第 4 期）

現存明人詩文集之調查與目録編纂

壹、引言

一、20世紀以來，對於現存中國古籍之書目整理進入總結性階段。利用公私藏書記録，彙編聯合目録，已見成果迭出。在集部文獻領域，唐、宋、元、清各代別集，均已有大型書目問世，唯獨明人別集之聯合目録尚付闕如。

二、筆者從事《現存明人詩文集目録》（下簡稱《目録》）之調查與編纂已逾十載，排次整理，積累雖勤，囿於見聞，所知仍未周全，兼以諸書未經目驗，各家著録多存異同，何從取捨，終存隔閡，雖欲釐定各類型版本，而錯繆舛訛，猶隨處可見，恐滋傳誤，迄今未敢面世。

三、《目録》之調查與編纂，目的在於利用古今文獻著録，對明代集部文獻作一總結性清理，爲今人從事明代文化研究提供全面、可信之書目信息。《目録》目前以反映明人所著詩集、文集、詩文合集（含少量附刻之著作）爲主，尚未包括總集、詞曲、詩文評等內容。

四、《目録》之編纂，已利用兩岸圖書館之收藏目録，兼及日本及歐美圖書館之記録，現所收明人別集著者數逾三千、書目記録數逾一萬。書目之深入修訂，有賴海內外同行之合作，茲略述目録調查與編纂之原委得失，以爲嚶鳴之求。

五、遵循清儒章學誠氏所標舉之傳統目錄學"辨章學術，考鏡源流"宗旨，《目錄》之調查與編纂，兼顧前人曾經著錄而目前未見收藏之佚目，同時用力於著者傳記資料之纂輯，因而於《目錄》編纂同時，目前又編有《明人詩文集待訪目錄》、《明人詩文集著者傳記資料數據庫》、《現存明人詩文集提要》等。

貳、明人詩文集流傳與整理之回顧

一、明人對於本朝詩文集之著錄

明清時代書目所著錄之明人詩文集，雖非悉數保留至今，却爲歷史上實際存在過之圖書，不僅爲今人收集明集所依據，亦可爲調查明集及其著者之參考，因而《目錄》編纂，首先從檢閱明代書目入手。

（一）書目著錄

流傳至今之明代圖書目錄有三十餘種，公藏書目有《文淵閣書目》、《內閣藏書目錄》、《南雍志經籍考》、《行人司重刻書目》等，私藏書目有《百川書志》、《寶文堂書目》、《萬卷樓書目》、《澹生堂書目》等。此類書目中有大量明人詩文集之著錄。如：

1.《文淵閣書目》

編纂於正統六年（1441）之《文淵閣書目》，著錄明初七十年官方積累之藏書。卷一"天字號第一厨書目·國朝"類下，著錄朱元璋《御製文集》、《御製詩文》、《御製詩集》、《御製僧詩》、《御製賜詩》、《御製豐年詩》、《御製詩》、《御製樂府》、《御製戊辰集》、《御製周顛仙人傳》、《御製祝文》、御書、御翰、御製詔誥敕文，及《大誥》

等御製、御注、御撰之書數十種；卷九"日字號第三厨書目·文集"
類下，著録劉伯温《覆瓿集》等明前期文集約七十種；又卷十"月
字號第二厨書目·詩詞"類下，著録《大明詩選》等明前期詩集約
四十種。以上爲最早見於著録之明人詩文集。

2.《國史經籍志》

編纂於萬曆二十二年（1594）之《國史經籍志》（焦竑撰），原
爲編纂"國史"而作，分爲"制書"及經、史、子、集五大類，類下復分
子類，類各有小序，卷一"制書類"下"御製"、"中宫御製"小類下，
著録《高皇帝文集》、《詩集》，《仁宗皇帝文集》、《詩集》等詩文集；
卷五"集部類"著録宋濂《學士集》、劉基《誠意集》等明人詩文集
八百餘種。

3.《内閣藏書目録》

編纂於萬曆三十三年（1605）之《内閣藏書目録》八卷（張萱等
編），距《文淵閣書目》編纂已一百六十餘年，著録明代後期之宫廷
藏書，此書分爲十八部，所著録圖書略注撰人姓名、官職及圖書完
缺情況，間有解題，體例較《文淵閣書目》爲詳。卷一"聖製部"著
録明太祖以下成祖、仁宗、宣宗、英宗、憲宗、世宗、神宗諸帝御製詩
文制敕各集；卷三"集部"著録劉基《誠意伯劉先生文集》至于慎
行《于文定公全集》等明人詩文集一百七十餘種。

4.《行人司重刻書目》

重刻於萬曆間之《行人司重刻書目》（徐圖等編），著録明代
政府機構"行人司"所藏圖書，其中"國朝文集類"、"國朝詩集類"
下，著録《國朝文纂》、《宋學士集》以下明人詩文集三百七十種。

5.《南雍志·經籍考》

編纂於萬曆間之《南雍志·經籍考》（梅鷟撰），其下篇"梓刻

本末”，著錄萬曆間南京太學所藏之刻書板片，其中“制書類”記載各種御製書板，“文集類”記載《羅圭峰文集》、《圭峰續集》、《懷麓堂藁》、《陽明文錄》、《雅頌正音》、《古廉詩集》、《白沙詩教》等多種明人詩文集之書板。

6.《古今書刻》

編纂於萬曆間之《古今書刻》（周弘祖編），其“上編”分地域著錄中央及各地官方（含少量書坊）刻本，共著錄二千三百餘種圖書，其中江、浙、閩、贛等經濟文化發達地區之刻書統計中，著錄不少當地名人之詩文集。

7.《百川書志》

編纂於嘉靖間之《百川書志》，著錄藏書家高儒所藏圖書二千餘種。其書目略有解題，多錄戲曲、小說，久爲人稱道。卷十五至卷十七專錄集部書，著錄《高太史大全集》、《覆瓿犁眉集》等明人詩文集數百種。

8.《寶文堂書目》

編纂於嘉靖間之《寶文堂書目》，著錄藏書家晁瑮（約1506—1576）所藏圖書七千餘種，其卷上“文集”類、“詩詞”類，專錄晁氏所藏各朝詩文集，內載《解縉紳集》、《古廉詩集》等明人詩文集數百種。

9.《萬卷樓書目》

編纂於明末之《萬卷樓書目》，著錄宗室藏書家朱睦㮮所藏圖書三千餘種，其中集部藏書多達一千五百部、一萬二千五百六十卷。卷四“別集”、“總集”類下著錄《皇明五先生文集》、《宋學士集》等明人詩文集數百種，“多有焦氏《國史經籍志》、祁氏《澹生堂》、黃氏《千頃堂》、錢氏《絳雲樓》、《明史·藝文志》所未載者”

（葉德輝《刊萬卷樓書目序》）。

10.《澹生堂書目》

編纂於明末之《澹生堂書目》，著録浙江藏書家祁承𤊰（1563—1628）所藏圖書九千餘種、十萬餘卷。其卷十三、十四兩卷專録别集，"國朝御製集" 著録《太祖高皇帝御製文集》等自高祖至世宗諸帝詩文集數十種，"國朝閣臣集" 著録《解春雨先生集》、《黄文簡公省愆集》等歷朝閣臣詩文集數十種，"國朝分省諸公詩文集" 分省著録《陶學士集》、《高季迪大全集》等數百種。

此外，傳世之明人書目趙用賢《趙定宇書目》、趙琦美《脉望館書目》、徐𤊰《徐氏家藏書目》等，亦各著録家藏明人詩文集數百種。

（二）總集編纂

明人編纂之詩文總集，多據當時所見之詩文别集彙編而成，内多原本已亡而賴總集以流傳至今者。今存明人合刻之總集，以詩總集居多。

1.《盛明百家詩》

《盛明百家詩》，明俞憲輯，明隆慶五年（1571）序刊本。分爲前、後兩編，"前編" 始《高楊張徐集》，止《淑秀總集》，凡一百五十二種；"後編" 始《廣中四傑集》，止《李生集》，一百七十七種，合共三百二十九種。

2.《石倉刻明詩》

《石倉刻明詩》六百八卷，明曹學佺輯，明崇禎間刻本。曹氏所刻，一名《十二代詩選》，四庫館臣改稱爲《石倉歷代詩選》。曹氏所選歷代之詩，上起古初，下迄於明，明詩六百八卷。《四庫全書》編纂時，館臣所見僅《初集》八十六卷、《次集》一百四十卷，所録止於嘉靖、隆慶間詩人。館臣以爲《三集》以下皆佚，並以爲 "明自萬曆以後，繁音側調，變而愈遠，故論者等諸自鄶無譏。是本止於嘉、隆，正爲明詩之極盛，其《三集》以下之不存，正亦不足惜矣"。今據調查，曹氏所輯《三集》一百卷、《四集》一百三十二卷、《五集》五十二卷、《六集》一百卷尚存，唯卷帙不齊，分藏各館，有待配補始稱完帙。

3. 其他

明人所輯明人詩文合集，所見尚有李贄輯《三異人集》（方孝孺、楊繼盛、于謙三人集），朱珵堯輯《瀋國勉學書院集》（朱詮鈺等四宗室集），陳仁錫輯《陳沈兩先生稿》（陳淳、沈周集），《明四家集》（邊貢、徐禎卿、高叔嗣、喬世寧集），李三才輯《李何二先生集》（李夢陽、何景明集）等。詩文合集以外，明人所輯明人詩選、文選（如夏雲鼎輯《崇禎八大家詩選》等）中，包含大量明代詩文作者資訊，可供鈎稽參考之助，也爲明集調查時所重視。

二、清人對於明代詩文集之著錄

對於明人詩文集之收集與整理，自清初以來即受人重視，迄今猶未停止。清代學者對於明代二百七十餘年間問世之詩文集之著錄，以晉江黃居中、黃虞稷父子所編《千頃堂書目》成績最著。

（一）書目著錄

1.《千頃堂書目》

《千頃堂書目》編纂始於明末，初名《千頃齋書目》，後增編爲《千頃堂書目》三十二卷。《千頃堂書目》卷十七至卷三十二"別集類"中，凡著錄明人詩文集（含"外國"、"婦人"、"道士"、"釋子"）近五千三百種，入錄之書，均按著者科第排列，每條著錄後，又附注著者爵里、字號、科第等傳記資料，極見功力，至今仍爲明集調查之重要參考依據。

2.《明史・藝文志》

《明史・藝文志》完成於乾隆四年（1739），此志係利用《千頃堂書目》而編成,凡著録明人詩文集六百六十餘種。

3. 私人簿録

清人私家藏書目録中著録明人詩文集,數量甚夥,如清初徐氏《傳是樓書目》、金氏《文瑞樓書目》,均以收藏明人詩文集著稱。各家書目,凡獲經眼,均加採摭,以作參考。限於篇幅,不一臚舉。

(二)總集編纂

清人所編明人詩文總集、選集,除利用詩文選集以外,不少據經眼之詩文別集鈔輯,從中反映出清代收藏之明人詩文集概況。

1.《明文海》

《明文海》四百八十二卷,清黄宗羲輯於康熙間。黄氏有志輯録明代文獻,康熙初曾選《明文案》二百卷。後獲崐山徐氏所藏明人文集,因更擴大編輯規模,編成《明文海》。此編分體二十有八,每體之中,又各爲子目,蒐羅極富,利用明人詩文集二千餘家,人稱明代文章之淵藪。

2.《明詩綜》

《明詩綜》一百卷,清朱彝尊輯於康熙間。入選詩人三千四百餘家,或因詩而存人,或因人而存詩,間綴以詩話,述其本事,保留大量明人詩作及著者傳記資料。

3.《御選明詩》

《御選明詩》一百二十八卷,爲康熙四十八年(1709)聖祖御定、右庶子張豫章等奉敕編次之《御選宋金元明詩》一部,入選明詩三千四百餘家。其編纂體例爲:(1)分體編排,各體詩首帝製,次四言,次樂府、歌行,次古體,次律詩,次絶句,次六言,次雜言;(2)以人繫詩;(3)卷首詳叙入選詩人之爵里。利用了大量明詩總集與別集,所叙詩人爵里,亦足資參考。

4. 清初詩選

清初人所輯詩選、詩話中，含有大量明末或由明入清之著者傳記及作品，如（1）鄧之誠《清詩紀事》，（2）謝正光、佘汝豐《清初人選清初詩彙考》，（3）錢仲聯《清詩紀事》等，調查時也曾作搜討。

叄、明人詩文集編目資源之調查

一、近人對於明代詩文集之著録

目前分藏於中外圖書館之明人詩文集，爲《目録》編纂之主要著録對象，著録工作由調查各館館藏書目入手，所利用書目包括古籍聯合目録及館藏目録。

（一）書目著録

1. 聯合目録

（1）《中國叢書綜録·集部》（上海古籍出版社，1981）

《中國叢書綜録》由上海圖書館聯合北京圖書館等四十一家圖書館聯合編纂，1959 至 1961 年陸續出版，共收録現存古籍叢書二千七百九十七種，所含子目七萬餘條，經比勘異同，歸併分合，仍得三萬九千條左右。利用《中國叢書綜録》之“子目分類索引”，可檢得明人詩文集一千六百餘種。

（2）《中國古籍善本書目·集部》（上海古籍出版社，1996）

《中國古籍善本書目》由大陸八百餘家圖書收藏單位聯合編纂，是著録現存古籍善本數量最多之書目，該書目作爲一部版本目録，共著録各版本類型明人詩文集四千五百種左右，並同時反映各本之收藏單位。

（3）《中國古籍總目·集部》（未定稿）

《中國古籍總目》由大陸數十家大型圖書館聯合編纂，目前正在進行中。書目將著錄 1911 年以前問世之歷代各版本類型之古籍（不限於善本），並反映各本之著錄單位。筆者所編《現存明人詩文集目錄》，即爲《中國古籍總目》之組成部分。

（4）《東北地區古籍綫裝書聯合目錄·集部》（遼海書社，2003）

反映東北地區數十家圖書館收藏之古籍，編纂已逾十年，目前正在校訂印刷中，《中國古籍總目》問世之前，該目爲規模最大之地區性古籍聯合目錄，著錄明人詩文集一千四百餘種。

（5）《臺灣地區公藏明人文集聯合目錄》（漢學研究中心，2000）

著錄臺灣地區各重要古籍收藏館藏明人詩文集三千種左右。

2. 館藏目錄

（1）《北京圖書館古籍善本書目》（書目文獻出版社，1987）

著錄館藏明人詩文集一千七百餘種。

（2）《上海圖書館古籍善本書目》（上海圖書館，1957）

著錄館藏善本明人詩文集三百餘種。

（3）《天津圖書館古籍善本書目》（天津圖書館，2004）

著錄館藏明人詩文集六百餘種。

（4）《遼寧省圖書館館藏古籍分類書目》（遼寧圖書館，1959）

著錄館藏明人詩文集四百餘種。

（5）《浙江省圖書館古籍善本書目》（浙江教育出版社，2002）

著錄館藏明人詩文集五百三十餘種。

（6）《湖南省古籍善本書目》（岳麓書社，1998）

著錄館藏明人詩文集五百三十餘種。

（7）《山西省古籍善本書目》（山西省圖書館編印，1981）

著録館藏明人詩文集二百三十餘種。

（8）《北京大學圖書館藏古籍善本書目》（北京大學出版社，1999）

著録館藏明人詩文集近八百種。

（9）《清華大學圖書館藏善本書目》（清華大學出版社，2003）

著録館藏明人詩文集近三百種。

（10）《南京大學圖書館中文舊籍分類目録初稿》（南京大學圖書館，1958）

著録館藏明人詩文集二百餘種。

（11）《復旦大學圖書館古籍善本書目》（復旦大學圖書館，1959）

著録館藏明人詩文集三百餘種。

（12）《“國立中央圖書館”古籍善本書目》（“國立中央圖書館”，1986）

著録館藏明人詩文集二千餘種。

（13）《故宮博物院善本舊籍總目》（臺北故宮博物院，1983）

著録館藏明人詩文集三百餘種。

（14）《“國立中央圖書館”典藏國立北平圖書館善本書目》（“國立中央圖書館”，1969）

著録明人詩文集五百餘種。

近年各館相繼編製古籍機讀目録，館藏書目信息有所增加，現正加以利用。

3. 提要目録

提要目録著録之明人詩文集，對於著者之爵里、版刻之異同、卷數之分合，多有描述，著録中遇原書無從目驗時，提要内容爲書目歸併與排序之重要參考。《目録》編纂，曾參考以下提要目録：

（1）紀昀等《四庫全書總目·集部》（中華書局影印本，1965）

著録明人詩文集二百六十餘種。

（2）紀昀等《四庫全書總目存目·集部》（中華書局影印本，1965）

著録明人詩文集八百六十餘種。

（3）翁方綱《四庫提要纂修稿》（上海科技文獻出版社，2004）

著録明人詩文集二百餘種。

（4）東方文化事業總委員會《續修四庫全書總目提要·集部》（齊魯書社影印本，1998）

著録明人詩文集九百四十餘種。

（5）王重民《中國善本書提要》《補編》（上海古籍出版社，1983）

著録明人詩文集近千種。

（6）《"國立中央圖書館"善本書志初稿》（"國立中央圖書館"，1996）

著録明人詩文集一千二百餘種。

（7）黄仁生《日本現藏稀見元明文集考證與提要》（岳麓書社，2004）

著録稀見明人詩文集三百餘種（作者2000至2001年訪日期間，利用日本各圖書館及文庫漢籍目録，調查日本現藏元明兩朝詩文集，從六百餘種稀見本中，篩選出三百餘種，逐種訪查，並考訂其作者生平及版本源流，撰爲提要，使不少中國失藏而僅存於日本、中土已佚而賴日本、朝鮮刻寫而留存之稀見詩文集得以準確著録）。

（二）域外著録

1. 日本

日本爲海外收藏漢籍最多之國家，公私圖書館所藏明代文獻數量亦夥，現存各版本類型之明人詩文集四千餘種，爲增補《現存明人詩文集目録》之重要資源。

（1）《內閣文庫漢籍分類目録》（內閣文庫，1986）

日本收藏之漢籍，以內閣文庫（自 2002 年四月始稱“國立公文書館”）稱最。由於繼承了歷史悠久的紅葉山文庫、昌平阪學問所藏書，該文庫收藏明人詩文集不僅數量最多，而且內多中土失傳之稀見品種。著錄明人詩文集七百四十餘種。

（2）《尊經閣文庫漢籍分類目錄》（1934）

著錄明人詩文集近二百種。

（3）《漢籍分類目錄·集部（東洋文庫之部）》

東洋文庫收藏的明人詩文集，除歷年收藏以外，還因收藏複製原北平圖書館所藏善本書之“寫真本”而著稱（原北平圖書館所藏善本委託美國國會圖書館保管期間，東洋文庫獲得該批藏書膠卷，山根幸夫將膠卷中東洋文庫缺藏之明人詩文集洗印成照片，裝訂成冊，用以補充該館明集館藏）。

（4）《靜嘉堂文庫漢籍分類目錄》（靜嘉堂文庫，1930）

著錄明人詩文集四百三十餘種。

（5）《東京大學東洋文化研究所漢籍分類目錄》（東京大學東洋文化研究所，1973）

該所收藏漢籍較爲豐富（包括 1967 年日本文部省調撥之原東方文化學院所藏漢籍一萬餘冊）。

（6）《東京大學總合圖書館漢籍目錄》（東京大學東洋文化研究所，1973）

著錄明人詩文集一百三十種

（7）《京都大學人文科學研究所漢籍分類目錄》（京都大學人文科學研究所，1981）

著錄明人詩文集一千一百八十餘種。

（8）《京都大學文學部漢籍分類目錄》（京都大學文學部，1959）

（9）《早稻田大圖書館所藏漢籍分類目錄》（早稻田大學圖書

館,1991)

著録明人詩文集一百六十餘種。

（10）《增訂日本現存明人文集目録》（東京女子大學東洋史研究室,1978)

此目由山根幸夫等據日本數十家圖書館館藏目録彙編而成,著録明人詩文集四千餘種。

2. 韓國

（1）《漢城大學奎章閣圖書中國本綜合目録》（漢城大學校圖書館,信興印刷株式會社,1982)

著録明人詩文集一百五十種左右。

（2）《大韓民國國立中央圖書館古書目録》（大韓民國國立中央圖書館,1972)

著録明人詩文集五種。

（3）《大韓民國國立中央圖書館外國古書目録》（大韓民國國立中央圖書館,1976)

著録明人詩文集數種。

（4）《韓國國會圖書館古書目録》（韓國國會圖書館,1995)

著録明人詩文集數種。

3. 歐洲北美

（1）《法蘭西學院漢學研究所藏漢籍善本書目提要》（中華書局,2002)

《提要》體例略仿《哈佛燕京圖書館藏書志》,僅著録明集三種。

（2）《美國國會圖書館藏善本書目》（臺北文海,1972)

著録明人詩文集數百種。

（3）《普林斯頓大學葛思德東方圖書館中文善本書志》（臺灣

聯經,1975）

　　著録明人詩文集八十餘種。

　　（4）《普林斯頓大學葛思德東方圖書館中文舊籍書目》（臺灣
商務印書館,1990）

　　著録明人詩文集四十種。

　　（5）《美國哈佛大學哈佛燕京圖書館中文善本書志》（上海辭
書出版社,1999）

　　著録明人詩文集一百六十餘種。

　　（6）《加拿大英屬哥倫比亞大學宋元明及舊鈔善本書目》（加
拿大英屬哥倫比亞大學,1949）

　　著録明人詩文集數十種。

　　（7）《中美中文善本書聯合目録》（美國 RLG 組織《中美中文
善本書聯合目録》編輯組）

　　著録北美所藏明人詩文集數百種。

二、近年影印之明人詩文集

　　近年來,古籍影印蔚爲風氣,初步統計,已有千餘種明人詩文
集獲影印出版,原先分藏各圖書館之珍稀之本,化身千百,流播宇
内,對明代詩文之研究提供莫大便利,厥功甚偉。影印本之出現,
亦爲《目録》編纂提供不少新版本,如：

　　1.《四部叢刊》三編（上海書店出版社,1985）

　　收明集近二十種。

　　2.《文淵閣四庫全書》（臺灣商務印書館,1986　上海古籍出
版社,1989）

　　收明集二百四十餘種。

3.《續修四庫全書》（上海古籍出版社，2002）

收明集一百五十種。

4.《四庫存目叢書》、《補編》（齊魯書社，1997）

收明集六百種。

5.《四庫禁燬書叢刊》、《補編》（北京出版社，2003）

收明集二百餘種。

6.《四庫未收書輯刊》（北京出版社，1997）

收明集一百餘種。

7.《故宮珍本叢刊》（海南出版社，2000）

收明集三十種。

8.《北京圖書館藏古籍善本叢書》（書目文獻出版社，1999）

收明集七十餘種。

三、明人詩文集之整理編纂

1.影印、整理本

20世紀尤其是50年代以來，中華書局、上海古籍出版社等出版社，及臺灣地區出版機構，先後出版影印本、標點整理本明人詩文集數百種。

2.《全明詩》編纂

復旦大學古籍整理研究所自80年代以來，開展《全明詩》編纂工作，先後從國內外圖書館複製大量明人詩文集（複印件及膠卷），加以該校圖書館收藏之明人詩文集，已收集各類型版本之明集數逾三千。此外，尚有《明詩總集篇目索引數據庫》之編纂。

3.《全明文》編纂

復旦大學古籍整理研究所自90年代以來，利用該校已收集之明人詩文集資源,逐步開展《全明文》編纂工作,並已有《明文總集篇目索引數據庫》《明人著述中遺文篇目索引數據庫》《明人文集篇目索引數據庫》之編纂。

肆、明人詩文集目錄編纂之體例

一、《現存明人詩文集目錄》著録凡例

(一)《目錄》著録海內外各收藏單位所藏明人所著詩文集,以目驗及各家書目著録者爲據;

(二)《目錄》以著者時代排次,由元入明及由明入清之著者,爲免遺缺,收録範圍適當放寬;

(三)《目錄》既著録同一著者之不同著作,亦著録同一著作之不同版本(含近世影印本);

(四)同一著者之不同著作、同一著作之不同版本,略依其刊刻(影印)之先後編次;

(五)相同版本之影印本(寫真本、膠卷),著録於原本之後,不拘其時代先後;

(六)同一著作既有單刻本,亦有叢書(總集)本,一般先著録單刻本,再著録叢書本;

(七)各家著録之書目、卷數、刻年、刻地相近者,據目驗及查考所得,略加歸併;

(八)各家著録之書目、卷數、刻年、刻地相近,雖經查考而仍存疑點者,依次著録,暫不歸併;

(九)各條書目依次著録:書名、卷數、著者、著作方式、刊刻(鈔寫、影印)年代、刻地、刻者及版本類型;

（十）各條書目下依次著録各收藏單位簡稱，藏本較多者，收藏單位酌省。

二、《現存明人詩文集目録》編纂程序

（一）彙聚前述中國大陸及港臺地區，以及日本、韓國、西歐北美圖書館館藏目録；

（二）鈔輯各家館藏目録中所包含之明人詩文集記録；

（三）聚合相同著者之著作及其各類型版本；

（四）經目驗原書、調查比勘、查考資料等步驟，歸併相同記録；

（五）將初經甄别之紀録輸入電腦，編爲數據庫形式；

（六）繼續增補、修改、删除數據庫中相關記録；

（七）區分同書異名、同名異書，同名異人、同人異名等特殊情況；

（八）將書目數據庫與同時編纂之《明人傳記資料數據庫》鏈接；

（九）製作數據庫檢索界面。

三、明人詩文集目録編纂之相關成果

明人詩文集之書目調查及目録編纂，目的在於充分利用明人詩文集中所藴含之各類史料，用以推動明代乃至古代文化研究之深入，《全明詩》及《全明文》編纂因資源不足及人力、物力之限制，短期内尚不易觀成，而已經獲取之資料，則仍應及時予以彙編利用。借助手工及電腦操作，目前已經建成並仍在不斷增補之各種數據庫如次：

（一）《明人詩文集提要》

書目編纂，以準確著録爲前提，歸併排次，亦須便於讀者"即

類求書,因書究學"。明人詩文集版本問題十分複雜,前後刻本之增補分合,有書目編排所不能窮其原委者,仍須綜合各本參互考訂,述其流別,故現於書目編纂同時,正進行《明人詩文集提要》之編纂。

(二)《明人傳記資料數據庫》

書目編纂中利用各種明人傳記資料,可編纂明人詩文集著者之傳記資料(如臺灣"中央圖書館"1965年曾據五百餘種文集編成《明人傳記資料索引》),現已完成包含五千餘明代著者小傳之《明人傳記資料數據庫》,並與《現存明人詩文集目錄數據庫》相鏈接。

(三)《明詩總集篇目數據庫》

復旦大學古籍整理研究所爲編纂《全明詩》,經普查國內現存明詩總集資源,組織人力,輯録各代所編明詩總集之篇目及著者小傳,作爲《全明詩》編纂之資料庫,已積累明詩篇目數據數十萬條。

(四)《明文總集篇目數據庫》與《明人著述中遺文篇目數據庫》

復旦大學圖書館古籍部爲編纂《全明文》,經普查國內現存明文總集資源,組織人力,輯録各代所編明文總集之篇目及著者小傳、明人著述中遺文篇目,編爲數據庫,作爲《全明文》編纂之資料庫,已積累明文篇目數據近十萬條。

(五)《明人文集篇目數據庫》

現存明人詩文集之全部或大部分成爲電子文本以前,編製分類得當、檢索便捷之《明人文集篇目數據庫》,實爲利用明集文獻資源之基礎。臺灣漢學研究中心對此經營有年,並取得初步成績。筆者2000年出席漢學研究中心召開之"明人文集開發利用會議",曾提交《明人文集篇目索引編製芻議》一文,並附供參考之分類詞表。原議由復旦大學古籍研究所及圖書館聯絡大陸相關明集收藏部門,與臺灣漢學研究中心合作,共同編製明集篇目數據庫

之計劃，因故未能實現。依據目前條件，上述計劃今後仍可繼續
落實。

伍、《現存明人詩文集目録》編纂得失

　　利用前述中外圖書館館藏目録及古籍聯合目録，目前著録之
明人詩文集，已有著者三千餘人、款目一萬餘條。數量雖已可觀，
但是距實際存世之明人詩文集，品種尚有不足；已經收入《目録》
之著録質量，亦仍存在問題：

　　（一）現存明人詩文集分藏於中外各收藏單位，各家藏書之利
用條件亦不盡相同。收藏分散，使研究者遍訪不易；利用條件不
同，則研究者身入寶山，未必如願以歸。語云"書囊無底"，書非目
驗，舛誤難免，人力有限，不免望洋興歎；

　　（二）私家藏書數量雖不致過多，然天下之大，地不愛寶，稀見
或僅見之古代文獻流落民間、收藏於私家的事例，仍不能忽視；

　　（三）利用古籍聯合目録及各館藏書目録，雖可大致把握現存
明人詩文集之收藏情況，但實際上，各館藏書目録尚不完備，如不
少圖書館並無可供查閱之書目，已有書目亦不能完整反映該館藏
書，有目無書、有書無目，及書目著録與藏書不相吻合情況，所在
均有；

　　（四）各家書目對於明人詩文集之著録，存在諸多異同。明代
版刻事業發達，詩文結集與刊刻均較頻繁，造成一人多集、一集多
版之情況普遍存在；一書有多種版本、各版本所含作品數量多寡不
一，比比皆是；即使翻刻重印之本，亦存在內容之損益、卷次之分合
等變化。凡此，均爲著録之難點，加以各家著録體例不一，水平參
差，遂使治絲益棼，畫一爲難，斟酌去取，頗費精神。

　　明人詩文集調查與書目編纂之不利因素已如上述,今後深盼能獲海内外圖書館與研究者繼續支持,爲筆者修訂《目録》提供幫助,增其不備,去其舛誤,以便早日向學術界提交一份收羅品種完備、著録質量上乘之明人詩文集總目。(本文與復旦大學古代文學研究中心朱邦薇合作)

　　(《章學誠研究論叢:第四屆中國文獻學學術研討會論文集》,學生書局,2005 年)

古籍書志編纂小議

古籍藏書具有一定規模、從業人員富於事業心之圖書館,大致都經歷古籍登記、著錄編目、選印善本圖錄,進而編纂善本(或專題)書志之過程,逐步深化館藏古籍之利用。大型圖書館館藏古籍之書目齊全、整理有序,莫不經數代人接力始克完成。長遠看來,今人對於古籍之整理與保護,仍屬歷代公私藏書傳統之延續。

當前,國家古籍保護中心在推動全國圖書館古籍普查基礎上,又組織各館結合近年"古籍珍貴名錄"評審,試爲已入選之善本編纂書志,並創辦《書志》一刊,用以登載新稿,俾古籍工作者觀摩交流,積累經驗,搭建起"中國古籍善本書志"工作平臺。未雨綢繆,深具遠見,新人輩出,正待歷練,但茲事體大,觀成匪易,不僅應慎選人手,嚴訂體例,又需在基本理念方面略作討論,以期統一認識,避免誤區。不揣淺陋,茲就"書志"之屬性、來歷、特點、體例等問題,略陳鄙見。

一、書志屬於"輯録體"書目

"書志"係"藏書志"之簡稱,通常省略"藏"字,聯綴他詞(如"善本書志"、"金石書志"、"讀書志"等),又有書録、書記、叙録、解題等別稱(如"善本書録"、"鑒藏書記"、"文集叙録"、"經籍解題"等)。作爲古籍書目之一種形式,書志類著述包含説明文字,與僅著録書名、著者、版本諸項之普通書目不同，其區別顯而易見，不致産生誤解。與此同時，書志與同樣含有説明文字之提要、題跋等，因其面貌相近，區別則不甚明顯，實踐中較易混淆，有時甚至"書志提要"連稱。書目工作者如疏於考究，不加辨别，則所撰志稿，類例不明，頗見"書志如提要"、"提要如書志"現象。

書志與提要，區別究竟何在，有無必要嚴加區分？筆者以爲，書志與提要，就其形制而言，均屬"詳細著録"之書目，較之不含説明文字之"簡單著録"，其形式固然相似，但其屬性與編纂實不相同。自其屬性而言之，提要屬於"解題書目"，書志則屬於"版本書目"；自其編纂而言之，提要可由包括圖書館員之各科專家承擔撰寫，書志則必須依託圖書館員及藏書實物完成編纂。

按照目録學者之權威説法，中國古典目録可分爲叙録、傳録及輯録體三種形式，起源可溯至漢代劉向、劉歆父子。據劉向《别録》遺篇所示，完整之"叙録體"書目，應著録篇目、考訂著者及成書原委，並對内容有所評議。"叙録體"、"傳録體"書目，注重對於圖書内容及著者之揭示，建立起古典目録學之範式，强調書目編纂中同時梳理學術源流，影響至於今日。但是，"叙録體"、"傳録體"之大型書目，傳世並不多見，繼承其體制並集大成者，世推清乾隆間集體編纂之《四庫總目提要》，去西漢末年已將兩千年。歷代正史"藝文志"及補志等書目編纂，由記録"一代藏書"發展至記録"一代著述"，與向、歆父子整理宫廷藏書時校訂文本、寫定篇目之情況已不同。由於圖書品種及其版本之數量增加，後世公私藏書目録中，對於圖書篇目之著録已省略，對於圖書分合、著者身份之認定，一般直接體現於書名卷數及著者之著録中，不再逐條加以文字説明，而對於圖書及其分類發展之學術性回顧等，則保留於各部、各類之説明即所謂大、小序中。相對於唐宋以後"簡單著録"之書目大行其道，"叙録體"、"傳録體"書目之較少流行，"輯録體"書目之發展則引人注目。

"輯録體"之書目，較之"叙録體"、"傳録體"出現稍晚，傳世有元馬端臨《文獻通考·經籍考》，及清朱彝尊《經義考》、謝啓昆《小學考》等。以上諸目均稱"考"，一是強調編纂者考訂之功勝於通常書目著録，同時又透露出其"知見書目"、"回溯書目"之屬性。如《經籍考》之照録《郡齋》、《直齋》二書録，《經義考》之區分"已見"、"未見"等，與通常書目之據實著録所藏圖籍，編纂體例實不相同。"輯録體"書目之出現，遠承向、歆父子"條其篇目，撮其指意"之傳統，反映編纂"專題書目"、"解題書目"之社會需求，又因詳細著録之繁難，不能遍及各類圖書，因而祇得選擇對部分圖書詳細著録。

"書志"因其多輯録原書凡例、序跋等信息，通常也被視爲"輯録體"書目，主要用於著録各家收藏之善本。藏書志形式成熟於清代嘉道年間，此與乾嘉間官方編纂大型叢書及書目、公私藏書蔚然成風有關。其時《四庫全書》編纂完成不久，《四庫總目提要》刊刻流傳，影響如日中天，四方士人學者以至私人藏書家，莫不受其籠罩。流風所及，後人編纂解題類書目，亦莫不因心目中懸有"欽定"之《四庫總目提要》而遂分趨、避兩途，如周中孚撰《鄭堂讀書記》，即以《四庫總目提要》爲範本，效法模仿、亦步亦趨者；而張金吾撰《愛日精廬藏書志》，則屬於以《四庫總目提要》爲借鑒，有意避讓、另闢蹊徑者。

二、書志屬於"版本書目"

"書志"之編纂旨趣，因其"詳細著録"圖書，似應歸爲"解題書目"，但細加觀察可知，書志著録自有側重，與"叙録體"、"傳録體"

書目並不相同。其明顯特點,在不模仿《四庫總目提要》,不重内容
評價,而用力於客觀描述圖書面貌,反映所著録圖書之版本特徵,
進而梳理該書之版本源流。筆者以爲,書志形式之産生,係取法宋
人《郡齋》、《直齋》、《遂初堂》等書目,故而最初以著録私家藏書爲
範圍;又受清初錢曾《讀書敏求記》等影響,注重記録藏書中之善
本精槧。其具體著録方式,與《四庫總目提要》關係甚遠,而與乾
嘉間宫廷善本書目《天禄琳琅書目》關係較近。

　　《四庫總目提要》與《天禄琳琅書目》同出於"欽定",均據目驗
圖書而後完成,參與編纂人員、完成編纂時間相同,但採用之著録
方式截然不同,反映了"解題書目"與"版本書目"之各自特色。兹
試作比較如次。先看《四庫全書總目》經部《周易注》提要:

　　　周易注十卷(浙江巡撫採進本)
　　上下經注及《略例》,魏王弼撰。《繫辭傳》、《説卦傳》、《序卦
傳》、《雜卦傳》注,晉韓康伯撰。《隋書·經籍志》以王、韓之
書各著録,故《易注》作六卷,《略例》作一卷,《繫辭注》作三
卷。《舊唐書·經籍志》、《新唐書·藝文志》皆載弼注七卷,蓋
合《略例》計之。今本作十卷,則併韓書計之也。考王儉《七
志》已稱"弼《易注》十卷"(按《七志》今不傳,此據陸德明
《經典釋文》所引),則併王、韓爲一書,其來已久矣。自鄭元傳
費直之學,始析《易》傳以附經,至弼又更定之。説者謂鄭本
如今之"乾卦",其"坤卦"以下又弼所割裂。然鄭氏《易注》
至北宋尚存一卷。《崇文總目》稱存者爲《文言》、《説卦》、《序
卦》、《雜卦》四篇,則鄭本尚以《文言》自爲一傳,所割以附經
者不過象傳、象傳,今本《乾》、《坤》二卦各附《文言》,知全經
皆弼所更定,非鄭氏之舊也。每卷所題"乾傳第一"、"泰傳第

二”、“噬嗑傳第三”、“咸傳第四”、“夬傳第五”、“豐傳第六”，各以卷首第一卦爲名。據王應麟《玉海》，此目亦弼增標，蓋因毛氏《詩傳》之體例相沿既久，今亦仍舊文録之。惟《經典釋文》以“泰傳”爲“需傳”，以“噬嗑傳”爲“隨傳”，與今本不同。證以《開成石經》，一一與陸氏所述合，當由後人以篇頁不均爲之移併。以非宏旨之所繫，今亦不復追改焉。其《略例》之注，爲唐邢璹撰。璹里籍無考，其結銜稱“四門助教”。按《唐書·王鉷傳》稱爲“故鴻臚少卿邢璹子縡以謀反誅”，則終於鴻臚少卿也。《太平廣記》載其奉使新羅，賊殺賈客百餘人，掠其珍貨貢於朝。其人殊不足道，其注則至今附弼書以行。陳振孫《書録解題》稱蜀本《略例》有璹所注，止有篇首釋“略例”二字文與此同，餘皆不然。是宋代尚有一別本。今則惟此本存，所謂“蜀本”者已久佚矣。弼之説《易》，源出費直。直《易》今不可見。然荀爽《易》即費氏學，李鼎祚書尚頗載其遺説，大抵究爻位之上下，辨卦德之剛柔，已與弼注略近，但弼全廢象數，又變本加厲耳。平心而論，闡明義理，使《易》不雜於術數者，弼與康伯深爲有功，祖尚虛無，使《易》竟入於《老》、《莊》者，弼與康伯亦不能無過。瑕瑜不掩，是其定評。諸儒偏好偏惡，皆門户之見，不足據也。（《四庫全書總目》卷一）

　　上引《周易注》提要，乃《四庫全書總目》之首篇，反映了提要之基本格式，具有範本作用。纂修官所用力者，在於梳理秦漢以下《周易》文本之流傳、傳注之分合及撰人之生平等，所撰提要考訂精審，堪稱《周易》傳注流傳小史，却並非針對具體之《周易》文本（其版本介紹僅據《提要》體例標示“浙江巡撫採進本”）。可知四庫纂修官因關注圖書內容之評騭，而無暇顧及不勝枚舉之各版本特徵。

再看《天禄琳琅書目》"宋版經部"中《周易》條著録：

> 周易（一函五册）
>
> 上下經六卷，魏王弼注。《繫辭》以下三卷，晉韓康伯注。《周
> 易略例》一卷，王弼著，唐邢璹注。俱唐陸德明音義，共十卷。
> 是書不載刊刻年月，而字法圓活，刻手精整，且於宋光宗以前
> 諱皆缺筆。又每卷末詳記經注、音義字數，宋版多此式，其爲
> 南宋刊本無疑。琴川毛晉藏書，類以甲乙爲次，是書於"宋本"
> 印記之下復加"甲"字印，乃宋槧之最佳者。
>
> 晉元名鳳苞，字子晉，蘇州常熟人，好古博覽，搆汲古閣，藏書
> 數萬卷，刻《十三經》、《十七史》，古今百家之書手自校讐，僮僕
> 皆能鈔書，著述甚富。見《蘇州府志》。
>
> "宋本""甲"，朱文，卷一。"毛晉／之印"朱文，卷一、卷二、卷
> 四。"毛氏／子晉"，卷一、卷四。
>
> 闕補：卷三（一、二），卷九（全）。卷十（全）。（《天禄琳琅書目》
> 卷一）

《天禄琳琅書目》所載《周易》條，所著録者爲具體版本，即清
宫"天禄琳琅"所藏之宋本《周易》。宋本《周易》傳世亦不止一
本，《天禄琳琅書目》著録之《周易》書名、卷數、著者、版本、分卷、
版式、字體、藏家、藏印、闕卷、增補等細節，旨在反映所目驗藏本之
特徵（隱含不與他本混淆之意），而《周易》文本之流傳歷史、分析評
價，實非其所措意。兩者對照，《四庫總目提要》作爲"解題書目"、
《天禄琳琅書目》作爲"版本書目"之特點遂各自凸顯。

稍晚於《天禄琳琅書目》問世之《愛日精廬藏書志》，通常被視
爲"書志"形式趨於成熟之代表作。試看《愛日精廬藏書志》經部

所著録《周易》兩條目：

周易九卷略例一卷（毛氏影寫宋相臺岳氏本）

　魏王弼注。《繫辭》以下晉韓康伯注。《略例》魏王弼撰，唐四門助教邢璹注。每卷末俱有“相臺岳氏刻梓荆溪家塾”篆文木記。

　邢璹《略例序》

易傳十卷附略例一卷（影寫宋刊本　汲古閣藏書）

　唐李氏鼎祚集解

　是書《新唐書志》作十七卷，《崇文總目》《紹興續編四庫闕書目》《中興書目》（見《玉海》）《郡齋讀書志》《直齋書録解題》《文獻通考》及李氏自序俱作十卷，則是書自宋以來止有十卷，無十七卷可知也。毛氏既析十卷爲十七卷以合《唐志》之文，又改序中“一十卷”爲“一十八卷”，以合附録《略例》一卷之數，而宋以來之卷次遂致不可復識。此本《易傳》十卷、《略例》一卷，猶是宋時舊第，中遇宋諱若“貞”、若“殷”、若“恒”，俱缺末筆，蓋影寫宋嘉定重刊本也。首頁有毛褒圖記。

　自序

　李鼎祚以《易》學顯名於唐，方其進《平胡論》，預察胡人叛亡日時，無毫釐差，象數精深蓋如此，而所注《周易》全經，世罕傳焉。鼎祚，資人也。爲其州，因斥學糧之餘，鏤板藏之學官，俾後之士因以知前賢通經學古，其用力蓋非苟而已。學録鄉貢進士謝誨、學正新鄭縣尉侯天麟校讎，教授眉山史似董其事。乾道二年四月甲午，郡守唐安鮮于侃書。

乾道元、二，先君子假守資中，公退惟讀書不暫輟，蓋亦晚而
好《易》。謂李鼎祚資人也，取其《集解》，命刊之學官。病其
舛脱，則假善本於東漕巽巖先生，然亦猶是也，姑傳疑焉，惟不
敢億以是正之。兹四十有七年矣，板復荒老，且字小不便於覽
者。不肖嗣申之誤，兹將□□□□□指，敬大字刻之漕司，尚
廣其傳，庶幾此學不遂泯云。嘉定壬申三月甲子，申之謹書。
計用章後序（慶曆甲申）

《愛日精廬藏書志》對於所藏兩種影寫本《周易》之著録，同
樣詳記書名、卷數、著者、版本、收藏、歷代著録等，並過録書前序跋
題識，除了對版本源流略作辨析，對圖書內容未有涉及，其著録方
式與"解題目録"完全異趣。在書目不能附見書影、圖録之時代，
此種藉助文字以描述版本特徵之"客觀著録"形式，無疑可稱爲詳
盡之"版本書目"。顧千里序《愛日精廬藏書志》，稱其"開聚書之
門徑"、"標讀書之脉絡"，給予較高評價。清季學者治版本學，多取
《四庫全書簡明目録》標注版本，其中也有取《愛日精廬藏書志》作
標注底本者，可見此目著録之精、受人重視之深。事實上，清代後
期以迄於今之藏書家（包括藏書機構），大多受到《愛日精廬藏書
志》影響，已經並繼續從事"版本書目"之編纂。

三、目録學專家論書志

"版本書目"後來居上，應與唐宋以後圖書出版數量增加、傳統
典籍之版本形態日益豐富有關。"版本書目"也有多種形態，相同
書名、著者款目下臚列各種版本，是簡單著録之"版本書目"；鉅細
無遺地記録版本特徵，是詳細著録之"版本書目"。在書影尚未一
索即得、電子文本並非咄嗟可辦之前，書志之"版本書目"功能仍

具有生命力。

　　對於"書志"之起源及特點,已故昌彼得先生曾有獨到之描述:"藏書志是我國目錄學史上比較晚起的一種體制,然自清乾嘉以來,已成爲目錄學的主流。這種體制,溯其初祖,實淵源於唐宋以來的書畫賞鑒一派。明嘉靖以降,因宋元舊本秘笈普遍地受到藏書家的寶愛,相沿成風,迄明末清初而益甚,於是有模仿書畫賞鑒的體裁,而專注重於賞鑒方面的書錄。開這一派先河的,當推錢遵王的《讀書敏求記》。錢氏在他的藏書中遴選最精好的,每一書寫一篇解題,編爲《述古堂書目題詞》,後來改名《讀書敏求記》。這種解題有異於前代的叙錄,不介紹書的著者及内容,但討論它繕寫刊刻的工與拙,及遞藏的源流,純從欣賞審鑒的觀點來論述。其後乾嘉間于敏中、彭元瑞等先後奉敕編撰《天禄琳琅書目》正續編,除叙述鋟梓的年月、刻印的工拙外,並詳載收藏家的題識印記,並考訂他們的時代與爵里。自此例一開,嘉道以來的藏書家,紛起師法,而踵事增華,體例越來越詳密。舉凡一部書的版式行款、刻工、避諱字、刻書牌記、序跋題記及收藏的印記、遞藏的源流、紙墨字體刊雕的工拙,都予以詳細的記叙。這種賞鑒書志大都僅以書的外形爲記述的物件,雖有功助於版本的考訂鑒別,而無關於版刻的源流異同與書的内容。雖然也偶爾有取與通行本校勘附列校勘記的,如《鐵琴銅劍樓藏書目錄》,但僅限於極少數的經籍。能仿古代目錄叙錄而紹介作者的生平及闡釋一書大旨的,更不多覯了。"(《"國立中央圖書館"善本書志前言》)

　　"版本書目"著錄方式對於書畫錄之借鑒,四庫纂修官亦曾言及,並認爲由《天禄琳琅書目》首先運用:"其書亦以經史子集爲類,而每類之中,宋金元明刊板及影寫宋本,各以時代爲次。或一書而兩刻皆工緻則兩本並存,尤衷《遂初堂書目》例也;一板而兩印皆精好亦兩本並存,漢秘書有副例也(案事見《漢書叙傳》)。每書各有解題,詳其鋟梓年月,及收藏家題識、印記,並一一考其時代爵里,著授受之源流。案張彥遠《歷代名畫記》自論十六篇,其十一記鑒識收藏閱玩,十二記自古跋尾押署,十三記自古公私印記,自後賞鑒諸家遞相祖述,至《鐵網珊瑚》所載書畫,始於是事特詳。然藏書著録,則未有辨訂及此者,即錢曾於《也是園書目》之外別出《讀書敏求記》,述所藏舊鈔亦粗具梗概,不能如是之條析也。"(《四庫全書總目》卷八十五)

黃永年先生將"版本書目"大體分爲四類:一、"標注版本的藏書簡目"(如《絳雲樓書目》、《述古堂書目》、《季滄葦書目》、《孫氏祠堂書目》、《雙鑑樓善本書目》等);二、"爲舊本書撰寫的題跋專集"(如《讀書敏求記》、《蕘圃藏書題識》、《藏園群書題記》等);三、"題跋與書目合一的藏書志"(如張氏《愛日精廬藏書志》、瞿氏《鐵琴銅劍樓藏書目録》、陸氏《皕宋樓藏書志》、丁氏《善本書室藏書志》、楊氏《楹書隅録》,還包括繆荃孫《藝風堂藏書記》、傅增湘《藏園群書經眼録》和王重民《中國善本書目》等);四、"綜合的版本目録"(如莫友芝《邵亭知見傳本書目》、邵懿辰《四庫全書簡明目録標注》、《書目答問》、《販書偶記》、《清代禁書知見録》等)。

對於"題跋與書目合一的藏書志",黃先生以爲"這些藏書志不僅像通常的書目那樣有書名、卷數、撰人、版本,還加有題跋性質的文字,或鈔録刻書序跋、前人題跋,或詳記流傳經過,或比較版刻優劣,因此,它實際上是題跋和書目合二而一的產物。至於書的內容優劣,它一般不涉及,這和評論內容優劣爲主的《四庫全書總目》有顯著的區別。"(《古籍整理概論》,陝西人民出版社,1985)

綜上所述,書志編纂具有以下特點:一、其形式受書畫録、善本書目影響,通常以善本特藏爲著録範圍,而不遍及所有藏書;二、詳細著録各書版本細節及流傳過程中增加的信息,客觀反映版本特徵,以便觀摩比勘;三、著録款目雖有繁簡之分,説明文字仍取規範簡約,不涉及内容分析與評價。

四、書志編纂體例舉隅

作爲"版本書目"的書志編纂,自《愛日精廬藏書志》問世已近兩百年,其體例仍在不斷斟酌變化中。所謂斟酌變化,既由編纂者對書志屬性的認識不同而左右,又隨時代風氣及編纂者學養而進退。具體説來,以著録款目而論,書志内容存在虚實、繁簡之别,再則因書志與提要之類例相淆,即"解題書目"與"版本書目"之分界不清,各家所撰,面貌遂生差異。兹試述民國間《嘉業堂藏書志》及《章氏四當齋藏書目》之編纂經緯,稍見書志編纂體例。

民國六年(1917),吳興劉承幹以嘉業堂藏書初具規模,開始編纂《嘉業堂藏書志》。起初延請繆荃孫主其事,歷時二載,成稿千二百篇,書志獲具雛形。繆氏所撰書志,用丁氏《善本書室藏書志》體例,對各書略作解題,稀見書則著録行款印章,並不過録原書序跋。其時繆氏年事已高,精力不濟,書志未能完成。繆氏過世後,劉氏復請吳昌綬、董康等接續辦理志稿。吳氏與董氏亦皆當時藏書、刻書名家,瀏覽繆氏成稿,分别提出意見,爲今人留下民國學人關於書志編纂體例之具體見解。

吳氏意見謂:一、劉氏藏書佳本不多,繆稿採録過濫,如所録鈔本非盡舊鈔,即使不加剔除,也應分甲、乙兩編處理;二、繆稿以解題爲主,不録原書序跋,其體例不能追蹤楊、瞿,無論張、陸。接續辦理,凡佳本應備録原書序跋,而解題則應簡略,有説則略附己説,無則闕之,何苦如官修提要,每書必加評騭;三、繆稿所録題識及印章過濫,續纂時非名家題識及印章可省略;四、繆稿沿《四庫》分

類,各册封頁題有部類名,其中尚多屚誤,續稿併入時應拆開改移。(載《嘉業堂藏書志》稿本,復旦圖書館藏)

董氏意見則謂:一、解題太略者宜補;二、通行本及惡本宜删除;三、枝詞累句及習見語宜修改;四、簡略者宜查原書增補;五、後來所收之書宜加入。

細繹吳氏、董氏之説,可概括兩位對於書志體例之認識:一、書志爲著録善本而設,收書不可過濫;二、如以解題爲主,不録原書序跋,則書志不合體例;三、書志著録應繁簡適中,過録藏書題識及印章應有所選擇。而吳氏"何苦如官修提要,每書必加評騭"一語,尤其切中書志編纂之弊。

吳氏與董氏不僅修訂繆氏原稿,又據嘉業堂藏書新撰書志稿若干,故今存《嘉業堂藏書志》原稿係由"繆稿"、"吳稿"及"董稿"三部分組成,新整理本已將相同篇目之稿合併,讀者細心比勘,仍可考見書志編纂之不同方式。

民國二十六年(1937),蘇州學人章式之(鈺)先生於北平過世,遺留藏書二萬餘册,家屬將其捐贈燕京大學。時顧廷龍先生正服務燕大圖書館,親手整理此批圖書,未幾,編成《章氏四當齋藏書目》三卷附《書名通檢》一卷,次年由燕大圖書館出版。《章氏四當齋藏書目》著録圖書雖不稱富,但融貫古今之長,編纂極具特色。顧老晚年追憶此事云:

> 章氏的藏書大致可分爲三類:一爲手自校勘及傳鈔之書,乃其一生心力所萃,其中著名者如手校《資治通鑑》、《讀書敏求記》等,極爲精審,曾各以專書付梓流傳。其次是宋元舊刻、明清精刻及名家鈔本,均爲不可多得之善本。第三類係普通習用古籍,但在當時亦已不便購求。

我遂根據其特點，依上述三種情況分爲三卷，每卷各以經史子集別其部居。對前兩類書，又採取前人藏書志編例，凡章氏的題跋、友人的識語及章氏迻録前人題記不經見者全部備録，以資讀者參考。此外，凡校證之本有章氏假自前人者，我還在各題識之後加以按語，就見聞所及記其姓氏、爵里、行誼之概略，以詳淵源。這樣做，在當時可作析疑之助，在後來可充文獻之徵。(《我和圖書館》，載《顧廷龍文集》)

顧老將章氏藏書分爲三類，前兩類爲善本，第三類爲普通本，書目編纂“因書制宜”，先各自成卷，再分別著録。其著録詳略不一，普通本是簡單著録，善本則“採取前人藏書志編例”。所謂“藏書志編例”，除著録書名、著者(含籍貫)及版本項外，又詳盡過録書中各類題跋(如章氏、友人及前人題識)，並爲各家題識略加按語。試舉經部著録二例：

周易正義九卷音義一卷附校勘記九卷釋文校勘記一卷　魏山陽王弼注　唐衡水孔穎達疏　唐吳縣陸德明音義　校記清儀徵阮元撰　清嘉慶二十年江西南昌府學刊十三經注疏本　六冊
　　全書墨筆批點
　　書衣題：丙戌冬亮弟由申購歸。己亥元日記。
　　按，先生介弟名鑑，字亮之。

尚書集傳六卷　宋建陽蔡沈撰　清同治七年掃葉山房刊本四冊
　　先生幼年讀本。有潘志萬校。
　　收藏有“碩亭手校”、“潘志萬印”、“碩亭”、“范齋”、“志萬印信"、"吳潘承撰章"諸印。

跋云：辛酉春正初吉，章鈺温讀。（卷末）

《章氏四當齋藏書目》對不同圖書分別著録，及過録善本題跋、加注按語等體例，顧老自評爲"因書制宜"。《書目》著録反映收藏者藏書特點、治學傾向之特色，當時即備受好評，被譽爲"極能表彰先生（指章氏）劬學之裏面"。近八十年來，類似以小見大、以簡馭繁之專題書目，仍屬罕覯。書志編纂者倘能步武前賢，以"在當時可作析疑之助，在後來可充文獻之徵"爲念，嚴訂體例，謹慎行事，日積月累，存世古籍善本書志終有完成之日。

全國古籍普查中所制定《全國古籍普查登記手册》，對於客觀著録各書版本之細節，已有詳細規定，如能堅持執行，普查目録一旦完成，書志編纂之基本信息即已齊備。古籍普查是編纂《中華古籍總目》之基礎，而古籍書志是《中華古籍總目》之升級産品。各館已經入選"國家珍貴古籍名録"者，正可作爲"古籍書志"編纂之實驗産品。藉助《書志》平臺，願與古籍同行更多切磋，不斷分享古籍整理與保護之新成果。

（《書志》第一輯，中華書局，2017 年）

《復旦大學圖書館古籍普查登記目録》前言

一

復旦大學創立於 1905 年。建校初期，規模未宏。1918 年，戊午級學生集議捐款購置圖書，成立戊午閱書社，出現圖書館雛形。至 1920 年，學校接收戊午閱書社，正式稱圖書館，自此遂有圖書館建制。未久，校董聶雲臺捐贈《四部叢刊》一部，此爲館藏古籍之始。

篳路藍縷，以啓山林。經逐年添購並接受捐贈，本館藏書逐漸增加。至 1936 年底，館藏古籍已近 40000 册，除《四部叢刊》正續編、《四庫全書珍本初集》、《古今圖書集成》等影印古籍外，已入藏明萬曆刻《重刊併音連聲韻學集成》、《證治準繩》等，此爲館藏善本之始。

1937 年，日本侵華戰爭爆發，復旦大學内遷，圖書館先遷江西廬山，後輾轉入川，至重慶北碚黃桷鎮新校址開館。在川期間，曾徵集蜀地各縣方志數十種，略增館藏。抗戰勝利，館藏古籍隨圖書館搬運回滬。往返數千里，歷盡艱辛。返滬後，圖書館曾購置明刻本《修辭指南》、《三才圖會》、朝鮮舊鈔本《高麗史》等書。

1949 年九月，同濟大學文學院等併入復旦大學，該校 1946 年購入之吳興龐氏百樓藏書（1350 種、28000 冊）及抗戰後"駐滬圖書儀器接運清理處"配撥之"澤存書庫"藏書，隨之入藏本館。1951 年，本館又接受華東教育部調入之原"中國國際圖書館"所藏古籍 3080 冊。自以上圖書併入，館藏古籍要籍粗備，善本盈櫥，初具大學圖書館規模。

1952 年，隨高校院系調整，原震旦大學、滬江大學所藏古籍移藏本館，內以震旦大學圖書館"李氏文庫"（李鴻章後人藏書）、"丁氏文庫"（丁福保藏書）爲要。震旦兩"文庫"以外，又有胡道靜所贈其先人胡懷琛先生舊藏蒙學書多種。同年冬，"上海停辦高校辦事處"又將曾藏暨南大學圖書館之原"澤存書庫"遺書一批，撥交本館。

1953 年至 1957 年間，本館藏書又獲大幅度增長：（一）接受高一涵氏贈書若干，以碑帖爲主。（二）經中文系王欣夫教授介紹，先後四次收購吳興劉承幹嘉業堂藏書：（1）1953 年冬，獲嘉業堂所藏清人詩文集 2000 餘種；（2）1954 年，獲嘉業堂滬寓所存清刻本 2000 餘種；（3）1956 年，獲嘉業堂所存舊鈔本及民國初自北京國史館鈔得之《國史稿》、《清實錄》等鉅帙；（4）1957 年，獲嘉業堂滬寓所存元明刻本之半。嘉業堂爲 20 世紀前半期重要私家藏書樓，其收藏始於清末，匯聚清代盧氏抱經樓、莫氏影山草堂、朱氏結一廬、丁氏持靜齋、繆氏東倉書庫等諸家藏書，縹緗充棟，淵源有自。劉氏藏書自 40 年代開始流出，至 50 年代，滬寓存書除零星售予京滬書業外，絕大部分歸於本館。（三）1956 年春，獲上元宗惟恭癖泉書室舊藏古錢幣書兩批 150 餘種。（四）1956 年，獲金山高燮吹萬樓藏《詩經》類圖書 750 種（約 3000 冊）。（五）1957 年，獲近代學人王同愈栩栩盦藏書數十箱。經高校院系調整撥入各校古籍，及 50 年代之專項購置，至 1958 年，館藏古籍總量已達 300000 冊。

在此基礎上,開始選提善本,設立善本書庫。1958 年後,本館雖陸續從上海古籍書店及外地舊書店零星購入古籍,但無大宗入藏。

20 世紀 70 年代以來,本館藏書又獲增長機會。1973 年六月,已故中文系教授王欣夫先生蛾術軒篋存遺書 4180 冊,低價讓售本館。蛾術軒藏書中之批校本、傳鈔稿本,此後大部分選爲善本。

1975 年三月,本館從上海古籍書店購得該店自譚正璧先生處收購之彈詞唱本一批,都 1608 冊。1977 年,已故中文系教授劉大傑先生家屬,將劉氏遺書一批捐贈本館,内有部分線裝古籍。1979年,陳望道校長逝世,家屬遵遺囑將陳氏遺書全部捐贈本館,内有部分線裝古籍。1986 年,已故中文系教授趙景深先生家屬,將趙氏遺書全部捐贈本館,其中線裝古籍約 2000 種。内多戲曲、曲藝及明清小說,有不少屬罕見珍本。

1982 年,本館以館藏《清實録》(僞滿本)之複本,同上海古籍書店進行圖書交換,换得該店所藏清丁顯稿本數種、嘉業堂主人劉承幹身後遺稿數種,及不同版本之《淮南子》十餘部。1986 年底至1989 年,本館利用館藏古籍複本,與北京中國書店進行三次圖書交换,共换得缺藏古籍 936 種、2054 冊。其中方志 100 餘種、清代及民國初詩文集約 500 種,又其他有裨實用之書約 300 種。

20 世紀 90 年代以後,古籍流通渠道日漸萎縮,上海、蘇州、杭州、揚州古籍書店存書減少,本館古籍採購受到影響。自 2000 年以來,本館每年仍從蘇州文學山房古籍書店及其他渠道,購入少量線裝古籍,以增補館藏品種。

綜上所述,成長於 20 世紀之復旦大學圖書館,自建館以來,涓滴以求,至於江海,百年積累,終成規模。目前,館藏線裝古籍約400000 萬册、40000 種,其内容匯合各家藏書精華,具有諸多特色。

二

館藏四十萬册古籍中，現有善本 6 萬餘册、7000 餘部，集龐氏百櫃樓、丁氏疇隱廬、高氏吹萬樓、劉氏嘉業堂、王氏蛾術軒等諸家藏書精華，堪稱傳統文化之瑰寶。

館藏古籍善本，以版刻時代分，宋元刻本近 40 部，明刻本約 1000 部，清刻本約 3000 部，明清以來稿鈔本 2000 餘部。以版本形態分，有以下各類：一爲刻本（清嘉道以上具學術資料性、歷史文物性或藝術代表性而又流傳較少者），二爲清代以來學人之校訂、評點、批注或題跋本，三爲清代以來學人之稿鈔本（約 2000 餘部，細別之又可分爲 1. 稿本，2. 明鈔本，3. 清鈔本，4. 晚近藏書家傳鈔稿本或稀見本），四爲域外古籍（高麗刻本 70 餘部，和刻本 85 部），五爲石刻舊拓本（約 160 部 / 件，含石經、碑銘、墓誌、造像及法帖等），六爲特種資料（約 100 餘部 / 件，含輿圖、魚鱗册、明代鬮書及明清人書畫卷册等）。以上 7000 餘部善本書，據上海圖書館編《上海市入選善本書統計表》記載，入録《中國古籍善本書目》者爲 2969部，於全國高校圖書館中位居第二。

由於吸收諸家藏書精華，館藏古籍現具有以下内容特色：（一）《詩經》類圖書收藏甚富，歷代各家評注及其各種版本，叢書本以外單行者計有 720 種，其中 230 餘種珍貴稀見者已入館藏善本。《詩經》類書大多得自高氏吹萬樓，是高吹萬先生竭畢生精力辛勤收集之成果。（二）清人詩文集藏量可觀，計有 3000 餘種。此類詩文集大多得自劉氏嘉業堂，部分得自北京中國書店（濟寧孫氏蘭枝館舊藏），多爲清乾嘉以上稿本、舊鈔本及精刻本，有近 900 種列入館藏善本。（三）各地方志約 2000 種，列入館藏善本者約 170 種，多來自劉氏嘉業堂舊藏。其中有宋志 4 種，元志 2 種，明志 11 種。清代方志中(乾隆)《房山縣志》等十種爲海内孤本。(四)清史史料相當豐富。如《大清穆宗毅皇帝本紀》五十四卷、清國史館《國史稿》鈔本、清實録館大紅綾本《實録》傳鈔本等,均爲規模鉅大之清史史料淵藪。(五)館藏彈詞有 400 餘種,若計入同版本則數量可達 500 餘種。此類書多半係譚正璧、趙景深二氏舊藏,除江南蘇錫地區彈詞外,還有廣西、雲貴、四川、廣東等地彈詞,内多胡士瑩《彈詞寶卷書目》未載者。(六)古錢幣書約 150 種,其中 53 種列入館藏善本。此類書絶大部分係上元宗惟恭癖泉書室舊藏,内含清馮登府稿本《馮氏錢譜》等海内孤本。(七)《淮南子》版本齊備,各家校注本有 40 餘種,其中列入館藏善本者 23 種。以上所述,僅復旦館藏古籍特色之犖犖大者,擁有諸多專藏,堪稱難能可貴。

三

本館古籍編目,原由編目部承擔,隨古籍入藏而隨時編目,基本無積壓。1986 年以後,古籍部獨立建置,館藏古籍之庋藏利用、編目整理,均歸古籍部承擔。秉持精益求精之理念,並堅持以編目實踐爲古籍館員培養手段,迄未停止館藏古籍目録之校核修訂。自 50 年代以降,已有三代編目人員先後接力,從事館藏古籍書目編纂。目前,館藏古籍書、目基本相符,公務目録及讀者目録(卡片式)齊備,近年來,已據館藏目録建立電子檢索系統。

早在 20 世紀 50 年代,本館即已據卡片目録,編成《復旦大學圖書館古籍簡目初稿》六册(1956—1959)。1960 年,增編《復旦大學圖書館古籍簡目初稿補編》一册。至 1966 年三月,又編成《復旦大學圖書館古籍簡目續稿》二册(覆蓋此前所編《初稿補編》)。兩目相加,大致反映 60 年代以前館藏古籍面貌。普通古籍以外,1959 年已編成《復旦大學圖書館善本書目》一册,著録館藏善本 3804 部（收書至 1958 年止）。以上諸種書目，均爲打字油印本，用於讀者服務及同行交流，當年印數不多，現已鮮有留存。

　　20 世紀 60 年代以來，本館先後參與《中國叢書綜録》、《中國地方志聯合目録》、《中國古籍善本書目》、《中國古籍總目》、《CALIS 高校古籍聯合目録》等大型聯合目録編纂，與海内外同行多所合作，於古籍著録、鑒定、分類及編排等，積累經驗，形成隊伍。本館古籍藏書信息，及依據藏書信息編製之專題古籍數據庫，雖已提供網上檢索服務，並大多匯入全國性古籍聯合目録，但館藏目録，仍有單獨編纂之必要。

　　自 2008 年"全國古籍保護計劃"實施以來，本館參與全國古籍普查工作，經清點核查，規範著録，修訂謬誤，重新排次，編成《復旦大學圖書館古籍普查登記目録》。依據"古籍普查"收書範圍（版本截止於 1911 年），入録者近 19 萬册、2.1 萬餘部，雖非館藏線裝書之全部，管窺一豹，復旦圖書館之古籍收藏大致可見。

　　館藏目録之編製成型，時間跨度，將近百年，參與人手，難以備述。其中既有復旦圖書館歷任編目人員，亦有各時期臨時加入支援編目之專家學者，還包含併入復旦圖書館以前各校（如同濟、滬江、震旦等）圖書館之前輩。一目之成，經歷百年，反復磨勘，凝聚衆力。因此之故，本書目在合於普查著録規範同時，仍保留本館古籍著録之原有特色。本目合成階段，本館數據庫專家及出版社責任編輯，運用計算機技術，聚合數據，檢測修訂，彌補缺失，尤著勞績。然而書囊無底，識見有限，著録精準，迄無止境，書目中瑕疵尤未掃盡，深盼同行及讀者不吝指正，俾便繼續修訂。二〇一七年春吳格記於復旦大學圖書館。

附　表

復旦大學圖書館古籍普查登記目錄分類統計表

部類	普查編號	部數	冊數
普通古籍	00001–15848	15848	137572
經部	00001–01600	1600	8822
易類	00001–00081	81	437
書類	00082–00183	102	446
詩類	00184–00519	336	1490
禮類	00520–00684	165	1354
樂類	00685–00692	8	31
春秋類	00693–00819	127	836
四書類	00820–00946	127	687
孝經類	00947–00961	15	19
小學類	00962–01444	483	2474
經總類	01445–01600	156	1048
史部	01601–06400	4800	46677
正史類	01601–01853	253	2838
編年類	01854–01994	141	3136
紀事本末類	01995–02109	115	2110
別史類	02110–02189	80	2289
雜史類	02190–02335	146	563
專史類	02336–02338	3	34
史鈔類	02339–02382	44	519
史表類	02383–02419	37	213
傳記類	02420–03085	666	4187
載記類	03086–03119	34	192
地理類	03120–04689	1570	15501
史料類	04690–04697	8	21
外國史類	04698–04812	115	662
時令類	04813–04822	10	93

部類	普查編號	部數	册數
政書類	04823-05854	1032	10593
目録類	05855-06055	201	1617
金石類	06056-06301	246	1654
史評類	06302-06400	99	455
子部	06401-09188	2788	17895
儒家類	06401-06905	505	2439
道家類	06906-06971	66	197
法家類	06972-07050	79	303
名家類	07051-07057	7	10
墨家類	07058-07064	7	29
縱橫家類	07065-07065	1	1
雜家類	07066-07474	409	1775
農家類	07475-07555	81	380
工家類	07556-07591	36	90
小説家類	07592-08138	547	2979
兵書類	08139-08195	57	383
曆數類	08196-08367	172	738
術數類	08368-08387	20	192
藝術類	08388-08542	155	922
譜録類	08543-08581	39	305
方伎類	08582-08655	74	567
釋教類	08656-08778	123	540
神道類	08779-08807	29	103
耶教類	08808-08878	71	134
回教類	08879-08903	25	93
東方各教類	08904-08904	1	3
哲學類	08905-08920	16	21
自然科學類	08921-08992	72	243

續表

部類	普查編號	部數	册數
社會科學類	08993-09025	33	94
類書類	09026-09188	163	5354
集部	09189-14941	5753	28699
别集類	09189-12543	3355	13994
總集類	12544-13663	1120	10279
詞類	13664-13968	305	694
曲類	13969-14701	733	2788
詩文評類	14702-14941	240	944
叢部	14942-15848	907	35479
類編	14942-15184	243	11269
叢編	15185-15848	664	24210
善本古籍	15849-21878	6030	51954
總計		21878	189526

注:

1. 本表中"普查編號"一欄,所列係《復旦大學圖書館古籍普查登記目録》書目記録普查編號的末五位數。

2. "普通古籍"各部類統計,係依據書目記録的(分類)索書號。

(《復旦大學圖書館古籍普查登記目録》,國家圖書館出版社,2017年)

《林文忠公手稿》考釋

《林文忠公手稿》一册，華東師範大學圖書館藏，係林則徐及其子林汝舟、林聰彝致陳德培（子茂）書信真迹的彙編，共七十二頁，内含信札十九件，其中含林則徐致陳德培書九札、林汝舟致陳德培書六札、林聰彝致陳德培書三札，又劉寶年致陳德培書一札。書信以外，又有道光二十六年（1846）林則徐署任陝甘總督駐軍西寧時手書簽條三件，林則徐赴戍途中和贈陳德培七律四章的手迹及陳詩原稿，林則徐逝世後林氏兄弟發喪的訃文原件。林氏父子的書信，除其中四札出自記室之手外，其餘均爲親書。書體或真或行，書於各色箋紙或虛白齋仿古印箋及雲左山房書箋，首尾完整，未見破損，並俱經粘裱。箋紙及字迹與已經發表的林氏書信皆合，信爲真迹無疑。

《林文忠公手稿》所收的林氏父子致陳德培書，起自道光二十一年辛丑（1841）秋冬之際，時林則徐被譴流放，在河南祥符黄河工地效力；訖於咸豐元年辛亥（1851）秋日，其時林則徐逝世已近周年。書信前後相距十年，内容涉及林則徐謫戍新疆及放還後至死去世時期中的部分思想活動，由於未經公開發表，近年問世的林則徐傳記、年譜及書信選均未收録。兹將《手稿》整理編次，據内容編號如下：

第一件　林則徐致陳德培　記室書　道光二十一年辛丑

（1841）冬於河南祥符工地

第二件　林則徐致陳德培　記室書　道光二十二年壬寅
（1842）新春於河南祥符工地

第三件　林則徐致陳德培　記室書　道光二十二年壬寅
（1842）秋初於西安

第四件　林則徐致陳德培　道光二十二年壬寅（1842）十二月
二十六日於新疆伊犁

第五件　林則徐致陳德培　道光二十三年癸卯（1843）九月望
夜於伊犁

第六件　林則徐致陳德培　道光二十四年甲辰（1844）仲秋望
後於伊犁

第七件　林則徐致陳德培　道光二十六年丙午（1846）八月
二十八日於西安

第八件　林則徐致陳德培　道光二十六年丙午（1846）小除日
於西安

第九件　林則徐致陳德培　記室書　道光二十七年丁未
（1847）春於西安 ①

第十件　林聰彝致陳德培　道光二十三年癸卯（1843）九月望
夜於伊犁

第十一件　林聰彝致陳德培　道光二十四年甲辰（1844）重
陽前六日於伊犁

第十二件　林聰彝致陳德培　道光二十六年丙午（1846）三
月初十夜於甘肅瓦亭旅次

第十三件　林汝舟致陳德培　道光二十三年癸卯（1843）秋

---

① 以上林則徐書簡九札，已刊於《華東師範大學學報》1984 年第 1 期。

於西安

第十四件　林汝舟致陳德培　道光二十四年甲辰（1844）春
　　　　於西安

第十五件　林汝舟致陳德培　道光二十六年丙午（1846）秋
　　　　於西安

第十六件　林汝舟致陳德培　咸豐元年辛亥（1851）春杪於福州

第十七件　林汝舟致陳德培　咸豐元年辛亥（1851）七月底
　　　　於福州

第十八件　林汝舟致陳德培　咸豐元年辛亥（1851）閏秋十
　　　　二日於福州

第十九件　劉寶年致陳德培　道光二十八年戊申（1848）立
　　　　冬於陝西吳堡縣

第二十件　林則徐致陳德培簽條三　道光二十六年丙午
　　　　（1846）於西寧軍次

第二十一件　林則徐和贈陳德培詩四章　道光二十二年壬寅
　　　　（1842）秋於甘肅涼州
　　　　　附：陳德培贈林則徐詩四章

第二十二件　林則徐訃文　咸豐元年年底於福州

　　現據書信及各件詩文內容，結合林則徐晚年活動，並參稽近人
對林氏生平及思想活動的研究，對有關問題略加考釋。

一

　　《林文忠公手稿》，裝治成册在林則徐逝世以後，咸豐六年丙辰
（1856）冬，曾在滬上請金眉生題端，金氏所題詩語，現載《手稿》
扉頁：

愛才千古似公稀,契闊交親到細微。慚愧焦桐曾入賞,墨花塞
雪一齊飛。(公在伊江,屢有書來,已裝治成册矣。)
丙辰冬月,上洋客次,子茂姻丈出示文忠手札,敬題一絕。夏
間曾擬爲公建祠孤山,未果,楹聯已撰(絕頂湖山三少保,比鄰
梅鶴一先生),斯願未知何日償也。　眉生金安清(下鈐"眉
生"、"清"陽文、白文印各一。)

　　咸豐六年,距林則徐病逝於潮州已經六年,時太平天國革命
正方興未艾,江浙一帶士紳多僑居滬上,因而有陳德培與金安清之
會面。
　　金安清,浙江嘉善人,字眉生,號儻齋,國子生。曾由泰州州
同擢海安通判,調宿南,歷官至湖北督糧道、晉階鹽運使、題奏按察
使。他是一位經歷了道光、咸豐、同治三朝許多歷史事件、長期遊
幕於公卿間的人物,有豐富的閱歷與交遊,"安清幼負異才,弱冠時
迭遭閔凶,遂棄舉業,遊公卿間,掌書記、司箋奏,林文忠、許文恪、
季文敏三公知之尤深"①。金安清見知於林則徐,是由於他"善屬
文,好吟詠,熟諳古今掌故,凡鹽漕河洋諸務,議論所及,輒洋洋數
千言"②。林則徐因鴉片案遭譴伊犁,金眉生曾以倡議"贖鍰"的
義舉,成爲名動一時的人物:

　　文忠發譴後,浙江金安清倡義捐金贖罪,通信至粤中茶商及揚
　　州鹽商,其中有感受文忠恩惠者,有敬重文忠德望者,無不踊
　　躍從事,或出一萬,或出數萬,僅十餘人已有數十萬……於是

①②《嘉善縣志·人物志》。

金不費一錢而仗義之名聞於天下。①

　　這次"贖鍰"之舉,後因林則徐等人的勸阻,雖未正式實行,但當時東南士民對統治階級主和派的憤慨,却可於此想見。金安清以遊幕之身,奔走於公卿商賈間遊説倡捐,其好義敢任,實爲難能可貴。道光二十四年(1844)冬,身處塞外冰天雪地中的林則徐,感激地致書金安清:

> 昨於家言中得誦惠寄小兒一書,愛注之殷,溢於子墨。且知贖鍰義舉,實由執事與夢蝶先生首發其端,雖徐晦之於楊臨賀,吳玠之於劉子羽,不過是也。心非木石,感何可言。②

對金的期許甚高。金安清當林則徐遭譴時,並非其幕客,而能激於大義,不遺餘力;至林則徐謫戍以後,猶能殷殷存問於數萬里外,寄書贈物,關愛逾常③,實由他對林則徐政治作爲的欽佩所致。林則徐流放期間致金安清的信札,據金稱可裝治成册,則數量當不少,惜今僅見兩封④。從林則徐重新起用後還至甘肅,於軍務倥傯之間即馳書金氏,告以行蹤的情形來看,其對金的器重是很明顯的⑤。林、金之間的交契,出於彼此抱負與識見的投合,由金安清所撰《林文忠公傳》可得明證。收録在《續碑傳集》中的林則徐傳,係金安

---

① 歐陽昱《見聞瑣録・後集》卷三。
② 《林則徐書簡》(福建人民出版社,1981年,下同)第234札,第225頁。
③ 《林則徐書簡》第240札,第232頁:"金眉生寄來端硯圖章,只可留之,其信俟另復。惟其信内云先前尚有一信由方仲鴻處寄來,並未見到……"
④ 見《林則徐書簡》。
⑤ 《林則徐書簡》第254札,第249頁。

清於林逝世十餘年後所撰,全文洋洋七千言,歷述林則徐生平事迹,至今猶爲了解林則徐行藏的完整史料。尤爲可貴的是,金在林傳中對林則徐禁煙的功績給予高度評價,有膽有識,誠爲不刊之論。金安清其人,足可隨此文同傳。

二

《林文忠公手札》,由收信人陳德培裝治成册並珍藏,關於他的生平,可知情形如下:

陳德培,字子茂,生卒年不詳,生年與林則徐相仿,卒年略後於林。子茂本吳人,曾爲林則徐撫蘇時的舊屬,大約是幕客之類的出身。他爲候補求官而離開蘇省,遠至甘肅,寒暑屢更,蹉跎七載,至道光二十年(1840)仍未獲遷。林則徐出塞時,他任甘肅安定縣主簿,官職卑微。林則徐抵戍以後,子茂一度調至嘉峪關任職。林則徐於道光二十五年(1845)底獲赦放還,道光二十六年(1846)初署任陝甘總督辦理"番務"期間,子茂曾作爲林的記室,與林則徐重有半年的相處。同年七月,林則徐離甘肅赴陝西巡撫任,與子茂在瓦亭旅次分袂,從此未能再聚。林則徐撫陝期間,子茂曾因公往寧夏一行,回原任後,官況仍然不甚如意,時有引退之想,曾經林氏父子多所勸慰。林則徐赴滇後,子茂於道光三十年(1850)前後辭官南歸,途中適遭夫人之喪。子茂晚歲居吳門,得悉林則徐病逝後,當即馳書慰唁,贈以挽章詩律,"情文周摯,悽愴纏綿",對林汝舟兄弟存問開導,關懷備至。爲了林則徐墓碑用石,子茂又受林汝舟之託,在吳門打聽購石運閩情形。

子茂富才具,重交誼,是林則徐謫戍途中不以患難而疏遠、不以位卑而忘舊的熱心朋友,與金安清一樣,被林則徐視爲唐代徐晦那樣的義士。子茂離蘇以後,七年間未曾與林則徐通音問。子茂爲林則徐修書致候,贈詩勸慰,始於上年林效力東河工地時。身處西北的僻邑小吏,如非出於對時事的關心,對林則徐遭譴命運的同情,自不會於此時始與林通信。林則徐離東河工地西行赴戍,在西安養病期間,即與子茂在信中相約不久後的會面。道光二十二年(1842)七月初六日,林則徐從西安啓程,身在甘肅的子茂即在翹盼之中。是月下旬,在安定縣境内迎得林則徐後,子茂即自驅薄笨車陪林西行。晝行夜宿,一路風塵,過蘭州後猶一送再送,依依難舍,至涼州與林則徐分袂時,歷時將近一月。子茂不辭辛勞,迎送林則徐數百里之遠的情形,林氏《荷戈紀程》中有所記載:

七月二十六日:又十里,秤鈎驛宿……陳子茂主簿(德培)迎至此。
七月三十日:留翠岩及子茂、李孝廉飯。
八月初七日:夜與翠岩、子茂同住。
八月初八日:辰刻行,翠岩別去。惟子茂必欲送至涼州,固辭不可。
八月二十二日:在四十里鋪飯。子茂送至此,與之共飯而別。

驛路崎嶇,車聲轆轆,遠送十程,歷時匝月,子茂的風誼是十分動人的。子茂贈送林則徐的七律四章,即在途中吟成,林則徐的和章,亦在同時賦就,兩人的詩翰,現均保存在《手稿》中,其中林詩的三、四兩章,爲《雲左山房詩鈔》未收,賴此手稿得以傳世 ①。林則徐赴戍伊犁,道經甘肅,沿途與人唱和之作甚夥,處於

① 見《華東師範大學學報》,1984 年第 1 期。

獲罪遭譴之境地,唯有藉書信與詩詞傾吐襟懷。但其相與唱酬的
人物,大多仍爲督、撫衙門中的地方高級官員,其内容亦無外乎詠
園林,題畫卷之類的應酬①。儘管地方官守對林則徐的遭際懷有
同情,對林則徐他年"賜環"亦抱期許,但官場酬答,難免言不由
衷。林則徐甘肅途中的其餘詩篇,與和贈子茂的詩篇相比,後者的
沉痛與誠摯要感人得多。甘涼道上,林則徐與陳子茂高談痛飲,
切憤沈吟,憂時慮國,繫念東南,兩人的感慨是很多的。子茂作爲
一名仕途蹭蹬的邊塞小吏,一車迎送,僕僕道途,不僅由於對林則
徐的敬愛,對其遭遇的同情,也包含着對自己命運的不平。而林
則徐在經歷了劇烈的政治鬥爭、被迫脱離抗英前線而遠戍新疆之
時,得與十年前的屬吏聯轡話舊,相處近月,内心的感觸實亦不同
尋常。

　　林則徐對子茂的才學性情,是十分推崇的。上年在河南接讀
子茂寄自甘肅的詩翰,復信中對子茂來甘肅後迄未補官甚爲關切,
並盛贊子茂的詩作吐屬不凡:

　　　惠貽雅什,詞調既推工整,情緒尤覺深長……而想見哦松韻
　　致,迥絶風塵,所謂官卑清自高者,竊爲足下誦之矣。②

　　子茂宦情落寞,林則徐爲之歎惋不置,贈詩中再三勸勉:"縱
然雞肋空餘味,莫使龍泉減壯心。晚嫁不愁傾國老,卑棲聊當入山
深。"並以東漢時循吏考城主簿仇香的事迹相推許。道出蘭垣,林
則徐曾爲子茂説項,以至年底子茂即獲遷官。以後關外謫客鄧廷

---

① 見《雲左山房詩鈔》卷六與富海帆、程德潤、王兆琛、唐子方等答唱之作。
②《林文忠公手稿》(下簡稱《手稿》)第一札。

楨、文一飛放回,楊以增到任,林則徐又分別爲子茂作推薦[1]。對於子茂僕僕迎送的厚誼,林則徐則比之爲義送楊憑赴臨賀的徐晦、桃花潭送李白的汪倫[2]。子茂關心東南形勢,林則徐沿途爲之介紹,"頻從傳舍談官昧,重向江天繫客心",並贈子茂以刻於西安的《火攻挈要》一書。以後子茂將此書悉心校勘,摘出錯字若干,寄示伊犁,受到林則徐的贊賞[3]。

林則徐抵達伊犁後,即馳書甘肅,爲子茂述別後情形[4]:

弟別後於重陽前出關,沿途寒燠靡常,亦與關内相仿,迨過伊吾以後,則皆雪海冰天矣。子月九日行抵伊江,即就惠遠城中一廛僑寄。因途次煨爐食炙,積熱歸於肺經,發爲鼻衄喘嗽等病,幾難支拄。茲服清肺之劑,加以静養,庶春融後可冀漸瘥。知繫錦懷,特以奉述……[5]

對於遠戍伊犁的林則徐,子茂的關愛注念尤爲殷肫。關外郵書不易,若非官封,尤難遞達,子茂官卑,其難更甚。儘管如此,遠遞到關外戍所的書信仍然很勤[6]。子茂關心林則徐的病狀,親檢方書,爲林的鼻衄、腹瀉等疾尋覓藥方,並對林的病情詳加分析,對用藥細加叮囑,令林則徐十分感動:

---

① 《手稿》第五札、第六札、第七札、第八札。

② 《手稿》第四札。

③ 《手稿》第五札。

④ 《荷戈紀程》道光二十二年十二月二十六日:"復程玉樵方伯書,附寄楊翠岩、沈籽香、陳子茂三函。"

⑤ 《手稿》第四札。

⑥ 《手稿》第五札:"仲夏由糧員德君帶到去臘手書,昨李總戎交到六月望間惠緘。"第六札:"自去冬至今夏,所接手書共積四緘。"

鼻衄之症，偶止仍發，且復時有脾洩，用藥每致兩妨。承檢
方書，一一開示，紉感奚如。惟四物中之歸、地二味與夫
黄芩、天冬之屬，往往入腹則瀉，不如依來教勿藥一説之爲
得也。①

　　子茂還在甘肅託人爲林則徐推算命造，將結果寄示伊犁。關
外每有人歸，子茂即以林則徐近況爲詢。子茂對林則徐的關愛，又
兼及隨侍出關的林聰彝、拱樞兄弟及西安寓中的林汝舟。子茂的
摯意深情，令林則徐感動至極，以致不欲將病況對子茂細述：

所接手書共積四緘而遲遲未答，甚以爲歉，總緣窮荒況味，無
一足慰注懷。若將病狀覼縷寄知，轉累心旌懸繫，因是遷延以
至今日。②

　　道光二十五年（1845）底，林則徐被召還起用。次年初署任陝
甘總督、辦理“番務”期間，子茂曾爲林“從事傳宣，督造火炮，兼承
審番案，並司記室”③，直至七月份林則徐赴陝西，林、陳有半年的相
處。林則徐抵陝以後，子茂來信頻繁，林在本年秋天至次年（1847）
初春，先後三函復子茂之問候，述及自己抵陝後主持闈試、秋播祈
雨、賑荒等事宜，以及別後多病體弱，不得已奏請開缺調治，曾離
任數月的情形，並對子茂的任職情形多所關心。由於交誼深厚，兩
人通信每每言及兒輩的婚娶、科試、補缺等情形。子茂對林則徐日

————————

① 《手稿》第五札。
② 《手稿》第六札。
③ 《手稿》第二十件陳德培跋語。

益加重的病情十分憂念，又爲分析病因，開示藥方。林則徐在復信
中謂：

> 猥以屛軀抱恙，存問殷肫，並承縷示病原，諄囑因時診治，
> 披尋數四，益切心藏……試照來方醫治，或臻成效，亦未
> 可知。①

道光二十七年（1847）五月，林則徐調任雲貴總督，取道四川
赴滇，此後與子茂未再通信。現《手稿》中所收最後三封林汝舟致
陳子茂書，尚可以提供林則徐晚年的一些活動情形。

三

《手稿》中林聰彝、林汝舟致陳子茂書，共有九札，其中六札
爲林氏兄弟在陝甘時與子茂通信，另三札爲林汝舟在咸豐初年致
子茂。

林則徐遠戍西北，家眷僑寓西安，大兒汝舟在陝侍奉鄭夫人並
負責與關外聯繫，三兒聰彝與四兒拱樞則隨行出塞。其時聰彝年
十八，拱樞年十五，林則徐在致友人信中，時常歎惜孩子因屢歲奔
波而廢學。聰彝與拱樞隨同出關，因而獲識子茂，並結爲朋友：

> 去秋安定道中獲親霽範，備荷深情厚誼，款洽殷拳。遠送十
> 程，聚談匝月，臨歧判袂，惜別依依。銘刻之衷，固非筆墨所能
> 罄述也。②

---

① 《手稿》第九札。
② 《手稿》第十札。

　　子茂對林則徐的關愛，也包括對林氏兄弟的注念，遠遞至伊犁的信件中，每次都有專致聰彝、拱樞兄弟的另箋，聰彝復書謂：

> 迨抵伊江以後，因臺站難於附書……是以前次僅以寸丹奉候，深抱歉懷。乃叨兩次惠書，疊加存問，而關垂之肫摯，示誨之周詳，幾與晤對時相仿佛……①

　　林氏父子西出陽關，子茂曾託聰彝帶信，聰彝復命謂：

> 命寄安西黃刺史及呼圖壁孫巡檢兩函，弟於途次俱已交訖。惟高臺顧少尉一械，弟過時渠適公出，未在縣城，是以未經交付，茲將原函奉繳，即祈察收。②

　　從林氏兄弟的復信中，可知子茂不僅能詩、工楷、識醫道，尚能作畫，並曾以丹青寄贈聰彝：

> 奉求法畫，盡可從容。且現值公務操勞，尤不敢以瑣事相擾，俟暇時興到，作之可耳。③
> 去歲途中兩奉手教，並拜賜畫幅，感難言馨。④

　　子茂雖身處西北多年，却對東南形勢及夷務十分關心，多次在信中向聰彝詢問林則徐總督兩廣時所譯《華事夷言》及《新聞紙》

---

① 《手稿》第十札。
② 《手稿》第十札。
③ 《手稿》第十札。
④ 《手稿》第十二札。

等書,聰彝復信中答謂:

> 《華事夷言》只有三本,南坡太守所存,想係傳鈔之書,並非家
> 君手勘之本。弟前所云之十二本者,係合所鈔之《新聞紙》而
> 言耳。①
> 《新聞紙》留在西安寓中,並未帶來,承詢附及。②

南坡即黃冕,原爲林則徐撫蘇時舊屬,後又在定海前線參
加抗英鬥争,與林則徐先後流放新疆。從林氏兄弟信中所言,可
知黃冕與子茂也是故交,黃冕由西安赴戍時,林汝舟曾託其帶信
給子茂。子茂關心時事,故而對林則徐所贈《火攻挈要》一書仔
細閱讀,詳加校勘,訂正得訛字若干,並由聰彝將意見轉告關內
長兄:

> 承示校正《火攻挈要》訛字,倍仰研究精詳,莫名欽佩。已將
> 摘出各條郵遞關中,囑家兄將原板更正矣。③

《火攻挈要》由林氏父子刊刻,未見近代研究者提及。此書或
與刻於揚州的《炮書》一樣,同爲林則徐鑒於鴉片戰争教訓,鋭意
講究武器質量時所編集的資料。《炮書》與《火攻挈要》均爲林則
徐赴戍途中所刻,其以獲罪之身,猶時時繫念時局,力謀挽救,愛國
之誠與謀慮之遠,實令人欽佩無已。

---

① 《手稿》第十札。
② 《手稿》第十二札。
③ 《手稿》第十札。

林則徐遠戍伊犁,子茂與關外通信之同時,又對林則徐西安的家屬不時存問,林汝舟西安時期的回信,均爲答謝子茂的問候。子茂年齡與林則徐相仿,但因原爲林之下屬,乃自執晚輩禮。與林氏兄弟雖稱同輩,却又十分謙抑,拳拳關注之間,稱謂等尤令林氏兄弟不安:

> 至撝謙逾分,令人躑躅旁皇。雖稱述推本於家君,而惶汗彌深於賤子,謹爲鐫繳,切勿復施爲禱。①
> 來翰必用丹牋作楷,令人惶汗難名,稱謂過謙,謹以摹壁,以後如承惠札,務望隨意揮灑,切勿令人不安,至禱,至禱!②

子茂在西北多年,宦情總不如意,任安定縣簿數載,久未獲施展;調任嘉峪關守員後候補得缺,仍是知縣一類的小官。短時期地充任林則徐佐幕後重回原任,心情抑塞至極。儘管子茂富才具,被林則徐稱爲“有阨塞在胸,軮軋在目”,“賢者之意趣識量,庶幾古之封人晨門”③,然終不免沉淪下僚。林則徐撫陝期間,子茂在寧夏、慶陽一帶,曾協助林則徐兜擒流竄於陝甘邊境的“鹽茶盜案”犯,却未獲上司嘉許,因有辭官之想:

> 是時培因得鏡帆太史書,有大荔匪犯云云,遂於二百人中獲萬五紀者一名,固未張惶其事也。訊定解送本省,上司頗以爲操切。惟文忠公此札云“摘伏發奸,實心實政”云云,培於焉慨

----

① 《手稿》第十札。
② 《手稿》第十一札。
③ 《手稿》第五札。

然有引疾之意。①

　　林氏父子對子茂的境遇是同情的,林則徐在致楊以增函中竭力保薦子茂②,林汝舟亦在信中多所勸慰:

　　惟望閣下姑耐薄宦,以俟機緣,勿遽作蓴鱸之想,是所至囑。③

　　林則徐離陝後,子茂終於有“高尚之舉”,未曾將官做到底。《手稿》中保存的最後幾封信,是咸豐初年林汝舟致陳子茂書,其時子茂已定居吳門。

四

　　《手稿》中彌足珍貴地爲我們保留了林則徐訃文,可爲研究林則徐死因與臨終情形提供原始資料。由於近年來對於林則徐死因的討論較多④,因而未經傳世發表的訃文所提供的林則徐死狀,對辨明其死因尚屬有價值,茲全文迻錄於下:

　　不孝汝舟等罪孽深重,痛遭嚴親大故。泣念嚴親筮仕四十年,歷官十四省,渥荷三朝知遇,叠畀封圻;惟矢一片精誠,力肩艱鉅。不獨居官時殫心竭慮,昕夕辛勤,即乞病旋里以來,亦時廑桑梓利病,未雨綢繆,無一日林泉之樂。夏間蒙恩宣召,擬

①《手稿》第九札陳德培跋語。
②《手稿》第七札。
③《手稿》第十五札。
④ 參見拙作《林則徐死因考辨》,載《華東師範大學學報》,1984 年第 1 期。

俟夙恙調治稍愈，即行入都，旋於九月廿八日奉命頒給關防，督師西粵。簡書孔亟，敵愾彌殷，不及再事醫調，即於十月二日力疾就道。以不孝汝舟劇恙未愈，不孝拱樞將屆試期，請隨往均不許，命不孝聰彝侍行。夙夜兼程，不遑寢饋。

初六日，宿沙溪驛，漏四下未寢。不孝聰彝屢請節勞。諭曰："爾憶冰天雪窖，晝夜奔馳時乎？以今較昔，曷足言勞！"因口占云："苟利國家生死以，豈因禍福避趨之！"不孝聰彝竊以爲一生忠悃，隨意發抒，豈料竟成詩讖邪！

十二日，抵詔安，得兩粵警報，心益憤急。夜剪燭作書，並寄家言，垂詢不孝汝舟病軀及不孝拱樞試事。嗚呼！恩慈顧復，墨瀋猶新，而音容不可復睹矣，痛哉！是夕未寢，子刻即行，晝夜馳百四十里。山路險巇，輿中顛簸勞頓，脾洩舊症復作。

十三日，夜抵潮州，已瀉十餘次，猶深宵對客，諮詢籌畫，募勇千名帶往。不孝聰彝檢進脾洩舊方，諭以但飲薑湯，毋庸服藥。

次日，瀉未止。文武請小憩，不允。午至萬里橋，挑壯勇，發條教，嚴紀律。至夜，吐瀉交作，亟赴郡延醫。比曙，不及待醫，復勉掙就道。

望日，至揭陽。冒風增劇，甫進醫藥。

次早，復促起行。不孝聰彝旁皇憂懼，固請暫停，各官亦再三懇留。嚴親以聖主盰宵，萬民水火，欲克期以六日馳至粵省。登輿徑行，午抵普寧。進中和之劑，吐瀉略定，而胸次猶形結脹。

十七日，仍欲早發，體憊不支，眾官堅留，始允暫憩。午後痰喘發厥，醫僉謂積勞脈伏，元氣大虧，投以參桂重劑，未能奏效。

十八日，連進參劑，吐止而喘轉劇。不得已，恭摺奏明患病情形，請假調理。至夜，兩脉俱空，上喘下墜。呼筆硯至，欲作字而不能搦管，口授遺摺，以未及出師，仰副委任爲憾。迨漏盡，喘急愈甚。不孝聰彝心摧膽裂，籲天默禱，扶抱連呼，嚴親遽回顧曰："星斗南！"語畢舌蹇氣促。延至十九日辰刻，竟爾棄養。嗚呼痛哉！不孝汝舟、拱樞違侍甫閱旬餘，不得躬嘗湯藥，親視含斂；不孝聰彝侍奉無狀，遘此鞠凶，搶地呼天，萬死莫贖。惟念嚴親體魄尚在異鄉，不敢不視息偷生，匍匐扶櫬歸里。夙承垂注，用敢吮血縷陳，苫塊昏迷，語無倫次，伏維矜鑒。

聰彝

棘人　汝舟泣血稽顙

拱樞

再：嚴親大事，因素承關愛，不敢不具赴函。所有親友賻贈，一概不敢領存，允難於各知好處互相詢悉，萬勿特費盛心覓寄，致勞往返，且慮沉浮。謹瀝下誠，務祈亮察。如有詩文賜挽，乞郵致福州郡署轉交，謹當彙鐫棗梨，感且不朽。倘慮郵筒沉滯，或寄都門達子營劉冰如農部及上斜街沈幼丹太史處，均可達到。

不孝汝舟等載稽顙

　　由訃文介紹的情形來看，可知林則徐是死於諸舊疾之併發而藥力不及奏效。從林則徐晚年的書信、日記中，我們可以找到大量有關其病體衰憊、宿疾纏身的記載。自五十七歲赴戍以來，林則徐即患脾洩、喘嗽、肺疾、疝氣諸症，久治不愈，日受摧折。由流放地賜還，林即欲入京覓醫調理脾洩、肺疾諸疾，行至甘陝，卻先後被命署任督、撫，處理青海"番務"、陝西"刀匪"等案，無暇調養，致陝撫任上不得已奏請離任休假數月。赴雲貴總督任後，又因解決漢回糾紛，用兵大理等地，鞍馬勞頓，病情益篤。從雲貴總督任上引疾歸里，實出於萬不得已。居家半載，宿疾未經充分調治，又倉促受命馳往廣西，一路心急火燎，每日以百餘里的速度行進，終致脾洩舊症復作，並引發心肺之疾，"痰喘發厥"、"舌蹇氣促"，病情惡化，無法挽回。訃文所介紹的林則徐彌留情形，可證前人所傳的林則徐被洋商毒死之説，雖似有據，實難憑信。

林則徐死後，遺體處理與訃聞呈報情形，林汝舟致子茂書中亦曾述及：

> 身後之事，三舍弟督率陳祥、吳昶等經理，材木文理堅致，附身一切，確可放心。署普甯令係敝同鄉，護潮州道又甲子年佺，照料諸形周妥。惟潮州爲閩粤適中之地，而紆僻不設驛站，文報往往稽延。羊城得信既遲於閩，而距京較閩更遠。痛思嚴君未了心事，必望朝廷速簡重臣接辦，迅掃賊氛，若由閩馳奏，較粤省約可早到三日。因託人探詢松龕撫部，渠意甚以爲然，遂即日呈報請奏，此閩摺所以先於粤也。粤閩山路險峻，扶櫬行走，三日始盡一程，直至祀竈日始得抵里。先塋向辰坐戌，於亥年爲歲煞，窆窆之事，擬來歲擇吉舉行①。

子茂在林則徐逝世後，對林氏兄弟依然肫誠遠念，時加慰問，並建議汝舟兄弟請纓從軍。子茂寄閩的挽詩、挽章，不僅情文周摯，悽愴纏綿，而且手翰"珠圓玉潤，想見精光炯炯，不亞中年，尤爲

①《手稿》第十七札。

耄壽之徵"①。爲了林則徐的墓碑選石,子茂又受汝舟委託,在吳門打聽石價與運閩方法。這些,都在《手稿》所收的最後幾封信中有所涉及,限於篇幅,兹不備述。

(《中華文史論叢》第 32 輯,1984 年)

---

① 《手稿》第十八札。

林則徐死因考辨

　　1850 年十一月二十二日,林則徐在赴廣西途中病卒於潮州普寧。對於他的死因,前人曾有種種傳説。如張幼珊《果庵隨筆》謂:

　　禁煙事起,廣州之十三行食夷利者,恨林公則徐刺骨……後公再起督師粵西,彼輩懼其重來,將大不利,則又預以重金賄其廚人某,謀施毒。公次潮陽,廚人進糜,而以巴豆湯投之。巴豆能洩瀉,因病洩不已,委頓而卒。

又廣東《東莞縣志·逸事餘録》也有類似記載:

　　相傳則徐抵粵,即鎖拿洋商伍到粵秀書院……咸豐初,則徐起爲廣西巡撫。伍憂其復督粵也,遣親信攜巨金賄其廚人,以夷藥鴆之,使洩瀉不止。行至潮州,遂委頓而卒。

　　二者均謂林則徐係因洋商買通廚人投毒謀害而死。此説流佈甚廣,今人猶有據以爲信者。但此説本無確據,而據林則徐晚年書信自叙健康狀況,及新近發現的林則徐《訃文》所述臨終情形來看,更覺其可疑。

　　林則徐爲官四十年,足迹遍歷南北,嘗自刻閒章謂“身行萬里半天下”。在身受清廷信用之時,林則徐曾被南北調遷,四方差遣,歷任河工、海運、鹽政、軍事、地方行政等官。常年的奔波辛勞,早已使他的體質十分衰弱。1841 年,林則徐被謫戍伊犁,時年已近六十,中途在河南黃河工地效力大半年,“追隨星使,朝夕駐壩”①,“日夜坐與士卒同畚鍤”②,“在河上奔馳成疾,即發鼻衄,又患脾洩,兩症相反,醫藥綦難”③,從此種下病根。1942 年三月從東河工地重新啓程往伊犁,在西安因瘧疾大發,呈請病假調治,休息兩月後始扶病上路。西北天氣乾寒,出關後即冰天雪地,寒暖迥異内地,“荒程萬里,衰齡病骨,風雪長征,瀕於九死”④。在漫天冰雪中到達伊犁戍所後,即“因途次煨爐食炙,積熱歸於肺經,發爲鼻衄喘嗽等病,幾難支拄”⑤。經延醫與調養,到次年病情才略形好轉,隨侍林則徐出關的林聰彝在致友人信中謂:

　　家君鼻衄脾洩諸症,時發時止,尚未就痊,現服補中益氣湯藥,静加調攝……⑥

由於脾洩與鼻衄之症“用藥每致兩妨”,涼藥“往往入腹則瀉”⑦,因而只得不服藥,病情由此拖延。至 1845 年,林則徐又奉命馳往南

---

① 《致蘇蓍石書》,1942 年春。
② 金安清:《林文忠公傳》。
③ 《致張應昌書》,1843 年 3 月。
④ 《致張應昌書》,1843 年 3 月。
⑤ 《致陳子茂書》,1843 年 1 月。
⑥ 林聰彝:《致陳子茂書》,1843 年 10 月。
⑦ 《致陳子茂書》,1843 年 10 月。

疆勘査墾地,在冰天雪地中輾轉經年,孱弱的身體又備經折騰。加
以久盼"賜環",不見蒙召,心情愈加抑鬱。謫戍時期致友人信中,
對自己的病況與心境有描述:

> 弟伊江跧伏,爐扇載更,因衰病之侵尋,委情懷於灰槁。惟有
> 借詩文以引睡,煨糜粥以養疴,打頭屋裏光陰,折脚鐺邊生
> 活……①
>
> 兩年荏苒,難冀刀環之唱,空餘劍鋏之彈,加以脾肺兩經,交相
> 爲病,温涼藥物,俱不合宜,惟有勉自支持,强加排遣……②

1845 年底,三年謫戍生活結束。林則徐原擬立即返回京師,
"冀得覓醫調治",但旋即被命不必進京,並署理陝甘總督,遂抱病
赴任,駐軍西寧,身心備感衰竭。"剿番孔亟,周歷甘、涼、西湟諸
郡。雖未躬冒矢石,而無日不風餐雪卧,刀淅劍炊。如是三閱月,
遂爲寒瘴所侵,一病幾殆"③。奏請給假醫調獲准後,仍留甘肅辦理
番務,病情迄未好轉。1846 年八月赴陝西巡撫任上,公務叢脞,病
情更爲惡化:

> 體氣愈衰,病魔疊擾,小春在較場考試,大受風寒,咳嗽失音,
> 比在湟中時尤甚,加以脾洩疝氣諸症,一時並作,力疾從公,迫
> 冬至後病癒不支,只得奏請開缺調治。兹蒙恩旨寬給三月假
> 期,鍵户服藥,每日一劑,咳嗽幸已差減,而上氣常喘,下氣常

---

① 《致黄福林書》,1843 年。
② 《致雪逸書》,1844 年 9 月。
③ 《致鄭祖琛書》,1847 年 1 月。

墜,行動俱甚艱難 ①。

這次養病,未及復元,仍又抱病回任:

靜攝養疴剛逾兩月,肺疾雖經減輕,中氣總未復元。而仰蒙恩
諭頻加,不敢過遲銷假,遂於仲春之望回任,行動甚覺累人,只
得勉爲支拄 ②。

至此,林則徐的肺疾與脾洩已成痼疾。屢次奏請開缺調治皆
未獲准,短期調養又不見效,精力日衰、體質日弱是必然的了。撫
陝期間,林則徐在致友人書中,屢以同遭謫戍、入關後不久即去世
的鄧廷楨作比,以爲"如不去官,則恐爲巇翁之續" ③,對自己的健
康深懷憂慮。

1847年七月,林則徐赴滇接任雲貴總督後,不久即遭鄭夫人
之喪,精神上受到沉重打擊。接着又用兵大理等地,半年後始返
省城。"半載馳驅,力疾心瘁。前雖徵衣已卸,而積塵待掃,善後宜
籌,仍覺昕夕勞勞" ④,"衰憊之軀,殊覺難於支拄,原擬投簪歸去,
而此間公事一時未能息肩" ⑤。從西北到西南,林則徐始終在抱病
撐持,爲統治階級盡忠竭力,其間屢次乞疾引退,皆未獲准。到了
1849年夏,終於"夙恙又復迭發,如喘嗽、疝氣、脾洩諸症,比在陝
時尤甚。先猶力疾從事,夏至節後,倍覺委頓難支。不得已據實陳

①《致陳子茂書》,1846年冬。
②《致陳子茂書》,1847年春。
③《致楊以增書》,1846年冬。
④《致吳邦慶書》,1848年7月。
⑤《致曹履泰書》,1848年夏。

請,先請一月之假,擬六月内即當續請開缺"①。後於八月間獲准開缺回籍就醫調治。自 1841 年謫戍以來,至此九閲星霜,方始稍得喘息。由於病體衰弱,歸程遲遲,途中於南昌養病,1850 年春才回到故鄉福州。

林則徐返里之後,病體依然虛弱不堪。1850 年,咸豐繼位後下登極求賢詔,因潘世恩等薦,曾飭令林則徐"迅速北上,聽候簡用",閩撫徐繼畬奉命察看林則徐的病情後,上奏謂林則徐"所患喘嗽脾洩各症,雖已漸痊,而疝氣之症,總未痊可,略經勞頓,立即舉發,醫家謂之奔豚,此氣一經下注,兩腿疼脹異常,不特不能拜跪,甚至偃卧牀榻,不能起立。現在遍覓良醫,上緊調治……"② 林則徐本人在致友人信中,談及退休以來病情謂:

> 喘咳氣逆及鼻衄諸疾,較前瘥減,惟疝氣下墜,不獨跪拜之難,並行坐亦不能自適,時時作痛……③

居家期間,林則徐對時局與桑梓利病皆十分關心,静居養疴與重新出山的矛盾,時時在内心交戰。廣西農民起義的消息傳來,林則徐認爲"聖主必擇一素有威望之將帥,能消弭兵戎,則海内之福"④。鑒於自己歷任封疆大臣及平治各地人民起義的經驗,林則徐對整頓時局尚頗自負,所以當任命他爲欽差大臣往廣西的聖旨下達後,不顧衰病纏綿,他就率然啓程了。養疴剛及半年,宿疾迄未治癒,遲暮老人,力疾就道,終於走向可悲的結局。

---

① 《致劉建韶書》,1849 年 7 月。
② 徐繼畬:《退密齋文集》卷一。
③ 《致蘇廷玉書》,1850 年 4 月。
④ 郭柏蒼:《竹間十日話》卷六。

1850 年十一月一日,林則徐收到任命爲欽差大臣的諭旨,十一月 5 日即由福州登程前往廣西。大兒汝舟因病,四兒拱樞因考期臨近,皆未從徵,隨侍的僅三兒林聰彝與記室劉存仁及陳祥、吳昶等人。林則徐登途後的行程與病情發展,新近發現的《訃文》中記載頗詳:

九月廿八日,奉命頒給關防,督師西粵。簡書孔亟,敵愾彌殷,不及再事醫調,即於十月二日力疾就道……風夜兼程,不遑寢饋。

初六日,宿沙溪驛,漏四下未寢……屢請節勞,諭曰:"爾憶冰天雪窖,晝夜奔馳時乎? 以今較昔,何足言勞?"因口占云:"苟利國家生死以,豈因禍福避趨之。"

十二日,抵詔安。得兩粵警報,心益憤急。夜剪燭作書,並寄家言……是夕未寢,子刻即行,晝夜行百四十里,山路險巇,輿中顛簸勞頓,脾洩舊症復作。

十三日,夜抵潮州,已瀉十餘次,猶深宵對客,諮詢籌畫,募勇千名帶往。……檢進脾洩舊方,諭以但飲薑湯,毋庸服藥。

次日,瀉未止,文武請小憩,不允。午至萬里橋,挑壯勇,發條教,嚴紀律。至夜,吐瀉交作,亟赴郡延醫,比曙,不及待醫,復勉撐就道。

望日,至揭陽。冒風增劇,甫進醫藥。次早復啓行……旁皇憂懼,固請暫停,各官亦再三懇留……登輿徑行,午抵普寧。進中和之劑,吐瀉略定,而胸次猶形結脹。

十七日,仍欲早發,體憊不支,眾官堅留,始允暫憩。午後痰喘發厥。醫僉謂積勞脈伏,元氣大虧。投以參桂重劑,未能奏效。

十八日,連進參劑,吐止而喘轉劇,不得已,恭摺奏明患病情形,請假調理。至夜,兩脈俱空,上喘下墜。呼筆硯至,欲作

字而不能搦管,口授遺摺,以未及出師,仰副委任爲憾。迨漏
盡,喘急愈甚……遽回顧曰:"星斗南!"語畢舌蹇氣促。延至
十九日辰刻,竟爾棄養。

從以上的記載可知,林則徐猝卒於道,實因其舊疾發作所致。
自五十七歲赴戍以來,脾洩、喘嗽、肺疾、疝氣諸症久患不愈,交相
摧折,林則徐的身體已十分虛弱。從雲貴任上引疾歸里,實出於萬
不得已。居家半年,宿疾未經充分調治,又倉促受命馳往任所。一
路心急火燎,每日以百餘里的速度行進,"乃以趲程積勞,致脾洩復
作,頓成虧陷,藥力難施"①。由於腹瀉是經年舊疾,故於十二日發作
後,竟未引起重視,初僅以爲是路途冒受風寒所致,但飲以薑湯而
未曾服藥,使病情没有及時得到控制。

據《訃文》所述又可知,林則徐的死因並不止是腹瀉。自十二
日至十五日,由於没有服藥並繼續趕路,吐瀉情形已十分嚴重。
十五、十六兩日服用"中和之劑一後,吐瀉即已略定"。此時若能停
止前進,静心調攝,情況或尚能好轉。由於繼續顛簸辛勞,病情轉
爲"胸次結脹"、"痰喘發厥",引發了心肺舊疾。心肺之疾對林則徐
來説也是久治不愈,這次竟斷送了他的生命,《訃文》中所述"兩脉
俱空,上喘下墜"、"喘急愈甚"等狀,與林則徐在新疆與陝甘時的病
狀正爲相似。在元氣大虧、脾胃虛寒的情況下,"投以參桂重劑"、
"連進參劑",實爲用藥之險著,結果藥力不及奏效,反使喘咳增劇,
舌蹇氣促,病情終至無法挽救。

總之,林則徐之死,是因久患未治的脾肺諸疾之併發及用藥未
能生效,並不只是腹瀉的緣故。林則徐並非僅因腹瀉而死,則其被

① 林汝舟《致陳子茂書》,1851 年春。

洋商投毒害死的説法即難以成立。

林則徐暴卒於道,離家僅十七日,消息傳到福州,林汝舟等十分震愕。潮州地屬粵境,林則徐的死訊已同時飛報廣州。爲了使情況及早上聞,林汝舟與閩撫徐繼畬商定由福州上奏:

> 潮州爲閩粵適中之地,而紆僻不設驛站,文報往往稽延。羊城得信既遲於閩,而距京較閩更遠……若由閩馳奏,較粵省約可早到三日……此閩摺所以先於粵也。①

潮州距廣州與福州距離相等,兩省會同時獲悉林則徐死訊,仍以閩省報京爲速。同理,由北京頒下的消息,廣州不可能早於福州獲知。清廷決定起用林則徐,在 1850 年十月七日,欽旨飛速傳下,至福州已是十一月一日,路上花了半月時間。林則徐在受命後往赴廣西,沿途晝夜不息,行進甚速,在幾乎馬不停蹄的情況下,經半月時間方至閩粵適中之地。廣州方面獲知林則徐的任命消息要晚於福州,十三行商偵知此訊,當即決定謀害林的計劃,並物色人選,火速上路,其所花時間實不能少於林則徐一行。因而洋商所遣之人在潮州與林相遇,並賄林的厨人以投毒,實屬臆測之事。況且據《訃文》記載,林則徐之脾洩復發也並非始於潮州,而是在抵達潮州之前。

又《東莞縣志》謂主持投毒計劃的是鴉片戰争時期的洋商伍浩官,其人已於 1843 年九月死去②。林則徐督粵期間,爲捍衛民族利益,曾對廣州十三行洋商進行打擊,洋商對林從此銜恨並施謀害,確非全無可能。但林則徐作爲欽命巡撫往廣西赴任,目的地並

---

① 林汝舟《致陳子茂書》,1851 年春。
②《鴉片戰争資料 I》第 271 頁:《廣州番鬼録》。

非廣州，他的使命與十年前至廣州主持禁煙不同，因而此時與洋商並不存在你死我活的利害關係。謀害欽差大臣究非兒戲，洋商若果真"憂其復督粵"，則待林至粵後再徐圖謀害亦不遲，何須急急迎往途中投毒？林則徐是當時朝野知名的人物，社會各階層對其重新出山往廣西鎮壓農民起義至爲矚目，忽聞其暴卒於道，震驚與惋惜之餘，自然不免對死因多所猜測。廣東人民由於對林則徐在鴉片戰争中作爲的敬仰，因而傳説其爲洋商謀害，這確實可以收入地方志乘"逸事"、"志餘"一類的記載，由此以覘民意，但却不能據爲信史加以輕信。

　　林則徐臨殁時大呼"星斗南"三字，據金安清所撰傳記謂："公易簀時，以指向天，呼'星斗南'三字，無一語及私。"似係實指當時星象而言。隨同林則徐赴任的劉存仁，在途中所作《過海陽即事詩》"昶日初開消瘴癘，天河力挽洗欃槍"句下自注云："西南角大星，光芒甚露。"[①] 可見當林則徐晝夜奔馳之際，確有一大星遥遥在望。憂心忡忡，力疾就道的林則徐，身負重任，繫念粵西，見此星象，必有所感，因而彌留之際，大呼"星斗南"以寄其出師未捷身先隕的憾恨，未嘗不合乎情理。前人將"星斗南"作爲廣東地名"新豆欄"訛音的解釋，畢竟只是因林則徐被害説而生[②]，仍不足據爲林則徐臨死悟知爲洋商謀害的確證。

----

① 林昌彝：《海天琴思録》卷七。
② 林則徐懂星象，這在封建時代不足爲奇。如道光二十三年《致劉建韶書》謂："仰觀天象，先有白氣，繼有赤星，恐兵戎未能遽戢，殊堪焦繫耳。"

《甲辰東遊日記》整理説明

　　《甲辰東遊日記》(下簡稱"《日記》")六卷,爲近代學人胡玉縉(綏之)先生所撰,乃其清末奉湖廣總督張之洞及兩江總督端方委命赴日本考察政學之日記。

　　綏之先生生於清咸豐九年己未(1859),卒於民國二十九年庚辰(1940),享年八十有二。先生身經晚清民國,科名閱歷,人尊耆舊,著述精湛,迥出群倫。學林夙推先生爲清季吳中樸學之後勁,而罕知其又爲晚近現代化轉型潮流中之積極踐行者。先生奉委赴日考察,行年四十有五,時在清光緒三十年甲辰(1904),正值庚子禍亂之後,日俄開釁,列强環伺,國勢阽危,救亡圖存乃爲朝野之緊切話題。由《日記》可知,身處多事之秋,有識之士奔走呼號,謀求富國强兵之道,借箸籌謀,不惜取鑒於强鄰。

　　綏之先生此行時逾半載,當年四月十四自武昌出發,轉道上海,四月二十七登輪東渡。《日記》詳載見聞議論,即"自上海頓舟之日始",而止於同年十一月初八返國前夕,逐日記録,幾無間斷。先生本以樸學名家,考察又屬要務,故所記極爲矜慎,自謂"赴東洋遊歷,竊幸一見之足以證百聞也。隨筆記載,積成斯袠,本非著述,故冗繁瑣碎,皆所弗計"(見《日記》卷首)。先生《日記》之定稿,係與考察同時完成。"先是,頗有爲人借觀者,嗣聞毀譽不一。謂翔實精細,足備後來者之考覈,則余實以冗繁瑣碎爲宗恉,且恐多誤,安敢以誤他人。"(見《日記》卷末)由於《日記》於東京付印,此書國內流傳稀少,百餘年後獲覽,不僅覺其內容富贍,考察深入,見地邃遠,足稱範本,而又惜其幾於湮沒無聞。先生樸學名家,著述等身,自不藉《日記》以增重,而舊著新印(按上海人民出版社,2020),引歸中土,雖時世已異,而可資借鑒者仍存,深願讀者因此而獲益。

綏之先生東游返國後,即由學部以"治經有法、深明教育"咨調入京,先後任職學部、禮學館,又曾任教京師大學堂。其間屢次上書言事,持論劌切,多所建議,而尤重於改良國民教育,所據多取資於日本考察。(《吳縣胡先生傳略》:"屢上書言事,多所建樹。其尤要者:曰行字母……曰屬學會……他如興女學,尚武事,貴實驗,吸國粹,廣方言,務通俗,改教法,汰腐料,都凡數十,均深察時事,明辨症結所在,以爲非痛加改革,無以起衰拯弊。")民國以還,綏之先生除一度主持籌備歷史博物館,任教北大、北高師等校外,主要精力專注於治學,皇皇鉅著如《四庫全書總目提要補正》、《四庫未收書提要續編》、《許廎經籍題跋》等,即撰作於辛亥後。30 年代,先生以碩學宿儒,與柯劭忞、江瀚等參與東方文化事業總委員會《續修四庫全書總目》編纂,其間曾再度訪日。先生居京師三十餘年,至 1936 年,鑒於時局動蕩,遂長辭故都,浩然南歸,晚年寓居蘇州光福鎮,董理平生著述,未及蕆事以歿。先生著述之稿鈔本,均託付於晚年弟子王欣夫。

自 19 世紀後期清政府與日本建交後,中國旅日官員、學者之"東遊日記"隨之出現,已刊及未刊者,林林總總,所在多有。諸家記錄之考察、訪書、遊歷、見聞等情形,既爲中國近代社會轉型提供全方位參考,也爲源遠流長之中日交流增添時代內容。20 世紀以來,中日關係風雲變幻,多經反復,而一衣帶水,風月同天,文化歷史及地緣政治之同源同質，仍令兩國間之交流互動，迄無休止。筆者雖涉獵有限，於《日記》校讀再三，仍覺此書内容深刻，極具特色，至今猶有可供參考者：

一、《日記》揭示赴日考察爲綏之先生從政、治學之重要轉捩點。先生夙以治學勤劬、成果豐碩而著稱，自幼接受經史詞章訓練，青年時代孜孜求學，肄業蘇州正誼書院、江陰南菁書院及江蘇學古堂，與同時俊髦以道義學問相切磋，並蒙學術前輩獎掖，成長爲科舉時代最後一批學子。自江南鄉試中式，至經濟特科録取高等，改官湖北知縣、加入張之洞幕府前，先生已經學幕福建、出任興化縣教諭等十年歷練。身處同光新政變革時期，先生由踐履傳統科舉道路之江南士子，因應風氣轉移，自覺關注新學，嘗試融會中西，參與新政實踐。先生東渡之前，對傳統中國社會已有深刻觀察及思考，而時逾半載之赴日考察，則成爲其從政、治學之重要轉捩點。《日記》不僅包含中日兩國之分析比較，更多對於中國傳統文化及其前途之思考。先生著述傳世甚夥，讀其書而知人論世，豈可僅以湛深傳統以視先生。

二、《日記》爲綏之先生及其同時代有識之士積極探索强國道路之實録。《日記》觀察議論，兩不偏廢，充分展示清季自甲午戰爭、戊戌變法以至辛亥革命期間，朝野有識之士對於改變國家現狀及前途之憂慮及探索。清末官方積極組織赴日考察，官員、學者絡繹於途，有影響之考察記録則流傳不多。綏之先生所到之處，細心觀察，周密調查，且行且問，隨時記録，並與同行者隨時討論，交換感想。《日記》中有關中日歷史文化異同之描述，對於中國現代化症結之探討，憂念家國，心繫蒼生，感喟議論，發人深省，所思所慮，洞見表裏，至今猶有不可及者，乃知學問事功，從來即非截然兩途。

三、《日記》用筆純正，態度謹嚴，乃真正之學人日記。王欣夫先生有云:"(綏之先生)早歲專力治經,卓然經師。繼乃博覽群書,不薄今人。兩渡東瀛,所見益廣。每發議論,洞澈古今,明通切實。惟深於古者能不泥古,達於今者能不趨今,豈與嫚嫚姝姝、守一先生之言者並論哉。時代遷移,雖或於今不合,然在光宣之間,實爲通儒。"(王欣夫《蛾術軒篋存善本書録》,上海古籍出版社 2002 年版,第 1394 頁)先生以飽學之士,奉派考察新政,其所用方法,仍不失考據學家法。走訪所及,凡事必經目驗,周諮詳詢,不厭其煩,所述見聞,原原本本,深入肌理。百年後重讀《日記》,非僅内容不覺其舊,今昔對照,轉覺今人之觀察記述,多有不逮。試舉一例,先生此行所遇之中日官員、同僚、師友、留學生等不下數十百人,《日記》多記其籍貫字號;又參觀之學校機關、工廠商社等有數十百所之多,《日記》中均保留各機構之詳細地址及接待(執掌)者姓名,並略記其言談舉止。滄桑迭更之後,雖一鱗半爪,其人其址,於中日雙方皆已成不可多得之珍貴史料。

四、《日記》記録詳盡,描摹入微,堪稱遊記體文字之典範。綏之先生之日本考察,始於長崎,駐於東京,終於西京。東京以外,日光、箱根、鎌倉、京都、大阪、奈良、名古屋等地,均爲遊蹤所及。考察參觀之對象,包含城市鄉村、政府學校、機關團體、文化設施、名勝古迹等。先生所到之處,必詳其山川地理、人文風俗,所述制度沿革、機構設置、人員配備、工作成效,委曲周盡,纖悉備至,無不記録在簿。其重點關注者,不惜再三重訪,而所遇日方人員,亦大多能積極配合,坦誠接待。先生以參觀者之敏鋭及嚴謹,集中考察日本政府、司法、金融、學校、工廠、監獄、商社、會所及圖書館、博物館、公園、展覽會等,20 世紀初日本社會各方面之縮影,於《日記》得以集中展示。當年之隨機調查,因訪問者之訓練有素,一絲不苟,記録保存至今,遂具多重意義。

五、《日記》成書甚速,與東遊行程同時完成。綏之先生結束考察、等候歸棹期間,即於東京將《日記》謄寫付印。(《日記》十一月初一日:"意將日記付諸活字,所以存鴻爪,乃略加董理謄清。"初八日:"謄竟。")歸裝所限,當時印數不多,百年以還,《日記》原本流傳罕見,國内圖書館幾無著録。先生遺著多由王欣夫蛾術軒繼承,今歸復旦大學圖書館收藏,兹檢先生遺書,未見《日記》稿本或鈔本,僅獲蛾術軒舊藏《日記》排印本。此本封面題"甲辰東遊日記 元和胡玉縉自署檢",卷端鈐有王氏藏書章("小蟫廬"朱文長方印、"小蟫廬藏書"白文長方印),疑爲王欣夫先人所藏。回溯中日圖書文化交流史,前人較多着眼中國古籍之東傳及翻刻,近人又多關注和刻本漢籍之作用及影響,對於近代在日刊刻之中文圖書,尚研究不足。清季中日建交後,隨兩國官方及民間交流增加,圖書出版領域之互動亦十分活躍,出現中國學人利用日方資源、在日本完成刊印之圖書。如黎庶昌、楊守敬主持刊印之《古逸叢書》,屬著名之域外雕版印刷物;綏之先生之《日記》,則爲中國人在日出版之通行本圖書。此類圖書之名目、數量及作用,有待深入發掘。

《日記》新印,即據光緒三十年(1904)十一月日本榎木邦信並木活版所鉛字排印本爲底本。(《甲辰東遊日記》版權頁署:"光緒三十年十一月印行／版權所有／記者:元和胡玉縉／印刷者:榎木邦信［日本東京淺草黑舟町廿八番地］／印刷所:東京并木活版所［日本東京淺草黑舟町廿八番地］。")原本直行排版,包含句讀,每半頁十二行,每行二十七字,分訂兩册,凡二百九十一頁,後附"甲辰東遊日記正誤表"二頁。《日記》整理,一爲改句讀爲新式標點,並改正原本誤字;再則爲《日記》内容添加提示語,綴於正文各頁書口,以便讀者省覽(此法雖爲西文著述習見,用於中文圖書及日記類文獻整理尚未多見,是否合宜,有待讀者反饋);二則因先生旅日半載,於二百日間遍歷東西京,除却節假、臥病,幾乎無日無活動、無日無記録,兹據《日記》輯爲《甲辰東遊行程記》,簡單展示先生此行考察政教之日程;四則爲便讀者利用,除內容提示與《行程記》外,又將《日記》中涉及之人名、地名、書名等編製索引,附於書後,索引詞之篩選,側重於日本考察。又綏之先生學行,復旦大學已故王欣夫教授知之最稔,所撰《吳縣胡先生傳》詳明剴切,足爲定論,兹特逐録,編入《日記》附録,以供讀者知人論世之助。

綏之先生赴日考察之出發及返回地,均爲湖北武昌,出發時又與光緒三十年(1904)湖北留日學生同舟東渡。先生旅日考察期間,與湖廣總督張之洞保持密切聯繫,相關匯報請示、延長考察等情形,《日記》中均有記載。《日記》於國内重新出版,距先生東渡及張之洞謝世,相去已百有餘年。天道好還,公論自在,鄂人現尊張之洞爲武漢城市之父,而地處華中之武漢三鎮,不僅爲清同光間近代化改革策源地之一,又爲承載歷史教科書中諸多重大事件之英雄城市。庚子之春,武漢又因封城抗擊新冠肺炎疫情而名聞遐邇。日月增新,山川不改,斯土斯民,唯天祐之。《日記》於國内新印之際,謹述原委以緬懷前賢,並願與讀者分享人間哀樂。二〇二〇年三月杪吳格謹述於滬東小吉浦畔。

(《甲辰東遊日記》,上海人民出版社,2020年)

王冰鐵印事拾零

已故文獻學家王欣夫先生（1901—1966），生長吳門，少而歧嶷，好學媚古，識見早達，經史之外，博涉多能，金石書畫，亦多留心。其收藏鑒賞活動，多見於日記、書志等記録。現存《學禮齋日記》中所記欣夫先生弱冠時與王冰鐵老人交往事迹，今日披讀，猶覺多關印林掌故，不辭冒昧，輯録一二，以饗同道。

冰鐵老人名王大炘，《松蔭軒藏印譜目録》載其小傳云：

王大炘（1869—1924），江蘇吳縣（今蘇州）人。字冠山，號冰鐵、炗銕、罍山民，齋名爲冰鐵戡、南齊石室。工治印，醉心於秦、漢之法，又廣學諸家，作品面目不拘一格，秀麗有餘，蒼勁尚欠，布局多平整工穩，曾名噪一時。與苦鐵（吳昌碩）、瘦鐵（錢崖）有並稱“海上三鐵”之譽。有《王冰鐵印存》、《金石文字綜》、《石鼓文叢釋》、《匋齋吉金録考釋》、《繆篆分均補》存世。

欣夫先生與冰鐵老人交往，始見於民國十年（1921）歲初，其時年方逾冠，讀書餘暇，酷好金石篆刻。冰鐵老人則年逾半百，退居吳下。《學禮齋日記》庚申（1920）十二月二十八日記曰：

閱《二金蝶堂印譜》。又讀先七叔祖《寰宇貞石圖考》。檢印石八方，擬新正請王冠山篆刻。（《學禮齋日記》第一冊）

逾年辛酉（1921），正月初五，欣夫先生即携石拜訪冰鐵老人：

訪王父鐵，不值。晚至集寶齋，看百漢碑硯精拓本，索值百金，未能得也。（《學禮齋日記》第一冊）

正月初六，欣夫先生再次造訪冰鐵老人：

訪父鐵，晤。屬刻名印、收藏印各一。徐鴻生處檢印石五方，價八元（尚未妥），擬明日再託父鐵鐫刻也。（《學禮齋日記》第一冊）

此行之又一收穫，在委託冰鐵老人刻印外，又承主人厚愛，以其自藏印譜《父鐵戡印印》稿本相假。欣夫先生感激之餘，燒燭達旦，迻録印譜中各家題詞（按，林章松先生《松蔭軒藏印譜簡目》亦著録此譜，所據係後來影印本，故過録之各家題記有溢出欣夫所見本者）：

借來《父鐵戡印印》四册，有繆筱珊、鄭叔問、朱古微、章式之、廉惠卿、袁寒雲等題詩。燈下閲之，頗增興味。題詞録下：
昔年我識安東令（昌石有印曰"一月安東令"），刻玉鐫詞衆法該。今日開緘如舊識，令人爭羨冠山才。
丁（龍泓）黄（小松）陳（曼生）孔（千秋）盡名流，風格於今豈易求。方正吾丘（《十八舉》曰，漢印是方正）文叔重，千秋法乳證前修(漢有摹印篆,其法只是方正)。

　江陰繆荃蓀(原稿作:小詩題奉冠山仁兄雅正,江陰繆荃孫。)

疏能走馬密容髮,字字斯冰矩矱來。好與竹房添咲實,未須獵
碣辨纖埃。

老芝江海雕龍手,千里畏人今見之。金石契深忘旅抱,鐙床寒
夜雨聲時。

　　　　　　　　　　　　　　　　　　　　　　朱祖謀

周禮璽節有官守,秦斯摹印亦專家(《周禮·掌節》鄭注:璽節
者今之印章也。秦時八體,一曰摹印)。俗人乃以例骨董,大
夫銘物其誰邪(《鐵橋漫稿》:秦漢印,小學、史學也,俗人以爲
骨董。噫⋯⋯)。

九千餘文淡長字,《三十五舉》吾邱詞。觥觥王子嫻馨逸,金石
刻畫臣能爲。

袁君曾撰印人傳,遺書零落不可求。借問樵風老詞客,千秋絕
業煩窮搜。(亡友袁瓌禹同年曾告吾云,擬仿《疇人傳》之例作
《印人傳》。此二十年前語也,袁君墓已宿草,其遺著不知在何
許矣。)

　　　民傭張一麐(原稿作:冰鐵仁兄先生粲正,民傭張一麐。)

刻畫變泥封,高才萬象供。握中揉鐵石,腕底挾蛟龍。神技驚
先覿,清輝歎晚逢。一塵千古思,刀筆老吳淞。

　　　洹上袁克文(原稿作:題上冰鐵先生,洹上袁克文。)

漢興,以繆篆爲刻印之獨體,蓋謂意存心手之間,綢繆經營,別構一格,形與勢合,追琢成章,神妙縈於方寸,然後砉然迎刃而解。一代文制,資以印信,豈曰雕蟲小技哉。近世目爲文房一玩,勿考其制度精義之所在,朝學奏刀,暮已以印人自命。或規規許書,以爲漢篆之遺,舍是靡所取則。不知汰長爲正當時書體之異撰,於刻印義例不能強合也。今南北博古家所珍庋漢人公私印記,其結撰之精微、章法之奇妙,洵有不可思議者,神而明之,存乎其人。吾友父鐵有道,鑿字入古,得天獨厚,尤妙能深參漢制,別具心裁。間嘗觀其游刃恢恢,上下古今,精神往來,鉅手立斷,如風雲列陣,奇正相生。綜丁、黃諸家能事之長,握秦漢兩朝刻符之枋,郢斤孤運,工在寡雙,倘所謂"學如牛毛,成如麐角"者,駸駸技進乎道矣。余少而好弄,偶一削觚,游心漢制,固非千里畏人者,今獨於君所造爲之斂手焉。爰序其宏愭,用識金石之契,揭諸簡端,庶後學奉爲楷素,不敢以游藝小道而忽之也。光緒乙未之歲十月既望,同客滬江鶴道人鄭文焯寫記。

父鐵曩所作印,集爲兩册。余瀏覽之餘,多能識其苦心孤詣,惜爲曾通侯攫去不歸,恐如昌谷詩集作覆飲器物耳。此道既難爲俗人言,並不當爲俗人見之,非若行卷可隨在投也。昔鉛山蔣心餘先生題隨園老人詩集有曰:"古今祇此數枝筆,怪哉公以一手持。"私嘗偉之,以爲隨園天分高絕,人事又足以副之,差可當是語,餘則未易概言。茲讀冠山同學《食苦齋印存》,乃歎篆刻之學流別甚夥,傫數不能終,冠山獨兼師博採,不沾沾一先生之説,任仿何派,靡不精能老到,突過前人,信乎天人並到,如藏園所謂"古今數枝筆,怪哉一手持"者,不啻爲冠山詠也。冠山與余游最先,自其少時,於印人一道,即深耆而竺好,比年流浪江湖,左右採獲,遂已奄有衆妙,蘄於大成。曩賢有言:斯文未墜,必有英絕領袖之者。冠山殆其人歟?鄭重將還,坿志喜劇。宣統紀元二月初吉,長洲章鈺記於冶城古澄心堂。

昔陽冰有言,刻印之法四:曰神,曰奇,曰工,曰巧。得一於是,無不卓然成家。欠鐵先生印章,陸離變幻,諸法畢具,人欲得其一而難者,君直綜四美而兼擅其長。噫,神乎技矣。曾讀先生手著《金石文字綜》一百六卷,《石鼓文叢釋》二卷,湘鄉曾君和通侯見而好之,擬付手民,而先生歉然以爲不足問於世。然非十餘年苦心孤詣,曷克臻此絕技,於此見先生之謙德,尤足多也。陳元康(原稿作:光緒丁未冬日世小弟陳元康識。)

瓊瑤小印愧先施,此意殷殷鶴叟知。記否對牀清話處,秋聲如夢雨如絲。
使筆如刀信有神,縱橫漢魏掩先秦。萬端經緯歸雕鏤,何祇區區作印人。
技惟入聖時方忌,人到能窮韻更孤。幸有石芝堪一老,十年高臥共江湖。
神往南齊石室間,金心銀手絕躋攀。他年此卷流天地,多少心香禮冠山。
澹堪多禄時客蘇州(原稿作:小詩四首題奉冰鐵先生法家指正,澹堪多禄時客蘇州。)

不絕如縷冰斯學,薪火流傳到缶廬。誰識吳門王處士,溧陽武進兩尚書。

派綜南北逼秦漢，父鐵堪應殿勝朝。顧我亦深金石癖，百年大
疋不能招。

木末並題（原稿作：冠翁屬，木末並題。）

正變上窺倉籀法，源流旁治古今文。雕蟲合是壯夫事，目論吾
嗤揚子雲。

九原恨不起吳趙（咸同以來吾鄉吳聖俞、趙仲穆於西泠諸家外
獨樹一幟，號爲印學中興），今幸相逢冰鐵翁。搜輯印人尊藝
苑，此功第一屬樵風（謂鄭叔問前輩擬編《印話》）。

弟呂景端（原稿作：冠山先生正題，弟呂景端。）

○嘗思考輯自漢以來諸史志及雜家小説凡言印事者，稽譔其
説，旁徵博引，層剝叠索，編爲《印話》一書，略爲區目。年來
麤得百數十事，均於原編折角記之，度父鐵當樂觀厥成，盍助
余搜校，以廣斯詣也。

○“老龍”，細筋入骨，如古玉文，有漢制深穩氣象，精心之作
也。

○《印人傳》以垢道人刻印爲首。予家故藏其刻天黄凍石一
方，文曰“某花初月”，石約二寸弱，上類三峰勢峭，色作蜜蠟，
古香澤手。垢道人復采“米顛拜石”數十字，用小草鑿其印
面。又有周亮工題跋年月，蓋賴古堂中故物之精品也。

○作書畫以有士氣爲貴，鑿字亦不得著一點甜俗氣。手熟固
是學力，有時熟則易流於市工惡趣；手生固由氣餒，有時以生
而愈見其篆刻古意。此可神會，不可求之迹象間也。如此“瘦
虎”一印，正妙在不即不離，而瘦能通神。

○明文三橋、程邃，並號爲印人之高手。顧案其所刻，圓勁多而宕逸少，疑用雙刀削成。橅漢官鑄印法，自鈍丁、秋盦一變至道，謂非後來居上哉。

○吳小城見《越絕書》，闔閭所築。案之志乘，今城中乘魚橋迤東，岡巒起伏，峭若岫壁，俗所謂"高岡子"者，即其故址也。鶴翁卜居其東，蒼烟五畝，空翠迴環，屏障天合，直几案間一硯山耳。因名所築爲"吳小城東墅"。丁未寒孟，與乂鐵先生薄遊淞南，夜來談藝甚洽，遂出片石，索其奏刀，爲刻五字，奢然斷手。匠石奇技，妙能獨具鑪錘，密不容髮，疏能走馬，無一毫不稱心而出。如"城"字之右、"東"字之末，彌見精撰苦心，深得漢刻印繆篆之體，惟有歎服而已。鶴記。

○古碑版以烏絲闌作朱文隱起者，惟《魏始平公造象記》洎《溫泉頌碑額》，最稱峻茂。學書者猶苦其難工，矧刻印之篆法刀法，迹在格中而神遊象外，能事詎易言哉。

○昔人論書之妙者，曰"意在筆先"，論畫曰"筆所未到氣已吞"，足徵意與氣爲魄之華、神之使。余謂刻印亦如是，造意難於造形，得氣難於得勢。漢專以繆篆屬刻印，"繆"字一義，正以見結體布局之難。老斲輪當韙斯語。

○世盡知斯翁之篆之工矣，道元《水經注》引《北征記》，謂瑯邪臺始皇《封禪碑》乃李斯所刻，可徵古之善書者無不精於刻石。漢碑中記石工、石師，姓氏里貫官秩，多見諸碑末，而於書人輒多不傳，豈非以剞劂精手皆出自當世名家，且以巧工名官，顧不重邪？（右錄上加"○"者，鄭大鶴筆也）（《學禮齋日記》第一冊）

欣夫先生因初與冰鐵老人交往，故於所借《乂鐵戡印印》未敢

久留，連夜鈔寫各家題記，次日即將原稿奉還。訪談之頃，又飫聞
民國初金石流傳掌故：

> 辛酉年正月初七日。至父鐵處長談，知其藏彝器文字四千餘
> 種，全形者千餘種，可謂富矣。又藏有"小毛公鼎"，舊爲姚文
> 禧物，辛亥年以八百金得之，袁寒雲欲以二千金易之，不許也。
> 文字百餘，每句四字有韻，據云陳氏所藏者爲書，彼所藏者爲
> 詩，惜未得見拓本也。《陶齋吉金録》自三代器外多是贗物，
> 如秦權、造象，竟無一真者（秦權當時每有數十枚求售，祖龍
> 法物，豈有如此之多哉）。今在總統府之"毛公鼎"（即前押在
> 鹽業銀行者），係陶齋翻鑄，其真器仍在陳氏（眉批：押在銀行
> 者，押款一萬元，翻鑄者豈能得此鉅價？存疑）。翻本文字，以
> 真本校之即見。帶去七塊本《磚塔銘》，索題籤。在父鐵處遇
> 楊馥堂子，新自焦山拓碑歸，云焦山全套，寺僧有出售，每份百
> 元。渠見崖壁題名，其邊有墨痕者，知皆搨過。尚多有未經搨
> 過者，往往在危難處。想以拓之非易，故捨之耶，抑爲前人所
> 未見邪？ 異日當一訪之。（《學禮齋日記》第一册）

此後數日，欣夫先生屢次造訪冰鐵老人，一再求老人賜刻名印：

> 辛酉年正月初八日。訪父鐵，刻"學禮齋"朱文方印、"兄弟同
> 賞"方印。集寶齋購《嵩嶽三闕》、《三公山碑》二種，並屬裱
> 拓。辛酉年正月初十日。至冠山處刻三印，偕至吳苑茗談。
> 辛酉年正月十一日。飯後至王冠山處，適欲外出，即辭歸。
> 辛酉年正月十二日。王父鐵處屬刻名印二方，帶還收藏印二方。
> 辛酉年正月十四日。父鐵處送潤資二十元，計四十六字。今

年重定潤格,每字四元矣。辛酉年正月十五日。愉庭來。印新刻印。(以上《學禮齋日記》第一册)

民國十三年(1924),冰鐵老人謝世。未幾,友人俞復取其印譜,在滬爲之影印,於民國十五年(1926)出版(新增俞氏跋語),此即文明書局石印《王父鐵印存》(五册本)。欣夫先生所見《父鐵戠印印》,應屬以印蜕剪貼成册、已含諸家題識,但尚未付印之稿本(四册本)。欣夫先生所獲名印及藏章,堪稱冰鐵老人晚歲絶筆。《學禮齋日記》再述及冰鐵老人,已在八年之後:

> 一九二八年三月初二日。筱園來,交胡兆周刻印,未晤。胡君鐵筆,得淵雅静穆之旨,足繼王父鐵而起者也。所作六印,以朱文"學禮齋藏書印",白文"補安校讀之書"、"補安借讀"三印爲最,朱文"欣夫"、白文"王印大隆"、朱文"隆"三印次之。擬再續購佳石,多請鎸刻,因吾蘇印人自父鐵後絶無繼起。胡本王弟子,畫家胡則豐(焕章)之子也,今任電燈廠會計,廉讓未訂潤格,故人尠知之。與筱園有戚誼,求之不難。今送潤六番,可稱極廉,若在滬上刻印者,能此淵雅,每字可三四金,則亦無力得之矣。(《學禮齋日記》第四册)

欣夫先生激賞胡兆周先生鎸印,謂其"得淵雅静穆之旨,足繼王父鐵而起者"。又因胡氏爲人低調,潤格極廉,因而"擬再續購佳石,多請鎸刻"。以此之故,現存欣夫先生用印中,出於冰鐵老人師徒之作品頗多。

1929年5月,欣夫先生三十初度,時在上海聖約翰大學任教,假日返蘇,招待親友,同時接受親友餽贈,獲表兄潘省安持贈冰鐵老人治印一枚：

　　五月二十三日。今日晏賓，到吳問溯舅父、殷菊延姨丈、潘省
　　安表兄、鄒百耐內表兄、丁伯偓甥、翰東姪孫、孫伯南、周左寬、
　　曹小園、周維庚、曹頌美、祝平、錢養然、雷善覺、葉湘蘋，早麪
　　席、晚十元翅席各兩桌。應酬終日甚勞。又邀韶九、仲兄、士
　　雄、芙初同飲，極歡而散，已十二時矣。問舅贈何詩孫山水軸
　　（贋）。菊丈贈《續昭代名人尺牘》一部、摺疊扇一柄。省安贈
　　王冠山刻朱文“家在花橋水閣西”壽山長方章一枚，極佳（此
　　章本潘氏物，因舊宅已售去，無所用，今以贈余，可謂合適之
　　至）。均受之。（《學禮齋日記》第六冊）

欣夫先生日記中最後述及冰鐵老人，已在兩人初遇後三十餘年：

　　一九五五年四月二十三日。瀚海寄到吳闓生《左傳微》十二
　　卷，闡發文章義法，可作講義。又亡友王冠山《冰鐵戡印印》
　　五冊。篋中有冰鐵治印十餘方，皆三十年前返里度歲時當面
　　所作，燈下對膝情況，宛如昨日事。（《鴿巢日記》第二冊）

　　庚子歲疫情彌天，舉世禁足，幽居之中，猶有賞心樂事足記
一二。夏間某日，承友人引導，驅車至安亭江上訪友。麗日明窗
下，觀譜賞印，竟獲見欣夫先生用印若干。摩挲舊石，溫潤如玉，細
審印文，若拜老師，而冰鐵老人刻款，赫然入目。緬懷歲月滄桑，心
神皆為之醉。今距欣夫先生於姑蘇與冰鐵老人促膝交談，忽忽已
將百歲；離欣夫先生於日記中追懷冰鐵老人，亦已逾於六十年。所
幸安亭去蘇城不足百里，寶物易主，猶未遠離吳下，而楚弓楚得，更

獲主人珍重。凡此,皆述之"良醲醲而有味"者焉。

附 錄

《冰鐵戡印印》不分卷,王大炘篆並輯,稿本,四册(王欣夫1921年曾借觀)。

《欠鐵印(己亥年印存)》不分卷,王大炘篆並輯,清末粘貼鈐印本,一册(松蔭軒藏)。

《欠鐵印存》不分卷,王大炘篆並輯,清末鈐印本,一册(松蔭軒藏)。

《王冰鐵印存》不分卷,王大炘篆、俞復輯,民國十五年(1926)上海文明書局石印本,五册。

《王冰鐵印存》不分卷,王大炘篆、俞復輯,民國二十五年(1936)上海中華書局再版印本,五册。

《王欠鐵印存》不分卷,王大炘篆、方約輯,民國二十九年(1940)宣和印社鈐印本,二册。

(《西泠印叢》,2021年第3期)

南田劉氏舊藏《易齋劉先生遺集》述略

一、清鈔本《易齋集》流傳原委

復旦大學圖書館藏《易齋劉先生遺集》二卷,係明初劉璟(明開國功臣誠意伯劉基次子)所撰,清咸豐八年(1858)青田劉淮傳鈔明末青田縣令楊文驄輯刻本。此本曾經里安孫氏校勘,爲光緒二十七年(1901)青田劉氏里安刊本之底本。至民國間,此鈔本遞藏於南田劉祝群(字耀東,劉基二十世孫)啓後亭,又成爲其編纂《括蒼叢書》第二集所收《易齋集》之底本。

劉耀東先生早年留學日本,清季執教温處,民國初短期從政,自民國九年(1920)秋歸田後,遂居鄉不出。中年以還,親事稼穡之餘,熱心家族事務,關切地方興革,開發山水勝景,編纂鄉邦文獻,愛鄉樂群,始終其志,是令人無法忘懷之青田鄉賢。

20世紀30年代,經雙方友人崑山趙詒琛、里安張宋廡、衡山李洣、永嘉夏承燾等介紹,耀東先生與吳縣王欣夫先生締交,書信往返,縞紵情深。40年代初,爲搜訪《易齋集》全本,耀東先生將此家藏清鈔本,由浙南山中寄至上海西區梵皇渡,委託其時任教聖約翰大學國文系之欣夫先生,覓便代校《易齋集》足本。嗣以干戈滿地,世事蒼黃,校勘之願,迄未實現。歲月荏苒,至五六十年代,耀東先生與欣夫先生先後下世。兩先生身後,《易齋集》入藏復旦圖書館,至今已逾五十載。

　　值此"2021·中國麗水劉基文化學術研討會"召開,筆者藉典書之便,不辭謭陋,謹述《易齋集》流傳原委,以此緬懷劉、王兩前輩對祖國文獻保存整理之功。

二、清鈔本《易齋集》之校補

清鈔本《易齋集》封面爲劉耀東(祝群)親筆題耑:

啟後亭臧鈔本　　集部第卅七種
易齋集(以上兩行間鈐"劉氏祝群"朱方、"啟後亭長"白方印)

清鈔本《易齋集》內封有劉耀東(祝群)民國二十四年(1935)親筆題識:

先忠節公《易齋集》,《浙江通志》作十卷,/《千頃堂書目》亦載十卷,殆明初刻本/也。迨崇禎壬午,吉州楊文驄搜得鈔本,/訂爲二卷,想非完帙,其與十卷本/異同,亦莫可考。清咸豐八年,族前輩/淮(春波)假同里徐氏貽穀堂藏楊刻/二卷本迻寫,即此鈔也。先君子嗣/於同治年,亦於貽穀堂舊藏搜得/端木國瑚於吳門鈔寄《盤谷集》五卷,/因并兩集傳寫成帙。光緒庚子(1900),命詣/里安孫師籥高家校勘,同付剞劂。/乃兩集殺青甫竟,書肆借印,肆/火而版遭燬。今所存者,僅此鈔本與/先君傳寫兩帙而已。亟宜重刊,卒卒/未果。衰朽日逼,匪可緩也。/民國二十四年曝書日,啟後亭長識。/(鈐"啟後亭長"白方印)

又清鈔本《易齋集》書末劉耀東（祝群）民國庚辰（1940）親筆題跋：

先忠節公《易齋集》，《浙江通志》作十卷，《千頃堂書目》亦載十卷，蓋明初刻本也。迫崇禎壬午，吉州楊文驄搜求鈔本，訂爲上下二卷，實非完帙。按《國學圖書館第四年刊·松軒書録》載：八千卷樓舊藏《易齋集》二卷《補遺》一卷，明青田劉璟撰，前有崇禎壬午楊文驄序，附葉有丁丙手寫識語三行“光緒丁酉之夏，得汲古閣舊藏明初刻本前五卷，就其中摘出此本之闕詩，凡古體詩四十餘篇、今體詩百餘篇，補寫於後。明刊闕後五卷，猶賴此本以傳，是兩本闕一不可也。丁丙記”。（按）明初刊本現藏甲庫，後有《補遺》一卷，即就此本補録者，此本後《補遺》一卷，亦即就明初刊本補録者，丁氏謂“兩本闕一不可”，今兩本均各補鈔成帙，可稱完璧云云。余據舊藏楊刻二卷鈔本考之，卷上古今體詩凡百五十餘首，較之明初刻本前五卷詩，闕百四十餘首，是楊刻眡初刻，詩僅及其半；楊刻卷下文凡五十餘篇，明初刻本後五卷文，其篇數當不僅此。丁氏據楊刻卷下補鈔，未可遂稱完璧也。初咸豐八年，族前輩淮，假同里徐氏紹偉貽穀堂藏楊刻二卷本迻寫，以授我大父。同治年，先君子復得前輩均，（亦）從貽穀堂舊藏端木國瑚嘉慶乙亥自吳門舟中鈔寄《盤谷集》詩五卷本，因并兩集手寫成帙。光緒庚子，命詣里安孫師籀高校勘授梓。梓成，以書肆借印，肆火而版燬。久謀重梓。衡山李泳語余，北平圖書館藏有明初刻《易齋集》十卷全本，極思往觀迻寫，以倭寇起，館藏播遷，十卷全本不獲一睹，即《松軒書録》所載八千卷樓藏《補遺》之本，亦無從校録，思之心痛。今檢先君手鈔楊刻二卷本，與前輩淮鈔本互校，多五言古《月夜醉歌》一首，又有韓錫胙眉批數則。竊歎先公遺集，未窺全豹，欲求完本，殆不可期，就此重刊，終留遺憾矣。庚辰初春，十九世孫耀東識。

由以上兩段題跋可知，劉璟《易齋集》明初刻本有十卷之多，明末經楊文驄重輯，刻爲二卷本。流傳至清末，《易齋集》十卷本、二卷本皆已罕覯。咸豐間青田劉淮鈔本，係據同里徐氏貽穀堂所藏楊刻二卷本傳鈔。未久，耀東先人來韶先生，又從徐氏貽穀堂得劉廌（劉基之孫）《盤谷集》五卷（此本仍從鈔本出，明初刻本亦爲十卷）。劉氏父子熱心傳播家族及鄉邦文獻，光緒間謀諸里安孫氏，曾據兩鈔本翻刻劉璟、劉廌叔侄遺集，不幸刻版初成而旋燬於火。至 20 世紀 30 年代，耀東先生苦心孤詣，孜孜從事《括蒼叢書》編纂，又藉助鄉人之有力者支持，陸續付印成書，填補吾浙郡邑叢書處州文獻之空白。收入《括蒼叢書》之《易齋集》，初意尋訪明初刻本作底本，或取校足本，以復原貌，而多年營求，仍功虧一簣，最終採用者仍爲楊刻二卷本。耀東先生爲尋訪全本，輾轉函詢，四方求助，託友代校，可謂費盡心思。所願雖未達成，而託校底本幸存，往事一一可稽，時隔八十載後，追蹤前賢遺迹，猶令人肅然而起敬。

二、清鈔本《易齋集》之校補

耀東先生對於劉氏先集及鄉邦文獻之搜討活動，見諸其存世文字，爲劉氏後裔及溫處學人耳熟能詳。近年刊佈之劉氏《疢廎日記》，又提供大量原始記錄，足爲吾輩珍視。茲檢《疢廎日記》，錄其有關《易齋集》搜討校勘者，以見先生處心積慮、致力鄉邦文獻傳承之一斑。

30 年代,劉耀東先生對於明初刻本《易齋集》之關注與追蹤:

> 李佩秋來談,云北平圖書館有《易齋稿》、《盤谷集》足本,亟宜
> 往鈔,以補前刻之未全。惟以時局日亟,北平圖書館善本均多
> 轉藏他處,無從傳鈔耳。(《疢廎日記》1936 年 10 月 27 日)
> 前日在杭觀展覽文物,有感一截:"劫餘文物不知年,滿目琳琅
> 幾萬千。別有搜求心事在,窮儒遺著最宜傳。"(《疢廎日記》
> 1936 年 10 月 31 日)

與此同時,耀東先生因年事漸高,生計日蹙,時有精力不濟之
歎,同年十二月五日記云:

> 午前校定《疢廎紀年》,僅兩時許,便覺精神不支。甚矣吾衰,
> 而撰述未成之《韓湘巖年譜》及校印《滑疑集》,均未能付印,
> 設一旦脱化,誰復繼余之志,以成其事乎? 思之不禁感慨。
> (《疢廎日記》第二册,第 158 頁)

次年(1937)夏,老友李佩秋(涑)來信,再次談及北平圖書館
收藏《易齋集》及《盤谷集》足本事,令耀東先生牽繫不已,六月
十七日記云:

> 李佩秋來書,云北平圖書館有明刊《易齋稿》十卷《附録》一
> 卷、《盤谷集》十卷,亟須設法借鈔,刊入《叢書》,俾世人獲
> 窺全豹,萬幸萬幸。隨復佩秋,求其爲我致之。(《疢廎日記》
> 1937 年 6 月 17 日)

未幾,再接李佩秋來信,獲知爲避戰火,北平圖書館藏善本已南遷至滬,七月八日記云:

> 李佩秋書來,云燕館之《易齋》、《盤谷》二集。明刻四千本,曩以倭奴侵犯華北,遂將古版善本捆載來南,寘之滬上。現欲録副,不易辦到云。(《疚齋日記》第二册,第192頁)

耀東先生侷促浙南山中,仍利用各種社會關係,百計羅致先人遺集全本,七月十三日記云:

> 寄張慕騫,乞設法鈔《易齋》《盤谷》兩集明刊全本。(《疚齋日記》第二册,第193頁)

1938年春,耀東先生致書姑蘇趙詒琛先生問候戰亂後景況,三月二十日、二十一日連續記云:

> 寄趙學南先生蘇州,未知戰後淪胥,郵筒得達否。亂世友朋,飄零不可蹤迹,思之淚下。(《疚齋日記》第二册,第243頁)
> 蘇州趙學南先生(詒琛)耆年宿學,乙亥秋冬間寄贈《寒山志傳》、《又滿樓叢書》、《鄧制軍奏議》等書。千里神交,三生宿契。自寇陷三吴,未知此老近況何如,寄書訊之,不審可達否。亂離之世,三五故人,如蔡師愚、沈思齊諸子,皆不可蹤迹,如何如何?(《疚齋日記》第二册,第244頁)

趙詒琛(1869—1941),字學南,江蘇崑山人,清末民初隨父兄居滬,以峭帆樓藏書及刻書著稱。嗣以藏書樓及書版燬於戰火,遂移居蘇州,仍節衣縮食,藏書刻書之興致不減。30年代,正與王欣夫先生合作,採用民間集資方式,搶救稿鈔本文獻,編纂"紀年叢編"。其法乃召集同好,集股若干,作爲基金,採輯刊行稀見史料。每年一編,即以干支冠"叢編"爲書名,收書十數種,多取易代之際文獻,排印出版後,衆人據股份分書,並籌集下年出版費用。自民國甲戌(1934)至辛酉(1941),共成書八編,故又合稱《八年叢編》。東南文獻諸老,身處民族危亡之秋,堅持以特殊方式救亡圖存,保護故國文獻。耀東先生聞之,自認同道,急起相應,1938年十月十三日、十四日連續記云:

> 張宋廎函告古吳趙學南先生刊印《戊寅叢編》集股辦法。
> 寄趙學南書,並匯款購其《戊寅叢編》。又以尺紙求字。(《疚廎日記》第二冊,第281頁)

十二月八日,耀東先生接奉趙詒琛來信及贈詩:

> 蘇州趙學南(詒琛,崑山)寄贈七言古詩一首:
> 我友劉君誠意齋,南田高隱門晝閉。牙籤玉軸幾連屋,晨鈔夕纂得深契。爾來中原如鼎沸,酒後耳熱輒垂涕。乃祖翊贊王者興,七尺昂藏豈難繼。安得略抒捍禦策,廓清神州開晴霽。更惜斯文將摧毀,聖賢道德嗟淪替。夜半繞床憤填膺,拾遺抱殘補六藝。括蒼大集備殺青,嘉惠後學功匪細。先生神交閱三載,沆瀣一氣多妙諦。臣壯不如人今老,兀兀窮年何能濟。校勘經史付手民,兩眸昏蒙若有翳。忽惠書來似珠玉,索我數言盼雅製。草成蕪詞等蟲吟,郵遞方家賜品第。(《疚廎日記》第二冊,第291頁)

江浙學人異苔同岑，情見乎辭。此後，在趙詒琛、李佩秋等介紹下，耀東先生與王欣夫先生建立通信聯繫，1940年一月二十六日記云：

王欣夫先生來書，云渠於士禮居見《易齋集》鈔本。亟思迻寫，與家藏本互校，有無異觀。深恨兵戈滿地，勿克往與三五藏家詳加檢討，奈何。（《疚廎日記》第二冊，第366頁）

所謂"於士禮居見《易齋集》鈔本"，係指欣夫先生抗戰前訪書北平圖書館時，所見清黃丕烈士禮居題跋本《易齋集》。耀東先生對此鍥而不捨，一月二十八日記云：

復王欣夫，乞其轉假士禮居《易齋集》鈔本，與家藏刊本互校有何異同。復函如左：
久欽雅範，未遂摳衣，猥辱手書，快同面晤。曩以里安張宋廎之介，獲與趙學老文字神交。學老來書，每及從者。兵戈滿國，詣教未遑，抱恨奚似。某諝陋，蟄伏窮山，年來理董舊藏，編爲叢笈，寥寥數卷，無當大雅之一噱。賡續其次，甫在寫稿。先忠節《易齋集》二卷，擬列其中。往者衡山李佩秋云，北平圖書館有明刻《易齋集》十卷舊本，極思往觀，迻寫重刊。戰雲四起，文物飄零，不知此後尚能訪得全本否？思之心痛。承示士禮居有《易齋集》鈔本，不審與敝齋舊藏有何異觀？茲寄刊本一部，擬求轉假士禮居鈔本互校一過，示其異同。翰墨因緣，弁之首簡，實大快也。山居孤陋，訪求鄉獻遺書，百不存一，倘蒙舉以見教，幸何如之。尊輯《戊寅叢編》，交通阻滯，望眼久穿。《己卯編》附股，想已不及矣。擬以拙編《括集》寄塵

趙學老，無從遠遞，祇得待時，乞便中致意爲感。呵凍奉復，草草不恭。（《疚廎日記》第二册，第 366 頁）

耀東先生此函原件，欣夫先生將其夾入同時收到之鈔本《易齋集》內，故保存至今（見後）。兩先生雖久歸道山，而文獻同志，以書結交，翰墨往來，所討論者無一非關書事。三月十二日，耀東先生接奉欣夫先生覆函，告知前在北平所見《易齋集》，仍爲楊文驄所刻二卷本：

王欣夫復函，云往年於北平見《易齋集》亦二卷。殆爲楊刻本，非明初刻十卷本也。（《疚廎日記》第三册，第 12 頁）

三月十四日，耀東先生書覆欣夫先生，聲言參加《己卯叢編》集資認股，並贈送所著《年譜》：

復王欣夫，並託吳天五代付《己卯叢編》股款。又以《年譜》託欣夫轉交佩秋、瞿禪。（《疚廎日記》第三册，第 13 頁）

三、劉耀東與王欣夫交往介紹

上海方面，身居滬西聖約翰校園之欣夫先生，雖與耀東先生迄未晤首，兹檢《王欣夫日記》稿本，亦可發現有關兩人交往之記錄，如《王欣夫日記》1939 年十二月三十一日記云：

（夏）瞿禪交來里安孫君孟晉所贈《括蒼叢書》十六册，青田劉君祝群所輯也。

　　夏承燾先生，溫州人，與劉、王兩先生均有交誼。《王欣夫日記》1940 年一月十日記云：

　　接（張）宋臑函，並附傳鈔甘泉羅士琳《晉義熙銅鼓考》一卷。前瞿禪交來之《括蒼叢書》，知爲劉君祝群所贈者，即函青田九都謝之。

　　二月二十六日《王欣夫日記》又記云：

　　青田劉祝群寄明劉璟《易齋集》二卷鈔本，屬校士禮居鈔本。士禮本昔年北遊，見之人文科學圖書館，無從取校也。

　　所言乃對應上引一月二十八日劉氏日記，劉氏函札四紙保存至今，仍見於清鈔本《易齋集》中，成爲劉氏書跋以外又一珍貴墨迹。因文字與《疢廎日記》所録略異，兹再迻録如次：

　　欣夫先生著席：久欽 / 雅範，未遂摳衣，猥辱 / 手書，恍同 / 面誨。曩以張宋臑介，獲與趙學老爲文字神交。學老來書，每及 / 從者。兵戈滿國，詣 / 教末由，抱恨奚似。耀東謭陋，蟄處窮山，年來理董舊藏，謬編叢笈，寥寥數卷，無當 / 大雅之一噱。賡續其次，頃已寫成七種。先忠節公《易齋集》，列目其中。往者衡山李佩秋云，北平圖書館有明初刻《易齋集》十卷全本，極思迻寫。戰雲四起，不知尚能訪得舊本否？思之心痛。承 / 示士禮居鈔本，不審與寒齋舊藏有何異觀？兹寄鈔本一帙，擬求 / 轉假士禮居本 / 賜校一過，/ 指其異同。翰墨因緣，/ 實大快事也。山居孤陋，訪求鄉獻遺編，百不得一，倘蒙 / 見教，幸何如之。/ 尊

輯《戊寅叢編》，未獲快睹，思以《括集》寄塵學老，亦以交通阻
滯，無從遠遞，如何如何。古杭丁輔之（寓檳榔路二九二號）曾
相識否？拙作《南田山志》，尚有多部存渠處，乞／就近往取，
藉求／教正，何如？樂清吳天五妙年邃學，現作滬上寓公，久思
通訊，未詳何在，乞／便爲詢瞿禪，轉希致意。雲間沈思齊擬寄
以書，亦無蹤迹，倘荷示及，感盼之至。三五故人，亂離四散，
真可哀也。呵凍草草，復頌道安，不贐。小弟劉耀東頓首。庚
辰舊正人日。

耀東先生《日記》中稱"與家藏刊本互校有何異同"、"兹寄刊
本一部"云云，函件中改稱"與寒齋舊藏有何異觀"、"兹寄鈔本一
帙"，均確指現藏復旦大學圖書館之清劉淮鈔本。同年三月二十四
日《王欣夫日記》記云：

　　青田劉祝群寄贈所編《明劉文成公年譜》。

此段記録與前引《疢廎日記》三月十四日相應。抗戰期間，滬
浙懸隔，郵路淹遲，耀東先生不辭道遠，先後郵書贈友，足見其嚶鳴
求友之熱忱。耀東先生爲求《易齋集》全本，逕將家藏數世之清鈔
本《易齋集》寄滬，一則出於對文獻同道之絶對信任，二則久欽欣
夫先生寢饋於鄉賢黄丕烈、顧千里著述，爲搜輯過録黄、顧題跋及
遺文，數十載矻矻不休，所編《黄顧遺書》，乃得南北同道傾力相助
而成，故於《易齋集》之訪求全本，亦深盼能藉助欣夫先生而有成。
至所謂"士禮居鈔本"，乃欣夫先生 1937 年夏訪書北平，參觀人文
科學研究所圖書館所見，查 1937 年六月二十三日、二十四日《王欣
夫日記》云：

二十三日，晴。十時，至東廠胡同東方文化會訪日友橋川子雍（時雄）。假閱目錄十一冊，稿校善本極富，許他日借鈔，並將目錄携寓細閱，摘出數十種備索閱，贈以《顧跋》一部。……黃丕烈校《自怡集》、《易齋稿》。

二十四日，晴。再訪橋川，觀書八種：汲古閣本初印《十三經注疏》，爲康熙時何義門弟子金翔鳳手校，每種後有小跋，多據義門、小山校本傳臨……鈔本明括蒼劉璉《自怡集》一卷、劉璟《易齋稿》二卷。《自怡集》後有蕘翁手識一則錄後。

欣夫先生所記曾經黃丕烈校跋之明劉璉《自怡集》及劉璟《易齋稿》，均爲鈔本（按《北平人文科學研究所藏書目錄》（1938）集部著錄“自怡集一卷易齋稿十卷附錄一卷　明劉璉撰　（易齋稿）明劉璟撰　鈔本　有清黃丕烈手校”，與欣夫先生所記略異，兩書現藏中科院圖書館），尚非耀東先生亟亟所欲取校者，而前引李佩秋所言之北平圖書館所藏劉氏諸遺集，則確有明初刻本存。可惜北平圖書館南遷善本雖然庋藏在滬，其時並不對外開放，故終抗戰結束，劉、王兩先生借本校補《易齋集》之願望，迄未實現。

四、劉耀東與王欣夫之朋友圈

王欣夫先生（1901—1966）爲近代文獻學大家，畢生致力於古代文獻之傳鈔校勘、整理出版，晚年所撰《蛾術軒篋存善本書錄》，著錄家藏圖書近千種，世人視爲“學者型藏書家的藏書志”，以內容翔實精悍而著稱。令人欣喜者，此書亦已著錄劉氏鈔本《易齋集》：

易齋集二卷　一册　明青田劉璟撰　舊鈔本　十九世孫耀東

手跋

璟字孟光，爲基之次子，永樂時下獄自殺，事迹附《明史·劉基傳》。此爲崇禎壬午前青田令楊文驄從邑諸生蔣方華兄弟得鈔本付刊，題"吉州楊文驄龍友訂定。秣陵邢孟貞、武林李可立卓如參閱。吉州楊鼎卿愛生、楊元卿長民同較。同邑蔣方華泰占、蔣方蕚筆生手輯"。即《四庫全書》著録本。今刻本亦不易得。此爲咸豐八年族裔名淮者傳鈔。案《易齋集》，黄氏《千頃堂書目》著録十卷，錢氏《列朝詩集小傳》亦稱十卷，而龍友在崇禎時刻意訪求，僅得鈔本爲二卷，不知先有十卷刻本，則其流傳之罕可見已。近代藏書家，丁氏善本書室有汲古閣舊藏明初刊殘本前五卷，以校此本，古今體詩已溢出一百四十餘首。而十卷全本祇北京圖書館有一明刊，誠爲海内孤本。

劉君耀東，字祝群，別號啓後亭長，爲基十九世孫。表彰鄉獻，不遺餘力，已輯印《括蒼叢書》，又謀續編。聞余曾見士禮居鈔本，於一九四〇年寄此册乞爲借校。今手函及擬刻書跋猶存卷中，余以鈔本未能借得，繼之寇難暴政，未遑寧息，故留篋未歸。前年問之浙人，知劉君已久遊道山。讀劉君跋，光緒庚子已刻成而版燬，兹又欲印未果，書之流傳，其果有數存也耶？有"南田劉氏藏書"白文長印，"臣劉淮印"白文方印，"春波"朱文方印。（《蛾術軒篋存善本書録·庚辛稿》卷四，上海古籍出版社版，第256頁）

《蛾術軒篋存善本書録·庚辛稿》撰於1961年，據《王欣夫日記》載，《易齋集》書録撰於此年六月五日，該日欣夫先生記案頭工作云："跋明劉璟《易齋集》、清周篔《篔簹谷詩文鈔》兩舊鈔。"其時，去耀東先生殞命於故鄉已十載，距欣夫先生去世亦不足十年。

欣夫先生於《易齋集》書録中稱贊耀東先生"表彰鄉獻,不遺餘力",又爲劉氏父子兩世傳鈔、翻刻先世遺集之功敗垂成而感慨,同時致憾於自己未能完成耀東先生當年囑託。對於耀東先生之"久遊道山",則寄以無言之哀惋。

五、餘論

耀東先生請欣夫先生代校《易齋集》之原委既述之如上,兹補充餘論二三:

(一)劉基後人劉璉(劉基長子)《自怡集》、劉璟(劉基次子)《易齋集》及劉廌(劉基長孫)《盤谷集》,爲括蒼劉氏家族之重要文獻,又爲浙江地方文獻、明初學人詩文集之重要遺存。借助《中國古籍善本書目》、《中國古籍總目》等聯合書目,今人可獲取不少版本及收藏資訊,如明刻《易齋稿》十卷本,今藏國家圖書館、南京圖書館,又有鈔本《易齋稿》十卷,藏於中科院圖書館。較諸前人苦心孤詣、孜孜營求之艱難,仰慕之餘,不免頻生感愧。

(二)關於清末青田劉氏刻二卷本《易齋集》,據耀東先生題跋,謂"光緒庚子(1900),命詣里安孫師籀高家校勘,同付剞劂。乃兩集殺青甫竟,書肆借印,肆火而版遭燬"。兹據《中國古籍總目》著録,其書版亡之前,仍有少量印本已完成,並流傳至今,如復旦大學圖書館即藏有此孫詒讓題耑之刻本。

(三)鈔本《易齋集》之流傳原委既明,爲示珍重文獻,致敬前賢,兹商得復旦大學圖書館主事者惠允,特掃描複製原鈔本,還贈劉耀東先生哲嗣天健先生,以期與浙南同道再續文獻之緣,並爲近世文獻傳存增一掌故。

(《2021·中國麗水劉基文化學術研討會文集》,2022年)

金毓黻與徐行可交往事迹鈎沉
（《静晤室日記》輯鈔）

　　近代史學家及文獻學家、東北史奠基者金毓黻先生，仿李慈銘《越縵堂日記》而撰《静晤室日記》（下簡稱《日記》）①，跨度四十載（1920—1960），字數五百萬，兼記學術與交遊，保留大量個人及同時師友活動蹤迹，其中記録與武昌徐行可之交往史料，足以引人重視。

　　金毓黻（1887—1962），字謹庵、靖庵，室名静晤室、千華山館等，遼寧遼陽人。1907年畢業於遼陽啓化高等小學，繼升讀奉天省立中學堂。1913年考入北京大學文科，1916年畢業，返遼寧任奉天省立第一中學、瀋陽文學專門學校等校教員十年。此後從政，歷任奉天省議會秘書（1925）、國民政府東北政務委員會秘書（1929）、遼寧省政府秘書長（1930）、東北大學大學委員會委員、遼寧省政府委員兼教育廳廳長（1931）。"九一八"事變後，爲日軍拘捕，後經保釋，歷任僞滿奉天公署參事、奉天圖書館副館長（1932）、"日滿文化協會"理事兼《滿洲學報》主編（1933）、奉天通志館總纂兼東北大學史地系教授（1934）。1935年一月、1936年四月，兩度赴日本。1936年七月，化名返國赴上海。後經蔡元培介紹，任南京中央大學史學系教授兼行政院參議。1937年四月，任安徽省

①《静晤室日記》，金毓黻撰，稿本，藏吉林省社科院圖書館。

政府委員兼秘書長。"七七"事變後,十一月辭職赴重慶(入川經漢口時與徐恕正式締交)。抗戰期間,在川歷任中央大學史學系教授兼主任(1938)、東北大學東北史地經濟研究室(1939)、東北大學史學教授兼文科研究所主任(1941),後與李濟、傅斯年發起組織中國史學會,兼三民主義青年團中央幹部學校教授(1943),中央大學文學院院長(1944),國民政府監察院監察委員,仍任中央大學教職(1945)。抗戰後隨東北視察團前往東北,兼任教育部輔導委員會委員、清理戰時文物損失委員會東北區代表,視察東北文物(1946),改任國史館纂修、瀋陽博物館籌委會主任、國史館北平辦事處主任,兼任東北大學史學系教授(1947)。1949 年一月,國史館駐平辦事處併入北京大學,任北大文科研究所教授,並至輔仁大學兼課。1952 年九月,調任中國科學院歷史研究所第三所(近代史所)研究員。1962 年於北京逝世。

　　1949 年前,金毓黻曾以學者身份參政,晚年則仍歸於史學研究。觀其所著《中國史》、《東北通史》、《中國史學史》、《宋遼金史》及所編《東北文獻徵略》、《渤海國志長編》、《奉天通志》、《遼海叢書》及《遼海叢書總目提要》、《明清內閣大庫史料》(第一輯)、《文溯閣四庫全書書前提要》等,可知先生之學術貢獻,主要在宋遼金史及東北地方史研究領域。披讀《日記》,又可知先生雖由 20 世紀初新制教育出身,其學術志趣及著述仍與傳統學問聯繫密切,故前人多稱其爲歷史學家兼文獻學家。因其重視文獻,故與藏書家兼學者武昌徐行可長期交往。兹據 1993 年遼海書社排印本《静晤室日記》,輯鈔金氏與徐氏交往事迹如次。

一

　　金毓黻與徐行可結交,始於其北大授業師蘄春黃季剛(侃)之

介紹,民國十六年(1927)十一月七日《日記》①:

> 不見季剛師已十一年矣,今日往謁於東北大學,相見之下,歡
> 若平生。蓋先生頗賞余治學能謹守繩尺,本師説以爲學而不
> 爲外物所囿。余亦以先生爲當代大師負有專門絕學,而不能
> 與俗諧者也。……又謂漢口徐行可(恕)藏有林佶(字吉人)撰
> 遼東故事之書,搜羅頗備,忘其書名,又係鈔本,宜去函商借,
> 如果得請,則所得之材料必不少。(《静晤室日記》卷四十六,
> 第 3 册,遼瀋書社,1993 年,第 1963 頁)

《遼海叢書》十集八十餘種,係金毓黻於民國二十至二十三年
(1931—1934)編成之東北史地叢書。《叢書》廣收歷代東北史地
文獻,爲金氏中年用力湛深之作。較諸清代各省刊刻之地方文獻
叢書,東北地方叢書之編纂較晚。白山黑水間歷代文獻彙於一編,
即自金氏此編始。金氏爲編纂此書,網羅遺佚,徵書南北,公私收
藏,窮搜遠討,同時師友,皆予關注,黄侃介紹武昌徐行可藏有清
人林佶有關遼東故實之作,即爲一例。因黄侃介紹,遠在關外之金
氏,與地處江漢之徐氏,由此開始長達數十年之交往。金氏最初通
過夏蔓園向徐氏詢問江南藏書及刻書情況,民國二十一年(1932)
六月十六日《日記》:

> 前託夏君蔓園購《南唐書注》,並詢《宋會要》已否付梓。夏君
> 介徐行可恕先生以詢。頃得行可復夏君,《宋會要》未付梓,《南

---

① 《静晤室日記》十册《索引》一册,金毓黻撰,金毓黻文集編輯組整理,遼瀋書
　社,1993 年。

唐書注》亦無存本，自檢篋存之一部見貽。其厚意可感也，宜作復書謝之。（《静晤室日記》卷六十六，第 4 册，第 2832 頁）

《南唐書注》十八卷《附録》一卷，清周在浚撰，有民國四年（1915）吳興劉氏嘉業堂刻本;《宋會要》四百六十卷（有闕卷），清徐松輯本，亦爲劉氏嘉業堂所藏，曾經劉承幹重編，原有付刻計劃，後有民國二十五年（1936）國立北平圖書館影印《宋會要輯稿》傳世。金氏以研究所關，關注兩書出版，而徐氏與嘉業堂主人夙有交往，故能介紹兩書之出版狀況。值得注意者，"《宋會要》未付梓，《南唐書注》亦無存本，自檢篋存之一部見貽"，反映徐氏不僅諳熟圖書出版現狀，又能急人所急，忍痛割愛，以書爲贄，慨然以自藏本贈人之特性。

徐氏早歲留學東瀛，中年執教北京，俱爲時未久，平生居處大致未離華中，而每歲外出訪書，足迹徧於東南。徐氏因與嘉業堂主人同調，承劉承幹慨允，曾數度自滬前往湖州南潯鎮，登嘉業藏書樓閲鈔圖書，並與書樓管理員結交。劉氏《求恕齋日記》等記徐氏南下江浙訪書活動，已多經相關學人輯集。令人意外者，金氏亦有關於徐行可訪嘉業堂之側面記録，民國二十四年（1935）六月七日《日記》：

徐行可《即事次沈剛甫韻》

淫雨成川澤，炎歊有伏陰。芒芒真宰意，疊疊式微吟。北里隳湯社，南風仰舜琴。雅聲今不作，何以發天心。

滄菑無善政，況乃未休兵。在野蜚鴻迹，當關虎豹聲。今誰寬白著，念不到蒼生。袖手凝眸意，危心萬象橫。

大地山河動，金風滿意吹。禁書嬴肆虐，去籍孟興悲。傳杳如羹沸，晏安甘鴆糜。遷流終有極，持志視春時。

楚丘興衛後，好善紀干旄。叢桂王孫意，嘉魚君子情。循環成
敗迹，泯息舊新爭。肉食難爲計，菟裘卹管城。

不盡興亡感，悠悠千載情。闕文尋孔論，足故擬班生。欲極三
長蘊，非誇一坐驚。北裏容自矢，白水此心盟。

又一首云：

分難叩魯服，榮敢竊齊吹。素業寧晞志，凋顔詎減悲。程功勞
樸斲，效績等沙糜。擷埴非吾意，索涂當及時（注云：次前詩
"糜"字韻，先得四十字別爲一章，用申盡各之義）。

按，此爲徐氏前五六年之作，蓋爲江漢大水而發，語頗沉痛。後
寫寄夏君蔓園，蔓園又以示我。今者蔓園墓草已宿，謹録此詩，
以示嚮往云。（《静晤室日記》卷八十四，第 5 册，第 3594 頁）

按，沈剛甫爲湖州南潯人，長期任嘉業堂主人之記室，恂恂温厚，嫻
於筆墨，流傳後世之嘉業堂鈔本，不少即出於沈氏傳鈔。徐行可數
度訪書嘉業堂，除自帶助手鈔書外，也有委託嘉業堂代鈔者，故而
與沈氏有交往，賦詩次韻，足見彼此之惺惺相惜。

民國二十五年（1936）七月，金毓黻自日本返國，旋任教南京中
央大學，活動空間移至東南。某夜參加同人餐叙，席間談及徐行可
藏楊守敬《水經注疏》，民國二十五年（1936）八月二十八日《日記》：

晚，徐森玉、袁守和邀飯於泰豐樓，餚饌極精。座有朱逷先先
生，談及楊惺吾《水經注疏》八十卷已經其弟子熊會貞輯成，
清稿存漢陽徐行可手。此書亟應刊行而無人過問，何也？豈
世無好事如劉翰怡之徒耶。近年翰怡頗窘於資，不然早取而
刊之矣。（《静晤室日記》卷九十二，第 5 册，第 3909 頁）

二

金毓黻與徐行可交遊,初因《全遼備考》一書而起。金氏始聞其書於黃侃,後獲徐氏以《全遼備考》鈔本相贈,俾收入《遼海叢書》。其書雖未必撰成於林佶之手,其事則爲金氏與徐氏訂交之緣由。署名林佶所撰之《全遼備考》傳鈔本,係由滬上蟬隱廬主人羅振常代寄關外,金氏民國二十三年(1934)六月二十五日《日記》:

> 羅子經先生寄來書二種:一爲《古文辭通義》二十卷,羅田王葆心撰,鉛活字本;一爲《全遼備考》一册,不分卷,莆田林佶撰,傳鈔本。皆漢皋徐行可(恕)所寄贈也。余向聞黃師季剛言,行可有考遼東故實之書,久欲覓鈔而未即得,今春憶及此事,乃得致函行可借鈔,蓋欲收入《遼海叢書》也。兹忽介羅氏轉寄於余,且謂以原稿奉呈,而以《叢書》全部爲交換品,意至可感。惟細檢《全遼備考》一書,乃《柳邊紀略》之别名,内容殊少異同,僅於每條之前加有標題,與原書不同,不知何故,易以新名,又以爲林氏所作,誠可怪也,豈書賈之作僞耶。按佶字吉人,號鹿原,侯官人,康熙進士,官中書,著《樸學齋集》,見《清朝耆獻類徵》百四十三,未言其著《全遼備考》也。此書前鈐四印,一曰"居巢李氏收藏",一曰"桐風高繙盱疏録之書",一曰"曾歸徐氏彊邨",一曰"黃侃季剛"。據此,則又季剛師得之轉贈行可者也。……林氏,侯官人,而題作莆田者,或一爲原貫,一爲移居,否則有誤記耳。(《静晤室日記》卷七十九,第5册,第3358頁)

《全遼備考》初題清林佶撰,金氏得書後細閱,發現與清楊賓所撰《柳邊紀略》內容相似。此書撰者是否林佶金氏雖然存疑,金氏經比勘,因其內容與《柳邊紀略》略有異同,後仍收入《遼海叢書》第七集。由此書之辨證,金氏與徐氏往來信件見於記載,民國二十三年(1934)九月十二日《日記》:

徐行可先生來箋

靖庵先生講席:前承手帖,郵路限絕,未由奉復。嘉業主人自丙寅後,未刊一書。爾來家貲重有所耗,則尊意亦不必宣白也。春間讀某報,審有輯印《遼海叢書》之舉。五月中奉來薰閣轉到手教,以林吉人《全遼備考》擬為縫刊,未得其書,徵及敝篋。即於其月十五日,以此書鈔本一冊,寄羅子經丈代呈。以某報云"《叢書》所收《遼》、《金小史》即用子經丈藏本",故以託之。此書多小注,移書費幾二十餅,此間鈔手又不易覓,故以原本奉鑑。書眉朱筆,為季剛先生手寫。倘得刊佈,不必見還。恕於東北史地素未究心,以收清代藝文,故此書乃歸插架。《叢書》何時可印,都若干冊,定直幾何,統乞先示,《東北叢鑴》想必未續纂印。成美卿(蓉鏡)《切韻表仄聲》三卷,吳向之先生《唐方鎮年表》都未完,吳表有單行本否?成表有副墨否?恕於向之先生史表,廑得《唐方鎮表考證》二冊、《兩宋經撫制撫表》四冊,其最目能錄示否?其已印者印於何地?均求示知,以便訪購。恕南歸三載,舊業益荒。先生生際斯世,尚復繫情翰墨,亂思遺老,逸志高躅,無任懷服。來箋布意,竚竢德音,恭訊著安。徐恕頓首上。七月十一日。(《靜晤室日記》卷八十,第5冊,第3418頁)

此信有數節需略加説明：一是金毓黻於友朋往來書信之有關學術者，皆全文録入《日記》，以備查考，此法殊利於保存文獻；二則金氏最初致函徐行可，及徐氏郵書關外，均通過滬上書肆蟬隱廬轉達，此爲民國間京滬著名書肆固有之讀者服務内容；三則徐氏所寄之《全遼備考》，係"費幾二十餅"之傳鈔本，雖不求償價，而十分關注《遼海叢書》之何時印成、定價幾何，《東北叢鎸》（雜誌）是否續刊，已刊者是否有單行本等信息，蓋即金氏所謂"以《叢書》全部爲交換品"之意。民間藏書家聚書不易，方法多途，以書易書，最稱便捷。

金氏發現所謂林佶《全遼備考》，"實則楊大瓢《柳邊紀略》之易名，不過每節加標題爲不同耳"，雖未免失望，而對於黄侃之推薦、徐氏之贈書，實心存感激，民國二十三年（1934）九月十二日《日記》：

> 余前聞行可先生藏林吉人之未刊書，内詳遼事，疑爲著録八千卷樓之《遼載》，故倩人覓求之。嗣經轉寄到《全遼備考》一册，署名林佶，實則楊大瓢《柳邊紀略》之易名，不過每節加標題爲不同耳，余得之殊失所望。續得此箋，詢問備至。人事倥傯，久未作覆，疏懶爲何如也。季剛先生題識於《全遼備考》之内，此則極可珍重，且早聞先生言，始知徐氏有此書，淵源所自，不可忘也。（《静晤室日記》卷八十，第5册，第3418—3419頁）

最後，金毓黻撰《全遼備考叙》以小結此題，民國二十四年（1935）四月七日《日記》：

> 《全遼備考叙》
> 曩歲蘄春黄先生語余曰，武昌徐氏藏有林吉人談遼東故實之

書，宜向其借録，非遠不可致者。余聞斯語忽忽已十年矣。去歲遼海同人議刊叢書，始浼滬上蟫隱廬主人展轉向其商借。一日，主人以赫蹏一卷遠道郵致。啓緘視之，乃知徐氏以精鈔原本見假，署曰《全遼備考》，凡二卷，亦即黄先生所見之本也。按《清耆獻類徵》謂，吉人名佶，一字鹿原，福建閩侯人，康熙五十一年進士，官内閣中書，工楷法，文師汪堯峰，詩師陳午亭、王漁洋，三氏之集皆其手寫付雕，世稱善本。所著曰《樸學齋集》，而未言有此作。卷首題“莆田林佶”。莆田舊爲福建興化府治，與閩縣爲二地，此豈其本貫歟？余考此書之内容，即爲楊大瓢之《柳邊紀略》而小有異同，吉人賢者，詎能攘人之美以爲己作？此誠著述界之一疑案已。以余所知，現行《柳邊紀略》有三種本，其一著録於《昭代叢書》，其二著録於《小方壺齋輿地叢書》，皆不分卷。《方壺齋》本更有節删，凡《昭代》本之分注悉不之載。又如明代遼鎮邊外諸鎮之名，《昭代》本列舉最晰，船廠西之《金完顔婁石碑》，尤有關於史迹，且胥爲正文，而《方壺齋》本亦刈去之，此以求簡而陋，雖刻猶不刻也。近年又見《仰視千七百二十九鶴齋叢書》著録《柳邊紀略》五卷，其前四卷悉同《昭代》，惟第五卷則爲楊氏客遼東時所撰之詩，每與前四卷相映發，慨當以慷，聲情激越，爲吳漢槎《秋笳集》之倫類。語云“後來居上”，此之謂矣。徐氏所藏，既不異於楊作，惟將其先後次第，時爲易置割裂，冠以篇目。如諸本之論柳條邊者，此本分標三目，一曰“邊塞”，二曰“邊門”，三曰“邊官”。又如諸本之論東北疆域者，此本亦分標三目，一曰“邊地理”，二曰“地界”，三曰“盛京界”。又以前數行合於“邊官”一目，其所標“地界”、“盛京界”等字，皆自原文摘出，必連續讀之方可成章。其他如“廟”及“風土”各目，更不能包舉内容，尤多可笑。然書中數稱"余父"，又有"孔元昭挾私怨以陷余父"之語，此即指大瓢之父友聲先生被陷遣戍之事，若吉人有意作僞，何不將此等處加以删易？意者吉人夙喜鈔書，見楊氏之稿本，遂録而藏之，以其無篇題也，名曰《全遼備考》，下署"莆田林佶"，乃鈔者之自署，後來遂誤以爲作者之名，而幾同攘竊矣。如此説而不得實，則爲書賈之作僞，既易新名，又别署作者，更竄易前後，增入篇目，藉此以給閲者，理或有之，然而吉人賢者，必不肯出此也。余讀吉林英煦齋《卜魁城賦》，其自注凡九引林佶《全遼備考》，而皆出於《柳邊紀略》，是煦齋所見並同此本，而丁氏《八千卷樓書目》著録此書，亦題曰《全遼備考》。然則竄易改題，外間傳寫，其由來者久矣。且此書所紀，亦有爲《紀略》所無者，其叙述之詳略、字句之異同，更不可一二數。煦齋雖達官，亦自博雅，猶肯引用，是其面目尚可保存，故取與《紀略》並印，以與世人共見焉。方余未見是書時，以爲即林本裕之《遼載》，或黄先生誤記爲吉人之作也。本裕字益長，清遼東人，不詳其世，有《遼載》二十一卷、《遼載前集》二卷，稿本未刊，著録於丁氏《八千卷樓書目》。丁氏之書後入江南圖書館，而檢其現目，乃無此種。及得見徐氏所藏，始知是二而非一，然不意其爲《柳邊紀略》之改題也。武昌徐氏名恕，字行可，其藏書之齋曰"彊諆"，與黄先生爲同省雅故。原書前鈐二小印，一曰"桐風高繙鄗疏録之書"，一曰"居巢李氏收藏"，書眉有黄先生之批校。徐氏因蟬隱廬主人之託，肯以藏本千里見假，蓋以由黄先生豫爲道地之故，是尤可感也夫。（《静晤室日記》卷八四，第 5 册，第 3554—3556 頁）

三

抗戰之初,金毓黻離皖入川,途徑武昌,滯留旬餘,與神交已久
之徐行可初次晤面,並多所過從。金氏民國二十六年(1937)十二
月二日《日記》:

> 徐君行可(恕)爲武昌藏書家第一,亦爲季剛先生之至戚畏
> 友,余於十年前已知其爲人。所居在漢口華實里四號,午間往
> 拜。初見如素識,坐談之頃,出所藏書及近作,恣余窺覽,可謂
> 古貌古心,學道之君子矣。楊惺吾先生《水經注疏》爲畢生精
> 力所萃,迄未成書,其門人熊會貞補成之,寫成定本,凡四十卷
> (楊氏自稱八十卷者誇詞也)。徐氏錄副藏於家,今日出以視
> 余。君謂日人曾出千金購其稿,而不之予。又有孫淵如《春秋
> 長編》傳鈔本,亦極罕見。余行旅中,不暇一一詢覽,茲不過嘗
> 鼎一臠耳。君告我陳伯弢先生撰《遼史索引》八卷,在其所著
> 書中已刊。日人某撰《遼史索引》頗便尋檢,此可爲治遼史之
> 助。君又出李鐵君墨迹一幀貽余,以其爲遼東先正也。君文
> 典麗淵雅,取徑淵如、稚存,持論嚴,陳義高,不隨俗爲取捨,故
> 落落寡合。有郎七人、女數人,皆令沈潛古籍,不入學校。長
> 郎治禮尤有聲,此亦足見其所守。余遭變離,向牽於世網,未
> 能竄身無人之鄉,壹志讀書,今晤君不覺自愧,又翻然悟其已
> 往之失計也。徐君導余渡江至武昌坡,先造其故宅,在府後街
> 十五號,謂居此已三十餘年矣。又至架子坡六號訪劉博平、孫
> 鷹若,皆以外出不值,悵然而返。過江北至漢安里十七號李印
> 泉寓,詢鷹若尚未至,乃返徐寓。午餐之後,徐君又介陳醫勉
> 公爲余醫面疱,旋別去。今日君殷殷款余,過於所期,殊可感

也。（《静晤室日記》卷九四，第 6 册，第 4044—4045 頁 ）

國難當前，滿目亂離中，金、徐二老，竟有此意外相逢。徐行可時年四十八歲，金毓黻則年逾知命。金氏眼中之徐行可，乃一"古貌古心，學道之君子"，嗜書如命，並樂與同好者分享，友朋自遠道來訪，雖爲初見，亦殷勤周洽，熱誠款待，令人賓至如歸。金氏候船西行之滯留期間，仍時至徐宅閱書。借書傳鈔，往來頻頻。民國二十六年（1937）十二月三日《日記》：

> 向徐君行可假《遼史索隱》二册，期以數日内閱畢。午間仍飯
> 於徐寓。（《静晤室日記》卷九四，第 6 册，第 4045 頁 ）

越數日，金氏民國二十六年（1937）十二月八日《日記》：

> 兩至徐可行先生寓小坐，所藏有足本《問經堂叢書》凡三十餘
> 種，爲繆小山先生舊藏，向所未見，誠可寶也。又有孫馮翼集，
> 忘其名，凡録文二十餘首。君言倫哲儒藏有孫氏詩集，當名
> 《灌木莊初集》，與陳某之集合刊，稱曰《孫陳二先生集》是也。
> 君欲借鈔余所藏《遼金正史綱目》，即取付之。君有友人張氏
> 名宗祥，字閬聲，别號冷僧，海寧人，寄居漢口，喜鈔書，運筆如
> 飛，日書萬餘字，皆蠅頭細書。徐君引余至其家，以外出不晤。
> 檢所鈔書數十種，多假之徐君者。中有《新唐書藝文志注》五
> 册，原爲傅沅叔藏，余君嘉錫鈔以貽行可者，而張氏又自徐氏
> 假鈔焉。據余氏序稱，係繆筱珊未刊稿，雖著墨不多，亦至可
> 貴。又有陳仲魚所注《禮記》，未經付刊。又《續四部叢刊》所
> 收查伊璜《東山樂府》，亦張氏鈔自行可者也。此書原出嘉業

堂劉氏，行可鈔得之，以假之張氏。今檢卷首題"據海寧張氏
傳鈔本"，而未注出自劉、徐二氏，是不免有攘善之譏矣。今日
於故籍頗有所獲，光陰爲不虛度。（《静晤室日記》卷九四，第
6 册，第 4047—4048 頁）

金氏所述"足本《問經堂叢書》凡三十餘種"，確乎稀見，《中國
古籍總目》所著録者，僅初印八種本及二十七種本；而"又有孫馮
翼集忘其名，凡録文二十餘首"者，孫氏字鳳卿，即《問經堂叢書》
編者，其《灌沐莊初稿》不分卷，清嘉慶間刻本，現除國圖藏本外，
未見他館著録。又近代學人、浙江圖書館前館長張宗祥先生夙以
勤於鈔書著稱，抗戰爆發時正寓居漢口。《日記》對於張氏客居期
間與徐行可一瓻往還、借書傳鈔之記載，保留了可貴的目擊史料。

相聚數日後，金毓黻泝江西上，匆匆往徐宅告別而未遇，爲
此依依惜別，再次稱道徐氏爲"真今之古人也"。民國二十六年
（1937）十二月十日《日記》：

余定於今夜離漢西上，往別徐行可，不值，而有無限之感。蓋
與君非素識而歡若平生，萍水相逢而能肝膽相照，真今之古人
也，遂不勝其惜別之意。設余能留此，必與君時時過從，而從
其受教。乃相處不過旬日，匆匆別去，其感慨爲何如哉。（《静
晤室日記》卷九四，第 6 册，第 4048—4049 頁）

金毓黻西行至宜昌，又復滯留十餘日，其間曾致函徐行可，介
紹旅行狀況，民國二十六年（1937）十二月二十五日《日記》：

致徐行可牋

行可先生道席：一昨轉徙到武漢，本擬近依光採，爲閉户讀書之計，乃以環境太劣，生計迫人，不憚遠行，倉皇西上。言念君子，於邑如何。十一日由漢啓碇，十五日晚達宜昌，在此候輪赴渝者無慮萬人，旅舍充溢，無插足地，略如武漢。歎我生之不辰，傷邦家之不造，桃源難覓，樂土焉求，來日茫茫，正不知稅駕何所也。某之此行，擬由重慶轉至成都，登峨眉山，臨自流井，然後南入滇、黔，一觀點蒼、鷄足之勝。干戈漸息，道路稍通，再返渝城，重理故業。預計程途，非三閲月不能畢，豈意行未千里，而遽患濡滯乎。近日私心所不能釋然者：其一則妻孥八九口。半在匡廬，半在漢口，處境皆非甚安，今既孑身遠逝，脱然無累，亦姑置之；其二則行篋存書，多屬東北掌故，《遼寧志稿》亦在其内，訪鈔諸本，允多史料，徒以移置不早，付諸若存若亡，每一念之，至於廢餐忘寢，所謂謀之不臧，於人無尤者也。不識先生何以教之。某在宜三、四日後，約可成行。到渝之後，舍館有定，再行函達。拙藏《遼金正史綱目》計已鈔畢，小兒長佑現寓漢口，去尊寓甚近，已飭其趨請啓誨，並請以全帙付之，當可託人寄渝也。時際嚴冬，風雲日急，尚祈順時珍重，不盡欲言。晚學某拜上於宜昌旅次。（《静晤室日記》卷九五，第6册，第4059—4060頁）

抵川以後，金毓黻與徐行可仍聯絡不斷，民國二十七年（1938）二月十二日《日記》：

徐行可假去之《遼金正史綱目》已由振兒帶來。又明、清二代東北史料多已携來。續撰《東北史》略有依據，亦可幸慰矣。（《静晤室日記》卷九六，第6册，第4096—4097頁）

民國二十七年（1938）三月九日《日記》：

（整理書籍，置於架上，以便尋檢。……又致漢口徐行可一箋。）

　　再致徐行可箋

前在宜昌，寄奉一箋，略道旅途困狀，不知以何時得達。走在宜滯留十餘日，新曆年終，轉至萬縣。又留三日，再西航，一月四日始抵重慶。溯由漢皋出發，已將及一閲月矣。到渝未久，又轉赴自流井、成都、灌縣等處，一爲訪友，一爲游覽。又經廿餘日，仍返重慶，時當二月有半，亦舊曆正月初旬也。頃移居沙坪壩，既已屏絶百事，頗能温理故書。第以此間圖書館藏書極少，各書肆亦絶少可購之書，每有易得必需之籍，多方求之而不能得，此最感困難者也。《遼金綱目》八卷，已由漢口寄到。首册經先生點校而未終業，豈以時促之故耶？由尊處假來之《遼史索隱》二册，此書未見他本，萬不獲已，催手鈔寫，需二十餘金，再過半月，始能畢工，遇有妥人，乃可託寄，否則恐致遺失。走得一家函，由牯嶺至此，兩閲月乃寄到，其遲滯可想矣。近聞武漢大學已他遷，伯平能否同往。孫鷹若旅居武昌，殊非久計，未識已否他往，所携章氏遺稿，已着手整理否耶？走前撰《東北通史》，僅成三分之二，擬在蜀中續輯，暫就所能考得者録入，餘俟來日補訂。假以半年之力，當可成編，所慮干戈搶攘，未許從容命筆耳。知念附及。（《静晤室日記》卷九六，第 6 册，第 4110—4112 頁）

　　所幸上下江郵路尚通，書信雖遲猶可抵達，金氏民國二十七年（1938）四月十九日《日記》：

前假徐行可之《遼史索引》二册，已覓手鈔竣，託卞宗孟帶往漢口，並行可託書之便面一併帶去，惟未及作函。（《静晤室日記》卷九十六，第6册，第4132頁）

未久，金毓黻又得徐行可漢口來書並所鈔孫鳳卿《鄭學齋文稿》。兵戈擾攘中，徐氏仍不忘爲金氏續編《遼海叢書》搜羅底本。民國二十七年（1938）四月二十三日《日記》：

得徐行可漢口書，並鈔寄孫鳳卿《鄭學齋文稿》一册，著録之文凡二十首：一、《許慎〈淮南子注〉序》附《序〈畢萬術〉》；二、《桓子〈新論〉序》；三、《魏文〈典論〉序》；四、《〈皇覽〉序》；五、《司馬彪〈莊子注〉序》（此皆見於《問經堂叢書》者也）；六、《重刻〈孫樵集〉序》；七、《家父介公廷試策跋》（皆向所未見）；八、《〈四庫全書輯永樂大典本書目〉序》（此余曾輯入《遼海叢書》者也）；九、《樂安孫氏〈譜略〉序》；十、《三雅考》；十一、《漢乙瑛碑跋》；十二、《漢碑穿文考》；十三、《吳天發神讖碑跋》；十四、《宋普生泉井闌刻字跋》；十五、《元趙孟頫書劉伶〈酒德頌〉真迹異同考》；十六、《〈京畿金石考〉序》；十七、《先公行述》；十八、《〈忠潘侯祠堂書目〉序》；十九、《記滇南諸苗》；二十、《記打戡》（亦爲余所未見）。徐氏曾得孫氏家刻本，去冬余在漢見之，商而鈔得者也。鳳卿名馮翼，先世於明初居臨榆，後乃移居瀋陽。其父曰秉，以甲科累官貴州巡撫，久宦於江南。鳳卿隨父之任，遂流寓江南不歸。今其後裔若何，已不能悉。所集刻《問經堂叢書》最爲有名，聞其所著書曰《灌木莊初稿》四卷，與一陳姓合刻，稱《孫陳二先生集》，余求之多年不能得。今由徐氏得此本，題曰《鄭學齋文稿》，是否爲《灌木莊集》之一部，無由考定。然其爲吾鄉先正之遺籍，至可寶貴，則無待言者矣。余方思續刊《遼海叢書》，已蒐得數種，合以此卷，更能爲之生色。所慮邦家多難，未遑安居，能否實現，尚未可必耳。(《静晤室日記》卷九六，第 6 册，第4134 頁)

金氏於同日《日記》附録徐行可來函，獲聞徐氏困處淪陷區猶不廢讀書情景：

　　徐行可復箋(三月二十日寄自漢口)
承惠兩箋，闃然久不報，無任歉仄。審近復施教上庠，得此人師，爲學子慶。今時庠序，横教所出，横民所止，以教本師資，兩俱失之，國步斯頻，有由然矣。安得如先生者，化億萬身，隆德隆智，二者兼進，則中國之亂庶有瘳乎。別來既改歲，已復春中，恕荒落未理舊業，僅從一書賈假讀所收馮巳蒼鈔校《潛夫論》，其《述赦》篇云"孺子可令姐"，汪氏箋本誤仞爲"姐"，乃以《説文》"媔"字釋之。各本皆作"姐"字。古人以此字入文者，如顔延年《庭誥》云"姐語以敵要義"，即其例也。韓文公《張徹誌銘》語云"銘以貞之，不肖之咀"，音義並同。以此證之，汪氏爲鹵莽矣。楊陸榮《遼金正史綱目》，書名既不雅馴，"正史"二字尤謬，以史文勘之，復多違異。擬就張君冷僧鈔本斠録，寄奉教定，俟之來日，惟期不吝施誨耳。《鄭學齋集》，移書寄贛。清閟孫氏手校《淮南子》，前以卅餅得之扈瀆，僅以《道藏》本校異文，别無考訂也。博平無西上意。鷹若校印《章氏文稿》來月可畢。恕戚友文君伯魯頗富藏書，在重慶華光廟街(又名都郵街)開貿同福春藥肆，儻以恕此書往

就訪之，必蒙延接。率白。（《静晤室日記》卷九六，第 6 冊，第
4135—4136 頁）

五月間，金毓黻回復徐行可來函及贈書，民國二十七年（1938）
五月十九日《日記》：

（午間承黃耀先邀飯於沙坪。衡兒回城。作函復徐行可。）
　　復徐行可箋
曩者敝眷入川，抵此月餘，始由衣篋中檢出尊札，及鈔贈孫鳳
卿《鄭學齋文稿》。發緘快讀，如晤對一庭，其樂爲何如也。往
見楊惺吾先生《叢書舉要》，著錄孫氏所著書，曰《灌木莊初
稿》，而北平通學齋主人孫君所見之本亦然。訪求數年，迄未
能得，不曉郿架藏本，何以名"鄭學齋"？校其所録之文，凡
二十有一首，中五首見《問經堂叢書》，一首見《遼海叢書》，餘
十五首則向所未見。然孫氏之作，必不止此，文之外或又有
詩，既不可驟得，此箋箋者亦當以瓌寶視之矣。嘗病並世藏書
家，多閟惜珍本，不肯與世人共見，久之付諸兵燹劫灰，而世人
亦終不可得而見，譬之埋寶窖金，其愚至於無等。獨有先生時
時以所藏示人，且千里付郵，曾無吝色，此豈可望之於今人耶。
感領之餘，彌用敬佩。項因尊札啓示，得讀顏氏《庭誥》，尋其
理致湛深，殊非黃門《家訓》可及，願寫一通，懸之户牖，藉以
督教子弟，又與《柏廬格言》有雅俗之判矣。自念造文之粗
鄙，由於喜誦常文，不究音訓，久而與之俱化，以致俗深入骨而
不可醫。昌黎謂非三代兩漢之書不敢觀，實文家甘苦之言，非
老於其事者不能喻也。近苦無書，如飢鷹待飼，重承紹介，即
往拜文君，託其潤漑，已獲慨允。此後當有所采獲而可供一飽

矣,謝謝。前在冷僧先生架上,得見繆氏《唐書藝文志考證》,
雖著墨不多,寥寥可數,而其中必有可供研討者。且《隋志》
以後,考證經籍、藝文者,除此書外,絕未一見,政自可珍,如荷
將史部各條,覓書録寄,亦足以沾丐傔腹也。以此爲請,不敢
過望。前託卞君携還之《遼史索隱》及便面,想荷檢收。拙撰
《史學考略》計分十章,約十餘萬言,撰稿已逾半,秋間乃能畢
功,已爲檢出一份,覓便寄上。再,舊撰《東北通史》稿,僅得
三分之二,餘俟時局安定再足成之,以其紛亂難理,容俟異日
請正。國難日劇,敵氛益深,東望泗淮,莫名憂憤,試檢往史,
摧毀文化最烈者,厥爲兵禍。吾儕於文化未能盡瘁,而深懼陸
沈淪胥之禍,不識先生何以教之。所懷萬端,未能盡吐,復書
奉訊,即惟珍重不宣。(《静晤室日記》卷九十七,第 6 册,第
4155—4156 頁)

金氏前過漢口,徐行可導遊張宗祥寓所,獲見繆荃孫所撰《唐
書藝文志考證》,因其書稀見,故託徐氏傳鈔。未幾,徐行可託赴川
之劉伯平帶到此書。《日記》民國二十七年(1938)六月二十一日:

劉伯平來自武昌,轉赴嘉定,未得晤。徐行可託其攜來《唐書
藝文志注》四卷,爲傳鈔本,余前曾向其借鈔,故以全帙見寄,
是可感也。(《静晤室日記》卷九七,第 6 册,第 4176 頁)

民國十七年(1938),金毓黻獲見上海商務印書館出版之明陶
宗儀編百卷本《説郛》(六百十六種),此書係張宗祥據涵芬樓藏明
鈔本彙校而成,而張氏即曾經徐行可介紹始與金氏相識者。民國
二十七年(1938)七月十日《日記》:

商務館印交《説郛》一百卷，出於海寧張冷僧（宗祥），即余前
在漢口經徐行可介紹所識者也。冷僧喜鈔藏秘笈，如查東山
《罪惟録》、《東山國語》，皆爲其舊藏，張菊生取以入《四部叢
刊》三編者。《説郛》原本則爲明鈔，所據非一本，經時六年，
乃成完書，此冷僧勤於鈔書所得之結果也。余嘗欲爲《説郛》
撰考證，卒卒無暇。通行本《説郛》雖爲明刊，然以清代忌諱，
多經抽换，故非廬山真面。余嘗細核兩書，不無異同，究以鈔
本爲佳，張氏之嘉惠來學，亦大矣哉。（《静晤室日記》卷九七，
第 6 册，第 4185 頁）

民國二十七年（1938）八月末，金氏又有致徐行可函。《日記》
八月二十九日：

致曹素岑、徐行可各一箋。（《静晤室日記》卷九七，第 6 册，第
4206 頁）

同年九月間，金氏於《制言》第五十三期獲見徐行可文，遂手
録徐氏《與明照論治〈通鑑〉書》文，民國二十七年（1938）九月
二十七日《日記》：

……入夏後，舅婿黄君清若約議同讀《通鑑》，間日一來寓舍，
裁及廿卷，粗有甄明可舉似者，以《鑑》文雖極條理之功，而
不無漏失。胡氏新注長於地理，而説輒昧其本訓。其墨守一
往注例，於微辭繫事，因文定詁，即本書可見者，不加綜會，焉
令備悉，而顧自謂其博反約未能。又不集群書衆體之長，別
綴圖表，屬緝名彙，備論法制經變，以揆其中失，俾學子省兩

讀之煩,收旁通之益,亦其一蔽。第以身丁喪亂,始爲廣注,既失初稿,重事定著,卒得復完,成斯大業,則拘墟偏爽之病,不得以議胡氏。宋室顛隮,尚餘此浙東一老,祖述家業(注叙云然),構會甄釋,以緜國史之緒於不墜,今也則亡。辛壬以來,政教失,治學交敝,而經制未盡革易,邪説未大昌披,古文典册猶未輟誦習也。近則推摧一切矣。不鑒往以資治,顧絶學以召亡,故曰不知《通鑑》,則不知自治之原、防亂之術。胡氏叙其《音注》云爾,今不其驗歟。大厦之將危,難支於一木;曲突之先識,終絀於爛焦。居今稽古而希效用於當世,執斯二喻,能近取譬已,第不爲無益,孰爲有益。胡氏兩爲音注,不以蒙兀兒之猾夏而中廢,以開迹於來兹。踐迹有作,則嚴永思氏當明末造,年逾四十,始肆力温公之書,佐以及門談子,歲星再周,《補鑑》以成。其變更舊文,雖未盡善,而翼贊之功,胡氏後一人也。若清儒陳少章、錢竹汀、趙琴士訂注之書,少者僅盈一卷,多者裁及四册,爲不備矣。江鄭堂有《通鑑訓纂》,阮伯元爲之叙,見《揅經堂集》,而其書不傳。程其功而不襲其迹,故擬《刊正通鑑定本指例》廿二事,以之發意。臣精銷亡,踵迹未能,述者之業,所賴吾子。《指例》類目如左:

斠譌、指瑕、廣異、復貫、甄遺、述制、省微、申敝、博論、訂詁、演注、明詞、正讀、精語、喻言、綴圖、系表、釋名、最目、摭疑、竢質、匡俗。

擬增"括例"一目於"博論"前,"稱文"一目於"精語"前。"稱文"本《屈原傳》,"復貫"見顔籀訓義,不用孟康説。

右廿二目,就其題號,明其義類所存。或續厠注語當文之下,或殿卷尾,或附紀末,或别册媵本,書於注文,亦未敢有所竄削也。一目之中，有可因類附見者，即推義以分繫之。以有非兩字所可成言、所能達恉者，尚未別定子目，其區介自有封畛。心事怫鬱，不復備宣。足下深察名號，試隱度之，無俟恕詳說也。要之，廿有二目多循舊名，惟復貫、申敹二者，一究流失所極，傷刑政之苛，一以《鑑》文足徵，盡參會之致。前人於此罕所屬意，偶有發揮，徒多枝言，而不悉索本證。以胡、嚴二氏注補之勤，尚在所遺，賅而存焉，於吾子期之。

余於前年冬，始晤行可先生於漢口華實里，轉昀已將二年。兵亂阻隔，書問不通，頃於《制言》得讀此文，亟録出之，爲以讀治《通鑑》之準。所擬廿二例目，具見研幾之深。治《鑑》本爲專門之學，應與唐人治《漢書》、《文選》一例用力乃可。惜今人好奇騖新，多不措意於此耳。（《静晤室日記》卷一〇一，第6册，第4371—4373頁）

“支離東北風塵際，漂泊西南天地間”，身當民族危亡之秋，金毓黻與徐行可，一則執教上庠，一則陷身敵區，巴山蜀水，未阻音問，學問切磋，不負相知。金氏於川中獲見友人文字，遂亟亟過録，以當面談，其情其事，至今懷想，猶令人爲之神往。徐行可詩文結集有待，以上《與明照論治〈通鑑〉書》及其餘詩文題跋，均當一一掇拾，以期集腋成裘。

四

抗戰結束，金毓黻出川東返，職務所繫，往來南北。因負責接收戰時文物圖書，曾於南京參觀中央圖書館分館，睹物思人，念及徐行可。民國三十五年（1946）五月十六日《日記》：

文芸閣（廷式）著《純常子枝語》四十卷，稿藏徐行可手，經汪精衞、陳人鶴二氏借以鋟木，訂成十六册，亦爲可貴之珍籍。又得觀汪氏《雙照樓詩詞》、梁衆異鴻志《爰居閣詩》，一爲朱印本，一爲藍印本，所刻甚精，其版片均弄書庫内。諸人皆負罪於國家，而有此片羽之存留，蓋亦《鈐山堂》、《詠懷堂》二集之亞也。（《静晤室日記》卷一三六，第 8 册，第 6048 頁）

文廷式爲晚清著名學人，所著《純常子枝語》稿本，經徐行可收藏並設法謀刊，因在戰爭期間，其書流傳不廣。汪氏《雙照樓詩詞》、梁氏《爰居閣詩》亦刊於汪僞時期，佳人做賊，不爲世人所重。諸本均屬雕版印刷圖書最後階段之産品，抗戰後書版猶存，距今時將百年，金氏所見三書版片，未知尚能蹤迹否？戰後，金氏與徐行可恢復通郵，所述仍不離圖書借鈔及著作討論，民國三十五年（1946）六月七日《日記》：

得徐行可先生兩函，爲前借《唐書藝文志注》。事久未復，今始作答，語甚長，另録存於後幅。行可藏書遭亂死守，曾無少亡失，今當爲海内藏書家第一人矣。（《静晤室日記》卷一三六，第 8 册，第 6078 頁）

一周後，金氏由滬北上，飛抵北平，行色悾偬間，仍不廢筆墨，當晚於燈下過録徐行可來函並作覆函，民國三十五年（1946）六月十三日《日記》：

行可先生來書

静庵先生史席：兵事不得休息者八年，怒戢景儵舍，絕少與友朋通書問，以鰥虜於西去簡牘訵察極嚴。函札往還徒作寒暄語，抑遲久不作答，都非敝心所安，率直布白，容有無妄之禍及之，遂乃疏候起居。緘默之情，當蒙荃察。

此間淪陷士夫，尟能持高節者。言念在昔，先生違難去國，攜家南奔，兩相持較，欽企尤深。怒屢遭劫迫，終未降辱，惟舊居夷爲平地，先業所遺市屋僅餘一椽。家人都十九口，戚屬來相依者又復二人，衣飾長物，斥賣已盡，租入不足以自活。性復婞直，未能隨俗俯仰。守正以自安，固士君子之分也。

三月杪，有賈客入蜀，曾以一書介白左右，託女夫文德陽轉收代呈，未奉清誨，豈爾時先生已返舊京耶？兵事前承手帖，從恕假讀繆藝風先生《唐書藝文志注》。適巴縣友人向君宗魯（承周）擬補正阮氏經疏斠記，從恕乞借多書，遂以繆氏《志注》鈔本八冊託向君轉上，當已徹覽，想久迻錄訖竟，求以厚楮密裹郵還。

昨於書肆邂逅吉林張君素，爲貴校高材生，爲道先生行止甚悉，藉審大著《史學史綱》、《遼東書徵》俱有印本，臨川李澄剛先生《易說》亦於蜀中墨版，統晞惠讀。恕雖庸劣，志學之念不減於疇昔，敢以爲請。

附呈拙草《論語》首章疏，爲奸人賺劫印布，本非定稿，自加補正者不下數十事，不及錄上，意欲整齊傳訓，以教學子，語淺未足以達經旨，語深又未能以喻庸識。體裁當否，誼詁碻否，諸侯大雅有以教之。後語十餘葉，以明微志，斯時斯際，無拳無勇，無以相抗拒，否則藏書難全其有矣。重有見於今世學子，鄙棄古籍，國脈已斬，疇持正論，故加述而申儆之。迂闊之懷，

固不辭好辯之譏也。手訊教祺，恭竢德音。徐恕再拜敬白。（《静晤室日記》卷一三六，第 8 册，第 6082—6083 頁）

復徐行可書

在渝由令坦文君轉到大箋，適值理裝待發，未及作答。到京後不知庋置何所，以致遲遲至今。昨敝鄉人張君素由漢到京，遞到先生二次致箋，重承不棄，至於如此，中心感劌，真無可形容也。

前借繆著《唐書藝文志注》稿本，彼時即照鈔一分。旋奉函囑，由趙翁少函轉交向宗魯先生家中，謂能設法轉致。或因戎馬搶攘，向先生未及轉寄即歸道山。此書當在向宅，可由文君設法查詢，必不致零落無存也。至某傳鈔之本尚在篋中，如果原本散亡，自當照鈔一帙寄上，以充鄴架。

嘗謂海內藏書家肯以秘本珍籍借人傳鈔者，唯先生一人而已。他人則以孤本爲鴻寶，以謂如經人傳鈔即不能保其高值，所遇比比皆是。喪亂以還，蕩然無存者不知幾許，以無副本故，亦等於《廣陵散》，作者九原有知，必爲之痛哭失聲。以故先生不斬於傳鈔，某亦以刊行爲亟務，印一種即傳一種，故叢書尚焉。倘得償北歸之願，仍擬亟亟於此，尚望先生以秘本珍籍源源見假，則於表彰遺著，嘉惠來學，兩得之矣。

頃自尹石公借得《純常子枝語》刊本十六册，知其原稿藏先生所，且由尊處借鈔付印，此真盛德事。當代碌碌諸公，安知此事之宜亟？文道希先生讀書甚勤，所見亦博。某所注意者，文氏在清季翰林院中見《永樂大典》八百九十餘册，較今日所存多至一倍以上。文公謂自輯《元經世大典》二十卷，不知此本曾經先生寓目否？又如宋人薛季宣《地理叢鈔》幽州一卷、《元太常集禮》一卷、《梓人遺制》四卷之摘録、《考古質疑》之佚簡，皆由《大典》輯出，亦俱載於《枝語》中，尤爲難得可貴。

惟此書僅印數十部，版片雖存，而購求不易。某近日撮要録出若干事，尚覺美不勝收，苦難盡録，它日當設法別求全帙。此即先生表彰遺著，嘉惠來學之一端，某深愧弗如者也。

張君賫來大著《論語講疏》，細針密縷，無義不搜，雖爲一章，可窺全豹，佩服之至。附載十二絶句及告人讀書標準，語重心長，粹然有道之言。今日能知此希矣，奈何奈何。

先師季剛先生藏書與某舊藏，同於戰前送采石磯魯宅保存。其後魯宅家人僻寇他去，委棄於地上者三四載。迄主人歸來，稍爲收整，大半亡去，存者亦無一全帙，兩家之書皆然。某還京後，親往檢點，運回都門，尚存六七千册，劫灰之餘，堪供抱殘守闕之用。結局如此，爲之憮然三歎。先生於炮火飛彈之下抱持所藏，死守不去，因而存書幸少亡失，不愧爲吾道干城。昧者不知，猥以印書微事横加訾謷，何足論也。

拙著《史學史稿》、《遼海書徵》雖有印本，均在由渝運京之行李中，稍遲再爲奉寄。李澄剛講稿僅有油印本，亦不易覓。日昨黄師母赴漢口，託爲候問，想已晤面矣。匆匆奉復，情不能宣，常希時惠好音。（《静晤室日記》卷一三六，第 8 册，第 6080—6082 頁）

逾年，金氏致書徐行可，述及黄侃遺書捐贈湖北省圖書館等事，民國三十六年（1947）三月四日《日記》：

（致武昌徐行可書，並書一種。）

　　致徐行可先生書

行可先生門下：去冬自瀋還京，得奉讀賜札及大作，久思報謝，以牽於人事未果。嗣黄師母來京，藉知左右有衡湘之行，謹託面候平安,亦未得作札,歉疏奚如。

先師季剛先生遺書,經某多方收拾,蓋無一種全者。兹經師母決定,捐與武昌圖書館,可謂得所,而某抱殘守缺之心願,亦爲酬其大半矣。念自劫後來京,滿目滄桑,其可觀之新版書,惟明、清兩《實錄》耳,然皆出之僞朝,且印於兵戈搶攘之際,則世運之升降,於此可窺其消息矣。居嘗語人:吾華抱殘守闕之士,如漢經師之苦心孤詣,不似晦明風雨而易其操,祗武昌徐君一人。設有人於徐君而致詆謀之辭,使其無以自存,則吾華讀書種子絶矣。循誦大著,語重心長。詩不云乎:"知我者謂我心憂,不知我者謂我何求。"其先生之謂歟?兹託便帶上拙著一種,乞詧收鑒定,餘不具。

　　三月四日,毓黻頓首。(《静晤室日記》卷一三八,第 8 册,第 6186 頁)

五

　　進入新中國,金毓黻先任北大教授,繼調中國科學院近代史研究所,徐行可則仍爲民間藏書家,身份獨立。經歷社會變動,兩人之交往猶未停止。建國之初,徐氏曾有北京之行。金氏 1950 年六月十六日《日記》:

日前徐行可先生來自武漢,余曾作數次之晤談。此公古貌古心,不合時宜,要之今之有道君子也。余贈以所印《文溯閣四庫提要》一帙,君亦贈我瀋陽范氏《潛索錄》一册。君不日南返,惘惘而別。(《静晤室日記》卷一五二,第 9 册,第 6928 頁)

金氏 1956 年十一月二十日《日記》：

思作《寄懷徐行可先生》詩，未成焉。余於近幾年不甚讀詩，氣機不熟，故不能操筆立就，只好遲之異日。（《静晤室日記》卷一六○，第 9 册，第 7305 頁）

金氏爲何“思作寄懷徐行可先生詩”？或許是徐氏有贈詩在先？次日，金氏有函致徐氏，稱讚徐氏爲人“守道堅貞，老而彌厲，殊罕其匹”，1956 年十一月二十一日《日記》：

　　函徐行可先生

行可先生：别來二年，通書甚稀，而想念無已。思以詩奉懷，乃不能成章，機調不熟故也。某閲人多矣，爲先生之守道堅貞，老而彌厲，殊罕其匹。昔陳國童子魏昭嘗謂，經師易遇，人師難遭。若先生則並世之人師也，惟後漢郭林宗之倫差可擬，不圖近在咫尺而蹤迹轉疏，真所謂失之交臂矣。近一年來體氣轉佳，對古籍日親，薄有購置，重點在隋唐、五代之際，企與往日所治宋、遼、金三史相衛。徒以志奢力薄，未能博覽，但其志則壯矣。頃又喜於臨池，所好亦爲唐代，如太宗《温泉銘》之飛動，李北海《雲麾碑》之凝重，皆奉爲至寶，學之而不能至，藉此以斂心神，遣長日，猶勝於無所用心。不識先生將何以教我也？本月末，榮君孟源往武漢訪求史迹，將造尊廬起居，並將前假紀批《史通》奉還，當能獲悉鄙况，恕不一一。順祝曼福。毓黻頓首。（《静晤室日記》卷一六○，第 9 册，第 7306—7307 頁）

"紀批《史通》"爲徐氏藏書中要籍之一,此書涉及與多位近代
學人交往故事,此處且不展開,留待同道叙述。金氏近代史所同事
榮孟源南下,除"訪求史迹"外,又與徐氏擬將彊簃藏書讓售科學
院圖書館事有關,其藏書易主過程,另有同道專文詳之。爲此事,
徐氏曾有長函致金氏,1956年十一月二十五日《日記》:

> 接徐行可先生漢口長函,並託轉致賀君昌群一函,爲售讓藏書
> 於科學院圖書館事。余前數日致君之函尚未收到,但兩處不
> 期而同時發函,可謂心心相印矣。余於徐君出售藏書之事甚不
> 謂然,觀其一方入購,又一方出售,不知用意何在?不知細讀所
> 藏之書,得出一定之成果,而以藏書之富侈爲美談,如徐君者,
> 甚無謂也。(《静晤室日記》卷一六一,第9册,第7313頁)

兩日後金氏又接徐行可來函,兩人之信幾乎同時發出。1956
年十一月二十七日《日記》:

> 榮君孟源赴武漢等處搜訪史料,囑其到漢口往視徐行可先生,
> 致以候問。此人古貌古心,與今世到處違語者也。
> 吾與至親至友,往往精神相通,無間千里。近有二驗:一、近
> 七日内,忽致書漢口徐行可先生,致以候問,但不過二日而行
> 可書來,亦相念甚勤,而余書固未至也;二、近三日内因思吾女
> 淑君,致書於長春訊之,而昨日淑君書忽來,而余書固無達也。
> (眉注:精神感召之效。)余與行可别近二年,在近一年内未通
> 書,又與淑君亦幾二三月未通書,乃於數日内,不期而彼此兩
> 地俱發函相訊,應由精神感召,其不可思議至於如此。

復徐行可箋

古人謂精神相通，可以無間千里，僕之於先生亦然。郵書不出二日，而尊札適來，彼此不期而同，誠不知其何以致此也。致賀君書已送達，惟未晤面。聞出讓書籍及推薦黄君二事均已決定。榮君孟源知之甚詳。今日榮君赴武漢，定造尊齋面談，故不復一一縷及。榮君爲博通古今之士，與我輩氣誼相孚，有不可以言語形容者，想先生能深知之。科學院在"百家争鳴"政策中，搜求賢逸，方面頗廣，殊爲佳象，但延聘之程序頗簡，君子隨時卷舒，請勿拘於形式。相喻以心，諸維亮照。（《静晤室日記》卷一六一，第 9 册，第 7314—7315 頁）

徐行可爲呼應金毓黻"續編《遼海叢書》"之議，又以疑爲東北人所撰之《全宋詩話》《唐句分編》兩書寄贈金氏，1956 年十一月二十九日《日記》：

徐行可寄贈《全宋詩話》鈔本四册，凡十三卷，非足本，題爲"鍾廷瑛退軒"作。中有"東省藏書頗少"之語，行可疑爲東北人，故以寄贈。以余所知，人亦嘗稱山東爲"東省"，不必定屬於東北也。行可又寄贈《唐句分編》一册，計二卷，鈔本，廣寧郎文勳書常撰，時在康熙五十年，應爲郎廷極之同宗，此則真吾鄉人也。據其總目，凡二十四卷，此僅二卷。一論方位字，一論數目字，其非足本可知。所謂"方位"，即詩句首一字有東、南、西、北、前、後、左、右、上、下、中、内、外等字者；所謂"數目"，即詩句首一字有一、二、三、四、五、六、七、八、九、十、百、千、萬等字者。此屬於撏撦餖飣之學，仕宦子弟居多暇日者慣爲之，猶勝於無所用心。吾鄉人著述較少，且爲向所未見，足爲《遼海書

徵》之續。行可厚惠,至可感也。(《静晤室日記》卷一六一,
第 9 册,第 7316—7317 頁)

贈書以外,徐行可又有和金氏贈詩之作寄京,金氏 1956 年
十一月三十日《日記》:

行可又以改訂和余贈詩寄示,尚未及録存。余以行可有贈
書之惠,思叠前韻報之,亦以愜暇未爲。(《静晤室日記》卷
一六一,第 9 册,第 7317 頁)

1957 年夏,徐君行可致函金毓黻,報告影印陳漢章遺著消息。
金氏 1957 年六月十五日《日記》:

得徐君行可漢口函,言正景印陳伯(考)弢先生漢章遺著,又索
前此寄閲郎(國)文勳鈔《唐詩》。(《静晤室日記》卷一六四,
第 9 册,第 7478 頁)

1957 年秋,徐行可致函金毓黻,索取前寄《唐句分編》首册。
金氏 1957 年 9 月 14 日《日記》:

徐行可兩次來函未覆,又索《唐句分編》首册,即覆函寄還。
《唐句分編》二十四卷,廣寧郎文勳書常選輯,蓋由《全唐詩》
中七言取其首字,分爲方位、數目、珍采、名號、實字、活字、虚
字、駢字、截分字、叠字,爲類而具録之,以供隨手採擷之用。
其書本不足貴,特以鈔本見珍。郎氏應爲清初郎氏廷字輩,爲
顯宦者之子。按其自序,撰成於康熙五十年辛卯。行可遠道

見寄，蓋以郎氏爲遼東世胄，必爲余所珍視故也。今以寄還，謹記其概於此。（《静晤室日記》卷一六五，第 9 册，第 7522 頁）

1960 年初，因暌隔已久，金毓黻致函徐行可，囑寒假後返武漢上學之侄兒親送至徐寓。金氏 1960 年二月十四日《日記》：

吾姪長齡以假期將滿，定於明日返武漢市，即致徐行可先生一函，略叙別後企念之渴，囑其親送所居漢口黄興路華實里三號。（《静晤室日記》卷一六七，第 9 册，第 7592 頁）

十日後，金毓黻接侄兒覆函，遽聞徐行可半載前已歸道山消息，深感震驚，回顧徐氏生平及兩人交往，有意日後爲其作一小傳。1960 年二月二十五日《日記》：

長齡自武漢市函，言返校後即持函至漢口華實里三號，詢悉徐行可先生已於去年六月患胃出血病逝世，並未晤其家屬。此真意料不到之事也。

先生名恕，字行可，武昌人。藏書最富，且多精本。於前三年，將其藏書大部捐贈于武漢科學分院圖書館，可謂得有歸宿。先生性頗執拗，諸子女皆不令入新立學校讀書，祗限令依舊式誦讀。諸公子皆敢怒而不敢言，以故皆乏現代知識，至於無法覓求工作。然先生訖不之省，雖有友朋婉勸，亦不之恤也。吾師黃季剛先生在日，曾與先生結兒女絲蘿之親，然於黃先生卒後，黃公子嫌徐女無現代文化，力主退婚，卒至無法挽回。余曾親聞其事，然亦無如之何。余於二十年前與先生未謀一面，但知其藏書有可收入《遼海叢書》者，遠道郵寄商借，即絶不吝惜，

立予借用。此與其他藏書家秘惜不肯出借者絕異,亦可稱道之
一端也。又先生雖藏文道希(廷式)《純常子指[枝]語》若干
卷,借與番禺汪氏,刻木行世,余曾撮要鈔入日記中,但於原刻本
迄未能獲。此其樂於傳播罕見之書,亦可與羅貞松媲美矣。先
生似少余二齡,卒於去年,應爲七十有一歲。他日當詳詢其生
平行誼及治學宗尚所在,爲作一傳以傳之,今茲尚不暇及此也。
記於一九三七年冬,余由安慶避寇,乘船上泝入川,途經漢口,
小住旬日,逕往其寓候之,是爲初次謀面。承其款留禮接,屢留
食宿,一如素識。如此古道熱腸,爲晚近所罕見,使余時時在念
而不能忘懷者,非無故也。茲於逝世半年,遥致憶念之辭,以志
永懷。(《静晤室日記》卷一六七,第 9 册,第 7613—7614 頁)

金毓黻震悼之餘,隨即回函,並附致徐氏友人武漢大學劉博
平、黃焯先生函,請兩位覓便代己慰問徐氏後人,命其侄專程送達。
1960 年三月一日《日記》:

復吾姪長齡函,告以來函已收到,並以另致武漢大學劉博平、
黃耀先兩教授函,命其親身送達。往歲劉君曾以手寫景印《簡
園日記存鈔》見贈,黃君亦以自著《毛詩傳箋平議》印本寄贈。
以余患病,久未報謝,茲值病情好轉,故具書表明歉意,並以
徐行可先生病逝之耗,半年後始知之,託其覓便向其諸公子慰
問。(《静晤室日記》卷一六七,第 9 册,第 7617 頁)

未久,金毓黻獲武漢大學黃焯來函,略及徐氏身後情形,並感
歎自徐氏没後,武漢可搜討之古籍日稀。金氏 1960 年三月三十一
日《日記》:

武昌武漢大學教授黄君耀先來函言，長齡投遞之函已收到。並詳言季剛先生之夫人及子女近狀甚詳。又略及行可先生身後之情況。又謂自行可先生没後，武漢可搜討之故籍甚少，僅將前録成之《毛詩鄭箋平議》十卷，改訂爲《詩疏平議》十五卷而已，然此類陳言已不易流布於外……（《静晤室日記》卷一六八，第 9 册，第 7671 頁）

至此，金毓黻《日記》中關於徐氏之記載遂結束。徐行可逝世於 1959 年夏，享年七十歲。三年後（1962）金毓黻亦謝世，享年七十六。兩老均生於 19 世紀末，逝世於 20 世紀 60 年代前後，年壽亦略相當。身處劇烈變動之歷史環境，兩老之個人命運及聚散，無不繫於時代之升沉。交往逾廿年，相見僅數度，而以書爲媒，以書相知，遂以書事相始終。以書相知、相始終之背後，則爲彼此對於傳統文化徹骨浹髓、雖九死而不悔之熱愛與堅守。金氏稱道徐行可“古貌古心，學道之君子”，“與君非素識而歡若平生，萍水相逢而能肝膽相照，真今之古人也”，“先生之守道堅貞，老而彌厲，殊罕其匹”，又盛贊抗戰中“先生於炮火飛彈之下抱持所藏，死守不去，因而存書幸少亡失，不愧爲吾道干城”。徐氏則身在民間，未忘國運文脉，稱金毓黻“先生生際斯世，尚復繫情翰墨。亂思遺老，逸志高蹰，無任懷服”，“施教上庠，得此人師，爲學子慶……安得如先生者，化億萬身，隆德隆智，二者兼進”。凡此，皆因彼此摯愛傳統文化，從而産生深刻之使命感與知己感。

斯人往矣，其德不爽，流風餘韻，沾溉曷窮。

（《徐行可研究論集》，國家圖書館出版社，2022 年）

近代私人藏書樓之終結
（以嘉業藏書樓藏書爲例）

一、前言

中國歷代圖書典籍之收藏，始終存在官方與民間兩大系統，源遠流長。官方藏書，包括皇家與各級地方政府、書院等藏書機構，其所收藏之歷代及本朝圖書典籍，代表封建社會之主流文化。溯自文獻記載之周王室"藏室"始，漢之石渠、天禄，唐之弘文、崇賢，宋之三館，明之文淵閣，以至清代之天禄琳琅、南北七閣，加以各地書院學堂之藏書，夙爲學者研究所重。民間藏書，則自"惠施多方，其書五車"之記載以後，秦漢以來，史不絶書。據統計，見於記載之歷代著名私人藏書家有五千人以上^①。明清以來，經濟文化發達之區，官紳學子，士農工商，但凡生計稍裕，即使不以藏書名家，亦莫不家藏户庋，存有數量不少之圖書，形成崇尚讀書、重視收藏之民間藏書文化。民間藏書文化傳統之形成，對於歷代圖書典籍之保存與流佈、民族文化傳統之延續，曾産生重要作用。受封建正統與官方學術之影響，民間藏書之内容與官方藏書大體相同，對封建社

---

① 徐雁：《80 年代以來中國歷史藏書研討成果綜述》，收入黃建國、高躍新編，《中國古代藏書樓研究》，中華書局，1999 年，第 420 頁。

會主流文化形成維護與支持①。與此同時，民間收藏又具有多元性與地域性，其收藏圖書之内容及傳承方式，又對封建社會之主流文化産生補充作用。即以圖書聚散而論，皇家藏書散入民間，民間藏書流入宫廷，均爲藏書史上所常見②。一旦官方藏書因天災人禍、社會動亂而遭受損失，民間藏書往往成爲官方藏書重建之來源。歷代藏書文化中官方與民間兩大系統之互相作用，爲藏書史研究中應予重視之課題。

20世紀爲中國社會緩慢而又艱難轉型之時代。始自19世紀中期以來中國與西方之接觸及交流使傳統社會之政治、經濟及文化結構逐步發生變化。作爲中國傳統文化基本載體之歷代圖書典籍，一個多世紀以來，曾經歷複雜坎坷之命運，官方與民間兩大藏書系統都對傳統典籍（通常稱作“古籍”）之收集、保存、流傳及利用等，作出積極之努力。19世紀末至20世紀初，中國民間藏書活動極爲活躍，其藏書事業之消長，反映出時代命運與文化格局之變遷。

浙江吴興劉承幹之嘉業堂藏書爲民國年間著名之私人藏書。嘉業堂以傳統典籍爲主之收藏活動，始於清代末年，經歷二十餘年發展，至20世紀30年代達到高峰，擁有僅次於南北公立大圖書館之古籍藏量。然而經歷短暫輝煌之後，其藏書事業即隨之衰落，樓藏圖書之精華相繼流出。40年代初，劉氏滬寓所藏圖書大半售出③。至50年代初，南潯嘉業藏書樓所藏圖書及刻書版片，由劉氏

---

① 中國古代社會的官員與知識分子均來自民間，其知識體系必須與官方保持一致。

② 參見葉昌熾：《藏書紀事詩（附補正）》，上海古籍出版社，1989年。

③ 周子美《嘉業堂藏書聚散考》（《文獻》1982年第12期）：“在八年抗戰中，僅留一二工友看守，後來秘密運出一大批書到上海。不久由重（轉下頁）

捐歸浙江圖書館 ①。此後，劉氏滬寓藏書之剩餘，其大宗先讓售予
復旦大學圖書館，後又零星售予南北書業 ②。80 年代初，劉氏《嘉業
堂藏書目錄》歸於復旦圖書館，而所遺日記及函稿則歸於上海圖書
館 ③。至此，嘉業堂藏書又完成由私藏轉爲公藏之歷史。嘉業堂藏
書之急劇聚散，異於歷史上私人藏書家世守不替之遺風，明顯帶有
時代烙印。嘉業堂主人對傳統典籍之收集、傳鈔、保藏、編目、刻書
等活動，至今仍值得稱道，並具有研究價值。限於篇幅，本文僅就
嘉業堂主人之家世，其藏書之聚散，以及其藏書活動與時代之關係
試加探索。

二、嘉業堂主人之生平

　　嘉業堂主人劉承幹(1882— 1963)，字貞一，號翰怡、求恕居
士，室名有嘉業堂、求恕齋、留餘草堂等。原籍浙江上虞，清康熙

（接上頁）慶中央圖書館派員來收購，當時由鄭振鐸、徐森玉等介紹，售出的
　　主要爲一千二百種明刊和三十多種稿本。這批書後來運赴臺灣了。此外還
　　有四百多種明刊本讓給張叔平，勝利後張叔平轉售於浙江大學圖書館。”

① 李性忠《劉承幹與嘉業堂》(文物出版社，1994 年)：“1951 年浙江圖書館接
　　受捐贈後，對嘉業堂藏書進行了清理。……據清點統計，尚存藏 12367 部，
　　112770 冊。其中地方志 1123 部，明刊本無存，西南雲貴廣西及東北數省未
　　見，浙江各縣志亦多不全。鈔本 586 種，無名鈔本。叢書 340 種，近代刊行
　　的大致完備，以浙江翻刊的武英殿聚珍版叢書 39 種，與江西翻刊的 25 種較
　　爲名貴。另有書版 182 種，39559 片。劉氏自印書 5329 部、27537 冊。較
　　之嘉業堂全盛時期，藏書流失了約七萬冊，大都爲名貴藏品。”。

② 周子美《嘉業堂藏書聚散考》：“後來又有一批的一千多種讓給復旦大學圖
　　書館，是由復旦王欣夫教授介紹的。此外零星出售的也有不少，北京、天津、
　　上海都可以看到有嘉業堂圖記的書。”

③ 計《求恕齋日記》五十一冊、《求恕齋函稿》九十四冊、《求恕齋友朋書札》
　　七十五冊。

間，其八世祖尚賢遷於湖州，世居烏程南潯鎮（今屬浙江湖州市）①。劉氏生於清光緒八年（1882），少求學鄉里，曾就讀於潯溪書院。年二十四，考取秀才②。以優行，附貢生。

　　1911年辛亥革命發生，清帝遜位；劉氏時年三十，此前雖因歷次捐金助賑，累獎分部郎中，特賞四品卿銜、三品卿銜，其實並未曾正式出仕於清朝③，但以家世及交遊之故，劉氏仍以遺少自命，隨同其父劉錦藻（1862—1934）與民國初南北諸遺老密切交往，竭誠效忠於遜帝溥儀，迄其歿未改變立場④。民國初溥儀小朝廷之各項活動，劉氏幾乎無役不參與，無役不貢獻鉅金。如民國三年（1914）以報效德宗崇陵種樹經費，蒙溥儀賞給“欽若嘉業”匾額（後即用以名堂，並名其藏書樓）；民國六年（1917）又因與人合纂《綸旅金鑑》進呈乙覽，並進呈所刻書籍，復獲賞“抗心希古”匾額；後以德宗實錄館報效，賞二品頂戴，内務府卿銜；以宗人府工廠報效，晉頭品頂戴。民國十年（1922）溥儀大婚，劉氏代表南方遺臣，自滬北上觀賀獻禮，又獲賞御用金盒銀杯、“金聲玉色”匾額，及“福”、“壽”字，

① 烏程縣，置於秦代，晉宋齊因之。至宋代，析其東南置歸安縣。明清屬浙江湖州府，與歸安縣同治湖州府城。入民國，廢府改吳興縣。現爲湖州市。南潯鎮在湖州市東南數十里。

② 時在光緒三十一年（1905），見周慶雲《南潯擷秀録》。一説，劉氏考取秀才時年已二十四，劉承幹《嘉業老人八十自叙》（以附録形式收入《嘉業堂藏書志》，吳格整理校點，復旦大學出版社，1997年）：“年二十，幸青一衿。”

③ 劉承幹《嘉業老人八十自叙》：“時增部置員，新進者紛紛，苟稍涉詭道，不難旦夕拜授。余固不急求仕，又後先丁先妣暨承重憂，遂未入朝謁選。顧不旋踵而乾坤息，人紀絕矣。”

④ 劉承幹《嘉業老人八十自叙》：“按舊制，内務府大臣以下設上駟院、奉宸院、武備院卿各一員，並滿缺。辛亥後省上駟、奉宸、武備諸署，大臣以下置内務府卿，亦爲滿缺。余以漢人而入内務府，實爲異數。當時文靖公寶熙及越千太保紹英、勤恪公耆齡者以書賀曰：‘主上畀君斯職，蓋視爲一家人親之也。’”

並蒙溥儀於養心殿召見兩次。在京期間,劉氏前往崇陵拜謁,因見陵樹土木毀損,自願與其父劉錦藻同任補種繕葺之資(耗銀二萬餘兩),旋奉派承修事宜,特擢内務府卿,賞菊花立軸。又以進呈家刻各書,獲賞御筆對聯"七略遠承都水學,百城高擁弁山居"(此聯後鐫刻於嘉業堂正廳)。民國十七年(1928)東陵被盜,劉氏又進貢修復銀兩,獲賞"世有令名"匾額、御用佩玉四件。又以進呈所刻書,再蒙賞磁盆花瓶。民國二十年(1931),劉氏五十歲生日,溥儀賞給"槧棻椠謨"匾額。僞滿僭立,劉氏從南方具疏請安。次年(1932)溥儀三十歲生日,劉氏又奉書籍方物,出關至長春祝壽,並進言"敬天法祖"。姥姥愚忠,深獲溥儀賞識[1]。劉氏六十歲(1941)生日時,又獲溥儀"圭璋令望"之褒。此外,民國初清史館修《清史稿》,僞滿時重印清列朝實録,劉氏亦均獻款資助,不遺餘力。據《嘉業老人八十自叙》所述[2],劉氏於民國年間尚有以下活動:

曩高要陳重遠舍人焕章設立孔教會於上海,余以董事,佐舍人編印雜志,冀維聖教於不墜。

清史館之始置也,蒙聘爲協修,謝之,則改聘爲名譽纂修(不久清史館費絀,館長趙次珊語余:史館鈔録無費,行將停頓,館中冗員多,君可出資鈔之。余乃斥五萬八千餘金,鈔成一部藏之。後天津徐相國世昌亦欲鈔録,而史館裁撤未果)。

---

[1] 劉承幹《嘉業老人八十自叙》:"三十萬壽,奉書籍方物祝嘏,尋北上入覲。造膝前席,以敬天法祖爲言,並陳奏'此時權出他人,終非久計,亟宜力圖振作,則生聚教訓,二十年後必能恢張洪業,上慰列祖列宗在天之靈,下副四海蒼生之望',上動容稱善,面奉'徐圖長策'之諭。斯時又寵錫駢蕃。每值臣工南下,必諭曰'如到滬上,亟傳旨慰問劉某'云云。"

[2] 劉承幹:《嘉業堂藏書志》。

浙江通志局亦以協修見招，亦屢却不獲而後允。

他嘗就各地公司董事，歲時餽車馬之資，則以散諸寒畯與慈惠事而已（如張季直殿撰創辦通海墾牧公司，如臯呂四同仁泰製鹽公司、東臺丁溪場通遂墾牧公司，皆被聘爲董事，雖有股息，分得墾田七千餘畝。解放後，經辦者遵令將股息全數交納，一無所沾）。

受父祖行善積德之風影響，劉氏一生，亦能輕財好施，熱心慈善事業，遇事能慷慨解囊，如其自述：

余壯歲嘗構留餘草堂於西湖寶石山下，春秋佳日，小住其間。一日憑樓眺矚，見有人投骨骼於湖。越數日信步湖壖，又見有發枯骸者。又嘗出行郊坰，履下耗然有聲，覘之則一槥戴淺土，誤壤蹴而破也，心爲惻然。由是發願爲掩埋之舉，購地岳武穆墓後，棺槥骨，分別聚瘞。三四十年來，成冢盈百。此外置田二十餘畝，以所入爲守冢祭掃之需。每臨湖上，則察視而致祭。①

里中育嬰堂，夙由里人龐萊臣京卿主持，兼延余董其事。嬰衆費絀，則捐萬金爲之倡。又與京卿協力補不足，更斥資擴建堂宇，增雇乳媪，別設保嬰會，凡貧婦乳嬰者月餽之。

當辛亥（1911）軍興，金陵攖禍彌烈，歸安陸純伯觀察創議收養難童，尋設苦兒院於蘇州，所費余輸其泰半，歲或至萬金，歷二十餘年不替。

---

① 劉承幹《嘉業老人八十自叙》："戊戌（1958）四月間往杭，詢諸守塚者沈裕達，云此盈百之塚，已爲毀掘，盡夷爲平地，碑誌石亦無蹤迹。"

馮夢華中丞國變後踵立義振會於上海,余亦僑居斯土,聘爲董
事。值末世戾氣之所鍾,兵荒水旱無歲無之,輸粟泛舟,輒隨
諸君子之後,始終不敢渝。同鄉周夢坡廣文,建歷代兩浙詞人
祠堂於西溪秋雪庵之側,余捐田二十畝爲常年香火之資。

有王君嶺先者,主余家爲鈔胥,貧老未娶,爲代謀成室。奈生
女不生男,復勸立嗣子。逾年嶺先卒,三世未葬,出資畢葬之。
又教養其嗣子,葬其嗣子之本生三世。及冠,亦爲之成室。既
而妻賦仳離,又爲置篦,俾延似續。

中表蔣夢蘋部郎經商折閱,不忍坐視其敗北,起而援手,耗至
數十萬金。

嘗鐫小印,曰"寧人負我,毋我負人",每詔兒子世熾等以立品
爲重,謂有品無學,尚不失爲鄉黨自好者,反是則所學適以濟
其惡。第不審兒輩能體會否也。

　　劉氏與前清遺老及朋輩交往,亦夙以忠厚著稱,能隨時周濟病
窮,急人之難。今檢其日記、函稿,所記歷年與師友親朋交往中,歲
時存問,賀壽祝婚,恤孤弔亡,視病贈藥之事,幾乎無旬無之。如
劉氏與蘇州曹元弼之交誼,即爲一例。曹氏爲前清光緒二十一年
(1895)進士,入民國不仕,家居窮研"三禮",閉門不出,其生活經
費常接受劉氏接濟。曹氏歿於1953年,年老多病,家用甚繁,不得
不時作將伯之呼。其時劉氏雖亦生計日窘,而每獲曹氏來信,仍能
勉力以赴,爲曹氏所深感 [1]。

　　劉氏少長於鄉里,民國初移居於滬,其後雖每年還鄉小住,並
曾旅居蘇州(1935—1937)、杭州、青島等地,長期居處仍在上海。

---

[1] 見曹元弼:《復禮堂書牘》,稿本,藏復旦大學圖書館。

其所居住宅,起初在愛文義路(今北京西路)、麥特郝斯脱路(今泰興路)口,1915年落成遷入。30年代以後,因經濟狀況變化,曾六次遷徙①。新中國成立後,家鄉南潯及各地田産、滬上房産等均歸公有,嘉業藏書樓及藏書亦捐歸國家。50年代始,賴房産定息爲生,滬寓藏書子遺部分,陸續售去,以補家用。其時子女成立分居,初由一馮姓女子照料起居,後長期居住於姚姓過房女兒處②。暮年衰病,窮愁寂寥,僅三二友人,稍稍過從。寓中所存,僅《嘉業藏書樓書目》、《嘉業堂藏書志》稿本及日記、函稿等數百册,摩挲自娱,百感縈懷,"回首自少而壯而老,心事寒灰,一切如夢幻泡影"③。至1963年去世,年八十二。

綜劉氏一生行事,以遺民自居,效忠清室,席豐履厚,分其餘財從事慈善事業以外,其最足述者,仍在憑藉雄厚財力,網羅江浙私家藏書,並延覽通儒宿學,整理編纂,陸續付刻,於新舊文化轉型之時,爲保存流播傳統典籍所作貢獻。其政治立場及文化觀念,又對其藏書刻書活動造成影響。劉氏於清末所以能屢屢捐金助賑,入民國又竭力報效溥儀小朝廷,獲遜清末主及諸遺老之賞識,同時以私人之力廣購圖書,建造規模宏整之嘉業藏書樓,並刊刻稀見典籍數百種,實因其爲清末南潯富商劉鏞之承重孫,弱冠即擁有數百萬家産。

---

① 劉承幹:《嘉業老人八十自叙》:"近二十餘年禍變相仍,視昔尤烈,其間旅蘇數載。丁丑(1937)之秋,狼煙四起,轉輾避寇,重莅滬瀆。迭經喪亂,家業漸替矣。而此二十餘年中,六遷其居,愈遷愈狹,時斥長物資日用。然遊舊戚串,以緩急告者,猶踵相接也。"
② 據介紹,其址在上海寧西路三十八號。劉氏本人住處,時在上海廈門路尊德里五十六號。
③ 見劉承幹:《嘉業老人八十自叙》。

三、嘉業堂主人之家世

湖州地處太湖西岸,杭嘉湖平原北部,
負山面湖,北鄰皖南徽州,東隔太湖與江蘇
相望,素稱江南魚米之鄉,又爲皖、浙、蘇
三省物產貨財之交匯地。明清兩朝,太湖
流域江蘇境内之蘇州、松江、常州及浙西之
杭州、嘉興、湖州地區,爲國家主要財政收
入之承擔地。境内水網密佈,舟楫之利,通
江達海,著名之京杭大運河亦經湖州北上。
湖州又以盛產絲綢著稱,其地繭絲產量,冠

劉承幹先生八十留影

於江浙,世稱"湖絲"、"湖綢"。南潯鎮位於湖州東南,枕河瀕湖,交
通發達,工商繁榮。鎮上居民,多以繅絲爲業,商人亦以絲綢貿易致
富,被稱爲湖州首富之區。19世紀後半葉,五口通商,上海對外貿易
興起,成爲東南進出口物資之集散地,並輻射其周邊地區。南潯鎮
之傳統生絲收購加工業,成爲經由上海出口歐洲之重要資源。本地
固有之工商傳統,海外貿易之鉅額利潤,促使南潯絲行林立,涌現大
量從事絲綢貿易之商户。至今南潯民間仍流傳"四象八牛七十二條
狗"之謡諺,即爲當年鎮上因貿絲而致富之大家富户"排名榜"。劉
氏家族,即爲其中"四象"之一(據説各擁有千萬以上資産)①。

① 周子美《周子美學述》(徐德明整理,浙江人民出版社,2000年):"湖州南潯
鎮,清末以來,名滿全國,堪稱全國縣以下行政單位的首富,早在清末民
初,就有'四象、八牛、七十二條狗'之説。所謂'四象',指的是當時家財
在一千萬兩銀子以上的張(即國民黨元老張静江家)、劉(即劉承幹家)、龐
(即龐萊臣家)、顧(即顧叔蘋家)四大豪富;'八牛',指的是家財在百萬兩以
上的八大富;'七十二條狗',指的是家財在十萬兩以上的小富。至於十萬
兩以下,在南潯來説皆難以入流矣。"(第10頁)又高陽(許晏駢,1922—
1992)歷史小説《胡雪巖》中有關描寫,與劉鏞身世及所處時代頗爲相近。

湖東南名郡,饒桑棉文綵、布帛魚稻。運河委輸四通,南潯縮
轂其東鄙。南潯民尤精繅絲,合羅串五,尚衣使者歲籍其名而
物之,上充丙庫,而産七里者絶纖皎,爲歐洲諸夷所珍。歲值
蠶時,四方商舶並至而會,金錢如流水,闤闠殷賑,廣第參錯棋
置,累鉅萬之家以十數計,萬者不可勝原。南潯一天下之雄鎮
已,莫不聞劉氏。①

　　劉氏家族之發迹,始於其祖父劉鏞。鏞譜名介康,字冠軍、
貫經,生於清道光六年(1826),卒於光緒二十五年(1899),年
七十四。咸豐四年(1854),由國學生遵籌飾例報捐國子監典簿。
十一年(1861),又由國子監典簿報捐藍翎光禄寺署正。同治五年
(1866),於甘黔皖統捐案内捐升花翎員外郎。六年(1867),再以海
運勞績保加四品銜。其曾祖湛恩,光緒元年(1875)以鏞官贈中議
大夫;祖元吉、父煥章,光緒間亦以其子錦藻官,贈通奉大夫。劉鏞
出身貧寒,少爲棉綢布坊學徒,後以薄資,自設絲行,因頭腦靈敏,
生性堅毅,因時乘利,白手起家,創下上千萬家資。

　　公故貧,少學商於棉紬布肆。年餘,聞其師歲入僅百千,則以
爲此不足起家。去入絲肆,五年而盡通其奥。又去,與里人合
貲,別設肆市上。方是時,歐洲諸國開商埠於上海,大購湖絲,
歲出口八九萬包,業是者贏過當。公貲薄,用智力與角,紉舟
楫,狎霜露,並晨夜,突寒暑,飴苦嗇嗜,赴時雷動,不數年而業
大起。公天資仁彊,開敏善斷,杝析利病,往往得理解而中分,

① 張謇:《誥封通奉大夫工部郎中加五級南潯劉公墓志銘》,收入《南潯劉氏支
　譜》,卷三。並見張謇研究中心、南通市圖書館編《張謇全集》卷五上,江蘇
　古籍出版社,1994年。

數老商巧算,校記未終,公睨其旁,已懸得其當否什九,用事人咸斂衽折服。以是淮之鹽、徽之茶、蘇松海門之田,若質庫孳乳胚胎,轉益寖廣,群貲賓附,若水匯澤,亦益舒公發蹤張弛之才①。

　　以絲業致富以後,劉鏞又多方投資,從事鹽務、茶業、典當、墾牧、房産等經營,獲利豐厚。據記載,由學徒出身而年逾三十即成爲鉅富之劉鏞,深諳世事盈虧循環之理,故自奉甚儉,治家嚴謹,而具有樂善好施之風:

　　公既以財雄鄉里,凡鄉里願望依賴,義塾書院育嬰振荒之事,貧企富推,一集於公。公必爲道倡,務賑而泱。至於救灾恤患,好行其德,若晉豫之旱,順直之水,漢口之火,淮徐海門之饑,南昌之築隄,蘇湖之橋,鎮江之義渡,凡有所告求,與爲見聞,靡不應時立赴,千里響應。子錦藻,成進士,益懼盛滿,思厚培其本根,則別儲數萬金,用其子錢購米食餓人,名曰“愛米”,戒子孫第增毋減。及公之歿,愛米所施已千石。其言曰:“吾甚懼夫多財之爲患也,而施以攘之。攘而效,則損患而得福;不效,亦減怨。天地之道,復必有剥,吾知其終剥,而姑留餘地,使徐徐剥焉,猶吾治生之術也,奚世好施足云。”凡公生平行事持論,類如此。②

---

① 張謇:《誥封通奉大夫工部郎中加五級南潯劉公墓志銘》。
② 張謇:《誥封通奉大夫工部郎中加五級南潯劉公墓志銘》。

　　近代名人張謇（1853—1926）爲劉鏞作墓誌銘，譽其與杭州胡雪巖（光墉，1823—1885）、寧波葉澄衷（1840—1899），俱爲同光間“東南商富最著稱，而能以風義自樹立於當時者”①。又稱其富而不驕，能教育兒孫讀書仕進，爲胡、葉後人所不及，其子四人，長子安瀾，附貢生，捐工部郎中；次子錦藻，光緒戊子（1888年）舉人，甲午（1894年）進士，官工部郎中；三子安洤，廩貢生，捐候選直隸州知州；四子安溥，國學生，捐候選分省同知，均已由商而仕。至嘉業堂主人劉承幹出世，父祖對其讀書成名，寄予厚望②。

　　承幹之本生父錦藻，原名安江，字澂如，號橙墅，晚號堅匏盫。幼年出嗣於叔父劉鏘（慶康）。少而聰穎，嗜古積學。光緒二年（1876）年十四，成秀才。光緒十四年（1888）舉於鄉，報捐戶部主事，山東司行走，候選郎中。二十年（1894）成進士。歸本班，以郎中籤分工部都水司行走，受命勸募直隸賑捐。旋以父喪去官，奏保補缺後以知府用，遇缺先即選知府。二十七年（1911），因以家財助陝賑，欽加三品銜，特命以五品京堂候補。三十一年（1905）浙江築路風潮中，奏派滬杭鐵路副總理，佐湯壽潛維護路權。未久，

① 張謇《誥封通奉大夫工部郎中加五級南潯劉公墓志銘》：“自咸豐同治以來，東南商富最著，而能以風義自樹立於當時者，於浙得三人焉。若杭州之胡，寧波之葉，而其一則湖州之烏程南潯劉氏。……劉氏自通奉公始大，公逾三十，以業絲致富，頡頏胡、葉間，然官裁至員外郎，胡、葉並道員，或輸財自效，受異數之賞，而子弟仍商。公輸財急鄉里國家之難，蒙上嘉獎，不後於胡、葉，終以詩禮督諸子，致通顯，加級被二品封，胡、葉不能及也。”
② 劉承幹《嘉業老人八十自叙》：“先考既積學早世，先妣，本生考妣皆望余成名綦切。年二十，幸青一衿。”

又出任上海大達輪船公司總辦①。宣統二年（1910），以奏咨劉氏義莊立案，御賜"承先睦族"匾額。隨任崇陵工程處監修，工竣，御賜"令裕衍蔓"匾額。辛亥後，以遺老寓居上海，與諸遺老同效忠於溥儀小朝廷②，並致力於編纂《皇朝續文獻通考》③，成書四百卷，用以記錄清乾隆以至宣統朝之典章制度，成爲今傳"十通"之一。1920年書成進呈，蒙溥儀特賞内閣侍讀學士。1934年卒於滬寓，年七十三，所著有《新政附考》、《堅瓠盦集》、《南潯備志》、《陸放翁年譜》、《吳興劉氏支譜》等。錦藻繼其父業，曾經營蠶絲、鹽務、墾牧、金融等實業。經商之餘，亦熱心本族及鄉梓公益活動。曾於南潯興建義倉，貯穀救災。又訂定條規，創立劉氏義莊，興辦義學，資助本族貧寒兒童免費入學。承幹因嗣父早世，成人後交遊出處，仍

① 曹元弼《誥授光禄大夫頭品頂戴内閣侍讀學士劉公傳》："尋浙紳以築鐵路事，推公佐湯壽潛董理，由商部奏派任職。先是，外務部從英銀公司借款築路，議且成，臺諫争之，公博採輿論，詳陳堅拒，卒不假外力而事集。商部又以公爲滬上大達輪埠總理，與張謇等共其事。擘畫萬端，獨倚以有成績，遠近交口稱之。初，湖州府學尊經閣及顏魯公祠基、曹孝子祠屋，爲教民所攘，築醫院，訟久弗得直。光緒丁未，公率諸紳訟之上海美國按察使署，據理力争，往復辯難，直之，遂毁其垣。巡撫增子固中丞奏聞，傳旨嘉獎。"（《南潯劉氏支譜》卷三）
② 曹元弼《誥授光禄大夫頭品頂戴内閣侍讀學士劉公傳》："公避地海上，獨醒獨清，舉目河山，蒼茫萬感，每念王室，自然流涕，葵藿之誠，寢饋不忘，芹曝之獻，悃款自效。恭遇大典禮，必列班聯，聖主褒忠，特賞頭品頂戴。"
③ 曹元弼《誥授光禄大夫頭品頂戴内閣侍讀學士劉公傳》："公往來申浦、青島間，以《皇朝續文獻通考》稿本重加修改，又多歷年所，總得書四百卷，起乾隆五十一年，至宣統三年寫定，復進呈御覽，賞'殫見洽聞'匾額，御製序文弁其首，有'志治國聞者合《通考》前編讀之，當不勝思古之幽情、懷舊之蓄念矣'。"

受錦藻之影響爲多 ①。

　　承幹之嗣父安瀾（1857—1885），字覯伯，號紫回。咸豐七年（1857）生，同治十一年（1872）補縣學生，附貢生。光緒五年（1879）報捐工部郎中，虞衡司行走。十一年，與弟錦藻同至杭州赴鄉試，未及入闈，以病亡故，無嗣。宣統二年（1910），以其迭次捐資助賑，追贈"樂善好施"坊額。安瀾生前好詩，有著述志，所著有《葭洲書屋詩集》一卷，並輯有《國朝詩萃》②。《國朝詩萃》博採清人詩集，彙選自清初至同光間各家詩，臨歿尚未寫定，後由承幹於民國初續完。

　　承幹原爲劉鏞次子錦藻之長子。當其四歲時，因伯父安瀾早逝而無後，即遵祖父之命，過繼爲長房之子，成爲劉家之承重孫 ③。

————————

① 曹元弼《誥授光祿大夫頭品頂戴内閣侍讀學士劉公傳》："長子承幹師公之行，亦迭蒙賞賚。公又懼斯文墜地，禮教淪亡，過庭垂訓，表章古籍，承幹由是總攬群書，精刊善本，輔弱扶微，津逮藝林。海内志士仁人，通儒碩學，皆樂與公父子遊。甲子，乘輿播遷。戊辰，東陵被盜。公與諸遺臣奔問行在，集資修復寢殿，蒙賞'溫仁受福'匾額。辛未，七十初度，適承幹年五十，上賞公匾曰'鳳池耆碩'，賞承幹匾曰'槃荚楳謨'，一年中父子並蒙賜壽異數。"

② 劉承幹《清贈榮祿大夫授奉政大夫工部虞衡司郎中劉君墓誌》："君幼時從父避寇海上，年十四，始旋里。奮志讀書。越二歲，補縣學生，由是益自刻厲，於書無所不窺，銳然有撰述之志。嘗以謂聖清學術邁前古，詩家者流，駢出方駕，衆妙具備，無人焉最而録之，將有文獻放失之憂。於是博徵載籍，託始開國，下迄中興，爲《國朝詩萃》一書。於諸家有傳於世者，朝暮取焉而拔其尤，而於逸民高士，則網羅散失，唯闕漏是懼，其湮晦無聞者，尤汲汲掇拾而光顯之。口吟而手披，形荼而神瘁，如是者積有歲年，期成詩學斷代之史。創稿甫竟，而未及寫定。"

③ 承重，指承擔喪祭與宗廟責任之子孫。《儀禮·喪禮》"嫡孫"唐賈公彦疏："此謂嫡子死，其嫡孫承重者，祖爲之期。"據封建宗法制度，本身及父俱係嫡長子而父先死，於祖父母喪亡時，稱承重孫。凡承重者，皆服喪三年。

光緒二十五年(1899)劉鏞去世,十八歲之承幹遂成爲劉家之首位
繼承人,從此坐擁厚貲,富極一時。

四、嘉業堂藏書之積聚

嘉業堂

"物聚於所好,而有力者得之"爲宋人歐陽修(1007—1072)論
及歷代圖書文物聚散時之一段著名議論。古今中外之私家藏書積

累,莫不起於收藏家對圖書文物之酷好,又應具備廣泛收集藏品之雄厚財力,以及適逢其時之收藏機遇。作爲近代江南著名藏書兼刻書家之劉承幹,所以能成就其輝煌業績,既由於其對傳統典籍文物之酷嗜,又因其席豐履厚,擁有兩世積聚之財富,乃爲一名副其實之有力者。傳統文化中"富而好禮"之觀念,則爲劉氏以藏書而著名於時之深層原因。據劉氏自述,其家鄉南潯,歷來即有民間藏書之傳統:

> 吾潯爲鎮,在吳興東南,爲水陸走集。人情開滌,民物豐昌,膏腴所萃,人文蔚然。由明以來,自成風尚,戶習弦誦之音,家識文獻之貴。簪纓世第,蓬蓽名儒,相尚藏書,輝炳邑牒。①

令人盛稱之清末民間"四大藏書家"瞿、陸、丁、楊,江浙居其三,而浙江有其二。光緒三十三年(1907)爲日本岩崎彌之助(1850—1908)所創之静嘉堂購去之皕宋樓藏書,即爲劉氏同鄉湖州陸心源(1834—1894)所藏。陸氏於劉承幹爲前輩,其後人陸樹藩(1907年在世)則與劉氏深有交誼②。陸氏皕宋樓、守先閣、十萬卷樓藏書不守,爲日人悉數捆載東去之事件,當時引起社會極大反響。劉氏南潯同鄉張鈞衡(1872—1927,適園)、蔣汝藻(1877—1954,密韻樓),當時也正大力收羅典籍、刊刻圖書,對其似亦產生影響③。

---

① 劉承幹:《嘉業藏書樓記》(1925年),以附録形式收入《嘉業堂藏書志》。
② 陸樹藩於蘇州設苦兒院,劉氏爲長期贊助人,見《嘉業老人八十自叙》。
③ 陳乃乾《上海書林夢憶録》,收入張静廬輯注《中國現代出版史料(甲編)》(中華書局,1954年):"在民國十年前後,上海藏書家最著者爲劉(轉下頁)

　　嘉業堂藏書之積聚,始於清宣統二年(1910年),1937年秋劉氏撰《嘉業藏書樓記》[①],述其藏書原委云:

　　溯自宣統庚戌(1910),開南洋勸業會於金陵,瓌貨駢集,人爭趨之。余獨徒步狀元境各書肆,遍覽群書,兼兩載歸。越日,書賈携書來售者踵至,自是即有志聚書。逾年辛亥,武漢告警,烽燧達於江左,余避居淞濱。四方衣冠舊族,避寇氛而來者日益多,遂爲中原文獻所聚。如甬東盧氏之抱經樓、獨山莫氏之影山草堂、仁和朱氏之結一廬、豐順丁氏之持静齋、太倉繆氏之東倉書庫,皆積累世之甄録,爲精英所鍾聚,以世變之日亟,人方馳騖於所謂新説者,而土苴舊學,慮倉卒不可保,爲余之好之也,遂舉而委賈焉。而江陰繆藝風參議、諸暨孫問清太史,亦各以宋元精槧,取值畀余。論者或喜書之得所歸,余亦幸其適會其時,如衆派之分流而總匯於兹樓,以償夙願。都計所得約六十萬卷,費逾三十萬。

　　辛亥之前,劉氏年未三十,雖以"世守中壘故業,迄於小子,不敢廢墜"自許,其時學問見識,實未成熟。所述因參加南洋勸業會而遊金陵書肆狀元境,遂"遍覽群書,兼兩載歸",猶屬富家公子興致所至,一擲千金之豪舉。狀元境雖爲金陵書肆環立之區,但僅以出售科舉應試之讀物爲主。劉氏所購,未必真屬稀見典籍,書賈携

――――――――――――

　　(接上頁)氏嘉業堂、蔣氏傳書堂、張氏適園,三家皆浙江南潯鎮人。其搜羅之方法及性質互異:適園所購以鈔本爲多,爲刻《適園叢書》計也;嘉業堂主人劉翰怡宅心仁厚,凡書賈挾書往者,不願令其失望,不論新舊皆購之,幾有海涵萬象之勢。……張、劉兩家皆延繆筱珊編藏書目録。"
① 劉承幹《嘉業藏書樓記》(1937年),以附録形式收入《嘉業堂藏書志》。

至旅舍求售之書,亦不足以造就一藏書家。劉氏藏書之真正積聚,實成於辛亥以後之上海。其時上海爲東南舊家世族雲集之地,書業興旺,遭逢鼎革,家道中落之家,以生計維艱,遂紛紛以“藏書易米”,而適爲劉氏大舉收羅。兹將嘉業堂藏書之來源簡述如次：

（1）**四明盧氏抱經樓藏書**：抱經樓主人盧址（1725—1794）,字丹陛,又字青厓,鄞縣人,雍正間,年十九,爲諸生。乾隆十六年（1752）因輸粟助賑,以貢生議叙,例授中書科中書。錢大昕（1728—1804）《抱經樓記》稱其：

> 自少博學嗜古,尤善聚書,遇有善本,不惜重價購之。聞朋舊得異書,宛轉借鈔,晨夕讎校。搜羅三十餘年,得書數萬卷,爲樓以貯之,名之以“抱經”,蓋取昌黎《贈玉川子》詩語。……青厓與學士（盧文弨[1717—1795],字紹弓,亦號抱經）里居不遠,而嗜好亦相略似,浙中有“東西抱經”之目。[1]

盧氏藏書,因曾得明代葉盛（1420—1474）菉竹堂、豐坊（1523年進士）萬卷樓、毛晉（1599—1659）汲古閣、祁承㸁（1563—1628）澹生堂,及清初汪文柏（1700年在世）古香樓、金檀（1719年在世）文瑞樓等家舊藏,故多蓄古本,時稱足以與范氏天一閣（范欽[1506—1585]始建）相埒（其藏書所建抱經樓,規製亦仿天一閣）。盧氏藏書積自乾隆間,咸豐間太平軍至浙東,曾爲商人楊某所得,後仍歸於盧氏子孫,至清社覆亡,終至於不能世守,遂歸於劉氏。

---

[1] 錢大昕《潛研堂文集》卷二十一,《抱經樓記》,收入陳文和編《嘉定錢大昕全集》（第9冊）,江蘇古籍出版社,1997年,第335—336頁。

其藏書所鈐"四明盧氏抱經樓藏書記"白文方印,今多見於嘉業堂遺書中①。

（2）獨山莫氏影山草堂藏書:影山草堂主人莫友芝(1811—1871),字子偲,號郘亭,晚號眲叟,貴州獨山人。道光十一年(1831)舉人。遵義府學教授與儔之子。咸同間,爲曾國藩(1811—1872)幕僚,曾奉檄至江南各地訪書。同光間金陵書局創立,莫氏與名學者張文虎(1808—1885)、李善蘭(1811—1882)、劉壽曾(1838—1882)、劉恭冕等,同與校讎經史之役。晚年寓居松江。平生精小學,富藏書,流風所被,諸子亦均喜藏書。黎庶昌(1837—1897)《莫徵君別傳》稱其"家貧嗜古,喜聚珍本書,所得多與東南藏弄家等。居金陵,得唐寫本《說文》'木部'百八十八文。君自謂此吾西州漆書也,以舉正嚴、段二家校注,撰《箋異》一卷"②。所著有《郘亭詩文鈔》、《宋元舊本書經眼録》、《郘亭知見傳本書目》等。《經眼録》專記平生所見宋元善本,《傳本書目》則著録所知見《四庫簡明目録》所載各書之不同版本,爲著名版本目録,至今仍爲查考古籍不可或缺之工具③。民國初劉氏居滬大肆收羅圖書時,影山草堂藏書已由莫氏子繩孫等收藏,經人介紹,遂舉而售歸嘉業堂。其藏書所鈐"莫友芝圖書印"、"莫氏子偲"、"莫彝孫印"、"莫繩孫印"諸印,今亦時見於嘉業堂遺書中④。

（3）仁和朱氏結一廬藏書:結一廬主人朱學勤(1823—1875),

---

① 據葉昌熾《緣督廬日記》,嘉業堂收購抱經樓舊藏在民國五年(1916)。

② 葉昌熾:《藏書紀事詩(附補正)》卷六。

③《宋元舊本書經眼録)著録宋刻本四十七種,金元刻本三十種、明刻本十六種、舊鈔本三十八種。《郘亭知見傳本書目》1993 年中華書局有傅增湘訂補本行世。

④ 葉昌熾《緣督廬日記》(江蘇古籍出版社,2002 年影印本)"民國(轉下頁)

字修伯,仁和人,咸豐三年(1853)進士,由庶常官户部主事,入直軍機章京,歷官太常府丞,學識明敏,好書尤篤。其藏書初得自長洲顧沅(? —1860前)藝海樓,同郡勞權(1818—?)、勞格(1820—1864)兄弟之丹鉛精舍,後至京師,又收得徐松(1781—1848)、彭元瑞(約1732—1803)及怡府藏書。繆荃孫(1844—1919)(《結一廬文集》序)稱"仁和朱修伯先生生長杭州,夙聞吳瓶花、孫壽松、汪振綺之遺風。及官京秩,又值徐星伯、韓小亭、彭文勤公及怡邸之圖書散落廠肆,不惜重值購藏,遂爲京師收藏一大家。公子子清(名澂),尤工搜訪,冷攤小市,無往不到,所得益多"①。所著有《讀書雜識》、《樞垣日記》及《結一廬書目》等。光緒間,朱澂(? —1890)刻有《結一廬朱氏剩餘叢書》四種。至民國初年,其藏書售於劉氏,書版亦隨之轉讓,劉氏刻《嘉業堂叢書》,即由此而發軔。朱氏藏書所鈐"朱學勤修伯印"、"唐棲朱氏結一廬圖書記"朱文方印,"朱復廬鑑賞章"、"結一廬主"白文方印,"結一廬藏書記"朱文界格方印等,今亦時於嘉業堂遺書中見之。

　　(4)**豐順丁氏持静齋藏書**:持静齋主人丁日昌(1823—1882),字禹生、雨生,號雨翁,廣東豐順人。廩貢生,官至江蘇、福建巡撫。丁氏同治初涖蘇,正值太平天國亂後,故家大族多式微不振,遂巧取豪奪,得上海郁松年(1845年恩貢生)宜稼堂、長洲顧氏藝海樓等家藏書精華。林達泉《百蘭山館藏書目録序》:"雨翁都轉博雅好古,藏書甚富,暇時盡出所藏,屬某編爲目録。因仿《四庫全書》例,分爲經史子集四部,復約分數類,以便檢查。自兵燹以來,大江

南北、兩浙東西,所謂文宗、文匯、文瀾三閣,庋置秘本,都已化爲灰燼,無有存者。都轉乃搜羅薈萃,收拾於委棄瓦礫之餘,購集之多,幾及三四萬卷。"① 所著有《蘭山館集》、《持静齋書目》等。

此外,太倉繆朝荃(1870 年在世)東倉書庫、江陰繆荃孫藝風堂、湘陰郭調元家、長洲顧氏藝海樓等家散出之藏書,亦多爲劉氏所搜討。短時間内大量購入故家藏書,使嘉業堂藏書之數量與質量,俱非前述狀元境購書時之氣象可比。歷來私家藏書欲形成規模,承平時依賴於累世相繼,逐步增長;遭逢亂世,流離失所之餘,典籍委棄,文物流散,亟待有力者出而重聚之。嘉業堂主人收羅故家文獻,正逢其時,而其觀念上之遺民情結,使其將藏書及交遊,均視爲故國之思之表現。劉承幹自況云:

> 余生世較晚,不獲親同治中興之將相名儒,而同光間人多及見之。……不幸宣統辛亥大亂,斯文頹廢,老成亦相繼凋謝,予流寓上海,未敢自放,輒有抱遺訂墜之心,凡京外士大夫避地而來,驅車而去,其爲同光間聞人,每樂與之過從,冀以商量乎舊學。②

劉氏藏書之迅速積聚,固然因遭逢圖書散而待聚之良機,也因其獲得當時一流學者爲之提供指導。劉氏移居滬上後,因隨其父錦藻交遊,獲識繆荃孫、葉昌熾、沈曾植(1850—1922)、朱孝臧(1857—1931)、況周頤(1859—1926)、楊鍾羲(1854—1940)、馮

---

① 葉昌熾:《藏書紀事詩(附補正)》卷二。
② 劉承幹《〈一山文存〉序》,收入《嘉業堂藏書志》附錄《嘉業堂群書序跋》卷四。

煦（1843—1927）諸老輩，詩酒譚讌，歲時往來，折簡請教，獲益
良多：

> 先生又好交遊，盍簪之雅，如金壇馮煦，嘉興沈曾植，歸安朱祖
> 謀，華陽王秉恩，鐵嶺鄭文焯，德化劉廷琛、李盛鐸，中江王乃
> 徵，吳縣吳郁生、曹元弼，海寧王國維，長沙葉德輝，海鹽張元
> 濟，上虞羅振玉，貴池劉世珩，南陵徐乃昌，江安傅增湘，江寧
> 鄧邦述，寧海章梫，罔非一時飽學知名之士。而長洲葉昌熾、
> 黃巖王舟瑤、江陰繆荃孫、湘鄉陳毅、武進董康，又皆嘗先後主
> 其家，集思廣益，群才效技，以故賞鑒益精，考訂益審，珊網所
> 收，鄴架插庋，蔚爲琳琅粲爛之觀。①

劉氏致力藏書，多得諸老輩之幫助。諸人或爲其鑒定版刻，或
以自家藏書讓售，令劉氏左右逢源，多獲善本。江陰繆荃孫、吳縣
葉昌熾爲其主持鑒定，所起作用尤大。

繆荃孫（1844—1919），字炎之，又字筱珊，晚號藝風，江陰人。
同治二年（1863）舉人，光緒二年（1876）進士，選庶吉士，散館授
翰林院編修。光緒間曾主持重修《湖北通志》，又出任鍾山、龍城
書院講席，並赴日本考察學務。清末，先後任江南圖書館（收購丁
氏七千卷樓藏書）、京師圖書館監督（編纂《清學部圖書館善本書
目》）。辛亥後退居上海，從事著述，並爲人編書志。平生富藏書，
精鑒別，藏書樓名藝風堂、藕香簃、雲自在盦、煙畫東堂等。所藏圖
書十萬卷以上，金石拓片一萬種以上。所著有《藝風堂文集》、《藝

---

① 張崟：《南潯劉氏嘉業堂觀書記》，《浙江省立圖書館館刊》1935 年第 4 卷第
　3 期。

風堂藏書記》三編等,輯刻書目題跋多種。繆氏爲清末公認之版本目錄大家,聲望所至,轉變風氣,民國初滬上諸私人藏書家多請其鑒定圖書,編纂書志①。繆氏晚年因家用浩繁,除爲劉氏物色舊家藏書外,家藏善本亦多價讓於劉氏。嘉業堂所藏宋本中之《尚書正義》、《寶氏聯珠集》、《范文正集》、《吕東萊集》等,均爲藝風堂中舊物。《藝風堂日記》中頗多爲劉氏鑒定及讓售圖書之記載②。

葉昌熾(1849—1917),字頌魯,號緣督、鞠裳,長洲(今江蘇吴縣)人。光緒十五年(1889)進士,曾任甘肅提學使。平生精研圖書金石,尤長於校讎之學,道德學問,爲時所重。曾館於潘祖蔭(1830—1890)滂喜齋,多見秘笈,《滂喜齋藏書記》即出其手。所著《藏書紀事詩》,搜集自五代至清末藏書家一千一百餘人史料,徵引詳贍。辛亥以後,以遺老自居,隱居鄉里。劉氏自民國二年(1913)由繆荃孫介紹結識葉氏,即對其敬重有加,執禮甚恭。此後劉氏購書校史,多賴葉氏之助。惜嘉業堂校刻"四史"未畢,葉氏即去世。時人謂葉氏若得長壽,嘉業堂藏書、刻書事業將受益更多。葉氏既感於劉氏之禮遇,遂悉心報稱,上述諸家藏書之收購,書單審定,樣書檢閱,均由其定奪,而翁賓受讓之間,又極具風範:

> 葉緣督之識劉氏,始於癸亥年(1913)三月三日繆藝風之函介,五月晤面,以後奇書共賞,疑義與釋,過從益密,丙辰(1916)三月,遂受校刊宋本"四史"之聘(詳是年正月十五、二月廿八日、三月初七日日記),並於五月十六日移榻劉寓,開

---

① 陳乃乾《上海書林夢憶録》:"藝風德高望重,其事業文章,自有定評。……其引起上海富商興趣,使分其一部分財力以從事藏書,而造成一時風氣,則藝風之功不可没。"
② 《藝風堂日記》,北京大學出版社,1986年。

始校事。逮次夏大病，以至於死，前後亦不過一年也。在校史期中，主人相待頗厚，每逢先生趁滬寧車抵滬時，輒命僕夫駕馬車在站相候，去時亦然，並致送來回火車票（參丙辰十二月十三及丁巳二月初三日日記）。午節年終則餽脯，先生常稱情而受，不願逾分。①

葉氏《緣督廬日記》夙爲晚近學人所重，今檢其書，所記晚年爲劉氏鑒定、校刻圖書事頗詳。所記當時經眼之書品、書價、故家藏書散出時情狀，及收書人與售書人之間之微妙關係，均爲研究民國初年藏書史之寶貴資料。兹略引述如次：

民國二年（1913）六月初二日：

藝風之《守山》、《學津》兩鉅編亦歸於劉，值五百元。又以三百元從京估得《永樂大典》殘本三册，不啻千金市駿矣。（第11册）

民國三年（1914）十二月十二日：

翰怡招晚酌，同坐有藝風、梓勤、益庵、章一山、褚禮堂，共五客。主人出奇編共賞，見南宋本班、范二書，惟《前（漢）書》鈔配二册，《後（漢）書）完全不闕。疏行大字，雕印甚精。目錄後有墨圖記云“甲申歲刻於白鷺洲書院”。明有項子長藏印，本朝自藝芸書舍歸於郭筠仙侍郎。翰怡專人賫金至長沙載歸，真驚人秘笈也。（第12册）

_____

① 張鋆：《南潯劉氏嘉業堂觀書記》。

民國五年（1916）五月十七日：

翰怡出示群籍，皆書肆送來樣本，太倉繆荃甫舊藏也。（第12冊）

同年（1916）五月廿九日：

夜翰怡出示舊鈔本，不及十種……又言孫問清同年所藏宋本《魏鶴山集》與《諸葛武侯傳》抵千五百金，亦在此間書庫。（第12冊）

同年（1916）六月初三日：

午後……翰怡適來，持《初學集》兩函二十四冊，言新得太倉繆荃甫（朝荃）遺書，内有《初學》、《有學》兩集，《初學》已有藏本，故以見贈。
（翰怡）又以書目大小九冊見示，云是鄞中盧青厓抱經樓所藏，此間書估集股四萬七千元往，捆載而來。初以爲奇貨可居，意在曹子建，索價至十八萬元。自項城斃，慾燄一落千丈長，累減至三分之一。據云有六七萬即願售，其本由息貸而來，月息所耗不貲，債家又索歸甚迫，故並願先售其半以歸本。翰怡屬擇其尤標出之。聞其中有《修文殿御覽》一部、《圖書集成》一部，各定價一萬元。（第12冊）

同年（1916）八月初五日：

藝風以精槧易米，翰怡持函目見示。以宋刻《尚書正義》二十卷、《新唐書》二百五十五卷爲鉅擘,《聖宋文選》,有蕘圃跋。《庶齋老學叢談》,明錢功甫鈔本。又有唐《寶氏聯珠集》、宋范文正、呂東萊兩集。共宋本十四種、鈔本四種,直二萬元。不敢贅一辭。(第12冊)

民國六年(1917)四月十五日:

晚赴翰怡之約……主人出宋槧書共賞,《寶氏聯珠集》最精,有顧大有藏印,又有百宋一廛及蕘圃藏書諸印。錢叔寶手鈔《華陽國志》、南宋刻《尚書》孔傳附釋音重言重意本。其次趙善璙《自警編》、真西山《大學衍義》,元明間刻本。皆藝風老人物,欲歸翰怡而諧價未成也。(第12冊)

同年(1917年)五月初一:

遍觀影山草堂出售群籍,皆本朝初印精本,案頭瀏覽之書。此等書出,莫氏之書真盡出矣。(第12冊)[①]

購書有專家指導,又需得書商之合作。其時經常爲劉氏送書之書賈,有蘇州人柳蓉邨、北方人李紫東、揚州人李長春、杭州人朱遂翔等[②]。劉氏出身商家,並無輕視生意人之偏見,加以“宅心仁厚,凡書賈挾書往者,不願令其失望,不論新舊皆購之,幾有海涵萬

---

① 以上均摘自《緣督廬日記》影印本第11、12冊。
② 許寅《“傻公子”作出的“傻貢獻”——嘉業堂藏書樓的過去和現在》(《學林漫録》1983年第8期)引劉氏長子訴萬語(引文稍略)。

象之勢"①,故能得書賈之效勞。劉氏與博古齋主人柳蓉邨之交誼，
尤爲深厚，曾將其稱作錢聽默一類人物：

> 蓉邨精鑒別，於宋元舊槧能識其真僞，余嘗以今之錢聽默稱
> 之。今天下古學衰微，蓉邨猶守澹生堂祁氏以流通古書爲職
> 志，抑何好古之甚哉。②

柳氏除鬻書外，又喜影印前人所編叢書以行世，所選皆爲有用
之書，印工價廉，一時頗爲暢銷。所印各種，皆由劉氏爲之作序：

> 蓉邨抗心希古，前後所印《百川學海》《墨海金壺》《借月山房
> 彙鈔》《守山閣》《拜經樓》諸叢書，余皆爲序而行之。今又模
> 印此本，問序於余。③

劉氏藏書，除價購以外，又重鈔書。所鈔之書，多篇帙繁鉅，
質量精審，爲人所難。如著名之清代歷朝《實錄》寫本、清國史館
《國史》稿本等，均爲數千卷之鉅帙，原先深藏於清宮，外人無由窺
見。民國初年清史館成立，始從原國史館調出，作爲纂修《清史稿》

---

① 見陳乃乾《上海書林夢憶錄》："古書流通處自惠福里遷至麥家圈仁濟醫院
隔壁，再遷廣西路小花園。前後九年，規模闊大，儼然爲同業鉅擘。凡藏家
之大批售出者，悉爲其網羅，如百川之朝宗於海焉。其中最著名者爲繆筱珊
之藝風堂及嘉定廖穀似（壽豐）兩家之藏。繆退隱滬上，宦囊不豐，既與張、
劉兩家聯絡，亦時藉舊書買賣以補脩脯之不足。其《藝風堂藏書記》正、續
編中最精之宋本，若魏鶴山《渠陽詩注》《竇氏聯珠集》等，生前已轉歸他
人。"
② 劉承幹：《〈百川學海〉序》，見《嘉業堂群書序跋》卷四。
③ 劉承幹：《重印〈士禮居叢書〉序》，見《嘉業堂群書序跋》卷四。

之史料。其後清史館因經費不敷等原因，修史事屢次中頓，進展遲緩。後經劉氏向清史館提供經費資助，得度難關。作爲報償，由清史館在京組織人手，前後花費八年，於《清史稿》問世前，將兩書完整鈔出。劉氏云：

> 清史館之始置也，蒙聘爲協修，謝之，則改聘爲名譽纂修（不久清史館費絀，館長趙次珊語余：史館鈔録無費，行將停頓，館中冗員多，君可出資鈔之。余乃斥五萬八千餘金，鈔成一部藏之。後天津徐相國世昌亦欲鈔録，而史館裁撤未果）。①

據周子美（1896—1998）回憶，20 年代時之嘉業堂藏書，已形成如下特色：

> 甲、宋元本。宋本七十七種，元本七十八種。宋本著名的是《前（漢書）》《後漢書》《寶氏聯珠集》《魏鶴山集》《唐書》《諸葛武侯傳》；元本著名的是中統本《史記》。浙江圖書館張崟先生的《嘉業堂觀書記》，指出宋本完真三十八種、元本完真六十八種。
>
> 乙、明刊本。共有二千種，説是藏書樓的精華，内中明人集部約六百種，許多是《四庫》未收的，如范欽的《天一閣集》，全國只見一部，原是閣中偷出來的。此外，明刊精本有關史部的還有不少。
>
> 丙、清刊本。詩文集有五千種，内中有許多冷僻名貴的書。

① 劉承幹：《嘉業老人八十自叙》。又嘉業堂傳鈔清史館藏《清國史》等官書原委，參見中華書局 1992 年影印本《清國史》前言及吳格《嘉業堂傳鈔清實録及國史考》，《古籍整理與研究》1991 年第 6 期。

丁、鈔校本。近二千種。明鈔《永樂大典》四十四册,明鈔《實
錄》(《明實錄》)五百册、萬季野《明史列傳稿》、查伊璜《罪
惟錄》等書,均是極寶貴的史料。《宋會要》五百卷亦係孤本。
還有劉氏出資數萬元到北京鈔來的清朝各帝《實錄》全部及
國史館未刊的名臣列傳二千多篇等,都是非常珍貴的。此外
有方志一千一百多種,内中有不少明刻本和孤本 ①。

　　十數年間積聚起如此豐富之善本珍籍,實爲古今藏書史中所
罕見。此後,劉氏即致力於爲藏書建樓與編目等事業。

五、嘉業藏書樓之興建

　　至民國十年(1921)前後,嘉業堂藏書之大規模收集活動已完
成。劉氏所得圖書,初藏於滬寓,後因數量激增,不便部居,爲謀妥
善處置,遂決意斥金建築“嘉業藏書樓”。藏書樓建築始於 1920 年
冬,完成於 1924 年底。占地三十畝,樓高兩層,前後兩進,其風格
中西合璧,適合於劉氏身份 ②。樓內有室五十餘間,取名“嘉業堂”、
“求恕齋”、“宋四史齋”、“希古樓”、“黎光閣”等,分別部次,庋藏劉
氏各類藏書。樓外建有園林,花木明秀,頗饒景觀。劉氏曾兩撰
《嘉業藏書樓記》③,歷數其中佈置:

---

① 周子美:《嘉業堂藏書聚散考》。案,劉氏藏書中明刻明鈔的史部著作及清刻
　本中的大量清人別集,乃爲其生父錦藻編纂《清續文獻通考》及繼嗣父安瀾
　編纂《國朝詩萃》時重點收購所得。
② 清末民初江浙地區富家的建築,均以傳統佈局中吸收西洋風格爲時尚,如嘉
　業藏書樓的廳堂齋室等佈置仍屬傳統格局,而採用玻璃長窗。天井四周圍
　以嵌字鐵欄等,已受西洋建築影響。
③ 參前相關注釋。

樓與余家小蓮莊毗連，四周有水，環之如帶，面南向池，池中及四周叠石爲小山，有峰曰“嘯石”，阮文達之所題詠也。有亭三，中曰“明瑟”，左曰“障紅”，右曰“浣碧”。雜樹花木，紛紅駭緑，隨風披靡。由池而上，有樓七楹，中一楹爲大門，東三楹爲“宋四史齋”，以置宋槧“四史”；西三楹曰“詩萃室”，以置先府君及余編《國朝正續詩萃》。齋、室均北向，齋樓多舊鈔精校各本，室樓皆宋元槧本。再進，亦樓七楹，左右繚以兩廡，廡各九椽。樓下爲嘉業廳事三楹，分列甲乙兩部。上爲“希古樓”，庋殿本、官印，而内府秘笈亦在其中。樓東西上下各二楹，雜置書五百餘箱。左、右廡則各省郡縣志，廡樓均爲叢書，約二百餘種。……凡占地二十四畝，糜金錢十三萬有奇，經始於庚申（1920 年）孟冬，迄於甲子（1924 年）臘尾。樓之歲費，約三千餘金，以歷年所置田貳千五百畝，取其息爲常費，有餘則添購書籍。余之役於書，亦云勤矣。①

書樓園林，已費心經營，樓内書櫥家俱、匾額楹聯等，亦竭其財力，加意精選：

而於梓鄉建嘉業藏書樓，實爲平生精力之所萃。樓距家宅可半里，度地三十餘畝，樓占二十四畝，留隙地十餘畝，雜蒔四時花木，並鑿池養魚種荷。樓中一切器物，但取堅實，不求華美，然所費已八十萬金（凡書板悉用棗木，聯額用銀杏，四壁書櫥用柚木，庋宋元本者則採取楠木，其他檯椅一切則皆用梠木也）。②

---

① 見劉承幹：《嘉業藏書樓記》（1937 年）。
② 劉承幹：《嘉業老人八十自敘》。

藏書樓之建,受公立圖書館規製之影響,已慮及出版及流通之管理,樓東所建抗昔居,即爲編刻圖書及接待閱覽人員之用,歲時維持經費也經安排:

> 由樓而東,有室五楹,中三楹爲"抗昔居",左棲息編勘諸君,右則閱書。後三進居印刻各工,庋歷年所刻書版,庖湢亦分厠焉。又東南隅鐵扉雙峙,爲出入之所,有石橋以通路。門側小屋,則閽者所居。①

據記載,嘉業堂建成後,雖屬私人藏書樓,仍接待過不少前來參觀或訪書之學者。"其時四方學者,衡至繙閱,治具留賓,樂與晨夕。"② 知名人士如北京大學校長蔡元培(1868—1940)、上海光華大學校長張壽鏞(1875—1945),學者如董康(1867—1947)、徐行可(恕,1890—1959)、謝國楨(1901—1982),同行如北平圖書館長袁同禮(1895—1968)、江蘇省立國學圖書館長柳詒徵(1880—1956)及浙江圖書館館長陳念慈等,均曾至嘉業堂訪書參觀,並由書樓招待住宿。商務印書館影印《百衲本廿四史》、《四部叢刊》,日本學者函請鈔書,也曾獲嘉業堂幫助③。

---

① 劉承幹:《嘉業藏書樓記》(1937 年)。

② 劉承幹:《嘉業老人八十自叙》。

③《周子美學述》:"嘉業堂也接待少量讀者、來賓。如江蘇省立國學圖書館館長柳詒徵先生曾到藏書樓參觀,見到鈔本《明實錄》,大喜過望,立即派人前來傳鈔一部,北京圖書館館長袁同禮亦來藏書樓參觀,讚賞不已。湖北學者徐行可爲了鈔書,在樓中一住數月,連膳宿都由藏書樓免費供應。有幾位日本漢學家來信委託藏書樓請人代鈔一部分《宋會要》和其他書籍,也由余等照辦。主人不僅允許鈔書,而且還同意別人借去翻印,如商務印書館通過張元濟借《舊五代史》印入《百衲本二十四史》,便是一例。"

鑒於歷代民間藏書難以世守之教訓,劉氏對嘉業堂之保管亦有所謀慮:

> 然昔賢聚書,良亦不易,乃聚而旋散,既散而重聚於余。揆厥所由,蓋亦有故,眉山蘇氏謂,李公擇之書不藏於家,而藏於其所故居之僧舍,爲仁者之用心。……余亦取其意焉。余之爲是樓,非徒藏之,又將謀所以永其傳,略仿李氏之意,隸之義莊,與宗人共守之,或亦眉山蘇氏許爲仁者之用心,而仰瞻宸翰,庶幾繼崑山、新城、秀水之盛。凡吾子孫,其世守弗替乎①。

藏書樓隸屬於義莊,即將其産業歸於劉氏家族公有,此在當時,亦屬有遠見之考慮,劉氏撰此記,時在 1937 年秋,其"凡吾子孫,其世守弗替乎"之祝願,旋即被日本侵略中國所帶來之民族災難所粉碎。

六、嘉業堂藏書目録之編纂

初,同鄉周子美受聘爲藏書樓編目主任②,助理爲海門施韻秋。周子美爲南潯世家子弟,出身"四象八牛"之周家,其兄周延紳（1896—1952）曾任中央銀行、農民銀行、交通銀行常務理事。叔

---

① 劉承幹:《嘉業藏書樓記》(1937 年)。
② 周子美,原名延年,字君實,號子美,中年後以號行,又曾名默、思孟、思顔。幼習經史詩書,1913 年畢業於浙江法政學校經濟科,曾任南潯小學、中學教員。1924 年起,任嘉業藏書樓編目主任。1932 年赴滬,任教於聖約翰大學等校。1952 年以後任教於華東師範大學,1998 年去世,壽一百零三。編著有《莊氏史案考》、《周子美遊紀》、《施北研年譜》、《南潯鎮志稿》、《南林叢刊》等。周氏離開嘉業堂後,在滬仍與嘉業堂主人保持往來。

父周慶雲（1864—1933）曾任江浙鹽商公會會長，亦爲南潯名宿。此外，書樓尚有職員數人，工友數人①。周子美在施韻秋等人的幫助下，自1925年至1932年間，先後編成藏書目録多種。1983年，周子美時年八十七歲，回憶往事云：

> 嘉棠藏書樓位於浙江吳興南潯鎮，是在一九二四年落成的。那時我因爲同鄉世好的關係，受到樓主人劉翰怡（承幹）先生的聘請，幫助他編校全部藏書。經過五六年的工作，我和助理施君韻秋編出了全部目録十多冊，也算出了全部藏書的總數和冊數。大概圖書總數約有五十七萬多卷，十八萬冊有餘。因此，我們對外就説總數共計是六十萬卷、二十萬冊（這是用每冊三卷估計出來的數字）。不過書樓還有平裝的鉛印、石印本書幾千冊，少許外文書，和名家珍藏碑帖拓本數千種，都還没有編目。如果把這些書一併算進去，大概數目也相差不多了。講到我們所編的十幾本目録，每種各鈔成三份，早已分散遺失，没法收集。我在當時曾經另鈔一份書樓鈔校本書目，因爲鈔本書共有近兩千種，内中不少是珍貴善本②。

① 周子美《嘉業堂藏書聚散考》之《附記》："書樓職員四人，除我以外，爲王君善繼，字建夫，浙江嘉興人，祖父是刻石碑工人，本人專業刻字，開小店於南潯鎮。書樓成立，約其關店來樓任職，專刻各種大小書箱、書橱一千多具，並管庶務，工作勤奮。抗戰前逝世，年六十餘歲。又施君維藩，字天遊，號韻秋，江蘇海門人，本崇明舊家。海門中學畢業，曾任小學教師十年。來樓後，兼任南潯初中教師。學問淹博，性好佛學。淪陷後避居上海，不久患肺病逝世，年四十八歲，遺著有《譜牒學》八卷，'文革'時毀去。此外，有劉君君實，爲主人從弟，專司查卷數打圖章各事，工作數年，抗戰前已逝世。繼之者爲崔君叔榮，江蘇吳江人，解放後聞亦患風疾偏廢。"
② 周子美：《嘉業堂鈔本目録序言》，載《嘉業堂鈔本目録　天一閣藏書經眼録》，華東師範大學出版社，1986年，第3—4頁。

　　時移世遷，嘉業堂藏書目録之作用，已不僅爲書樓當年藏書之記録，且具有考索近世古籍流播蹤迹之史料價值。周子美稱之"全部目録十多册"，據 1935 年隨陳念慈訪問嘉業堂之張鋆記述云：

　　樓藏向無書目行世，現經施君韻秋編成：善本書目一册；普通書，經部一册，史部一册，方志一册，子部一册，集部明以上一册，清人二册，總集以次及叢書合一册；另補編一册；鈔本書二册，都共十二册。其提要鈎玄、考訂版刻及撰述源流之《藏書志》，則亦歷經名宿撰次成編，計故繆筱珊稿十七册，今人董授經先生十九册，整齊畫一，蓋尚有待 ①。

　　值得慶幸的是，原先以爲"早已分散遺失，没法收集"之嘉業堂藏書目録，現尚存於天壤間。據知，浙江圖書館、上海圖書館均藏有嘉業堂書目之各種鈔本，而復旦大學圖書館則藏有劉氏自存之稿本全份，現將經眼之目録鈔録如下：

　　嘉業藏書樓書目九卷續編一卷　　稿本十册（藏書總目）
　　嘉業藏書樓書目九卷續編一卷　　稿本十册（普通本總目）
　　嘉業藏書樓善本書目五卷　　稿本一册
　　嘉業藏書樓鈔本書目四卷續編四卷　　稿本二册
　　嘉業藏書樓明刊本書目九卷續編一卷　　稿本十册
　　嘉業藏書樓上海書藏簡目不分卷　　稿本一册
　　嘉業藏書樓複本書目不分卷　　稿本一册
　　嘉業藏書樓刻書目不分卷　　稿本一册

---

① 張鋆:《嘉業堂觀書記》。

嘉業堂藏書志不分卷　稿本二十八册

此外,王欣夫曾輯有《嘉業堂群書序跋》四卷,專錄嘉業堂所刻各書序跋,爲研究劉氏刻書旨趣及版本源流之重要資料 ①。

《嘉業藏書樓書目》以外,劉氏又延請繆荃孫、傅增湘、吳昌綬(1919 年前後在世)及董康等學者,爲其編纂《嘉業堂藏書志》。劉氏自述《藏書志》之編纂原委云 ②:

余席先人餘慶,昧道瞢學,常愧無以自樹立。涉世以後,每於暇日閲市,訪求珍籍,遇之則斥橐金以購。其始也,不過姑自託於此,以蘄勝於無所用心耳。四十年來,由簡而至鉅,由約而至博,積累遂多,漸至不勝部居之煩。於是每獲一書,必仿前人之例,撮其指歸與夫源流所自,簿而録之。其尤罕異者,則更詳其行款、板式、印記,以備與藏書家相質證。輓近博聞彊識之彦,若藝風繆君,若藏園傅君,若誦芬董君,若松鄰吳君,或爲余創稿,或丹墨覆勘,或書問相榷,遂得所謂《嘉業堂藏書志》者十數帙,存於篋笥。諸君年輩皆在余前,相繼下世,輟操觚者又屢易寒暑。後此所得爲諸君所不及見者,則猶有待焉。中更多故,余亦顛連,侵尋暮齒,大部皆以易米而耗散,不復可蹤迹。其庋於南潯故里者,亦已獻爲公有。自是余歷年一手所蒐訪、充棟所不能容者,不再縈繫於心目。性又多忘,雖欲追記概略,補完此志,亦勢所不能。自維譾劣,幸不爲海内方聞所鄙,且以力任表揚先哲爲有一節之長,忝竊虚譽,

---

① 附載於《嘉業堂藏書志》。
② 劉氏此序作於 1960 年。

已逾涯分，其敢復沾沾矜其所獲以重取戻？特以方今耆宿日就凋淪，往日友朋鉛槧賞析之勤，不忍聽其放墜。況夫文獻徵存，人皆有責。傳曰：與其過而廢也，無寧過而存之。則雖鱗爪不全，自珍敝帚，或猶可後賢證古之一助耳。《藏書志》創稿，以藝風之力爲多，今仍以此稿爲主，都廿五冊。其中頗有傅、吳兩所參訂者，詳略互見，則兩稿並存。當時具草有先後，校録不一人，排比次第雖略依《四庫》之例，亦未能斠若畫一，乖盭闕疏，覽者諒諸。承幹又記。

藏書志之編纂，自清末以來成爲私人藏書家之風氣。自楊紹和（1832—1875）《楹書隅録》、張金吾（1787—1829）《愛日精廬藏書志》、瞿鏞（？—1875）《鐵琴銅劍樓藏書目録》、丁丙（1832—1899）《善本書室藏書志》及劉氏同鄉湖州陸心源《皕宋樓藏書志》相繼問世後，民國初年，南潯同鄉且與劉氏有戚誼之張鈞衡、蔣汝藻，亦均請人爲家藏圖書編纂藏書志。張氏《適園藏書志》由繆荃孫編成，刊於民國五年（1916），蔣氏《傳書堂藏書志》由王國維（1877—1927）編成於1926年，稿本未刊。劉氏《嘉業堂藏書志》自1917年請繆荃孫屬稿始，中經吳昌綬、董康等賡續編纂，至30年代已具初稿①，因未得妥人修訂，稿藏書樓。至40年代，樓藏善本大多易主，劉氏於志稿整理，遂更無興趣，舊稿深藏，久無人知，劉氏身後，家屬將此稿售於上海古籍書店，至1982年，入藏復旦大

① 陳乃乾《上海書林夢憶録》："筱珊晚年以代人編書目爲生財之道，人亦以專家目之，造成一時風氣。已刊行之丁氏《善本書室藏書志》、《適園藏書志》，自撰之《藝風堂藏書記》，及未刊之《積學齋藏書記》、《嘉業堂藏書志》皆出其手。"

學圖書館,後經整理,已於 1997 年由復旦大學出版社出版。①

《嘉業堂藏書志》著録樓藏善本書一千七百餘種,内含宋元刻本九十一種、明刻本八百四十一種、明活字本六種、稿本五十六種、明清鈔本七百四十一種,樓藏善本囊括無餘。入録各書,除詳記書名、卷數、著者、版本及藏印外,又迻録原書序跋題識,實爲一部具有多種功用之善本書目。

七、嘉業堂藏書之散失

歷史上故家藏書之聚散,多發生於鼎革之間。有清一代,公私藏書之播遷,一在清初,二在咸同之間,三在辛亥之後。清末封建王朝之覆亡,爲嘉業堂藏書之積聚提供空前機遇,而 30 年代日本侵略戰争造成之民族災難,又迫使劉氏辛苦積聚之藏書,經歷"自我得之,自我失之"之慘痛。

據周子美之回憶,由於經商虧損,劉氏藏書中之善本,如宋版《四史》、明鈔本《明實録》等,自 30 年代起已陸續售出。至 1937 年抗日戰争開始,嘉業堂藏書之厄運接踵而至:

> 藏書的散失:第一是主人經濟上的没落,不得已,陸續把書售給他人,如宋本《四史》、《寶氏聯珠集》、《魏鶴山集》,都歸到寶禮堂潘氏,明鈔列朝《實録》讓給中央研究院,《永樂大典》讓給遼寧滿鐵圖書館。其次,抗戰爆發的影響。上海淪陷不到一個月,戰火即蔓延至南潯鎮,書樓受到洗劫,損失了一些書籍,工作也立即停止。在八年抗戰期間,僅留一二工友看守,後來秘密運出一批書到上海。不久,重慶中央圖書館派員來

---

① 稿本有關情況,可參見《嘉業堂藏書志》之整理前言。

收購，當時由鄭振鐸、徐森玉等介紹，售出的主要爲一千二百
種明刊和三十多種稿本。①

　　據鄭振鐸（1898—1958）記載，原藏嘉業堂之一千二百餘種明
刻本，是活動於 1940 年春至 1941 年底之“文獻保存同志會”，爲當
時之重慶中央圖書館所購②：

　　我們在得到了玉海堂、群碧樓二藏書後，又續得嘉業堂明刊
　本一千二百餘部。這是徐森玉先生和我耗費了好幾天工夫
　從劉氏所藏一千八百餘部明刊本裏揀選出來的。一舉而獲得
　一千二百餘部明本，確是空前未有之事。本來要將嘉業堂藏
　書全部收購，一以份量太多，庋藏不易；二則議價未諧，不如先
　擷取其精華，這些書最初放在我的家裏，簡直無法清理，堆得
　滿坑滿谷的，從地上直堆到天花板，地上更無隙地可以容足。
　我們曾經把它們移遷到南京路科發藥房堆棧樓上，因爲怕不
　謹慎，又搬了回來。後來科發堆棧果然被封閉，幸未受池魚之
　殃。——雖然結果仍不免於劫奪。③

　　鄭氏所言“仍不免於劫奪”，乃指嘉業堂此批明刻本，後經運抵

---

① 周子美：《嘉業堂藏書聚散考》。李性忠《劉承幹與嘉業堂》：“據不完全統
　計，自 1937 年至 1942 年，共運滬圖書 3451 部，其中宋元刊本 31 部，明刊
　本 2099 部。清刊本 386 部，批校本 112 部，稿鈔本 364 部，情況不明者（即
　不能判斷是刊本，還是稿鈔本，或刊本時代不明）359 部。”
② “孤島”時期鄭振鐸等人組織“文獻保存同志會”搶購圖書文獻之事，近年
　已有多種著作論及。可參看陳福康《鄭振鐸年譜》（書目文獻出版社，1988
　年），鄭振鐸《西諦書話》（生活·讀書·新知三聯書店，1983 年）等書。
③ 鄭振鐸：《求書日録》，收入《西諦書話》。

香港,在裝箱準備運往美國暫存之際,因太平洋戰事發生,香港淪
陷,其書遂與上述由文獻保存同志會所購置之劉世珩(約 1874—
1926)玉海堂、鄧邦述(1868—1939)群碧樓,及張珩蘊輝齋、鄧實
(1877—1951)風雨樓、海鹽張元濟(1867—1959)、陶湘(1870—
1939)涉園等各家之書(明刻本與鈔校本),凡三千二百餘部,均落
入日本佔領軍之手,直至抗戰結束,始由日本索回。此批圖書其後
庋藏於"國立中央圖書館"(臺北),今人可於《"國立中央圖書館"
善本書目》中尋得其蹤影 ①。

　　嘉業堂於 1940 年底曾印行《嘉業藏書樓明刊本書目》,著錄樓
藏明刻本凡一千八百十餘種、二萬九千一百九十八册,與鄭氏所言
從"一千八百餘部"中選書之語相合。鄭氏謂"本來要將嘉業堂藏
書全部收購",其事發生於 1941 年,則嘉業堂主人之印行明刻本書
目,揣其用意,似已含有"揮淚斬宮娥"之隱痛。"孤島"時期鄭振
鐸在滬爲搶救圖書文物嘔心瀝血,曾述淪陷時期江南藏書家之命
運云:

　　"八一三"事變以後,江南藏書家多有燼於兵火者。但更多的
　　是,要出售其所藏,以贍救其家屬。常熟瞿氏鐵琴銅劍樓燬
　　矣,樓中普通書籍均蕩然一空。蘇州滂喜齋的善本也遷藏於
　　滬,得不散失,然其普通本也常被劫盗。南潯劉氏嘉業堂、張
　　氏適園之所藏,均未及遷出,岌岌可危。常熟趙氏舊山樓、丁
　　氏之所藏,時有在古書攤肆上發現,其價奇廉,其書時有絶佳

---

① 《"國立中央圖書館"善本書目》(臺北"中央圖書館",1957 年)。以後該館雖
有修訂之藏書目出版,此等來源之書已俱見此目。又該館近年易名爲"國
家圖書館"。

者。南陵徐氏書,亦有一部分出而易米。①

　　嘉業堂所藏明刻本之精華既已出讓,樓藏剩餘之宋元刻本,
以及近二千種鈔校本之命運如何? 今據上海圖書館所藏劉氏手稿
《戊午讓書紀事》所載②,得知其書較之上述明刻本遠涉鯨波之命
運,尤爲坎坷。《戊午讓書紀事》内容極詳,多爲今人所未聞,因其
事實尚不及細勘,現僅將售書經過叙述如次。

　　據劉氏所記,1942年秋,後來自稱爲"國民黨第三戰區駐滬聯
絡處處長"之張叔平(名振望,一字子羽,室名聖澤園,長沙人,清季
名臣張百熙[1878—1919]之幼子),經人介紹③,來與劉氏接觸,
表示願出價二百萬元,購買嘉業堂藏書,劉氏自上年售書予中央
圖書館後,此時顯然已欲罷不能,"余以縹緗生利之物,若能售去,
以經營貨殖,逐十一之利,彌補家用,未始非計"④,遂於同年十月
二十一日與張氏訂立合同。合同共有十條,現擇要簡述如下:

　　一、劉氏將所藏宋刊本、元刊本、明刊本、批校本、明鈔本、四庫
底本、四庫本、名家鈔本、稿本、普通本(包括清代、現代刊本、石印
本、鉛印本在内)、普通鈔本十一類書籍共十三萬二千册,讓售於張
氏,書價爲中儲券二百萬元。

　　二、劉氏藏書,分庋滬寓及南潯兩地。滬寓書籍點交後,南潯

① 鄭振鐸:《求書日録》。
②《戊午讓書紀事》稿本三十四葉,書於吳興劉氏嘉業堂鈔本藍格稿紙,凡一
　萬八千餘字,係劉氏1946年以後所寫。《紀事》詳述與張叔平自1942年秋
　至1946年底售書糾紛之原委,並載雙方交涉之函件、官方之公文,内容頗爲
　翔實。
③ 介紹人爲鄭振鐸。
④《戊午讓書紀事》。

書籍亦須運至上海點交。南潯書籍由張氏負責設法運滬,途中若
有損失,由雙方共同承擔。

三、滬寓書籍於雙方訂約後半月内移交結束;南潯方面書籍,
由張氏向日方辦妥搬出證後一月内運至上海,如生阻礙,劉氏不負
延緩之責。

四、滬寓書籍作價百六十萬元,南潯書籍作價四十萬元。張氏
先付定金十萬元,滬寓書籍點畢移交時,再付一百五十萬元。

五、上海、南潯所有書箱五百五十六隻,箱墊一百三十九隻,一
併讓歸張氏,議價中儲券六萬元。

十月二十四日始,張氏派其代表劉宗嶽(字忍安)、劉邦驥(字
德泉)兄弟前來,與劉氏代表施韻秋合同點收書籍。至十一月十五
日,計共點交宋刻本、元刻本、明鈔本、四庫底本、四庫本、殿版《古
今圖書集成》、石印本《古今圖書集成》、明刻本、明刻《大藏經》、名
家鈔本、稿本(暫闕五種)、批校本(暫闕三種)九類。其間,張氏分
三次付給支票共一百四十萬元[①]。

此後,劉氏以張氏所付支票延期(超過合同中半月内錢貨
兩訖之約),而物價飛漲,損失過重,且南潯運書事亦遥遥無期為
由,於十二月十七日提出解約,張氏聞訊,聲言反對。雙方函件
往復爭辯,各不相讓,而言辭之間,漸失和氣。張氏以為所付款項
一百四十萬已逾總數之半,而實收之書,尚未及全數(十三萬二千
册)之半,期間曾遣人前往南潯,宣佈書樓内一切書籍均已屬張氏
所有。劉氏則以為,滬寓書籍每次點交,均依張氏付款額度交接,
書價並非以册數確定,嘉業堂藏書精華,已均歸張氏,而南潯之書,

---

① 《戊午讓書紀事》:“前後點收各書,均有劉宗嶽代表張叔平出立數據,共九紙,
　　而張叔平每次所付支票,亦由韻秋代余寫立收據,蓋余圖章。每次所付之款,
　　與此間所交之書,價值均相等,蓋亦是普通買賣習慣,所謂銀貨兩交也。”

既未交接,主權仍應屬嘉業堂。其間雙方各請人調解,拖延一年餘,終無結果,事成僵局。

至 1945 年七月十一日,汪僞上海保安司令部及江寧路員警分局派武裝人員至劉氏寓中,稱張叔平所購書,是代周(佛海,1897—1948)市長、羅(君强,1902—1970)局長及熊(劍東,？—1946)參謀長經手,遂將劉寓所有書籍一律封存,並派警員看守。至此,劉、張之售書糾紛,已由官方介入,隨後發生"搶書"事件:

> 十八日。九時,司令部派第二科主任楊某及姚鵬、謝誠等,會同江寧路員警分局長朱姓、探長葉姓及劉宗嶽均來,實行搶書。將已封之箱櫥及二樓、三樓之書箱,囊括一盡。箱櫥車至膠州路昌明鐘廠内,我方由剛甫、仲翺往點,對方爲劉宗嶽。由司令部之楊某寫收據,云"兹收到木箱裝書籍共一百十四箱,玻璃櫥裝書籍共四隻,雜書共三十五包(報紙包紮),散書共五十八包,《墨海金壺》共壹百十八本,《清芬堂叢書》共壹百本。收到者保安司令部,證明者江寧警分局。張叔平代表、劉翰怡代表、昌明經理。中華民國三十四年七月十八日"等語。①

此時,劉氏又得知,早在 1942 年秋,張叔平與劉氏交接圖書之時,即將所得嘉業堂藏書轉賣予億中銀行董事長朱鴻儀,議價三百二十萬元。首批書交接後,朱先付給一百六十萬元。本年(1945)五月二十六日,採用同樣手法,由保安司令部出面,派軍警先將朱家書籍封存,並稱其書是張叔平盜賣,將朱拘留多日,最後

①《戊午讓書紀事》。

逼其簽寫退書聲明,始予釋放①。據此看來,張氏之購書行爲,實爲戰爭期間發國難財之手段,而勾結汪僞漢奸(張爲周佛海之老師),勝利後搖身一變,自稱係潛伏於滬從事秘密工作之國民黨第三戰區駐滬聯絡處處長,其人實非正派之流。

　　未幾,日本投降,抗戰結束。劉氏致函國民黨市長錢大鈞(1893—1982),請求發還圖書。十月十九日,經上海市警察局長宣鐵吾(1896—1964)批准,劉氏派人至昌明鐘廠取回圖書。搬至一半,張氏趕到阻攔,稱劉爲漢奸,而自己是奉命爲政府購書,以防國粹流入異域云云。交涉結果,劉氏搬回之書(書櫥四隻、大小書箱六十三隻)即由警察局封存於家,命劉氏代管,其餘之書(書箱五十一隻)則搬往江寧分局暫管。同月二十五日,劉寓之書再次搬往江寧分局一併封存②。

　　此後劉氏多次呈文申述,市府方面曾建議劉氏將該批圖書捐贈或售予上海圖書館,未獲成功。延至1946年二月,劉氏終於將封存於警局之書(書櫥四隻、書箱一百十四隻)領回。經檢點,箱櫥內圖書已有缺失,而未裝箱之散書、雜書等,均已不可見。五月,因市圖書館多次要求劉氏將遺書出售,劉氏答以"價購之事,本人雅不願居此名也",最後以捐書一千二百八十二册了事③。

　　綜上所述,劉氏與張氏此次售書交易,劉氏得款爲中儲券一百四十萬元,張叔平則獲得嘉業堂之宋元刻本、明刻本、明鈔本、四庫本、四庫底本、名家鈔本等樓藏精華④。其明刻本四百餘種(包

---

① 《戊午讓書紀事》。
② 《戊午讓書紀事》。
③ 《戊午讓書紀事》。
④ 據《戊午讓書紀事》,張叔平所得嘉業堂藏書,抗戰後曾有捐獻上海市圖書館之說。其中精品,散播四方,如著名的翁方綱(1733—1818)所撰《四庫提要稿》一百五十册,近年發現輾轉藏於澳門何東圖書館。

括明刻《嘉興藏》）、1947年春售予浙江大學①。南潯嘉業藏書樓之普通本圖書尚未散失。劉氏滬寓所存圖書，至此僅餘上述之四櫥、一百十四箱。

此外，嘉業堂所藏《永樂大典》四十三册，也於日本佔領期間由日軍杭嘉湖戰區司令牧次郎購去②。其書初藏於大連滿鐵圖書館，東北光復後被作爲蘇軍戰利品携至蘇聯，1954年始由蘇聯政府歸還中國，現藏於北京國家圖書館。

解放以後，南潯嘉業藏書樓遺書於1951年捐給浙江圖書館。滬寓圖書，經王欣夫介紹，自1954年始，分三次售予復旦大學圖書館，計清刻本二千餘種、明刻本若干部，以及著名之嘉業堂鈔本《清實錄》、《清國史》③。此外，上海、北京及天津之古籍書店亦從劉寓購去少量圖書④。劉氏友人王欣夫也購得嘉業堂圖書數十種⑤。

至1960年前後，收藏始於1910年，興盛時曾擁有六十萬卷、

① 明刻本四百餘種，後售予浙江大學，現仍藏該校圖書館。張其昀，《國立浙江大學新收劉氏嘉業堂舊藏書目録》（《浙江學報》1947年第1卷第2期）："吳興劉氏嘉業堂藏書之豐，馳譽海内外。遭時變故，頗多散出。其精華者，乃爲長沙張氏聖澤園所有。今年春，本大學經蔣慰堂、徐森玉、鄭振鐸三先生之洽介，從張氏獲得明刻本五百餘種，並聖澤園自藏書籍，爲數二萬四千餘册。此皆陳布雷先生之贊助與教育部之撥款，始克成斯美舉。"
② 《嘉業老人八十自叙》。
③ 詳目見《復旦大學圖書館一九五四年收購劉嘉業圖書目録》（復旦大學圖書館油印本，1954年12月）及《復旦大學圖書館南潯劉氏嘉業堂所藏清集目録》（復旦大學中文系油印本，1954年9月）。
④ 《求恕齋日記》（1958年册，藏復旦大學圖書館），記有京津古籍書店人員上門求書事。
⑤ 王欣夫所得圖書，有嘉業堂鈔本《翁方綱撰四庫提要稿》（參見前注）、清邵晉涵手校本《明史列傳稿》、清鈔本《皇朝中興紀事本末》、康熙刻本《讀禮通考》等數十種。

二十萬册之鉅,足以與同時南北公立圖書館相頡頏之嘉業堂藏書
活動,終於結束。經歷了半個世紀之沉浮後,原屬嘉業堂收藏之這
部分民間藏書,今日大多又歸爲公藏。

　　1960年,年暮衰病之嘉業堂主人,於寂寥孤愁中自序《嘉業堂
藏書志》,述及家藏圖書之聚散云:

> 近數百年來,浙東西以藏書之精且富負盛名者,若鄞范氏,錢
> 塘汪氏、丁氏,歸安陸氏,雖後人不能竟其業而終於散落,然典
> 籍本天下之公物,聚散得失,自一人一家言之,或不能無墜履
> 遺簪之惜,自天下之大言之,則失於此者得於彼,散於私者聚
> 於公,其所損失固微,而所益者轉愈於斤斤私其所有。昔人甚
> 或有戒子孫勿以藏書假人者,適足以彰所見之隘,非達人所取
> 也。①

　　"失於此者得於彼,散於私者聚於公",此爲歷代文獻典籍流播
之真實寫照。劉氏所論,確乎達人之言。

八、餘論

　　睹喬木而思故家,考文獻而愛舊邦。現存於世之歷代典籍,乃
中華文明之堅實承載體,是歷經劫難而至今猶具堅韌生命力之民
族文化寶庫。有如歷史乃循序而演進,承載中國傳統文明之歷代
典籍,也是歷經前人之鈔寫翻刻,輾轉遞藏,才得以相傳至今。近
代藏書史研究之結論表明,如果沒有民國初年南北私人藏書家之

---

① 載《嘉業堂藏書志》卷首。

努力,我們未必能擁有現存古籍之數量及質量。目前保存於各大公立圖書館中可供我們利用之古籍藏品,凝聚着無數前代私人藏書家之心血,其搜羅傳承之功,苦心經營之志,足爲後人永遠記取。

（《嶺南學報》新第 3 期,2006 年）

吳縣王大隆先生傳略

王大隆先生，字欣夫，以字行，號補安。室名有學禮齋、抱蜀盧、蛾術軒等。江蘇吳縣人。原籍浙江嘉興府秀水縣新塍鎮。

始祖□□，明末處士，世稱望山先生。子孫散處江浙，歷世以耕稼自給。十世傳至元松，字翠亭，號薌娛，報捐國子監生，是爲先生之高祖。元松遷居吳江縣盛澤鎮，以經營絲綢致富，王氏家族由此而盛。曾祖亨臨，官名師晉，字以莊，號晉齋、敬齋，報捐國子監生，佐父經營家業，好學未仕。晚年精研理學，曾著《資敬堂家訓》二卷，以立身積德、崇儉力學勖子孫，人稱能得張楊園、陸清獻之傳。祖利榦，官名偉楨，字宗諤，號仙根。屢散家財，輸金辦賑。咸豐八年（1858），以捐餉功欽賞舉人、內閣中書，後以子祖慶入仕，誥贈榮祿大夫。同治初，利榦率家遷居蘇州，經營藥材及醬園等業，光緒二十四年（1898）卒，自此王氏家道漸替。

父祖詢，原名祖培，字慕唐，號次歐，別號蟫廬。喜讀《漢書》，寢饋不廢，好蘇詩，工書法。光緒十七年（1891）由廩膳生舉優貢。十八年（1892），朝考一等一名，分發江西，改湖北。三十二年（1906），湖廣總督張之洞派赴日本考察。次年歸，保授通城知縣，未赴而卒，年僅四十有二。配吳氏，同邑翰林院侍講、廣東學政吳寶恕第三女。王氏家藏圖籍，自祖詢始，藏書室名"二十八宿研齋"，曾藏宋元本數十種。

祖詢三子。長大文,字廣華,幼穎異,年十三而殤。仲大森,字直夫,號蔭嘉、蒼虬、殷泉,生於清光緒十八年(1892),卒於1951年。配周氏,字瓊虬,卒於1960年後。大森長先生九歲,與先生手足情深,同學共業。平生酷嗜藏書,勤於閱市,搜討鄉邦文獻,不遺餘力。卷軸以外,並銳志蒐羅古錢,王氏二十八宿研齋藏幣之名,周於海内。所著有《雙長生書屋泉觶》、《殷齋長物志》及《藏書紀事詩補正》(與先生合作)等。所藏善本先後歸於"中央圖書館"、北京圖書館,亦有散見於京滬書市者。次大隆,即先生。

先生自高祖以下,歷世業商,至父輩始入仕,生父雖授知縣,未任而卒,故自言出身,仍爲工商業者,然賑災行善,世傳義聲。外家吳氏,兩世狀元,故慕學尊儒,守爲家訓。

先生生於光緒二十七年(1901)五月十五日子時,卒於1966年,壽六十有六。妻黃翠雲,後先生數年卒。子四:啓璿(君衡),啓睿(健輿),啓焯,啓棟。長子啓璿出嗣,次子啓睿爲仲兄所撫。

先生生六齡,父祖詢捐館武昌。母氏鍾愛逾恒,期望甚殷。七歲,入蘇州小學就讀。年十三,因報考高等小學未錄取,遂於家塾延師授學,發奮自修。越數載,學大進,塾師不能教,惶謝以去。年十九,經友人介紹,從吳江名士金松岑(天羽)先生讀書,習詩古文辭。同年,曾從虞山丁國鈞(秉衡)遊,論學談藝,結爲忘年之交,相約同校《晉書》,嗣以丁先生辭世而未果。年二十一,經金先生介紹,師事吳縣宿儒曹元弼先生,受"三禮"之學,自此篤志經學,用力甚勤,並由治經而究心名物訓詁。嘗顏其齋曰"學禮齋",金先生爲撰《學禮齋記》;友人武進徐震,亦爲撰《學禮齋銘》,並以通經致用相期許。先生又因徐震而結識武進呂誠之、莊通百、吳伯喬、陸忍翁諸先生,學識益進。

歲乙丑(1925),先生年二十五,因金先生介紹,任太湖水利工

程局書記。自謂此年始究心版本目錄學。同年夏,張一麐、李根源
於蘇州發起"平旦學社",延請名師如章太炎、吳梅等講學,先生年
齒尚幼,亦被邀講演兩月。少年績學,聲名播於士林。時與同邑王
佩諍先生,有"王氏雙鳳"之目。未幾,吳中成立國學會,先生又由
金先生介紹,任研究組經學幹事。

丙寅秋(1926),先生年二十六,經同學薛頤平介紹,赴滬任聖
約翰大學附屬中學國文教員。次年(1927)約大因學潮停辦,先
生請假返蘇。由同學王佩諍介紹,兼任省立蘇州女子中學國文教
員。明年(1928)約大復學,先生被聘爲約大專任國文教員。辛未
(1931),升任中國文學系副教授。越十年辛巳(1941),升教授。自
丙寅至1952年,先生執教於約大凡二十七年。約大爲美國聖公會
所辦教會學校,地在滬西梵皇渡,濱蘇州河曲,林木蓊鬱,屋宇幽
深,爲讀書藏修之佳境。先生隨師自修,訖無學歷,厠身於外籍教
員及留學歸國者之間,居大學講席二十餘年,實因其湛深國學,爲
衆推服之故。先生課徒餘暇,擁書萬卷,讀書校讎,精研經史百家,
學養與日俱進,平生著述編纂,亦由此發軔。

癸酉歲(1933),先生受《安徽通志》編纂處之邀,編纂《安徽藝
文志》。同年,始輯刻黃蕘圃、顧千里書跋(至1940年完成),此爲
先生從事書目之學始。歲甲戌(1934),趙詒琛、王保諲輯印《甲戌
叢編》,命先生爲助。叢編之輯,以傳布先賢未刊遺著爲宗旨,多選
前賢詁經訂史、小學金石、目錄掌故、藝術説部之作,尤著意於短篇
小種、流傳罕見而有裨實學者,印書採用活字排版,白紙綫訂,費省
而猶饒古趣,印資則募諸並時同好,集股以行。自乙亥(1935)以
後,選本借書,集貲校印,先生多任煩劇,歲出一輯,輯各十數種,書
名"叢編",綴以干支紀年,歷八載而不輟,遂成世所謂《八年叢編》
者,至今爲學林所推重。溯自"九一八"事變,東人亡我之心日熾,

時勢危迫,先生雖枝棲於教會學校,傷時憫亂,憂深故國,遂藉流傳
先賢文字以寄意。丁丑(1937)之秋,先生避居洞庭東山,猶手自
一編,校刊不輟,事鉛槧以明志。所輯印《倭情考略》、《遼廣實錄》、
《惕齋見聞錄》、《靖康稗史七種》諸書,既存遺聞,復昭史鑑,流傳至
敵僞地區,竟列爲禁書。

先生身際憂患,痛近世故家文物半遭摧殘,深恐先哲遺書淪胥
殆盡,遂立志徵求遺獻,收拾叢殘,以保存文獻爲職志。中年以還,
與並世南北學人及藏書家遊,銳意搜討前賢著述之未刊稿本,或雖
刊而流傳稀見者,傳鈔校輯,集貲刊佈,矻矻孜孜,不遺餘力,終其
身而不懈。凡事關文獻流傳,如師門著述之流傳刊佈,合衆圖書館
之輯印叢刊,嘉業堂藏書之播遷易主,先生皆勉盡己責,貢其勞績。
以此之故,所搜集傳鈔之善本秘笈,數十年所積,盈笥溢篋。

先生之學,原本經史小學,泛及子書集部。中年以後,益肆力
於流略之學,而其歸在網羅散佚文獻。先生少從曹復禮先生受“三
禮”之學,深慕吳中惠氏之四世傳經,亦欲以經術自任,於《禮》於
《易》,均深研討,《元貞本論語注疏考證》、《松崖讀書記》諸作,世稱
力作;又奉常熟丁先生之教,勤於治史,於陳壽書有《三國兵志》之
補,於蒙元史有《元史校釋》之作,咸推名著;治諸子學,則有《管子
校釋》之作,考定版本,商榷異説,時賢爲之折服;而讀書萬卷,見
聞廣博,輯佚補闕,寫錄勤劬,一如鄉先輩吳枚庵老人之晨鈔雪纂。
先生鈔輯之書,積稿隱身,成書者有百數十種之夥,所輯《學禮齋
經解》、《抱蜀廬叢書》,收羅清人治經及他種著述數百種,俱出親手
纂輯。如於清代藏書家黃丕烈、校讎學家顧廣圻著述,則有《黃顧
遺書》、《士禮居遺詩》之編;於歷朝詩文,則有元歐陽圭《玄齋集補
遺》、清孫星衍《孫淵如文補遺》、清陳奐《三百堂集》之輯;於五代
以來藏書史料,則有葉昌熾《藏書紀事詩》之補正、清人藏書題識

之輯録；於師門著述，則有曹元忠《箋經室遺集》、金天羽《天放樓遺集》、胡玉縉《許廎遺集》、《許廎學林》等編。晚年校訂胡氏《四庫全書總目提要補正》，寫定自著《蛾術軒篋存善本書録》，尤推近世目録學之精撰。

　　先生性和易，慕古風，交遊有道，篤於師友，並世宿儒學人，多爲文字之交。師門如金松岑（天羽）、曹叔彦（元弼）、胡綏之（玉縉），少日受教，終身禮敬；前輩如張菊生（元濟）、趙學南（詒琛）、傅沅叔（增湘）、葉遐庵（恭綽）、盧慎之（弼），搜輯遺佚，誼堅金石；同輩如周子美（延年）、潘景鄭（承弼）、顧起潛（廷龍）、陸維釗（微昭）、任心叔（銘善）、徐聲越（震堮）、胡宛春（士瑩）、周叔弢（暹）、嚴昌堉（載如）等，俱博雅君子，爲一時之選，借書問字，賞奇析疑，詩酒唱酬，極朋簪之樂，而先生學行醇厚，尤爲衆所推重。同里胡綏之先生，湛精學術，著書等身，人稱清季樸學之後勁，其年輩於先生爲尊行，晚年歸自燕都，息影家園。先生以年家子進謁，胡先生一見傾心，清談竟日，別後音問稠叠，至以身後事相託付。胡先生未幾既逝，先生背負遺稿，矻矻鈔纂，歷十餘載始編定，而中經世亂，謀刊未成，致叢怨謗，而《許廎學林》、《四庫提要補正》皇皇鉅帙，字逾百萬，終於60年代由中華書局次第出版問世，譽重學林。即此一事，先生之尊師重道，不負委任，概可想見。

　　1952年高校院系調整，先生移硯滬北復旦大學。曾執教中文、新聞兩系。1956年，入民盟，爲會員。課餘仍潛心學問，撰著不已，而體弱多病，頗爲肺喘心疾所苦。1957至1960年，先生主中文系古典文獻學講座。所撰《文獻學講義》（1959），以目録、版本、校讎三者，述文獻學之要義，謂文獻之學，應以搜集與整理文獻之方法爲鵠的。《講義》中所論列，俱爲平日研治學問之心得，自出機杼，迥越流輩。凡所稱引，言必有據，而書末自識，猶引宋衛湜"他人著

書,惟恐不出於己;予之此書,惟恐不出於人"之語以攝謙。自 60
年代起,先生致力於所藏鈔校稿本之整理,並逐種寫成書録。今觀
《蛾術軒篋存善本書録》遺稿,於篋藏諸書,考作者之行實,述學術
之原委,博綜約賅,精審詳明,而通篇楷書精整,光彩流動,實爲先
生畢生學養之所萃,足稱信今而傳後。至丙寅(1966)夏,動亂驟
起,舉世騷然,鉛槧俱廢。秋冬之際,先生因肺疾發作,遽然辭世,
享年六十有六,僅得中壽。一代文獻大家,志業未竟,言之惻愴。
時遭擾攘,人心倉皇,身後遺書,幾遭散失,幸有識者爲之維護,鈔
稿本尚未全失。亂定董理,損者三分之一,而餘書今存復旦大學圖
書館。公元二〇〇一年三月,古烏傷後學吳格敬述於復旦大學圖
書館古籍部。

(《書目季刊》第 35 卷第 1 期,2001 年)

王欣夫致王獻唐書札小箋

　　青島出版社 2009 年影印出版之《王獻唐師友書札》[①]，彙集王
獻唐先生平生二百餘位師友之墨迹，文辭爾雅，翰墨生香。所收書
札八百餘通，多前賢關於金石考古、圖書文獻、文物書畫之切磋文
字，學問優長，掌故足徵，堪稱近世學術史料淵藪。筆者關注已故
文獻學家王欣夫先生學術活動有年，今承友人美意，獲睹欣夫先生
致王獻唐先生書札十三件（内一札殘損），得悉二王先生交遊蹤迹，
極感欣慰。拜讀書札，證以欣夫先生《學禮齋日記》[②]，可知兩先生
通函始於 1929 年五月，止於 1937 年七月。八年間往來書札，據
《日記》所記，原稿大致保存，僅略缺失。書札中所述王獻唐先生等
收藏海源閣楊氏遺書，刊佈齊魯鄉賢許瀚、牟庭等未刊遺稿，及欣
夫先生爲輯録惠棟、黄丕烈、顧千里讀書題識，編纂《八年叢編》[③]，
求助山東圖書館館藏等細節，於拙編《王欣夫年譜》裨益良多。至
前輩醉心文獻，嗜書如命，篤於風義，重於友道，緬懷高蹤，尤深景
仰。兹依墨迹迻録文字，並據《學禮齋日記》所載略加箋證，推定
書札年月，重行編次，呈於同道。相關本事，限於篇幅，不暇詳注，
且俟來日。整理失誤，謹祈教正。

---

① 《王獻唐師友書札》，王欣夫等撰，2009 年青島出版社影印本。
② 《學禮齋日記》，王欣夫撰，民國間王氏學禮齋稿本。
③ 《八年叢編》，王欣夫等編，民國二十三至三十年排印本。

第一函（1604—1606）
一九二九年五月十六日

獻唐先生執事：拜誦賜書，至紉教益。楊氏景宋刻書，曾見《唐
求詩集》一種，又一種則未見。近來籌備保管，不知已否運省，
他日有緣，必謀一登琅嬛也。印林遺著已得十八種之多，極佩
搜求之勤。伯平、石卿所輯，寥寥無幾。弟今年前曾將吳氏《攗
古録》中印林説六十餘則，録成二卷，今有閣下輯本之宏富，當
焚稿矣。特不知存趙悲盦處之《韓詩外傳》校勘，亦曾搜得否
邪？菉友著述，刻本皆易得。弟今年曾以鉅價購《蛾術篇》一
種，此書爲最罕見。文集若出，大足厭學者之望。其外不知尚
有何種？郝氏未刊書目，即刻附全書總目後，可復檢也。近見
山西圖書館印《顔氏家訓校記》一種，出《全書》外也。《同文
尚書》能謀印公世，極善。所印各書，極盼能早日行世（諸書不
知是木刻或排印，若排印，則許、王諸公皆小學名家，必多古字，
校勘宜精。弟見北海圖書館所出李越縵著書，佩其輯録之勤，
而憾其校讎之疏。敢貢區區，希亮詧是幸）。拙輯《黄蕘翁年譜
補》一冊呈政。楊氏書中黄氏藏書題跋，定有溢出《楹書隅録》
外者，懇爲隨時録示，尤感。《季刊》承允刻就即賜讀，謹謝厚
誼。弟刻因校中放暑假，不日返蘇，如蒙通函賜教，請寄蘇州西
花橋巷可也。專覆，即請道安。弟王欣夫頓首，十六日。

　　格按，函次後括弧内頁碼爲影印本原頁次，各函年月爲筆者初
擬。《學禮齋日記》己巳年（1929）五月十七日記：“接山東省立圖
書館長王獻唐函，言海源閣藏書事。又言搜求許印林著述，得十八
種，約二十冊。又《王菉友文集》四冊均已付印，不日可出書。牟

默人《同文尚書》原稿本在于蔚亭處,今歸張溥泉,亦在設法借印云。"又五月二十日記:"發王獻唐、陳繩夫準、李敬如、馬介子、黄惠任函。"(《日記》第6冊)

第二函(1607—1608)
一九二九年六月三日

獻唐先生閣下:頃讀大作《海源閣藏書過去現在》一書,於版刻源流,元元本本,不勝欽佩。此次運省保管,誠爲[有]功文化、嘉惠後學不淺。未識近已籌備妥善否?楊氏所刻書,除叢書外,以僕所知,尚有丁晏《詩禮七編》、武億《授堂遺書》、郝懿行《爾疋義疏》、梅曾亮《柏梘山房文集》等,版片不知尚存否?貴館搜羅先賢遺著,刊佈海内,誠爲盛事,印林、菉友二先生遺著已經編印,不知何日出書,渴望之至。竊思郝懿行、牟庭諸先生均爲貴省經學大師,遺書未刊者尚多,不知能陸續搜訪否?貴館年刊,觀目録多有價值文字,如蒙賜讀,尤感。惠覆請寄蘇州西花橋巷鄙人收可也。專頌撰祺。王欣夫啓,六月三日。

第三函(1602—1603)
一九三三年一月六日

獻唐先生大鑒:前讀貴館館刊,取材鴻博,琳琅滿目,洵爲近來刊物之鉅擘。不審第二集何日出版,殊以爲盼。海源閣藏書聞爲貴館收得不少,竊有懇者,弟輯黄堯圃未刻題跋,已得百三十餘種,正在雕版,明年工竣。拾遺補缺,夙夜不懈。楊氏所藏,必有出《楹書隅録》之外者。閣下典掌琅嬛,通懷樂

善，敢乞將所見未刻題跋或補遺，均一一録賜，俾得補入，曷勝
銘感（弟所輯題跋外，又有雜文廿餘篇、遺詩六百餘首）。又，
貴館擬刊王菉友、許印林遺書，不知何日出版，均願先睹爲快。
比以寒假旋里，惠覆請寄蘇州西花橋巷三十五號敝廬可也。
專此，敬頌大安。弟王欣夫頓首，一月六日。

格按，《學禮齋日記》癸酉年（1933）一月六日記：“函山東圖書
館館長王獻唐。”又《日記》同年一月十三日記：“接王獻唐函，言所
見海源閣書莪翁題跋，無出刻本外者。”（《日記》第 8 册）按先生遍
徵士禮居遺書，勤求黄氏藏書題識，所輯黄跋，此時已溢出潘氏、繆
氏、江氏諸刻百餘篇，故本年有《莪圃藏書題識續録》四卷、《莪圃
雜著》一卷之刻。其後不懈搜討，庚辰年（1940）又有《莪圃藏書題
識再續録》三卷之刻。

第四函（1617）
一九三三年一月廿四日

〔前佚〕所著《蒲室集》四卷本，首有歐陽玄、宋濂序者，貴館有
其書否？ 如承以貴館書目見賜，尤盼。專此奉懇，仍希裁復。
即頌大安。弟王欣夫頓首。一月廿四日。

格按，此札前頁未見。《學禮齋日記》癸酉年（1933）一月
二十四日記：“復王獻唐函，託鈔圭齋王福、王佑二碑。”又二月十二
日記：“接王獻唐函，爲從《嶧陽縣志》内鈔示圭齋《王佑墓碑》，可
感也。”（《日記》第 8 册）按，《王福墓碑》、《王佑墓碑》均元歐陽玄
所撰，先生同期有《圭齋集補遺》之輯。

第五函（1609）
一九三三年三月十四日

獻唐先生閣下：賜書誦悉，並承鈔示圭齋《王福碑》，感感。異日貴館如有便人往滋陽拓碑，則請並《王佑碑》同拓一分，工資當照繳也。屬訪《十三行》石刻，當爲留意，但邇來蘇市叢帖殊不多見，因治其學者之鮮，故估人已不復注意矣。項因青浦友人欲重修《春融堂集》，偶撿得《十三行跋》一篇，不知公已見之否。專復奉謝，順頌撰祺。小弟王欣夫頓首，三月十四日。

七八年前曾見海豐吳氏鈔本許印林遺稿十餘册，多考訂經史及金石跋尾，因議價未諧，轉瞬即馳。今尊輯印林遺著，不知已見是本否。

格按，《學禮齋日記》癸酉年（1933）三月十五日記："復王獻唐函。"又三月二十四日記："接王獻唐函，言許瀚《攀古小廬雜著》海豐吳氏刻本外，濰縣陳氏尚藏鈔本十餘册，現在託人傳鈔，或可得集外逸文。"（日記第 8 册）又《日記》乙亥年（1935）十一月七日記："接日本吉川幸次郎（善之）君來函，並贈其國新印日照許印林《攀古小廬文》一卷。是書有海豐吳氏刻足本，佩諍、禮白皆有之，傳世甚罕，聞王獻唐君擬影印之。"（《日記》第 13 册）

第六函（1611）
一九三三年五月一日

獻唐先生閣下：手書暨鈔示《王福墓碑》，謝謝。《春融堂集》

以友人借往青浦，屬鈔《十三行跋》，不免稍遲，今即附上。報載楊氏藏書有賤價招買説，不審詳情若何。滕縣所出古器已入館藏，如有拓本，賜觀爲幸。貴館書目，不知有印本否？從陳氏借鈔之印林文，與吳刻有異否？簠齋考釋金石文字，羅刻以外，必多遺佚，乞賜教爲盼。專此，即頌著祺。弟王欣夫拜手，五月一日。

格按，《學禮齋日記》癸酉年（1933）五月一日記："函獻唐，寄屬鈔王蘭泉《十三行跋》。"（《日記》第 8 册）

第七函（1597—1599）
一九三五年四月六日

獻唐先生閣下：項見尊輯《山左先哲遺書目録》，所收材料皆屬經史未刊要籍，得流佈以惠學者，誠盛業也。但竊有進者，瑞安陳君雖喜刊行古書，然於校勘方面，絕非内家，故其所已刊者，無一非豕魚滿紙，開卷作三日嘔。瞿木夫《古玉圖考》，此真有用之書，而每頁差誤，多至十數字者有之。木刻且如此，況排印乎。即如此次附印《南澗易簀記》兩頁爲樣本，自必校對精嚴不苟，庶可引起閲者之興感，而俾廣推銷矣。然其行款之誤排、文字之顛倒，已累累見之。試問全書刊成，有何價值？而第三行固赫然書校録者姓氏即閣下也，閣下非將受誣於不白乎？大概陳君爲謀利計，故於校對内容完全不講，然閣下爲表揚先哲遺著計，寧可亦置而勿問耶？況此等有關實學考訂之書，苟差誤累累，反足以貽誤學者。上則重誣先哲，下則貽誤後學，如此刻書，不如其已，且亦大負閣下搜羅之苦心矣。竊謂貴館經費之充裕、人材之美備,既具表彰先賢之盛心,何不自行出版,而必託之於唯利是圖、不知校勘爲何事之人。僕與陳君素不相識,更無成見,睹此謬種流傳,爲害之大,不禁爲貴省先哲悲,爲閣下勤勤搜訪之苦心惜。有鯁在喉,不得不一傾吐之,惟閣下其鑒之。至陳君刻書之成績,固傳佈甚多,一一可案,非一人之私言也。貴館年刊中之許校《蔡中郎集》,其下半部亦將付印否? 僕近輯顧千里書跋,得二百種,已在刊板。貴館所藏或所見有可益我者,至盼賜教。專此,即頌大綏。弟王制欣夫頓首。貴館如有惠定宇楝批校之書,不論真迹或他人傳臨者,均祈示知爲感。

格按,《學禮齋日記》乙亥年(1935)四月六日記:"函王獻唐,勸其印《山左先哲遺書》,注意校勘。"(日記第 11 册)又四月十二日記:"接獻唐函,並贈《漢魏石經殘字叙録》一册。"四月十六日記:"覆獻唐,並贈以《黄跋續録》。"(《日記》第 12 册)按,先生所輯《思適齋書跋》四卷《補遺》一卷,已於本年發刻,而搜輯校訂,迄未止輟,故次年又有《思適齋集補遺》二卷《再補遺》一卷之刻。

第八函(1610)
一九三五年五月二十九日

獻唐先生有道:奉手書並《山左先哲遺書目》,謝謝。《叢編》辦法,係集股而非零售,印成後按股派書。原爲集腋成裘計。坊間所以有零售者,亦爲該店主人入股所分得之書也。尊處如能加入股份,多多益善,俾可印卷帙稍富之書也。至《甲戌叢編》中取材不能洽心,因其時弟適丁内艱,悉由趙翁學南主

持,而論畫諸種,又爲湊足頁數起見,而竟不遑別求稿本,殊
爲遺憾。今年由弟主編,定例極嚴,必有用書及罕傳本然後收
入,然間以種種關係,亦不能悉如己志,總較前編爲進步矣。
尊處如有小品稿本賜下印入,極爲歡迎。項見臨朐傳國《遼廣
雜録》舊鈔本,亦極好材料,不知流傳尚多否?貴館藏鄉賢著
述極富,亦有此書否?乞示知。拙輯顧千里《思適齋書跋》四
卷,已在雕板,年内或可出書。貴館所有顧跋,務請提先鈔賜,
俾便補入,至盼。惠定宇評校書目,亦請提先示知,因拙輯《讀
書記》已成鉅帙,急待補遺也。此二事最爲切望,拜懇速示,感
感。許印林校《説文繫傳》及《集韻》,前曾見臨校本,轉眼即
馳,不可復得。聞貴館新獲遺稿甚富,有此二種否?此復,即
頌大安。弟王欣夫頓首。

《叢編》集股事,如有同志,乞爲游説,再附"緣起"兩紙,乞爲
分散爲荷。

六月十日以後惠函請寄蘇州西花橋巷。

　　格按,《學禮齋日記》乙亥年(1935)五月二十八日記:"接叔
弢、獻唐覆。獻唐函言拜經樓書多入吳子苾家,吳書近散出,渠
所見極多云。"又五月二十九日記:"改卷。覆獻唐。"(《日記第
12册)

第九函(1592)

一九三六年三月十一日

獻唐先生足下:寄上《三百堂集》、《昔夢詞》各一部,乞鑒存。
貴館藏石《説文(系統)統系圖》、《伏生傳經圖》拓本,如許惠

賜一份爲感。聞貴館新收牟默人、許印林手校書甚多,望示以
目録,不知可否傳鈔,有佳手可代辦否? 其鈔費定章若何,亦
乞示知。又海源閣藏有惠氏父子手校《楚詞》,前年散出時,公
必見之,今在何處,有傳鈔副本可訪否? 至懇詔知是幸。此頌
大安。弟王大隆頓首,三月十一日。

格按,《學禮齋日記》丙子年(1936)月十二日記"函王獻唐,
問牟默人、許印林手校書,又問海源閣舊藏惠校《楚辭》蹤迹。"又
四月二日記:"接獻唐覆,並贈《説文統系第一圖》拓本。海源閣舊
藏惠定宇父子手校《楚辭》,謂在抵押書單中,現存農工銀行,外人
無從借鈔。《説文統系圖》原本現藏黄縣王氏,刻來求售,索千元。
印林遺書已收集五六十種,將另編提要。牟默人手稿有《易注》及
《秦漢宫殿考》,其《同文尚書》、《詩切》二書,已決印行。手校者有
《淮南子》、《韓詩外傳》云云。"又四月十四日記:"函硤石錢劍虹及
袁守和、何澄一、王獻唐。"(《日記》第 13 册)

第十函(1595)
一九三七年一月八日

獻唐先生閣下:寄上新刻《爨龍顔碑考釋》、《資敬堂家訓》、
《遼廣實録》各一部,請哂納。傅國爲貴省臨朐人,據縣志藝
文,著述甚多,尚有流傳者否? 弟每年集資印叢編一集,已出
三集,附上"緣起"一紙,如蒙贊助,至幸。貴省先哲遺著如許
假印一二種,以廣流通而闡幽光,尤感。大著《臨淄封泥叙目》
及《季刊》第二期,望賜讀爲荷。專頌公綏。弟王欣夫頓首。
一月八日。

　　格按，《學禮齋日記》丁丑年（1937）一月八日記："函王獻唐，贈《遼廣實錄》、《爨碑考釋》、《家訓》。"（《日記》第15冊）按，先生《遼廣實錄》跋云："《遼廣實錄》皆記督餉遼東時事，而不見於《四庫書目》、《禁燬書目》及近人安陽謝氏《晚明史籍考》諸書。此冊爲太倉王君謢言藏程穆衡手鈔本，末有一跋，不署姓名，疑即出程手。三百年來秘笈，今始印行，或足爲留心遼廣事者之一助乎。歲丙子仲秋，吳縣王大隆跋。"（載《丁丑叢編》）又先生《思想批判總結》云："《遼廣實錄》，記明末滿洲人入寇的事實。均爲要使人知道亡國之慘。"

<h2>第十一函（1600—1601）</h2>

一九三七年一月二十日

　　獻唐先生有道：手書敬悉。惠《封泥叙錄》、《館刊》兩冊，拜領，謝謝。《丁丑叢編》承允加入，甚荷。每股國幣拾元，撥下後當奉正式收據。《甲戌》印書最少，市上有出價五元而不可得者，友人有一重份可割讓。照市價計，《甲戌》五元，《乙亥》、《丙子》各三元。尊處如須此，請匯款，向友人取之寄上可也。又拙輯顧千里《思適齋書跋》，坊中每部實洋五元，今省去回傭，每部實收四元，如貴館未備，亦可同寄，乞示。《遼廣實錄》本印入《丁丑叢編》中者，今先印單本數十冊。貴館所藏刻本首序完全，可否請即鈔賜，補印以成全璧，至盼至懇。又所據程迓亭鈔本係草書，不免有脱誤，如許以刻本一卷校其異同，俾得附入校勘記中，尤爲企望。館員中不乏精於校勘之學者，懇爲代校擲下。弟於印書，期盡心力，不敢草率，用敢瑣瀆，歉甚歉甚。《王菉友文集》何日印行，以早讀爲快。貴館所藏鈔校善本甚富,有目録可見賜否? 又有傳鈔傳校之例否?
弟於經部書欲傳鈔數種,當照定章繳款託辦也。學校寒假在
即,廿四日後惠教請寄蘇州西花橋巷卅五號敝舍可也。專復,
即頌撰祺。弟王欣夫頓首,廿日。

如有小種佳稿鈔賜,印入《叢編》爲盼。

　　格按,《學禮齋日記》丁丑年(1937)一月十九日記:"接王獻唐
函,知傅國《雲黃集》及《遼廣實録》,山東圖書館有天啓間原刻,存
二十册,皆不完。《實録》止存上卷,而首自序尚完,可補印本之闕,
惜未早知之也。並贈所著《臨淄封泥文字叙目》、《館刊》第二期各
一册。"又一月二十日記:"覆獻唐,託鈔《遼廣實録序》全文,並託
校正卷上誤字。"(《日記》第15册)

第十二函(1596)
一九三七年二(三)月二十七日

獻唐先生有道:前懇傳鈔《遼廣實録》序文全文,以備補印,諒
荷鑒許。兹因手民催促,望早擲下爲盼。《丁丑叢編》承許加
入一股,甚荷。因擬提早於夏曆重午前出版結束,故各處股款
均須早日彙集,殊希擲下,當具正式收據不誤。專此,即頌公
綏。弟王欣夫頓首,廿七日。

　　格按,《學禮齋日記》丁丑年(1937)四月十六日記:"接獻唐
函,寄來《遼廣實録》校勘記,前請以新排印本校山東圖書館藏刻
明殘本也。"又四月二十六日記:"覆王獻唐。"又五月十八日記:
"復价藩、獻唐。"(《日記》第15册)

第十三函（1593—1594）
一九三七年七月十六日

獻唐先生大鑒：弟前月北遊過濟，專誠奉訪，適大駕赴青，未晤爲悵。見趙、屈二君，留贈拙輯《千里書跋》《遺集》，想經察入爲幸。貴館善本庫中許印林批校注疏數種，皆極精美，鄙意思傳録一部，不知可否破例借出，約期奉璧？弟於南北兩圖書館亦屢向借出，從無延誤，故敢奉商。倘貴館自有寫官，略具校書常識，可以代録，亦所願也。當將底本寄上，照例致潤。統乞酌示爲幸。前日參觀藏石，於《熹平石經》殘石，最所愛好。如許以拓本見賜，尤所感盼。專此，順頌公綏。弟王大隆頓首，十六日。

格按，《學禮齋日記》丁丑年（1937）六月十二日記："晨至山東省立圖書館訪獻唐，適赴青，未值。晤趙、屈二君。觀善本書庫。許印林校注書有數種，皆佳，餘多桂未谷、陳簠齋遺迹。又觀陳列鄒縣所出銅器、漢石刻、馬氏古泉。真洋洋大觀。留贈《顧跋》等書。"（《日記》第 15 册）按，先生生長吳門，執教滬濱，平生足迹，未嘗遠離江南。本年有北平之行，六月六日由蘇州出發，途中順游南京、曲阜、泰山，十一日抵濟南，次晨即走訪山東圖書館，惜未與獻唐先生相晤。先生《日記》又述本日遊蹤云："出至大明湖，呼舟登歷下亭午餐。又游張公祠等處。滿湖蘆葦，惜非秋日。三時返寓少休，坐人力車游趵突泉、黑虎泉。趵突有五泉，噴湧高數尺，若晶球滿池沸騰，真奇觀也；黑虎則澄清徹底，溶漾可愛。在趵突泉茗坐至晚，即進晚餐。"（《日記》第 15 册）

（《山東圖書館學刊》，2009 年第 3 期）

陳乃乾與中華書局影印本《永樂大典》

引　言

中華書局 1959—1960 年影印本《永樂大典》(下簡稱《大典》)的問世,在《大典》流傳歷史上,具有重要的意義與影響:

一、《大典》現存本最大規模的編輯影印

《大典》作爲"凡書契以來,經史子集百家之書,至於天文地志、陰陽醫藥、僧道技藝之言,備輯爲一書"(朱棣語)的大型類書,自明初編纂鈔成後,終有明一代,近一萬二千冊的皇皇鉅製,其命運衹是深藏宮禁,專供封建帝王"御覽"。嘉靖晚年傳鈔《大典》副本,目的僅爲防止原本燬失,其用意仍未慮及流通,因而並未對同期的文化學術産生影響。明清兩代的天災人禍,造成了《大典》無可挽回的燬損,至 20 世紀,全世界範圍内留存的《大典》,僅爲原書的百分之四。1960 年中華本《大典》(730 卷)的影印,以及其後 1962 年臺灣世界書局重印本(增印 12 卷)、1984 年中華書局增印本(增收 67 卷)的問世,使得現存《大典》的百分之九十以上均獲影印,化身千百,從此不虞放失①。臺灣世界書局重印本、1984 年中

---

① 日本天理圖書館也曾影印所藏《大典》十六冊,國内部分圖書館(如復旦大學圖書館)有收藏。

華書局增印本及目前國家圖書館出版社正在進行的《大典》仿真本影印,其性質均屬對於 1960 年中華書局影印本之踵事增華,中華本開創之功,未易忽視。

二、《大典》現存本的影印流播促進其利用與研究

回顧歷史,《大典》保存的完缺,與後人對其取資利用,適成相反比例:明清易代以前,《大典》雖然保存完整,却因深藏皇家,讀書人無緣親近;清雍正間《大典》由皇史宬移藏翰林院,東華近臣始獲一睹廬山真面目,乾隆間四庫館自《大典》中輯錄佚書,真正開始對《大典》的利用,但《大典》的散失也隨之發生。四庫館採輯活動迫於程限,未能從容,遺漏不少,乾嘉以後輯佚之風大盛,有緣接近翰苑藏書的學者如徐松、文廷式、繆荃孫等,有志踵事搜討,而國運衰頹,侮亂頻仍,志業未竟。馴至清季,書厄慘劇,《大典》存書祇剩七八百卷,而學者對《大典》的收藏、傳鈔、影印、輯佚的興趣,却與日俱增。中華影印本《大典》的完成,使《大典》由公私秘藏變爲通行之本,真正成爲讀書人可以翻閱利用的文本,從而造就近五十年來對《大典》的研究成果迭出。

三、《大典》現存本的影印反映了 20 世紀中國
古籍影印的出色成就

利用西方影印技術重印中國古代典籍的風氣,始於 19 世紀前期。善於吐故納新的中華民族,早在 19 世紀末,已熟練掌握影印工藝,並將其用於複製傳統典籍。清末上海圖書集成局影印殿版《古今圖書集成》、《大清會典事例》等書,當時即被譽爲“下真迹一等”的傑作。20 世紀前半期,商務印書館陸續完成的《四部叢刊》、《百衲本廿四史》、《續古逸叢書》等,更被稱爲古籍整理與影印的典

範。商務印書館影印古籍的業務，50 年代爲中華書局所繼承，1960
年前後中華完成的《永樂大典》、《册府元龜》等大型影印出版物，
由於得天時地利之助，加以主持得人，採集完備，體例詳贍，印製精
良，凝聚了目録學、版本學、校勘學，以及印刷、裝幀諸方面成果，反
映了 20 世紀中國古籍影印的出色成就。

　　兹據近代版本目録學家陳乃乾先生遺書中有關中華書局影
印《大典》的編纂史料 ①，對《大典》的選題策劃、底本收集、影印校
對、訂册裝幀、出版發行等相關問題略加考述，以饗關心中國古籍
整理及流佈的同行。

陳乃乾先生與中華書局

　　陳乃乾（ 1896—1971 ），筆名東君、新陳、雨恕，室名慎初堂、共
讀樓、百一廬，浙江海寧人。海寧爲杭嘉湖平原富庶之區，經濟文
化繁榮，歷代文人輩出，有清一代，尤以藏書之風稱盛。嘉道間與
士禮居黄氏（丕烈）、拜經樓吴氏（騫）同時而並以藏書、校書著稱的
海寧向山閣陳氏（鱣），即爲先生之祖 ②。先生幼承家學，少年曾求學
蘇州東吴大學預科，從黄摩西受國文。旋以家貧輟學，謀生社會，
賴自學以成才。先生年十九，入文明書局，由練習生而編輯，編有
《譚瀏陽全集》及《年譜》等書。後受聘任上海南洋中學教師，繼任

---

① 此批史料由虞坤林先生借閲。虞坤林，1951 年生，浙江海寧人，70 年代務
　農黑龍江，十載後返鄉，任商業職工。因酷愛鄉邦文獻，業餘從事地方人物
　研究，成績卓著，尤以辛勤搜討陳乃乾遺文逸稿，有功文獻徵存，爲筆者所
　敬重。
② 陳鱣字仲魚，號簡莊，海寧人，清嘉慶戊午舉人。其藏書事迹，可參見《藏書
　紀事詩》卷六。

圖書館主任。所編《南洋中學校藏書目》,因其圖書分類兼顧舊學與新學(十四大類五十七小類),受人矚目。其間受南洋中學校長王培孫知遇,結爲忘年交,並與前輩學者張元濟、王國維、徐乃昌、徐恕等交往,收集古書,考訂版本,鈔校秘笈,輯印叢書,年未三十,即以學識文字,爲老輩所推重。嗣以性喜藏書印書,投身書業,兼營出版,先後於樸社出版部、古書流通處、中國書店、大東書局、中國學會出版部等處任職。先生學有根柢,新舊兼蓄,以讀書學問之人而厠身書業,淵源不同,手眼自別,加以交遊閱歷,識見廣博,其流通古今書籍、輯印珍本秘笈之業績,頗著聲譽於海上①。先生20年代末所撰《上海書林夢憶錄》②,治民國初上海書林史料者,至今奉爲圭臬。又因湛精版本目錄之學,與多年主持北平圖書館善本部之版本學家趙萬里爲同鄉同好,時人有"南陳北趙"之稱。1945年以後,先生曾任職上海通志館,兼任同濟大學、持志大學教席,並爲《大晚報》、《民國日報》副刊撰寫有關上海史地、書林掌故之文章。50年代初,先生先後任上海市文管會委員、上海市文獻委員會(通志館改名)編纂、上海革命歷史紀念館工作人員、市文史館館員,至1956年八月,奉調北京古典文學出版社。

　　1949年以前,先生以私人之力編輯影印之古籍,有《沈刻四婦人集》、《經典集林》、《嘉靖上海縣志》、《正德金山衛志》、《百一廬金石叢書》、《清代學術叢書》、《周秦諸子斠注十種》、《鄧析子五種合帙》、《慎子三種合帙》、《古佚小説叢刊初集》、《盛明雜劇》、《曲苑》等,又輯印鄉賢手迹如清初查繼佐《釣業》、王國維《觀堂遺墨》等多種,均爲經眼之秘笈珍本,以有關學術,不忍獨秘,故縮衣節食,

---

① 參見陳伯良、虞坤林撰《陳乃乾年譜》,稿本待刊,2000年。
② 載《中國現代出版史料·甲編》,中華書局,1957年。

勉力籌措，一一爲之流通，而力所不及，常以“每勞三旬九食之憂，
何以保此絕無僅有之書”爲歎①。先生撰述，除所編《南洋中學校藏
書目》、《測海樓舊本書目》、《室名別號索引》、《四庫全書總目提要
索引》、《禁書總録》、《清代碑傳文通檢》等久爲學林稱道外，又曾輯
校《清詞選》、《元人小令集》、《黃梨洲文集》、《三國志》等，並參與
中華本“二十四史”整理。先生多年收羅考訂古籍之論文，校刊印
行珍本之序跋，以及書札、日記等，生前尚未編定。“文革”期間，先
生被迫離京，轉徙浙東山鄉，未幾人書俱亡②。所幸斯文未絕，先生
歿後二十年，家鄉海寧出現一位異代知己，出於敬仰鄉賢之熱忱，
苦心搜羅先生著述於蠹蝕腐爛之餘，十年一劍，備嘗艱辛，遺集成
編，行將問世，先生學問事業，遂不致隨歲月而同亡③。

　　1958 年一月，國務院成立以齊燕銘爲首（由十九人組成）的
“古籍整理出版規劃小組”，並設辦事機構於中華書局。小組下分
文學、歷史、哲學三組，先生爲哲學組成員。二月，文化部調金燦然
任中華總經理兼總編輯，並規定中華書局爲專門出版古籍與當代
文史哲研究著作的出版社。中華書局爲落實古籍整理出版規劃，
提出“爲科學研究和教學工作服務”、“將中華書局辦成學術機構”
等目標，加强古籍編輯人才培養，並引進一批學有專長的專家。先
生於 1956 年八月奉調北京古籍出版社④，未久，即隨該社併入中

① 胡道靜《片斷回憶業師陳乃乾》，載《學林漫録》四集，中華書局，1981 年。
② 胡道靜《片斷回憶業師陳乃乾》，載《學林漫録》四集。
③ 虞坤林編：《共讀樓讀書記》，輯本待刊。
④1956 年 2 月 12 日章錫琛自京致陳乃乾函：“弟自出版總署改組後，調古籍
　出版社，擔任編輯。自慚學殖荒落，無所裨補，曾屢次道及吾兄舊學淵博，急
　需羅致。主持者爲（葉）聖陶、（傅）彬然諸兄，均相知有素，極願借重，惟恐
　大駕是否有意北來，原機關是否須加維繫⋯⋯”原稿見虞坤林編《陳乃乾友
　朋書札》，輯本待刊。

華書局,負責主持影印工作。1957年春,爲規劃重印、影印古籍事,先生曾受命調查江南所存古籍刻版,專程南下,先後訪問上海、蘇州、常州、南京、杭州、湖州、南潯、嘉興、紹興、廣州、武漢等地古舊書店、圖書館、學校等處,實地考察各地古籍版片遺存情形,行程數千里,歷時三月餘,返京後提出保管利用現存古籍版片、籌建木版印刷及照相影印車間的意見,大多被採納①。先生於中華工作時期(1957—1966),今人公認爲建國後該局發展史上出書質量最高之黄金時期,而1959—1960年影印《永樂大典》及《册府元龜》兩書,即爲先生開創中華影印事業之發軔②。

先生於1971年二月客死浙東,身後遺物中,保留了一批日記、文稿及友朋函件。内有中華書局經理部爲洽商《大典》編印事務,於1959年八月至十月間致中華上海編輯所的公函,以及部分致先生本人的函件。此批函件,性質雖有公私之分,内容均與《大典》影印有關,爲先生所珍重,晚年被逐出京,輾轉滬浙,臨歿猶珍藏於行篋③。

中華書局所以致函上海編輯所及先生,乃因50年代初上海中華書局奉命北遷,在京新建中華書局(或稱北中華),留滬的業務人員及機構,經與上海古典文學出版社合併,成爲中華書局上海編輯所(簡稱中華上編)。北中華建立之初,編輯、印刷、裝訂及發行等業務,仍與中華上編有密切合作,爲協調出版事宜,中華編輯人員北下南上,來往頻繁。影印《永樂大典》及《册府元龜》工作,即在

---

① 《陳乃乾日記》(1957),稿本。
② 先生主持影印的古籍,尚有《太平御覽》、《太平廣記》、《文苑英華》、《漢唐地理書鈔》等。
③ 據虞坤林調查,先生出京時,携有皮箱兩口,内裝文稿、日記及友朋書札等,曾告親屬云,此爲其畢生心血所在。

京決議定策,在滬具體進行。

《大典》影印之議,始於 1959 年春,同年七八月間,影印工作已次第開展①。乃乾先生因中華書局對此項工作十分重視,期限又極爲緊迫,而《大典》影印的底本選擇、版式設計、審校發稿、分册裝訂等工作,均須在滬完成,故不辭年邁多病,於八月五日親赴上海,現場指導影印工作。先生自 1956 年赴京以來,備受中華當局禮遇②,《大典》等書影印過程中,更受倚重,當時北中華當局致上編有關影印工作的公函,均同時鈔送先生。《大典》影印過程中體例之擬訂,細則之修改,也多先徵求先生意見而後定奪,故公函以外,中華副總經理潘達人曾屢屢致函先生,先生生前藏書甚富,内多珍本,出京時均未帶出,而獨於行篋中保存上述函件,其故安在? 今於《大典》影印本問世四十餘年後,竊以私意揣度:先生早年雖以從事古籍整理影印而著時譽,畢竟祇以私人之力慘淡經營,半生辛苦,仍未能大有作爲。新中國成立後,百廢待舉,以公家之力大規模整理古籍之局面,不能不令先生感奮,垂暮之年,重新起用,北調中華後所受之禮遇與重任,不能不令先生銜感。《大典》影印之籌措實施、順利完成,爲先生晚年得意之作,故雖老病纏身、窮竄浙東

① 《陳乃乾日記》(1959):"三月三日。下午至局,討論影印《永樂大典》諸問題。""七月一日。上午至局,商議《永樂大典》事。"又陳乃乾"影印説明":"這次影印《永樂大典》的工作,從一九五九年一月議訂規劃,到一九六〇年九月完工,歷時二十個月。"

② 胡道静《片斷回憶業師陳乃乾》:"那時我已在中華上編工作,北中華則決心要把陳老師調晉首都,老師提出的要走就要把藏書一起帶走的要求,被一口答允,包了一節車皮全部運京。以我所知,這樣的事例,除了歷史研究所對顧頡剛老師的照顧外,這還祇是第二例。"載《學林漫録》四集,中華書局,1981 年。又,乃乾先生至京後,承擔爲中華書局制定選題、開列書目、挑選版本、指導影印、審閱稿件等工作,以及中華爲先生配備助手、允許先生在家工作,遇事隨時上門請教的情形,《陳乃乾日記》中多有記載。

山鄉時,於此批函件,猶珍惜逾常,不忍棄置。

　　筆者承海寧虞坤林先生厚誼,慨允利用此批函件,因取其中涉及《大典》影印之史料,略加分類輯錄,以饗同行。爲便徵引,先將函件清單開列如下[①]:

陳乃乾先生所存中華書局出版史料清單(44 種 /62 頁)

(一)中華書局致上海編輯所公函

第一函　中華書局經理部函(59)經字第 500 號(打印件 2 頁)

第二函　中華書局編輯部函(59)經字第 555 號(打印件 1 頁)

第三函　中華書局經理部函(59)經字第 571 號(鈔件 2 頁)

第四函　中華書局經理部函(59)經字第 619 號(打印件 2 頁)

第五函　中華書局經理部函(59)經字第　號(打印件 1 頁)

第六函　中華書局經理部函(59)經字第 630 號(鈔件 1 頁)

第七函　中華書局經理部函(59)經字第 634 號(鈔件 1 頁)

第八函　中華書局經理部函(59)經字第 635 號(鈔件 2 頁)

第九函　中華書局經理部函(59)經字第 642 號(打印件 2 頁)

第十函　中華書局經理部函(59)經字第 686 號(鈔件 1 頁)

第十一函　中華書局經理部函(59)經字第 695 號(打印件 1 頁)

第十二函　中華書局經理部函(59)經字第 696 號(鈔件 1 頁)

第十三函　中華書局經理部函(59)經字第 702 號(鈔件 2 頁)

第十四函　中華書局經理部函(59)經字第 727 號(鈔件 1 頁)

第十五函　郭沫若《永樂大典序》(打印件 3 頁)

第十六函　《永樂大典》傳鈔本"十九敬·命字"(鈔件 1 頁)

---

① 虞坤林所示函件,尚有三件未録入,其内容爲:(一)中華書局編輯部請陳乃乾向冒廣生、陳奇猷約稿函"(59)哲字第 1037 號",打印件 1 頁;(二)中華書局編輯部《引得》四種重印説明,打印件 2 頁;(三)中華書局編輯部談陳奇猷《中國自然科學史料彙編》函"(59)編字第 1270 號",打印件 1 頁。

第十七函　《永樂大典》各卷頁數正誤表（打印件 1 頁）

（二）陳乃乾致中華書局函

第十八函　陳乃乾致金燦然、潘達人 1959 年 09 月 02 日（鈔件
　　　　　2 頁）

（三）潘達人致陳乃乾函

第十九函　潘達人致陳乃乾 1959 年 03 月 09 日（原件 1 頁）

第二〇函　潘達人致陳乃乾 1959 年 08 月 08 日（原件 1 頁）

第二一函　潘達人致陳乃乾 1959 年 08 月 11 日（原件 1 頁）

第二二函　潘達人致陳乃乾 1959 年 08 月 12 日（原件 1 頁）

第二三函　潘達人致陳乃乾 1959 年 08 月 21 日（原件 1 頁）

第二四函　潘達人致陳乃乾 1959 年 08 月 25 日（原件 1 頁）

第二五函　潘達人致陳乃乾 1959 年 09 月 01 日（原件 1 頁）

第二六函　潘達人致陳乃乾 1959 年 09 月 07 日（原件 2 頁）

第二七函　潘達人致陳乃乾 1959 年 09 月 11 日（原件 2 頁）

第二八函　潘達人致陳乃乾 1959 年 09 月 12 日（原件 2 頁）

第二九函　潘達人致陳乃乾 1959 年 09 月 17 日（原件 1 頁）

第三〇函　潘達人致陳乃乾 1959 年 09 月 18 日（原件 1 頁）

第三一函　潘達人致陳乃乾 1959 年 09 月□日（原件 1 頁）

第三二函　潘達人致陳乃乾 1959 年 10 月 08 日（原件 2 頁）

第三三函　潘達人致陳乃乾 1959 年 10 月 23 日（原件 1 頁）

（四）潘達人致上編陳向平、戚銘渠函

第三四函　1959 年 09 月 01 日（原件 1 頁）

（五）王重民致陳乃乾函

第三五函　1959 年 08 月 14 日（原件 1 頁）

（六）夏鼐致中華書局函

第三六函　1959 年 08 月 16 日（抄件 1 頁）

（七）張靜廬致陳乃乾函

第十八函　1959年08月19日（原件1頁）

（八）姚紹平致陳乃乾函

第十八函　1959年08月20日（原件2頁）

（九）徐調孚致陳乃乾函

第三九函　1959年08月22日（原件1頁）

第四〇函　1959年08月23日（1頁）

（十）關於《册府元龜》

第四一函　《册府元龜》影印説明書（草稿）（打印件4頁）

第四二函　中華書局經理部函（59）經字第557號（鈔件1頁）

第四三函　中華書局經理部函（59）經字第670號（鈔件1頁）

第四四函　中華書局總公司函（59）經字第　號（打印件1頁）

　　以上中華書局經理部致上編的公函，或爲打字藍印件，印於有"中華書局總公司"（附中華書局地址及電話）字樣的專用信箋上，鈐有"副本"印記；或爲手寫鈔件，鈔於印有"中華書局"字樣的信箋上，並鈐有"副本"、"鈔件"、"急"等印記。副本與鈔件，均編有"（59）經字第□□號"的函號，署有發函日期，函末加蓋（或未加）"中華書局經理部"公章。又公函或有題名，如第一函題"覆29日來電關於《大典》仿製本印面和整部分册問題"、第二函題"覆印字1890號函《大典》分册問題請洽示"等，反映了中華書局當年出版業務的規範。

　　中華書局副總經理潘達人致陳乃乾函，均以印有"中華書局"字樣的信箋親筆書寫，其格式則或橫行，或竪行。潘氏函件之内容，多爲中華致上編公函同時，就影印事宜對先生之補充説明。由潘函行文措辭，可知潘氏業務嫻熟，對出版印刷、徵訂發行等富於經驗，實爲《大典》影印業務之實際主持人。估計前述北中華方面致上編之公函文字,亦出其手筆。

　　《大典》影印的難點,包含以下諸方面:(1)底本的徵集與鑒定;(2)底本的複製與還原;(3)影印本的製作與裝幀;(4)出版各環節人員的有效協作等。底本的徵集與鑒定,有賴於《大典》流傳現狀的全面調查,以及對於海内外所存資源的徵集利用;底本的複製與還原、影印本的製作與裝幀,則有賴於對傳統及現代的印刷、裝幀技術的熟練運用(包括對印刷裝幀材質的選擇);出版各環節人員的有效協作,則有賴於出版部門與收藏單位、出版決策層與專家、出版部門與印刷及銷售部門的精誠合作。各項條件,缺一不可。1960年中華書局影印本《大典》的完成,在天時、地利與人和諸方面,均佔有今人望之莫及的優勢。

　　中華書局影印《大典》,分爲兩種形式:彙印徵集自北京圖書館及國内外其他收藏機構之《大典》底本,稱“整部本”(又稱“六開本”);又單獨印製仿《大典》原樣一册,稱“仿製本”。現據以上公私函件内容,分述《大典》仿製本、整部本的印製過程及相關情況如次。

《永樂大典》仿製本的製作

　　《大典》仿製本的選目,曾經中華書局反覆考慮,最後送呈古籍整理出版規劃小組齊燕銘先生酌定。1959年八月八日潘達人致函陳乃乾:

> 《大典》仿製本選目,日内當請燦然、燕銘同志核定。提出初選數種爲:一、諸家詩曰;二、烏事韻(以上蘇聯贈還);三、小兒症治;四、潮州府志一;另加:五、元詩三、四;六、齊名十一、

十二(以上館中原藏,後二種爲趙建議添加)。俟決定後,當通知上編,並即借原書送滬。①

八月十一日,潘達人再函陳乃乾:

乃乾同志:前日郵奉一箋,諒先督及。日來齊燕銘同志對於《大典》印製工作,有所指示,主要爲:封面、裏封設計,希參考《四部叢刊》;分冊中有少數可能太厚,希考慮是否能作些調整等問題。選擇仿製本,已由燦然同志送齊處,約在二三日內可決定發回。②

《大典》仿製底本,最後決定選用卷 2345—2347 "烏" 字號三卷之冊(此冊原藏吳興劉氏嘉業堂,40 年代售予滿鐵圖書館,抗日戰爭結束後爲蘇軍携去,1954 年六月由蘇聯送歸我國)③。事經定議,潘達人八月二十五日即致函陳乃乾:

乃乾同志:仿製本已定爲 "烏" 字一冊,希上編加緊印製工作。夾貢三萬張,已由燦然同志函向平、銘渠同志,請上編派專人去涇縣催運。請便中囑向平同志早日派定出發,以便趕上付印。印數問題,今日中國書店一家即要求預訂 350 冊,估計印八百數十冊無問題。請商英桂同志,即盡所到夾貢紙印。

----

① 第二○函　1959 年 08 月 08 日(原件 1 頁)。
② 第二一函　1959 年 08 月 11 日(原件 1 頁)。
③ 見《嘉業堂鈔校本目録》卷三,華東師大出版社,2000 年,第 57 頁。

總公司有於三月前裱好的草板紙一批,明日取樣與《大典》原
本封面核對一下,如可用,當盡快運滬,以應仿製本做硬封面
用。①

所謂“仿製本”,即依照《大典》原本(嘉靖重録本)的版式、尺
寸及裝幀,複製成書品與原本相仿的精本,爲此,不僅要求印刷質
量一絲不苟,逼似原書,紙張油墨、封面函套等材料,也需挑選精
良,又考慮到成本核算。中華方面對《大典》影印態度極爲慎重,
安排極爲周詳,八月底以後,多次爲此印發專函,如:

《永樂大典》仿製本封面用料等問題(急)　(59)經字第571號

上海編輯所:(59)華滬印字第1920號函悉。關於《永樂大
典》仿製本封面用料、印數等問題,逕復如下:
(一)封面用料,我們意見,函中所附在滬覓得的塔夫綢樣,與
[在]京物色的雖有些差異,但相差無幾,而價格則便宜許多,
又可當地採購,方便經濟,因此即請在滬購用。至於顔色,《大
典》明鈔本各本的顔色亦不一,我們現既已決定仿印“烏”字
韻本,即請按該原本封面顔色照染,以求保持原色。
(二)印數問題,我們估計仿製本價雖高一些,但銷數亦不會很
少,故現在京僅初步徵求中國書店系統的意見,他們即希提供
350部。因此,印數可以根據我們已購得的夾貢紙盡量印(我
們估計印數當在800—850冊之間)。究竟能印多少,希計算
決定,並函告我們。

---

① 第二四函　1959年08月25日(原件1頁)。

（三）考慮到仿製本封面顏色比較嬌嫩，本頭又比較大和厚，爲便於讀者保存起見，我們考慮另加一封套。辦法分兩種：一種精裝，用織錦函套，内裱"綾"，用十二號三層黃版紙做，專供對外贈送用，由我處在京製辦；另一種，除上述精裝套外，餘全部用原米黃色版紙仿《魯迅全集》書套方式做書套。這個工作請你處佈置安排。精裝套需數，正向有關部門聯繫請示中，估計在一百個左右；版紙套約七百餘個，版紙套上是否加印書名等項，刻在設計中，決定後連同應做只數函告。

另外，封面用料所需尺數，來函所聞恐有誤。我們計算結果，用滬購塔夫綢，如印 500 部，黃綢直開，每疋可開 54 只，共需約十疋，印 1000 部，約需 19 疋；藍綢面寬如亦爲 900 公釐，印 500 部需 18 公尺，印 1000 部需綢一疋又 6 公尺（36 公尺），請再爲核算。①

復二十九日來電關於《大典》仿製本問題　（59）經字第 500 號

上海編輯所：接八月二十九日電，其中關於《大典》仿製本事：
一、用紙問題，續接九月一日來電，在滬可購到夾貢紙，囑匯款二萬元，今日已電匯，諒可購進，趕得及在國慶前出版。惟共購多少、單價若干，請於購定後見告。我處於一日先復一電，計荷譯洽。印數多少，需視能購進夾貢紙數量而定，如足够一千册則印一千，如不足則少印些，但至多不必超過一千册。
二、關於書套問題，我處前告擬用米黃版紙仿《魯迅全集》的做法，並不妥當。經研究後，決定改用上好牛皮紙做一封袋，

---

① 第三函　中華書局經理部函（59）經字第 571 號（鈔件 2 頁）。

目的衹在保護書,不成爲裝幀的一部分。如何做法? 封袋上
要否印書名和我局出版等字樣? 請你處代爲設計,並與乃乾
同志商討决定(徐森老所提關於加布套的意見,限於時間,並
在經濟上可以節約些,不能照做,便中請婉爲説明)。

三、關於贈送外賓的錦套,我處在準備中,希將購進的紙裝白
頁一本(加硬封面)速寄來,以便準確製套。附中外文説明書
一頁,我處在準備中。

四、此書將加裹封一頁,式樣核定後即寄上。

五、該册正文首頁藏印三處,請一律削去不用。①

上海編輯所:關於《永樂大典》事,曾於三日接乃乾同志函(託
趙斐雲同志帶來),四日晚在長途電話中談洽,五日先發上一
電,爲書名仍稱《永樂大典》,不再改變及仿製本同意不加裹
封,諒亦先譯洽。今(七日)又接你所四日發出印字 2101 號、
2102 號函,均悉。現再分别復告如下:

一、仿製本

1. 因國慶前裝訂不出全部,希望上海能趕出二三百册。如需
北京裝訂若干,中國書店不可能,北京圖書館尚待進一步聯
繫。惟印成之頁,何日能運到京? 要京裝多少册? 請予計算
後見告。

2. 决定加藍布書套,請你處代做,數量以全部印數除 100 册計
算。我處準備做錦套 100 册用,請你處寄來大的骨杆 250 隻,
書套均上下不包轉。

3. 封簽用字樣,及不用裹封、改貼牌子事,已另函詳。另外還

---

① 第一函　中華書局經理部函(59)經字第 500 號(打印件 2 頁)。

應排印版權頁一小方,也貼書套上,在第三聯前面的下端,版
權頁稿容續寄。

4. 國際贈送的,加夾貢單頁用中外文印的説明書,由我處辦。
國内發行的如加夾説明,也由京印寄上。

5. 滬購夾貢,據印字 2102 號函告,已購 35000 張。惟電話中
告因質量差,尚在洽購三層夾。請速確定,並訂白紙一册寄
朱,以便做錦料書套。全部印數,可盡紙印 920 部,如合用的
紙少,則少印若干亦可。決定印數後,請見告。

6. 裝訂時,正書和硬封面貼接用紙和用布,請你處和乃乾同志
商定。

此外,關於兩種的印數,整部書 1000 部,仿製本 920 册。今日
與新華書店談好,將來除我局自留樣贈書及送外賓者外,均由
上海發行所按七折收貨。總店將有函致上海發行所。俟鈔件
到我處,當録一份寄你處備查。

涇縣定紙已請慶瑞同志退貨,已洽。①

《永樂大典》仿製本事　（59）經字第　　號

上海編輯所:《永樂大典》仿製本印刷各節,前已於九月四日由
潘達人同志和你處戚銘渠、丁英桂同志電話中商談。書名不
變,裏封同意取消,亦已在五日電告,均請照辦。現寄上封簽
字樣一組和仿製本用牌子原稿版式一份,請檢收。封簽字樣,
係照片翻拍的。此後凡我局影印本《永樂大典》(包括整部、
仿製本等)封簽書名,均請統一用此字縮放製版印刷。牌子印

---

① 第四函　中華書局經理部函(59)經字第 619 號(打印件 2 頁)。

刷方法,請按附件"牌子印製説明"印製貼用。國慶節刻已在望,此書爲京重點獻禮書,並用之贈送外賓,在滬工作,萬望加緊佈置進行。

附件:

(1)封簽字樣一組。

(2)牌子印刷製樣和説明一份。①

《永樂大典》仿製本事　(59)經字第635號

上海編輯所:你處九日關於《大典》仿製本來電悉。我處已於十日、十一日各發一電,諒已洽辦。現將《永樂大典》仿製本印製各節,再詳告如下:

一、《大典》仿製本一部分精裝,原計劃在國慶前出版,供對外文化聯絡委員會和外交部做爲國家禮品贈送外賓用。但近接外交部辦公廳指示,已不準備在國慶期間贈送外賓,故這一計劃取消。但原定在京製做的精裝書套仍照做,數量亦有所增加。因北京中國書店提出的350部訂貨,大部係供北京圖書館、國際書店等單位對外交換、贈送、發行用,故需精裝書套。中國書店尚表示希望全部供應他們精裝書套。我們考慮到精裝書套不宜過多發行,並結合我們分用三夾、夾貢兩種紙的印法,初步決定,凡用三夾紙印的部分,均用精裝書套(面用團龍暗衣黃緞,裏用綾襯),但不知滬用三夾紙印的總冊數多少?另外,三夾紙印每冊除書套外,全部成本多少,急待知道。因此今日先發電詢問,諒先譯洽,望一併速電復。

---

① 第五函　中華書局經理部函(59)經字第　號(打印件1頁)。

二、仿製本一般書套用毛藍布，經聯繫結果，北京亦無現貨，已在十日電復，望在滬另覓類似布代用。不知已覓得否？刻我處有一批上好亞麻布（1000公尺），原準備做《中國歷史圖譜》盒套用，現《中國歷史圖譜》延期出版，暫不用。我們考慮到該布質量好，大方，耐久，價亦較低（每公尺二元，幅寬2.7尺），也很適用於做《大典》仿製本書套用。問題是該布係米黃色，需再加工染成藍色後方可用。現附上布樣一塊，請考慮，如染色來得及，無大困難的話，我們希望用這種布，如可以，滬需多少（請減去京製精裝部分），請電告京，即可運滬。

三、六開本外封書名字樣，已在七日航寄滬，係照片，現再寄上京已製版打樣一份供選用。此後仿製本精裝、平裝書套、外封，六開本書套、外封等籤條書名，均請用此統一字樣，縮放製版照印。其中除仿製本精裝書套用籤條由京印製外，餘均由滬印製貼用。

四、仿製本書套上除貼"牌子"外（牌子稿隨同字樣一同寄出），尚貼版權頁一小方，請按附樣在滬印製貼用，印法、貼法，請參閱附件三。

五、仿製本出版說明稿已擬妥，正最後閱定中，約一千字，擬用三夾宣，或米黃色珂羅版紙（《中國歷史圖譜》用紙）單頁八開印。原稿一二日內即可寄滬排印。

六、仿製本在京爲國慶重點獻禮書，國慶前滬能寄京成品多少部，最快何日可寄出？均望急速告京。我們希望至遲在二十二日前寄出，數量多少不限，十部上下均可，望抓緊惠予配合。

附件：

一、亞麻布一塊；

二、書名字樣一份；

三、版權頁稿和印法貼法說明一份。

寄乃乾同志。①

關於《永樂大典》印數問題　（59）經字第 634 號

上海編輯所：附上新華書店總店總研（59）字第 166 號關於《永樂大典》訂數問題致上海發行所一文鈔件，請詧洽。

《大典》仿製本印數，我處前於九月七日經字第 619 號函中告知，印 920 冊，係根據你處印字 2102 號函報採購到宣紙數量，估計全部用入，可印 920 部。

今日又接到你處來電，謂購到雙層和三層夾，足可印 1000 部，其中三層夾 200 部，二十日前可印出。如此則印數又有不同，倘雙層夾尚未上架，請改印 700 部，合計共 900 部，將來樣贈書內扣；如兩種紙張係一次上架，已印 1000 部，則多印的 100 部，除樣贈書外，請一併寄京，可交郵購組處理，淨發新華爲 900 部，請與滬新華聯繫。希將結果見告。又仿製本共印若干，兩種紙各印多少？亦請告知。②

《永樂大典》仿製本事　（59）經字第 642 號

上海編輯所：十二日《永樂大典》仿製本紙張等事電，和（59）華印字第 2195 號函及三夾貢白紙樣本，均收悉。茲有數事再

---

① 第八函　中華書局經理部函（59）經字第 635 號（鈔件 2 頁）。
② 第七函　中華書局經理部函（59）經字第 634 號（鈔件 1 頁）。

函告如下：

一、仿製本京製精緻書套，決定祇做二百個，用於第一批印三夾貢紙部分。這部分運京主要提供北京圖書館、國際書店對外交換、發行、贈送用。這部分的書和精製書套，擬給你處留一部，其餘上海方面的樣書均用後印的加布套，如你處認爲有其他方面需先印的和錦套，請告京。

二、滬製布套可用京運滬亞麻布，此種布質地較厚，幅寬 2.7 市尺。滬減去京精製 200 部之外，布製書套其需若干尺布，請速電告，以便照寄。滬染色時可染成毛藍土布顏色。

三、仿製本出版説明，爲趕時間，決定改在京印妥後寄滬。用紙係用宣紙三或四裱，八開單頁一頁。京在二十日前後可寄出。

四、仿製本二十五日可運京 100 部，獻禮和中國書店陳列展覽用，均感稍遲，務請在二十二日先航寄京 5 部—10 部，餘可在二十五日寄出。

六、寄來的白紙裝訂樣本，看來裝訂質量不够理想。封面與書頁不齊（封面略小於書頁）；封面内襯裱的（得）不平起泡；封面綢料未先裱紙，即糊在黄紙版上，背脊不够硬挺，也不够美觀，最好加裱一層紙，裝訂質量應再提高。

七、由於京製書套贈加爲 200 個，骨千亦相應增加，如 250 隻已寄出，請再寄 200 隻。

八、京在十二日曾就乃乾先生來函復一長電給你處，諒已譯洽。爲便於你處瞭解内容，現將乃乾先生來函鈔滬一份，供參考。

九、我處曾函乃乾同志轉告：要將你處印就的"牌子"和版權一小塊，各寄 250 張來京，請洽寄。

附件：乃乾先生來函一份。①

　　除以上致中華上編的各件公函外，潘達人又同時致書乃乾先生，就仿製本印製裝訂問題，反復磋商，不厭其詳，具見出版界前輩敬業精神：

　　乃乾同志：八月廿七日來書昨日始接到。《大典》工作，目前祇能進行仿製本，及第二函的趕出，其餘俟國慶節後與各方商定。校對與印廠的配合確甚重要，希雙方工作均能改進。惟如要你親自下廠校對，恐太繁重，是否影響通讀工作？請考慮。仿製本用紙事，曾請上編派孫同志去涇縣。向平、銘渠同志有來信，今日由我復他們一信，兹鈔稿附備詧洽（項得滬電，夾頁可在滬購現貨，已照匯二萬元錢去滬，仿製本當可順利進行矣）。
　　又，郭老爲《大典》整部本所寫序文，今日已送來②。

　　乃乾同志：十日手書今奉悉。《大典》仿製本及六開本印製方面的問題，誠如尊示，隨時發生，苦於京、滬間隔，致雙方意見不獲及時商定。近日函電往返，有些事還得定而又改。總公司在京設廠，實感迫切需要。
　　近日接示後，先致上編一長電，諒已轉知。各事再詳於下：
　　一、仿製本書簽及韻目冊次的方框，應照原本影印爲是。我處前擬書簽"永樂大典"四字，改用在各本中挑選出之較好的，

①第九函　中華書局經理部函（59）經字第 642 號（打印件 2 頁）。
②第二五函　潘達人致陳乃乾 1959 年 09 月 01 日（原件 1 頁）。

不妥。布套簽條，則用京選寄的字，因書套純係我們新添製，用較好的字體爲美觀。套面僅印書名簽加貼，方框及本局出版等均不加。這一意見，前數日曾請示齊燕銘同志同意。

二、仿製本牌子用的幾行字，曾經此間商酌過，至於排得大些小些，以及用鉛字或手寫，均請您就近決定。版權頁稿已寄滬，也請您再看一下，如有不妥處，即予改正。這兩種請轉告上編，印成後寄京各二百五十份，以便貼綴製書套用。

五、仿製本希在廿日稍後即裝出數册寄京，因出版局在西長安街辦一文化櫥窗，等着陳列；同時中國書店也祇希望有數册陳列門市部，中外購者則可採預定登記辦法。惟二百册全數，最好在十月上半月訂齊寄出，此數大多爲北京圖書館國際交換用，及國際書店出口用，距國慶過久，也不相宜。此意請轉告上海。①

乃乾同志：十四日手書奉悉。

《大典》仿製本夾附的說明，中文稿已定，但要等譯成俄、英文稿後付印，時間極緊，不知能在節前印出否。滬製書套所需亞麻布，今日已交路局運出，上編收到後染色交製，估計在國慶稍後可製成，當可趕得上出版後向新華書店送貨。

又，說明書已決定在京印九百份，以七百份寄滬，便中請告知上編。②

乃乾同志：昨發一函，計可先達。十四日手示關於《大典》仿

① 第二八函　潘達人致陳乃乾 1959 年 09 月 12 日（原件 2 頁）。
② 第二九函　潘達人致陳乃乾 1959 年 09 月 17 日（原件 1 頁）。

製本的版權頁,本局地址一行移前及六開本封簽邊框闊度等問題,均請就近看樣決定。①

乃乾同志:廿四日航函,今天才收到。《大典》仿製本航寄六冊,廿七日取到。路局寄六冊,及六開本第二函八部,均尚未到,不知國慶前能收到否? 總公司在滬出書困難甚多,在京設廠勢在必行,現雖已着手進行,但恐需相當長的時期才能辦成耳。②

綜合以上各函內容,可知仿製本《大典》的製作,具有以下特點:

（1）書高五〇二厘米,寬二九八厘米;

（2）精印本以三夾貢紙印刷（200 部）,普通本以夾貢紙印刷（720 部）;

（3）因原書分爲紅、黑二色,故採用金屬版套色影印;

（4）因原書爲包背裝,故封面、封底選用黃版紙爲硬襯,外裱塔夫綢爲面,並染成接近《大典》原本之黃色;

（5）硬封面下原擬加一裹封,後取消,硬封左上角（沿邊）貼一黃絹書簽,題“永樂大典”四大字,書簽四周加黑色雙線,線外用藍絹邊鑲襯;

（6）硬封面右上角貼一黃絹小方塊,內題“某韻”（如“六模”）及在該韻中之冊次;

（7）硬封上書簽及小方塊內書名等字樣,據《大典》原本攝影後,製版印刷;

---

① 第三〇函　潘達人致陳乃乾 1959 年 09 月 18 日（原件 1 頁）。
② 第三一函　潘達人致陳乃乾 1959 年 09 月　 日（原件 1 頁）。

（8）爲便保護書本，各册均製函套。函套分爲兩種：供外銷的用織錦函套（200個），國內流通的用藍色亞麻布函套（起初考慮用米黃版紙或牛皮紙做一封袋，後取消），分別於京、滬趕製；

（9）函套封面加貼統一印製的書簽及牌子，函套內裏（第三聯下端）貼"版權頁"一小方；

（10）爲便交流，各册內附有用夾貢紙印製的單頁中外文説明書（印900份）；

此外，《大典》印製所需的書簽、小貼簽、牌子的字樣、尺寸、印法及貼法，中華方面均隨時擬訂"封簽字樣"、"小貼簽紀錄表"、"牌子印刷製樣和説明"、"版權頁稿和印法貼法説明"等工作文件寄滬，俾印製人員遵行，保證了《大典》印製的順利進行。

《大典》仿製本的難點在仿真，精心仿製昔日皇家秘藏的寫本，使其成爲今日圖書館的收藏，令人於數百年後復見古書之面貌，厥功甚偉。仿製本印製事宜，於1959年八月開展，爲趕在十月國慶節前送京展覽，選本、購紙、購布、染色、印刷、裝訂、貼簽、製套、徵訂、運寄等環節工作，均需於一月左右完成，至九月下旬，首批樣書已由航空寄京。京滬兩地懸隔，編纂與印製事務分頭從事，工作僅賴函件、電報、電話協調，而其進度之有條不紊，成書之迅速完美，50年代中華書局出版事業之主持得人，緊張有效，今日回顧，令人生敬。

仿製本《大典》共印製920部，與此同時，徵訂工作也十分順利。

《大典》整部本的印製

《大典》整部本的印製，與仿製本同時進行。由於量大工鉅，既需將國內所存《大典》藏本收集完備，又需將得自海內外的不同形式之寫本、鈔本、膠卷還原件等,盡可能統一面貌,其間涉及底本收集、卷次編排、闕葉配補、版面修描、套版印色、分册裝訂等工序,以及選書影、加説明、編目録、印封面、印書根、配函套等加工,一書之成,難度遠在排印本之上,而《大典》整部本的影印完成,深賴中華書局與乃乾先生的精誠合作、編輯與印製人員的有效配合,允稱近世古籍影印的傑作。兹仍據陳乃乾遺書中所存《大典》影印史料,臚述《大典》整部本影印過程如次。

一、《大典》的底本

整部本《大典》凡七百三十卷,其中七百十四卷爲原北京圖書館的收藏(包括明嘉靖鈔本、歷代仿鈔本二百四十六卷),其餘則爲舊影印本、傳鈔本、攝影本及縮微膠卷。北圖藏本以外,又從各方面徵集得十六卷,《大典》"影印説明"對此曾有介紹:

> 我們在付印之前曾經向各方面徵求,從南京圖書館借到仿鈔本兩卷,從北京中國書店借到傳鈔本八卷,從私人借到嘉靖鈔本兩卷,加上我局資料室所藏顯微膠卷四卷,就在北京圖書館所藏七百十四卷之外,又增加了十六卷。①

上述中華書局致上編及乃乾先生函件中,對《大典》底本的收集情況有所涉及,如:

(1)南京圖書館藏仿鈔本兩卷,爲《大典》卷2190—2191"圖"字韻"帝王經世譜"一至二,潘達人1959年八月十一日致陳乃乾函中曾言及:

---

① 《影印説明》,載《永樂大典》第一函第一册卷首,中華書局,1960年。

　　乃乾同志：南京鈔本卷 2190—91 一册，已借到上海否爲念。借到後，請囑上編將該册大體情況見告。①

　　乃乾先生其時爲影印《大典》親赴上海，南圖藏本借閲審核工作，即在滬寧間進行。陳氏於八月十五日、十七日，連續致函中華，建議收入此二卷，並提及原有影印本"目録"將改編問題。八月二十一日潘達人爲此覆函：

　　乃乾同志：十七日手示昨奉悉。關於南京《大典》鈔本加印後之分册問題，曾去函上編，告以擬作調整辦法。今接上編號函，也提出調整意見，並稱已就近得你同意，經理部已復函可照上編意見（此函有鈔付一頁逕寄你處，以後有關《册府》和《大典》各事的號函，均如此辦，以便你處接洽）。上編調整意見，使各册較勻，缺點在"湖名"一至十二（中缺九、十）不能完全訂在三册中，尤以其一、二要和上卷"壺"字合併了。但這是次要問題，故仍照上編意見。
　　北大圖書館善本室藏有李木齋遺書中之《大典》鈔本三卷，經核卷 14127，爲我局此次所未收。月內善本室因屋漏停開，俟見到此書後，再函奉商。②

　　（2）北京中國書店藏傳鈔本八卷，爲《大典》卷 18764—18771 "十九敬·命字"八卷，傳鈔本四册，收入影印本《大典》第二十函二

---

① 第二一函　潘達人致陳乃乾 1959 年 08 月 11 日（原件 1 頁）。
② 第二四函　潘達人致陳乃乾 1959 年 08 月 25 日（原件 1 頁）。按，上函中所言北大圖書館藏李木齋鈔本《大典》第 14127 卷，今影印本未收入，原因待查。

○一、二○二册,十月八日潘達人致陳乃乾函中曾述及:

> 昨陳濟川先生交來新收到《大典》傳鈔本四册,爲 18764—71
> 共八卷。今晨與斐雲先生研究,他認爲應收印在附輯之内,燦
> 然亦同意照此處理。原書暫不寄滬,俟您返京閲後再寄(此書
> 内容無足取,鈔的字比《大玄經》好)。①

(3)"我局資料室所藏顯微膠卷四卷"中,似應包括《大典》卷
13496—13497 兩卷,係由中華委託夏鼐先生從倫敦大英博物館訪
得。乃乾先生遺書中所存 1959 年八月十六日夏鼐致中華書局覆
函鈔件述及此事:

> 經字 518 號囑設法取得不列顛博物館所藏《永樂大典》13496—
> 13497 卷縮微膠卷事,已寫信給該館東方古物部華生(William
> Watson),請其設法攝製一卷寄來。俟有覆函,當即轉告。可
> 能於九月中寄來,不知趕得及印刷否? ②

中華書局經理部 1959 年九月十日致上海編輯所(59 經字第
630 號)函云:

> 上海編輯所:(59)華滬印字第 2125 號來信收到,兹書復於次:
> 1. 倫敦英國博物館所藏《大典》兩卷,其卷號是 13496—97,

---

① 第三二函　潘達人致陳乃乾 1959 年 10 月 08 日(原件 2 頁)。又第十六函
《永樂大典》傳鈔本"十九敬·命字"(鈔件 1 頁),録有此四卷卷目、葉數及
内容。
② 第三六函　1959 年 08 月 16 日(鈔件 1 頁)。

前信誤寫爲 13946—47，請更正。①

　　倫敦大英博物館的《大典》卷 13496—13497 "製"字韻 "事韻" 兩卷，今收入中華影印本《大典》第十四函第一三八册，凡三十六葉，據潘達人十月二十三日致陳乃乾函，縮微膠卷遲至 1959 年 10 月以後始寄達：

　　乃乾同志：《大典》年内將第一函印出是可以的，"校印記"放在末册，燦然同志同意。但目前還有收印總卷數的最後確定問題。我意英國二卷大約能來，待膠卷到後才能算數，如此則總數爲七百三十卷；至於日本的四卷，雖由對外文委聯繫，似乎希望不大，不等也可。他若别處如再有新發現，也可不必考慮(英國二卷估計下月可到)。②

　　據統計，日本現存《大典》殘本一百餘卷，分藏於國會圖書館、東洋文庫、静嘉堂文庫、天理圖書館等公私藏家，上函中所言《大典》"日本的四卷"，未知係指日本何處所收藏，其事待考③。

---

① 第六函　中華書局經理部函(59)經字第 630 號(鈔件 1 頁)。
② 第三三函　潘達人致陳乃乾 1959 年 10 月 23 日(原件 1 頁)。
③ 以上諸本外，《陳乃乾日記》(1959)中又有尋訪其他《大典》鈔本之記載：
　　"二月九日。張乾若(國淦)半月前逝世，年八十三。今日濟川云將購其遺書及書箱。其大部藏書早已捐獻武昌圖書館，所留零種，亦已在生前陸續售出。今存者有摹寫《大典》數百册、舊鈔《天下郡國利病書》等。擬請其買成後送來一看。""三月十七日。午後，至歷史博物館，訪李華同志，觀傳鈔本《永樂大典》六册。"

二、《大典》的分册

　　《大典》底本訪求之同時,中華上編的影印、分册工作已在進行中,關於《大典》整部本的分函分册,中華書局1959年八月二十二日有專函回覆上編:

復印字1890號函《大典》分册問題請洽示(副本)　(59)經字第555號

　　上海編輯所:印字1890號函及附表接悉。承示你處有關同志已研究擬定的《大典》分册計劃,無不同意見,已洽。此間各方面對分册辦法,原則上亦均同意。惟有些意見,恐一百頁以上是否太厚,有無形式上不好看、使用不方便等問題。我處曾以商務《四部叢刊》本參考,其中有一百頁以上者(如《箋注陶淵明集》第一册除封面、底爲105頁),尚不致影響形式和使用;而頁數在六十餘頁者(如《幽憂子集》第二册除封面、底爲64頁),襯頁却夾白紙一頁,可能是爲了印得上書根的原因。《叢刊》本用的連史紙,如《陶集》還是比較厚的一種,即以較薄的和我們此次《大典》的印樣比較,似還厚於我們的連史紙,相當於我們毛邊紙。不過我處僅看到帶京的印樣若干頁,不知滬存備印的大宗紙,一般厚度如何? 請你處驗看一下,並將百頁以上各册是否過厚、有無影響等見告。關於南京鈔本加印後的分册調整,你處意見,自第15册調整至第19册,分册頁數較勻,我處同意。
　　前製分册表的各卷頁數,經復查有些更正,兹附上"正誤表"一份備查。又,將來個別卷的實際頁數仍可能有一二頁出入,請你處在印成發訂時查實見告。

附件：各卷頁數正誤表一紙。①

九月二日、九月十日，中華又先後有公函致上編談《大典》分册問題：

> 上海編輯所：關於分册問題。經將《曲叢》第三、第四集研究，我處前定分册較厚的二十餘册，與《四集》毛邊紙本厚册大約相等，較《三集》連史紙本厚册還少二十餘頁，因此決定前擬分册不再改變（連史本少於 55 頁者有 9 册，估計印書根有困難，請酌加白頁夾襯解決）。又，前擬辦法中原書每册前加一頁裹封（原書封面存在的用影印，不存在的排印），現同需上報請最後核定，決定後當再函告（屬於顯微膠卷中的原書封面，我處已放出照片，以後如決定要用，當即寄上）。②

> 上海編輯所：《大典》分册厚薄問題，經再度研究，並徵詢有關部門意見，已決定仍照原擬辦法，全部分訂 200 册。③

《大典》整部本的分册問題，所以經反覆討論，一是因爲最後將收入多少《大典》殘卷，1959 年八九月間尚不能確定；二是因爲

---

① 第二函　中華書局編輯部函（59）經字第 555 號（打印件 1 頁），又第十七函"永樂大典各卷頁數正誤表"，記錄了《大典》卷 895、896、906、2265、2369、3000、8760、14380 等卷的"分册表原列頁數"及"復查正確頁數"。

② 第一函　中華書局經理部函（59）經字第 500 號（打印件 2 頁）。

③ 第六函　中華書局經理部函（59）經字第 630 號（鈔件 1 頁）。按，此函言《大典》訂爲 200 册，尚未將十月間中國書店提供之八卷（四册）計入。

《大典》“嘉靖鈔本原裝,每册包括一卷至三卷不等,每册末葉,題總校官、分校官、書寫、圈貼等人的銜名。流傳到現在,有殘缺的,有並不殘缺而經後人改裝的,原來的分册情况已經不能完全辨明,末葉的銜名也偶有缺失。此次影印分裝二百零二册,並不依照原裝分册,但是所存銜名葉仍舊附在原卷的末了”①。中華本《大典》雖然不能重現原本編次,但將彙印之殘卷分裝爲二〇二册、二十函,各函册大體厚薄均匀,仍見編輯的用心良苦。

三、《大典》的裝幀

　　1959 年九月二日,乃乾先生抵滬將近一月,就《大典》影印中各項問題,致函中華領導:

　　燦然、達人同志:關於《永樂大典》,有急待解決的幾件事,曾經與上編出版科及斐雲、英桂兩同志商得初步意見,簡述如下(倘有不够説明之處,由斐雲同志補充)。

　　(1)原定將原書封面影印在裹封的前半頁,原書缺封面者,則參照其式樣,用仿宋字排印。查原本《大典》,已有一部分經過後人改裝,故分册情况,已不能完全瞭解;若照片、膠卷等,原書如何分册,更爲模糊。北京圖書館所製“卷目表”中用直綫劃分的册數,乃指現存的册數,而並不與原本的分册完全相符。現在既然不能確定原本的分册情况而補印封面,規定某卷至某卷爲一册,似不妥當。故我們的意見,不再加印此頁。

　　如果單印僅存的原本封面,則所存的數量很少,且大半破損殘缺。我們想選擇完整的一本,製版印在全書的卷首。

①《影印説明》,載《永樂大典》第一函第一册卷首,中華書局,1960 年。

如果你們不同意我們的意見,則必須將北京圖書館所有的原本封面立即拍照,並將第二函中的封面盡先照好寄滬。

(2)原定在裏封的後半頁,加印"據明嘉靖原本影印",或據照片、膠卷影印,並注明照片大小尺寸。我們認爲,縮影古書,有注明原本大小尺寸者,因此可以知道原書的情況。至於照片、膠卷,可大可小,其尺寸與原本無關,讀者也不需要知道,故不擬加印。至某卷爲原本、爲照片、爲膠卷等情況,當詳注在卷首"總目"中。

(3)外封面的簽條,擬用原本簽條上的"永樂大典"四個字縮製鋅版,下面注明"第某某某册"。右上角作方框,加印本册所包含的卷數。

(4)書根仿照《四部叢刊》中《大清一統志》格式排印。

(5)書套外面的簽條,印"永樂大典第某函、某某册至某某册"。

(6)仿製本裝訂的技術,頗不簡單。我們估計上海的訂書作,不能很好完成這個任務,最好能够集合北京圖書館及中國書店兩處裝訂舊書的優秀人員來負擔。現在一方面,請上海訂書作試訂樣書;另一方面,請與北京圖書館、中國書店聯繫,可否由他們選派人員擔任。因此發生"在上海裝訂"和"在北京裝訂"的問題,也必須在短期內解決,以便佈置。

(7)前致燦然同志函中,曾提到書名是否要改,還是仍稱"永樂大典"? 此意見不知值得考慮否?

以上各條,請審核,作最後決定,即日電覆。[1]

乃乾先生此函所言七點,涉及《大典》影印本裝幀的以下

---

[1] 第十八函 陳乃乾致金燦然、潘達人 1959 年 09 月 02 日(鈔件 2 頁)。

細節：

（1）裏封前半頁設計;（2）裏封後半頁設計;（3）外封簽條;（4）書根;（5）函套簽條;（6）裝訂;（7）書名。乃乾先生提出之意見,均對原先在京所訂體例有所修改。對於先生的意見,中華書局經商酌後,大都加以採納,迅速答覆,如九月七日就書名、裏封等問題,中華致函上編：

關於《永樂大典》事,曾於三日接乃乾同志函（託趙斐雲同志帶來）,四日晚在長途電話中談洽,五日先發上一電,爲書名仍稱《永樂大典》,不再改變,及仿製本同意不加裏封,諒亦先譯洽。今（七日）又接你所四日發出印字 2101 號、2102 號函,均悉。茲再分別復告如下：

1. 前擬將原書封面改爲影印本的裏封,原書缺封面者排印裏封,現決定不用。

2. 封簽書名下只印冊次數碼,上下免去"第"、"冊"二字,數字用楷體（參照商務本《太平御覽》）。右上方框,列該冊內的各卷號,成扁方形,用中華仿宋字,不排韻目。函簽書名下,可排"第□□函"、"第□□冊至□□冊",用楷體。①

同日,潘達人就書名、裏封等問題專函答覆陳乃乾：

乃乾同志：斐雲同志帶到二日手書兩件接悉。四日上午斐雲來局面談,備稔在滬工作情況。是晚先與上編通長途電話,各前情諒已先洽。五日復發上編轉致一電,計亦察及矣。

① 第四函　中華書局經理部函（59）經字第 619 號（打印件 2 頁）。

《大典》書名,經燦然同研究後,決定不加"佚存本"等字樣,蓋此書殘存,係世所周知,此次收印,達十九以上,將來再得者即以"續"、"補"名義印出,故現用原書名,似無礙大旨。且卷首郭老序文中已備述,可彌此不足。不知尊意以爲如何? 用原封面影印作裏封(缺者排印補入)一節,原係考慮一部分人意見(如重民、見思等),嗣後我們亦已發覺,恢復原分冊極困難。適接來書,決定取消此議。原定在裏封下半頁印出局名及所據底本,亦同意在總目中詳注原本、照片、膠卷等。惟燕銘同志曾指示可否在每冊見到我局影印的字樣,我們尚須作進一步的研究。如有何高見,亟盼見示。至於仿製本裏封亦不用,"牌子"決定另印一方,貼在書套面的後背,格式及字樣,今日已徑寄上編。

其餘有關《大典》問題,詳致上編函中。

滬上氣候變化甚大,不知近日清恙已愈否,爲念。

附:郭老序文鈔稿一份請參考。①

九月十二日,潘達人又就函套書簽印法、外封方框內字體等問題,再函陳乃乾:

……

三、六開本套簽上,我處意只印書名及函數,前日已寄樣通知上海。來示所擬三種辦法中,第一、第二種均好,我們研究後,覆電上編用第二種,因所載較詳備,套簽亦較簡淨。

四、六開本封面右上方印卷數、字目很好。前在電話中,英桂

① 第二六函　潘達人致陳乃乾 1959 年 09 月 07 日(原件 2 頁)。

同志説要成扁方形,照現在排法,大約仍是長方形了。關係不大,即照所示樣子定下。①

今按《大典》整部本的裝幀,外封左上印"永樂大典"四楷字,係從原本照相複製,外圍以黑欄,黑欄下方注以"一"、"二"等表示册次之單字;右上印小方框,框内用仿宋鉛字印該册内各卷號;各册書根,沿襲商務影印本的傳統,印有(與封面黑欄内相應)的書名及册次號;函套用藍布製成,貼有書簽,書簽以白紙印"永樂大典"書名及函次號;又内封除首册之上半頁印有"永樂大典"書名、下半頁印有"一九六零年九月中華書局影印"字樣,並附書影二頁外,其餘各册,不再一一複製原本書影。凡此,既美觀大方,不失古意,又標示明確,便於翻檢。以上所述裝幀細節,看似簡單細微,其實均經南北函電磋商,編輯與印製人員多次調整,一事之成,凝聚了集體的智慧與勞動,也體現了傳統與現代的完美結合,更反映了50 年代出版界影印古籍的綜合實力。

又據上引各函,關於《大典》整部本的書名,乃乾先生曾有徑稱"永樂大典佚存本"的建議,未被中華領導採納。

四、《大典》的校對

《大典》整部本的校對包括:(1)影印本目録的編製;(2)各卷底本(鈔本、照片、縮微片等)頁次的校對;(3)各卷闕葉的配補;(4)各頁内(紅色)引用書名及貼簽的校對等。

(1)影印本目録的編製。《大典》首册列有影印本"目録",係精心編纂而鈔成,著録了 730 卷《大典》殘本在影印本中的函次、

---

① 第二八函　　潘達人致陳乃乾 1959 年 09 月 12 日(原件 2 頁)。

原屬《大典》的韻目、卷次、韻字、內容及影印底本、頁數、存缺等，簡潔而詳明，如《大典》所收"一東"韻"忠"字四卷著錄：

> 卷四八〇忠(忠義十五遼金)　〔嘉靖鈔本三一葉〕
> 卷四八一忠(忠義十六元)　　〔嘉靖鈔本一七葉〕
> 卷四八五忠(忠經忠傳一)　　〔攝影本一六葉〕
> 卷四八六忠(忠傳二)　　　　〔攝影本一七葉〕

"目錄"編寫，出自乃乾先生之手，潘達人十月二十三日至陳乃乾函中曾述及：

> 《大典》年內將第一函印出是可以的，"校印記"放在末冊，燦然同志同意。但目前還有收印總卷數的最後確定問題。……此外，出版第一函則需全部卷目先編寫好，這一工作不知你已着手否(如用北京圖書館《卷目表》則甚簡便)。①

(2)各卷底本(鈔本、照片、縮微片等)頁次的校對。各卷底本的校對，為了檢查卷內頁次是否相連，有無闕葉，為此編有"頁次紀錄表"(又稱"卷頁單")。九月十一日潘達人致陳乃乾函、10 月 12 日中華致上編公函，均談及此事：

> 《大典》由於底本情況複雜，加以照相、製版、印刷工作分在京、滬幾個廠進行，因此需要仔細校對。但逐字逐筆校對，最好還是由上編影印科調集的校對人員擔負，發現較重大問題時，請您解決。此外如上下頁文字的聯接，引用書名有無漏誤等，由您在通閱時注意。這是我個人的意見，不知對否？總之，希望

---

① 第三三函　潘達人致陳乃乾 1959 年 10 月 23 日(原件 1 頁)。

上編不將瑣細工作由您負擔,請您和上編談定一些原則,以明分工,如何? ①

上海編輯所:十月十二日交郵局掛號寄上《大典》藍紙本第11620卷等14本,各附"頁次紀録表"一張,又附"《大典》原書貼簽紀録表"第八號一張(一式二份),均請查收。貼簽紀録表記有貼簽的共三處,在"如何處理"一欄,請轉乃乾同志核批,並以一份退我處備查。

附件:

藍紙本清單第15批一張。

"《大典》原書小貼簽紀録表"第八號一式二張。

鈔送:陳乃乾同志。②

（3）各卷闕葉的配補。《大典》底本校對發現闕葉,在可能的情況下,均作了補葉工作。《大典》"影印説明"對此有所介紹:

各卷中有些有闕葉,我們也盡可能訪求他本配補。嘉靖鈔本第一三〇一九卷原缺第二十四至第四十三葉,用北京圖書館所藏攝影本配補;第八九五卷原缺第一葉,第八九六卷原缺第二十葉,第二二六五卷原缺第二十葉後半葉至第二十三葉,都用北京圖書館所藏仿鈔本的攝影本配補。攝影本第一一九一卷第四葉,改用上海圖書館所藏嘉靖鈔本單葉調換;第一一九二卷原缺第二十葉和第二十三葉,用吳慰祖先生所

①　第二七函　潘達人致陳乃乾 1959 年 09 月 11 日(原件 2 頁)。
②　第十一函　中華書局經理部函(59)經字第 695 號(打印件 1 頁)。

藏嘉靖鈔本單葉配補。

還有我國駐越南民主共和國大使館向越南政府借到所藏嘉靖鈔本八卷和仿鈔本六卷,攝影寄回。北京圖書館原藏有這十四卷的攝影本,我們已經據以製版,見新攝影本較爲清晰,就抽換了一部分。①

爲了使用傳鈔較早的嘉靖鈔本,即使是流傳的單葉也不放棄;爲了使底本清晰,即使已經製版,也不惜重新製版。中華影印《大典》的一絲不苟作風,對今人猶具示範意義。

(4)各頁内(紅色)引用書名及貼簽的校對。《大典》原本用朱黑二色鈔寫,影印本爲保持原貌,採用套印方式,煞費苦心。由於底本不盡依據原鈔本製作,先須通讀全稿,編製套印紅字的紀録單。據三月九日潘達人致陳乃乾函,此事在 1959 年春(在京)即已開展:

乃乾先生:接來示並附致滬編輯所條,敬悉。
《永樂大典》鈔卡紀録紅字者,檢出寄上。②

《大典》"影印説明"中對此也有介紹:

嘉靖鈔本分紅黑二色,引用書名和中縫的卷數葉數用紅筆寫,闌格和中縫的綫條、魚尾都用紅筆描畫,圈句圈聲用紅色小圈鈐印。仿鈔本也摹仿嘉靖鈔本的原樣。惟有經過攝影的各本

---

①《影印説明》,載《永樂大典》第一函第一册卷首,中華書局,1960 年。
② 第十九函　潘達人致陳乃乾 1959 年 03 月 09 日(原件 1 頁)。

（除傅氏影印的兩卷外），都不辨紅黑。我們這次用金屬版套色影印，引用書名仍舊用紅色，其餘都用黑色。爲了便利讀者，攝影各本上的引用書名也一律恢復紅色（第八〇七、八〇八、一〇三六、一〇三七等四卷，底本太模糊，改珂羅版，未用紅色套印）。傅鈔本二十九卷，本非《永樂大典》原狀，所以作爲附錄，編在全書的末了，也未用紅色套印。①

《大典》底本中原有貼簽，也在校對中反覆查核，九月十八日潘達人致陳乃乾函談及此事：

> 茲附上"《大典》貼簽查記表"第六號二頁，其中原本卷8092第八頁前第一行左，有一白紙粘固小條，寫"以下空處俱原本缺"八字，自第八頁起往後數頁，有很多空白處，均以此小條所注貫注之。因此，這一批注是否削去，似需加以考慮。請就近向英桂同志索是卷曬藍本一閱，應如何處理，即在該表末欄批明，以一頁交英桂同志，另一頁便中寄退我處備存查。
> 再者：今接上編印字2245號函附《大典》六開本第二函卷頁單，末有說明文字第2條："另加裏封，每册一頁，或不止一頁。"查裏封已決定不加，這條說明不知有無誤會？請速轉告英桂同志爲荷。又上②。

> 上海編輯所：十月九日交郵局掛號寄上膠卷藍紙本第11312卷等四本（附清單一張），即祈查收。該藍紙本第11312卷第一頁

---

① 《影印説明》，載《永樂大典》第一函第一册卷首，北京，中華書局，1960年。
② 第三〇函　潘達人致陳乃乾1959年09月18日（原件1頁）。

中縫,有"重明節館伴語録"小字一行,需否印入? 兹附上"貼
簽紀録表"第七號一份(正副各一張),煩即轉請乃乾同志審核,
在"處理"欄内批注後,以一張留存你處,一張寄京存查。

附件:

膠藍第 13 批清單一張。

貼簽紀録表第七號兩張 ①。

五、《大典》的出書與徵訂

《大典》整部本的印製,前後花費一年多時間,1959 年九月底,
已趕印第一期一函(第二函)寄京。十月間,中華與上編函件往復,
商定了出書與徵訂計劃:

上海編輯所:(59)華滬印字第 2422 號函收到。《大典》六開
本分期出書問題,原則上同意你處提出辦法。我們認爲本書
既規定分期出版,第一期已出僅一函,第二期、第三期分别在
本年十二月底和明年三月應各出四至六函,從出書數量看,實
際等於三分之二,因此在第二、三期出版函數,請你處抓緊印
訂時間,盡量多出幾函,不要把明年六月底的出書任務壓得太
重,影響印製質量。這部書已定出了出版計劃,必須在保證印
刷質量前提下完成,在印製過程中,務希加强檢查。

現在分期出書辦法已定,徵訂單希即與新華書店商定後,早日
付印分發。②

---

① 第十二函　中華書局經理部函(59)經字第 696 號(鈔件 1 頁)。
② 第十函　中華書局經理部函(59)經字第 686 號(鈔件 1 頁)。

關於《永樂大典》徵訂工作各點 （59）經字第 702 號

上海編輯所：印字第 2441 號函及附件接悉。《永樂大典》影印本的徵訂工作，你所與新華滬所商談各點，茲分復於下：

二、三、五、六等項，同意。

四、整部本向讀者預收訂金，由新華上發候滬出版局批示照辦。如批准預收，則我局要求每出一函送貨後，新華上發按每函 25 元的七折預付貨款，請與上發協商。

六、徵訂單形式和郭、趙文排列次序，均同意。封面"新華上發總經售"改爲"發行"。

"影印說明"稿，由於整部本收印卷數，增加了 8 卷，冊數也增 2 冊，故在來稿上用紅筆更改附還，請乃乾同志閱定後付排。宣傳品印數希改爲 2500 份，除新華上發 2000 份外，餘 500 份寄我處（又，郭序中的影印卷數暫不改，俟正式影印該文前，再請郭老寫改）。

附件：影印《永樂大典》說明和預訂辦法等稿一份。

鈔送：陳乃乾同志。①

"郭、趙文排列次序"，指郭沫若 1959 年八月三十一日所撰"序"及陳乃乾先生所撰"影印說明"，今均載於中華影印本卷首。郭序撰於八月底，其時底本徵集尚未結束，故"序"稿稱：

中華書局現據北京圖書館所藏原本和複製本，及最近向國內

---

① 第十三函　中華書局經理部函（59）經字第 702 號（鈔件 2 頁）。

外私人借印者六卷,合共七百二十卷,影印出版。①

後因增加卷數與册書,今本《大典》卷首"影印説明"已作修改,"序"經郭沫若繕寫付印時,以上文字改爲:

中華書局現據北京圖書館所藏原本和複製本,及最近向國内外公私各方借印者十六卷,合共七百三十卷,影印出版。②

《大典》整部本的第二函印成後,曾送呈中央領導過目,獲得好評,潘達人十月八日致陳乃乾函言及此事:

乃乾同志:《大典》仿製本及《史記》精裝本,在國慶前送中央各領導同志。昨日毛主席辦公室來電話説:主席已親自翻閱,表示滿意。並囑如出版《史記》等書,最好能同時有綫裝本。又詢問《大典》六開本出版情況後,囑將第二函先送,以後可續出幾函送幾函。今日已將第二函連史紙本送去。主席對我局工作如此關懷並予指示,令人萬分感奮。請將這一情況轉告上編諸同志。③

此外,乃乾先生遺書中所存中華出版史料,尚有關於編纂《永樂大典參考資料集》、《永樂大典目録》(二萬餘卷之總目)、《永樂大典》引書索引,及同時影印《册府元龜》,整理《三國志》、《海瑞

① 第十五函　郭沫若《永樂大典序》(打印件 3 頁)。
② 郭沫若《序》,載《永樂大典》第一函第一册卷首,中華書局,1960 年。
③ 第三二函　潘達人致陳乃乾 1959 年 10 月 08 日(原件 2 頁)。

集》等資料,限於篇幅,將另文介紹。

　　曾經爲中華民族文化傳承做出辛勤奉獻的人們,歷史不會將其忘却。凝聚了深厚學識、豐富經驗、嚴謹作風、精湛工藝的出版物,歲月無法將其淘汰。陳乃乾先生及中華書局影印《大典》之功績,不能不令今日從事古籍整理研究及影印出版者追憶並深思。

　　(《海峽兩岸古典文獻學學術研討會論文集》,上海古籍出版社,2002 年)

朱東潤先生年表

朱邦薇　吳　格

1896 年(清光緒二十二年)　一歲

十二月四日(舊曆十月三十日),生於江蘇省泰興縣城蘇利巷老宅。排行屬"世"字輩,名世溱。曾祖父松年公,祖父星海公,皆已歿。父石庵公,原爲茶葉店店員,因店業倒閉,閒居在家;母李氏,泰興縣人。本年父母皆四十一歲。兄三:大哥世淦,年二十,布莊學徒;二哥世□,年十二;三哥世漾,十歲。

1899 年(清光緒二十五年)　四歲

二哥因肺病夭折,年僅十六。三哥十四歲,至姜堰布店當學徒。因父親失業,家貧無以爲生,賴典衣當物、甚至賣房度日。

1900 年(清光緒二十六年)　五歲

從父識方塊字。看《繡像三國演義》,父親爲之講解。

1901 年(清光緒二十七年)　六歲

入私塾,從本家塾師保三叔念書,讀《龍文鞭影》等蒙學書。年幼翹課,母親拖髮辮以責,父親則以"此兒不準備考狀元"爲勸解。"不準備考狀元"之語影響一生甚深。

1903 年(清光緒二十九年)　八歲

讀《四書》,先生僅要求記誦,不予講解。

1904 年(清光緒三十年)　九歲

泰興縣創辦初等小學(稱蒙學堂),地址在廣福寺內華嚴境舊屋,主持人爲王馨堂。蒙學堂分甲、乙、丙三班,老師爲金冶卿、李燕貽、張子偉,課本由無錫兩等小學編印。初入丙班,五月間,乙班李燕貽老師問課,得第二,即升乙班。開始作文,題出《論語》、《孟子》,以節鈔朱注等書成篇。

1905 年(清光緒三十一年)　十歲

仍在蒙學堂。三哥解雇歸。

入官辦襟江高等小學(俗稱東門大學堂,前身爲襟江書院)預備班。

舊曆三月二十一日,父親因貧病交加去世,終年五十一。由長兄做主,賒棺完喪。

本年科舉廢。十月,四鄉農民進城搗毀襟江小學,抗議官方借辦學之名增重稅。返家自學,除課本外,讀《史論啓蒙》、《柳宗元文選》、《四書義》、《三國演義》等。

1906 年(清光緒三十二年)　十一歲

襟江小學恢復,取消預備班。轉入幼幼小學(初等小學)甲班。老師汪民甫,縣廩生。汪老師取《論語》"東里子産潤色之"句,字以"東潤"。從汪老師讀《左傳》。

1907 年(清光緒三十三年)　十二歲

年初,清軍第九鎮至泰興徵兵,三哥世濚爲生活所迫,應徵入伍。

春,畢業於幼幼小學。襟江小學招生,赴考,以第一名録取。

秋,受族兄季鷹等資助,與族人同赴上海投考南洋公學附屬小學。取中,編入二年級,同學有鄭明、陳源、陳柱等。

1908 年(清光緒三十四年)　十三歲

在南洋公學附小。時唐文治(清農工商部侍郎)任南洋公學堂長。

1909 年(清宣統元年)　十四歲

在南洋公學附小。

南洋公學舉辦國文大會。作文兩篇,受唐文治賞識,獲小學第一名,得獎金四元,購《經史百家雜鈔》一部。

1910 年(清宣統二年)　十五歲

夏,自南洋公學附屬小學畢業。

因家境窘迫,族人資助中斷,準備輟學。秋季開學,由唐文治資助學費,升入中學部。

1911 年(清宣統三年)　十六歲

在南洋公學中院。

八月,剪除辮髮。十月十日,武昌起義。上海光復後,參加南洋公學巡邏隊,保護學校。

十月(舊曆九月十八日),時任南京模範監獄衛士之三哥世瀅,參加江蘇第九鎮起義,組織監獄暴動,因聯絡失誤而事敗,被清政府殺害,年僅二十六歲。

1912 年(民國元年)　十七歲

一月一日,南京臨時政府成立。

上半年在南洋公學,讀完中學二年級。暑假後輟學,入文明書局做校對。年底,入商務印書館任《小説月報》編輯助理,爲時二月結束。

1913 年(民國二年) 十八歲

住法租界留英儉學會,參加《公論報》編輯工作。

秋,乘日本長崎丸輪赴英國倫敦留學。抵英後,以翻譯爲生,所譯小説、時評等,寄回中國發表(所譯《歐西報業述略》,由上海《申報》連載)。

1914 年(民國三年) 十九歲

第一次世界大戰爆發。

進倫敦私立西南學院。聽課之餘,仍從事翻譯,以助學費。

1915 年(民國四年) 二十歲

在倫敦西南學院。

年底,袁世凱稱帝,國内討袁戰争起。

1916 年(民國五年) 二十一歲

中國駐英公使施肇基派人至西南學院調查,擬增補爲官費生。因正與留學生準備回國參加討袁運動,未予接受。

三月,搭日本船回國。舟至新加坡,聞袁世凱已死。遂經上海返泰興,住慶雲寺要雪堂譯書。不久,復往上海,入《中華新報》任地方新聞編輯。

1917 年(民國六年) 二十二歲

秋,應聘任廣西省立第二中學教師,乘船繞道香港,赴廣西梧州。

　　聞南洋公學中學老師朱先生去世,非常傷感,爲作挽聯,因不善書寫,請人代書,由此下決心鑽研書法。立志由篆書扎基,自《琅琊石刻》入手,兼從《會稽石刻》取神,花三十年時間練習篆書,然後再學習隸、行及草書。

　　寒假未回泰興,與二中同事陳柱、馮振等同遊梧州附近風景名勝,賦詩倡和,印有《寒假倡酬集》。

1918 年(民國七年)　二十三歲

　　在廣西省立二中。

　　暑假回泰興,由母、兄做主訂婚。女方名鄒蓮舫,十九歲,本縣人,縣立女子高等小學三年級肄業。

1919 年(民國八年)　二十四歲

　　五四運動爆發。

　　暑假,辭去梧州中學教職,回泰興。還清南洋公學求學期間親族接濟費用。

　　秋,應聘赴南通師範任教,同時兼任省立第七中學(南通中學)教師,每周於師範任課十八小時,中學任課四小時。爲提高師範英語教學質量,創新教育方法,採用直接教學法,頗見成效。運用直接教學法之體驗用英文寫成文章十篇,寄商務印書館《英文雜誌》發表。

　　課餘鑽研書法,篆書取法李斯、李陽冰,於清則推崇錢坫、楊沂孫,亦重視鄧石如之人品書法,但認爲鄧由隸入篆,雄强有餘而渾厚不足。

1920 年(民國九年)　二十五歲

　　在南通師範。

年初（舊曆十二月二十日）回泰興完婚。春季開學，携妻前往南通。課餘，曾與妻同游狼山。

1921 年（民國十年） 二十六歲

在南通師範。

十月，長子君達出生。賃屋居於泰興隆盛巷蔡家。

1922 年（民國十一年） 二十七歲

在南通師範。

1923 年（民國十二年） 二十八歲

在南通師範。九月，次子君遂出生。

1925 年（民國十四年） 三十歲

在南通師範。

1926 年（民國十五年）三十一歲

在南通師範。

1927 年（民國十六年）三十二歲

三月，軍閥孫傳芳兵敗，退守蘇北，泰興受騷擾。十七日，自南通請假回家，因無車船，與人結伴步行而返。經兩日行一百六十里抵泰興。

四月初一，革命軍進城，舉城歡迎。次日，革命軍撤離泰興城。五日，携妻兒出城避兵，由口岸轉至江都、泰興交界之葫蘆洲親戚家，居二十餘日始回城。

六月下旬，應邀前往南京，任中央政治會議秘書處秘書。

七月上旬，回泰興探親，旋返寧。於舊書鋪得《國山碑》拓片一。

九月中旬,因不滿官場腐敗,辭去秘書處職務(在寧前後八十日),仍回南通任教。時學校改稱張謇中學。返通後接南京函,再邀赴寧任職,拒絕。自此終身任教。

1928 年(民國十七年) 三十三歲

在南通張謇中學。

時局動蕩,學校經常發生風波。十一月初某日,與訓育主任沈簣庵同往狼山看紅葉,未及趕回。當日,學生因不滿食堂伙食,在餐廳砸碎許多飯碗。兩人回校後,貼出佈告,引咎自責,甘願賠償。學生代表亦出面承擔責任,事態得以平息。

同月十二日,又發生軍隊到校搜查進步學生事件,校方與教師極力周旋,掩護學生。因無力保護學生,又不忍見學生犧牲,陷入矛盾心理。寒假提出辭職,未獲同意。

1929 年(民國十八年) 三十四歲

四月,離開南通,應聘前往武漢大學任教。

其時武大開辦始一年,校址在武昌城內閱馬場東首。校長王世傑,教務長王星拱,文學院長聞一多。至武大,初任預科英語教師。此前,預科已有五名英語教員被學生轟走,故特物色有經驗教員接任。開課後效果頗佳。聞一多進而提出,希望秋後擔任大學一年級英語教學,同時囑開"英文國學論著"和"中國文學批評史"兩門課程。

"中國文學批評史"課程講義,安排一年時間準備,得李笠、任慧忱二教授幫助甚多。

冬,回泰興。從隆盛巷蔡家搬出,另賃城南越街何宅房屋居住。結婚十年,妻操持家務,已由少女成長為幹練主婦。

1930 年（民國十九年）　三十五歲

在武漢大學。

春，武漢大學籌建新校，新校址定在賓陽門外羅家山（後改稱珞珈山），東傍郭鄭湖（後改稱東湖）。

與妻兒兩地分隔，千里相思，作《同遊珞珈山》《古意二十首》等詩。四月，得家信，聞表兄李仁溥亡故，十分悲痛。仁溥長於書法，能詩，自幼感情篤厚。不久，長子君達因患腦膜炎夭折，年僅十一歲。

1931 年（民國二十年）　三十六歲

在武漢大學。"九一八"事變發生。

武大新校舍建成，學校創辦《文哲季刊》等刊物。"中國文學批評史"研究論文陸續發表。因任批評史及寫作課程，改任中文系教授。

研讀《詩經》始，博採魯、齊、毛、韓諸家詩說。

1933 年（民國二十二年）　三十八歲

在武漢大學。

《詩經》研究論文四篇先後在《文哲季刊》發表：一、《國風出於民間質疑》，二、《詩大小雅說臆》，三、《古詩說摭遺》，四、《詩心論發凡》（後編集爲《讀詩四論》）。

1935 年（民國二十四年）　四十歲

在武漢大學。

四十歲生日，妻攜次女秀若（九歲）自泰興來。留武漢一月餘，同返泰興，旋再赴武大。

1936 年（民國二十五年）　四十一歲

在武漢大學。

暑假回泰興,利用歷年薪水撙節所餘,籌備建房。

冬,西安事變發生。

1937 年（民國二十六年）　四十二歲

在武漢大學。

八月,全民抗戰始。秋,武大教學逐步停止。

寒假,取道廣州、香港,經上海回泰興。時新宅初步建成,全家自越街賃屋遷入新居。

1938 年（民國二十七年）　四十三歲

因中日戰爭緣故,於泰興家居。

應邀於上海滬光中學泰興分校臨時兼課,教高一英文。

九月,幼子君邁出生。

十一月,接武大電報,告學校已遷至四川樂山復課,希望於次年一月十五日前報到,遂拋家別舍,毅然登程。

十二月二日至上海,數日後乘船抵香港,繞道越南,由河內乘火車進入雲南。除夕,抵達昆明。

1939 年（民國二十八年）　四十四歲

正月初一,由昆明乘火車,經三日至貴陽。再搭乘裝油汽車往重慶,一月初八抵達。因無車票,罄囊購得飛機票,十三日乘民航機抵樂山。萬里兼程,終於準時到校。

十四日報到後,即與葉聖陶承擔新生語文補習班教學,各任一班。不久,系主任劉賾囑開《史記》課程,因而研讀《史記》,開課前撰成《史記考索》。

敵機轟炸樂山,損失慘重,武大經濟系泰興籍學生李其昌罹難。爲李厝棺於護國寺(後葬城北桐梓林),撰寫墓誌銘並親書上石。

秋,接家書,聞母親已去世,妻獨立維持八口之家。賦詩填詞,以寄思親之懷。

1940 年(民國二十九年) 四十五歲

在樂山武漢大學。

繼文學批評史、《詩經》《史記》研究,興趣轉向傳記文學研究。鑒於時人對傳記文學認識模糊,泛讀中外傳記文學作品及理論著作,以一月時間譯出法國莫洛亞傳記文學理論著作一種。又撰《中國傳記文學之發展》,專述中國古代傳記作品源流,因漢魏六朝部分資料不足,埋頭輯佚工作,蒐討及於佛典道藏。

《讀詩四論》由商務印書館出版。此書由論文四篇合緒論編成,爲第一部專著發表。

1941 年(民國三十年) 四十六歲

在樂山武漢大學。

撰《八代傳叙文學述論》。伏首鈔纂,空襲警報至不及躲避,遂伏窗下。待敵機轟炸後,繼續工作。開始撰《張居正大傳》。

1942 年(民國三十一年) 四十七歲

接重慶中央大學聘書。因欲換一環境繼續傳記文學研究,辭去武大教席。

八月,離樂山,結束在武大十三年教學生涯。

中央大學時分兩部,國文系在柏溪,中文系在沙坪壩。因於兩處任課,而柏溪課多,因常住柏溪,每周往沙坪壩一次。授大一國文、《毛詩》和中國文學批評史等課程。

課餘完成《後漢書考索》寫作,此書較《史記考索》更具心得。

1943 年(民國三十二年)　四十八歲

在重慶中央大學。

冬,中大國文系與中文系合併。教學以外,主要精力用於傳記文學寫作與研究。《張居正大傳》完成,交開明書店出版。此書旨在表彰明代後期整理内政、抵抗外侮、打擊貪官污吏、安定國家之實幹家張居正,以期對現實有所觸動。《大傳》問世,對現代傳記文學創作産生重要影響。

《中國文學批評史大綱》、《中國文學述論》、《史記考索》等專著,陸續由開明書店出版。

繼《張居正大傳》,着手撰寫《王守仁大傳》,此書旨在表現王守仁"良知良能"説對程朱理學之否定,主張不以"聖經賢傳"之是非爲是非,提倡思想解放。此書抗戰前夕完成,因開明書店無力出版,又拒絶正中書局之徵求,迄未出版,手稿存泰興,十年動亂中散失。

1944 年(民國三十三年)　四十九歲

在重慶中央大學。通貨膨脹,生活艱難。

長女清於高中畢業,自泰興輾轉至重慶求學,時年十八歲。暑假,考取中央大學醫學院。

1945 年(民國三十四年)　五十歲

八月,抗戰勝利。九月,家鄉泰興解放。

1946 年(民國三十五年)　五十一歲

六月,復員返南京,率中大學生三百餘人搭"華强輪"東下。

夏,新四軍攻打泰興城,擊潰國民黨劉光宇部。

秋,山東大學來聘,任爲中文系主任。原擬前往,因病未成行,仍留中大。同時應無錫國學專修學校約,每周至無錫授課一次。

1947 年(民國三十六年)　五十二歲

夏,因中大中文系派系鬥爭牽連,遭解聘。

因無法兩地兼顧,謝絕金陵女子大學、山東大學聘請,前往無錫任無錫國專課程。

1948 年(民國三十七年)　五十三歲

春,次女秀若死於肺結核病,年僅二十二歲。

兼任無錫市第二中學高中語文教學。秋,至私立江南大學兼課,教文學概論。

寒假,回泰興。

1949 年　五十四歲

春節前夕,泰興再次解放。四月,無錫解放。十月,中華人民共和國成立。

次子君遂自無錫國專畢業。秋,脫離無錫國專,專任江南大學中文系課程。

1950 年　五十五歲

春,江南大學成立師生員工聯席會議,被推爲主席,不久被校方解聘。

秋,撰成《楚辭》研究論文四篇:一、《楚歌及楚辭》,二、《離騷的作者》,三、《淮南王安及其作品》,四、《離騷以外的屈賦》。對《楚辭》作者及時代提出與衆不同的認識。

1951 年　五十六歲

春節後，應邀赴北京人民出版社工作。未久，接齊魯大學聘書。經葉聖陶同意，離京前往齊魯大學報到，於歷史系任教。

《楚辭》研究四文，由葉聖陶推薦，陸續發表於《光明日報》。文章發表後受到郭沫若等批評，未予論答。續寫《"帝高陽之苗裔兮"疏證》《〈史記·賈誼傳〉疏證》二文，未發表（晚年將以上六文編爲《楚辭探故》）。

秋，脱離齊魯大學，應邀前往上海滬江大學任中文系教授。

1952 年　五十七歲

在滬江大學參加思想改造運動。院系調整開始。參加中國民主同盟。十月，分配至復旦大學中文系任教授，直至晚年。

1953 年　五十八歲

在復旦大學。

1954 年　五十九歲

在復旦大學。

所撰《左傳選》，由中華書局上海編輯所出版。就《左傳》研究提出兩個問題：一、《左傳》之性質及書名，二、《左傳》之作者及時代。

1955 年　六十歲

在復旦大學。

民主黨派交心活動、反胡風運動開展。

妻携孫女邦薇來滬定居。

1957 年　六十二歲

在復旦大學。

二月,任中文系主任,同時擔任系行政及教學工作。

五月,整風運動開始。七月,反右運動開展。

1958 年　六十三歲

在復旦大學。

大躍進運動開始。八月至十二月參加上海萬人檢查團,督促工商業大躍進。每日晨出暮返,在外十餘小時,深夜仍埋頭陸游研究及寫作。

1959 年　六十四歲

一月,回泰興,提出捐獻住宅供地方辦圖書館請求。

暑假,校方組織游黃山。爲如期完成書稿寫作,滯留山下賓館改稿,竟未登山。

秋,完成《陸游傳》、《陸游研究》、《陸游選集》三書寫作(中華書局上海編輯所 1960 至 1962 年陸續出版)。

1960 年　六十五歲

二月,參加上海市西北建設職工慰問團,遠赴陝西、甘肅、寧夏、青海四省慰問支邊職工,五月上旬返滬。

八月,參加新版《辭海》審訂。

1961 年　六十六歲

二月,出席全國大學文科教材會議,被指定爲文科教材《中國歷代文學作品選》主編。四月初,至京出席教材會議,月底返滬。

《中國歷代文學作品選》編訂開展,與華東師大、上海師院合作進行。

五月一日晚,與復旦大學周同慶、譚其驤教授等同至錦江飯店,受毛澤東接見,並一同觀劇。

1962 年　六十七歲

課餘仍臨池不輟,隸書、行楷以外,兼習草書。凡有可能,每日必臨篆隸行草四體各數紙,堅持不懈。得《袁安碑》拓片,甚喜愛(後於動亂中失去)。

三月,應邀往蘇州,至江蘇師範學院講學(《文心雕龍》研究),又爲蘇州中等學校教師講陸游研究。

五至六月,日夜審讀《作品選》初稿。秋,復旦中文系承擔編訂《作品選》上編兩册出版。

十月,偕妻返泰興,居留十日,住縣招待所。

1963 年　六十八歲

轉入宋代詩人梅堯臣之研究。先編出《宛陵文集分卷編目表》,確定改造《宛陵文集》分卷紊亂之框架。四至十月,撰成《梅堯臣傳》,隨後完成《梅堯臣集選注》。開始撰寫《梅堯臣集編年校注》,依年重編梅詩爲三十卷,梅詩編年校注,得吕貞白先生幫助,並承借録夏敬觀《梅宛陵集校注》意見,因此《編年校注》保留夏氏原注,增補校注則稱"補注"。《編年校注》費時多年,"文革"前始完成。

五月,應邀往合肥,至安徽大學講學,講題二:一、陸游的道路;二、傳記文學的發展。於合肥博物館得觀鄧石如隸書屏八幅及四體書屏四幅,無限欽服,以致夢寐思之。

1964 年　六十九歲

八月,回泰興。與地方再次洽談捐獻住宅事宜。此行爲生前最後一次返鄉。

應邀前往泰興中學（襟江書院舊址）爲全縣高中語文教師做報告，談三點：一、從本年大學高考試卷看中學語文教學；二、中學教師進修問題；三、中學教師提高問題。鄉音朗朗，深入淺出，一小時餘結束。

十二月，《梅堯臣集編年校注》基本完成，開始計劃下一步傳記寫作。初擬作《蘇軾傳》，閱讀蘇軾全集及《宋史》等資料，準備近一年，終因難以着筆，放棄設想，轉入杜甫、陳子龍研究。

1965 年　七十歲

右臂疼痛，嚴重影響生活及工作，經過多方治療，半年後始愈。妻患高血壓，靠服藥緩解。

又向泰興縣文教局提出捐屋及辦圖書館建議，未蒙接受。

十二月，七十歲生日，與妻同游南翔古漪園。

1966 年　七十一歲

“文化大革命”開始。六月，學校教學逐步停止。靠邊遭受批判。不久，取消教授工資待遇。妻同受迫害。

1967 年　七十二歲

先後被遣往寶山縣長興島、羅店公社勞動改造。勞動期間接觸一位身世坎坷、賢淑堅强的農村婦女，認爲足可爲之立傳，以頌揚中國婦女之堅韌美好品格。

1968 年　七十三歲

在校勞動改造，繼續接受批判。

十一月三十日，妻不堪忍受精神與疾病折磨，含冤去世。逝者屍骨未寒,存者重遭批鬥。

孫女被遣往寶山橫沙島插隊落户後,獨自料理生活,備嘗艱難。

1969 年　七十四歲

又至羅店勞動。曾於半夜被令與青年學生一起急行軍,天黑氣喘,頑强堅持,幸未仆倒,此後心臟病屢犯。

1970 年　七十五歲

在校勞動。恢復工資待遇。

1971 年　七十六歲

參加"二十四史"中《舊唐書》、《舊五代史》校點工作。

1974 年　七十九歲

《舊五代史》等校點結束,又參加《春秋左傳》校點工作,並爲復旦中文系青年教師校訂《玉谿生詩集》、《于湖文集》等書整理稿。

1976 年　八十一歲

"四人幫"粉碎。

開始《杜甫叙論》寫作。

1977 年　八十二歲

繼續撰作《杜甫叙論》。

1978 年　八十三歲

獲平反,推翻一切誣衊不實之辭。恢復中文系主任職務,重新主持中文系工作。

招收唐宋文學碩士研究生。修訂有關梅堯臣研究之三部著作。

1979 年　八十四歲

一月,復旦大學中文系及復旦居委會聯合爲妻召開平反昭雪大會。

五月,《梅堯臣傳》由中華書局出版。

加入中國共產黨。

1980 年　八十五歲

十月,《梅堯臣詩選》由人民文學出版社出版。十一月,《梅堯臣集編年校注》由上海古籍出版社出版。

1981 年　八十六歲

卸去中文系系主任職務,任名譽系主任。

三月,《杜甫敘論》由人民文學出版社出版。十一月,《讀詩四論》修訂後改稱《詩三百篇探故》,由上海古籍出版社出版。

秋,赴京參加國務院學位委員會第一屆會議,任文科評議組成員,被確定爲第一批文科博士生導師。

修訂歷年中國文學研究論文,編爲《中國文學論集》。

準備《陳子龍及其時代》寫作。

泰興縣政府派員至滬洽談接受捐屋事宜。

1982 年　八十七歲

《陳子龍及其時代》寫作開始。

八月一日,泰興縣政府舉行捐屋交接儀式。派三子君道、三女惠如爲代表前往參加。無償捐獻房屋二十四間、書刊四千餘册及部分傢具。

招收傳記文學方向碩士研究生。

1983 年　八十八歲

三月,《中國文學論集》由中華書局出版。

1984 年　八十九歲

一月,《陳子龍及其時代》由上海古籍出版社出版。

1985 年　九十歲

開始《元好問傳》寫作準備。

招收傳記文學方向博士研究生。

十二月六日,九十壽辰。上海市作家協會、復旦大學中文系、泰興縣委及縣政府假上海作協禮堂,聯合舉辦“慶祝朱東潤教授執教七十年紀念會”。

1986 年　九十一歲

繼續寫作《元好問傳》。

健康狀況逐漸退步。著述育人,仍不稍懈。

1987 年　九十二歲

健康狀況益差,屢次住院治療,出院後仍堅持工作,以“教師終於講席”自勵,繼續指導博士生論文及寫作。

十二月初,《元好問傳》脫稿。十八日,博士生畢業論文答辯通過。

十二月二十日,因出現全身性黃疸,住入第二軍醫大學附屬長海醫院檢查治療。

1988 年　九十三歲

一月十五日,由長海醫院肝膽外科吳孟超教授施行手術。手術診斷:胃癌肝門淋巴結轉移,併發堵塞性黃疸。經多方搶救無效,終於二月十日下午 4 時 49 分逝世。

彌留之際,仍以工作未完爲念,深盼不久重返學校。

二月十五日,於上海龍華殯儀館大廳舉行遺體告別儀式。

附記:本表據先祖自傳《八十年》及其他資料編成。先祖自傳,敘事以數年爲一段落,本表所繫年月,有經推斷而得者,命筆匆促,不及細考,疏漏之處,容當補正。茲特呈於先生師友及鄉邦舊好,倘荷賜政,無任銘感。一九八九年九月十日。

(《朱東潤先生誕辰一百一十周年紀念文集》,上海古籍出版社,2006 年)

《任銘善致鍾泰信札》整理後記

《任銘善致鍾泰信札》三十七通,前杭州大學任銘善先生致其座師鍾泰先生之函件,載於 2015 年末上海朵雲軒影印之《鍾泰友朋信札》(署"繆可嘉責任編輯,承載、繆可嘉審讀")。鍾先生此批友朋信札,據介紹共三百三十餘件,其時間跨度則自民國初至於建國後,通信師友人數逾百,本事紛紜,多關史實。其中任銘善致鍾泰信札存三十六通(凡五十六頁,存二十三信封,又明信片一),佔此批信札十分之一強,實《鍾泰友朋信札》中之重要內容。

任銘善(1912—1967),字心叔,室號無受室,江蘇如東人。1935 年畢業於之江大學國文系。建國前歷任之江大學國文系教授、系主任,浙江大學教授。建國後歷任浙江師範學院教授、副教務長,杭州大學教授,又任民進浙江省委第一屆副主任委員。先生長期從事古代文獻、漢語音韻研究及教學,著有《禮記目錄後案》、《漢語語音史概要》、《無受室文存》等。20 世紀 60 年代參加新版《辭海》修訂,多著勞績,為《辭海》語詞部分主要撰稿者。

鍾泰(1888—1979),字訒齋,號鍾山,別號待庵,江蘇南京人。清末就讀於江南格致書院,曾從太谷學派傳人黃葆年問學。後留學日本,返國受李瑞清邀,出任兩江師範學堂日文譯教。民國初曾入皖督柏文蔚幕,一度出任廣東博羅縣長。1924 年起,歷任之江大學國學系教授、系主任,湖南藍田國立師範學院教授,大夏大學文

學院長兼中文系主任。抗戰中曾入蜀，與熊十力並任復性書院主
講兼協纂。1948 年至滬，任光華大學教授。建國後轉任華東師大
教授，受聘爲上海市文史館館員。1962 年應東北文史研究所禮聘，
曾往長春講學兩年。1979 年逝於南京，壽九十二。先生平生著作，
有《中國哲學史》、《國學概論》、《荀注訂補》、《莊子發微》等。

　　任銘善致鍾泰信札，始於 20 世紀 30 年代，迄於 50 年代。諸
札弟子情深，執禮甚恭，内容豐贍，多關學術，所涉人事，曲盡表裏，
即尋常問慰，亦見至性，而吐屬醇雅，書法精妙，尤令人讀之忘倦，
美不勝收。所惜出版匆忙，編次紊亂，人物本事，稽考有待。《鍾泰
友朋信札》經朵雲軒拍賣，風流雲散，聚合無期，而雪泥鴻爪，幸賴
朵雲軒影印本略窺面貌。筆者少年時，曾隨先君廣洋公踵門拜謁
鍾、任兩先生，道貌莊嚴，至今懷敬。茲不揣譾陋，拜誦遺翰之餘，
重行釋讀過録，以饗同好，至箋注研討，且俟諸來日。

　　以上信札之整理稿，曾應日本早稻田大學文學部編纂《稻畑耕
一郎教授榮休紀念集》之需，交東京東方書店排印，國内則尚未刊
佈。茲見胡曉明兄發起編纂《王元化先生逝世十周年紀念文集》，
徵其同意，特檢寄此整理後記。抗戰時期，清園先生自京南下，移
居上海，曾於孤島邂逅任銘善先生。任先生時任教之江大學，隨校
遷滬，困處租界，離群索居，將往内地，其間又曾於無錫國專滬校兼
任禮學課程，並受託爲因亂失學之清園先生補習經典閱讀。亂世
師弟，教讀情形，清園先生曾於任先生《無受室文存》（浙江大學出
版社，2005 年）後記中有深切回憶。任先生逝世於“文革”中，清
園先生晚年緬懷師恩，曾偕夫人至杭州造訪任師母，備述契闊。屈
指相計，清園先生年未二十，已多經世故，歷練之中猶不廢修學，
而任先生飽學老成，其時亦衹而立之年。任先生中道殂謝，未盡所
學，師友懷想，久存遺痛；清園先生學涉中外，上下古今，始終禮敬

授業之師；兩先生又有互相交集之師長如馬一浮、熊十力、鍾鍾山、夏承燾等耆宿。其間交遊學術，所繫淵源，諒爲研究者所樂聞並追蹤。丁酉歲末古烏傷後學吳格謹識於羊城中山大學客舍。

（《後五四時代中國思想學術之路：王元化教授逝世十周年紀念文集》，華東師範大學出版社，2018 年）

"專爲前賢形役　不爲個人張本" 展覽引言

　　"專爲前賢形役，不爲個人張本"，是文獻學、圖書館學專家顧廷龍先生爲我們遺留之箴言，深圳"尚書吧"引作本次顧老書法及題簽展覽之題名。前賢警句，發人深省。

　　先生此語，見於《創辦合衆圖書館意見書》。據《顧廷龍年譜》，1939 年夏，先生受命參與創辦合衆圖書館，辭去燕京大學圖書館職務，七月十二日離開北平，取道天津、煙臺，舉家南下。輾轉數日，於七月十七日晨抵達上海。翌日，行裝未卸，即向葉景葵、張元濟等老輩擬呈《創辦合衆圖書館意見書》。先生所述"專事整理，不爲新作；專爲前賢形役，不爲個人張本"意見，自此不僅成爲合衆圖書館之辦館宗旨，也成爲先生畢生事業之基調。

　　顧老所言之"形役"，今人一般引作"行役"。"專爲前賢行役"，語意通俗，較易理解。《詩經》中即有"予子行役，夙夜無已"句（《魏風·陟岵》），一般解釋爲"因服兵役、勞役或公務而艱苦跋涉"。圖書館採集、整理歷史文獻，進而利用文獻服務社會，自是辛勞之業，需持刻苦堅忍、長期服役之精神。然而，查顧老弟子陳先行據《創辦合衆圖書館意見書》初稿所輯《顧老箴言》，原文又作"專爲前賢形役"。"形役"一詞，在今日語境中雖較爲陌生，溯其出典，實淵源有自。

　　晉陶潛《歸去來兮辭》云："既自以心爲形役，奚惆悵而獨悲？"心爲形役，通常指人之精神及行爲被形骸所拘束、役使，又可引申爲受功名利祿等社會因素之牽制、支配，故而詩人隨之有"悟已往之不諫，知來者之可追。實迷塗其未遠，覺今是而昨非"之感悟。顧老當年，雖下車伊始，諸事待舉，而所述志趣，則胸有成竹，乃心甘情願之"專爲前賢形役"，其言曰：

> 　本館從事專門事業之理想，書籍專收舊本，秘笈力謀流佈，當別設編纂處。即就葉先生藏書而論，名人未刻之稿當爲刊傳，批本、校本當爲移錄，匯而刊之。罕見之本當與通行本互校，別撰校記，以便學者。編纂目的，專爲整理，不爲新作；專爲前賢形役，不爲個人張本。圖書館之使命，一爲典藏，一爲傳佈。秘笈展覽，僅限當地，一經印行，公之全球，功實同也。

　　所述質樸無華，而擲地有聲，篳路藍縷、積沙成塔之合衆圖書館史，即由此發皇。顧老晚歲自我總結，以"收書、編書、印書"六字概括平生所事，即其對於"專爲前賢形役"之躬自實踐，屢及劍及，迄未改易。

　　文獻工作平凡瑣屑而意義深遠，既需持"專爲前賢行役"之操守，更需懷"專爲前賢形役"之執著。"形役"一詞，形象傳神，其義更勝。顧老以圖書館員奉獻終身，所秉持"專爲前賢形役，不爲個人張本"理念，正其人格精神之熠熠生輝處。顧老言教身教，不僅影響造就及門弟子，接力推進圖書館事業，又感召播惠各方讀者，贏得讀書人、愛書人普遍尊敬。顧老性情溫潤，學問淵雅，著述益世，書法樸茂，其實皆與"專爲前賢形役"相繫。先生無意善自爲謀，"不爲個人張本"，而聞其遺教、觀其題簽者，能不爲之心生崇敬、感慨繫之。二〇二一年十一月十二日古烏傷後學吳格謹識。

（《顧廷龍編著題簽圖書展》前言，深圳尚書吧，2021 年）

附　錄

吳格先生與中國古籍事業

眭　駿

一

　　吳格先生,字致之,浙江省義烏市人。1952 年 12 月 12 日生於上海。先生尊人抗戰間就讀於浙江大學師範學院,曾受業於徐震堮、夏承燾、任銘善等知名學者,學問淵富,長於詩文。新中國成立後,任教於上海教育學院。年屆耄耋,猶講誦不輟。

　　先生幼秉庭訓,濡染舊學。舞象之年,適逢“文革”,初中輟業,家居自習。1969 年 3 月,遵循國家“知識青年,上山下鄉”政策,赴滬郊寶山縣長興公社務農。居長興島近十載,訖於“文革”結束方歸。當是時,政治氛圍濃厚,同儕皆束書高閣,不以讀書爲意。先生畫與農民勞作田間,夜則篝燈苦讀,至夜分不少休。由是初知學問。1975 年至 1976 年,受聘於長興中學,任高中代課教師。教學努力,鄉人子弟,多所成就。繼而撥亂反正,先生參加“文革”後首屆高考。榜發,分數超等,而因政治因素被黜。1978 年,先生於春間報考上海戲劇學院戲劇文學系。之後,又以同等學力報考華東師範大學古籍整理研究所研究生班。至夏,兩校榜發,皆有先生名。因思自幼寢饋文史,遂入古籍所焉。

　　先生既入上庠,當時同學,皆一時之選,相與煮酒論文,切磋互進。而古籍所指導教師,多爲學界巨擘。如徐震堮先生,民國間已爲浙江大學教授,精通文史,所著《世説新語校箋》,刊行以來,學界奉爲圭臬;程俊英先生,早年畢業於北京女子高等師範學校,民國間任上海大夏大學中文系教授,於《詩經》研究,獨樹一幟;周子美先生,曾爲聖約翰大學國文教授,長於目録版本之學。先生遊於諸老先生之門,問難請益,所學益進。

1981年,先生獲文學碩士學位。是時,研究生畢業者被目爲高級人才,多欲入高校院系或研究所,繼續從事研究工作。先生本亦有此意,乃詢諸周子美先生。周先生謂曰:"汝既學古籍整理,盍至校圖書館乎?"蓋子美先生民國間曾任南潯劉氏嘉業堂藏書樓編目主任八年,於流略之學,素有研究。新中國成立後,自聖約翰轉至華師大,即被派往圖書館,於校圖書館古籍整理,頗費心力,有草創之功。周先生退休後,轉至古籍所授業,校圖書館古籍整理後繼乏人,故發此語,以勵先生。先生聞語,遂改先志,乃親詣圖書館館長,述入職之願。館長大喜,乃招先生入館。是時,圖書館古籍書庫已扃固十餘載,庫内圖籍,塵封凌亂。先生乃從基礎工作做起,清灰除塵,整理亂架,校核目録,數年之間,大有改觀。後陸續又有同人加入,工作漸有規制,遂單獨成一業務部門。

1982年,先生與朱邦薇女士結爲伉儷。女士爲復旦大學中文系教授朱東潤孫女,朱老晚年生活起居,多賴先生與朱女士照料,先生時居復旦宿舍,每日上下班,皆需騎車往返。兩校相距十餘公里,通勤頗爲辛苦,而先生則習以爲常。1986年,復旦大學圖書館文科館建成,因所藏古籍甚富,遂擬議成立古籍部。館領導耳先生名久矣,且知其照料朱老之實際情況,乃向華師大圖書館商調先生至復旦館任職。先生亦早聞復旦庋藏古籍豐富,可有施展才能之餘地,故而轉就復旦館職。之後,曾有一段時間作爲過渡,先生兩館輪流上班,以便工作交接。

　　先生既入職復旦圖書館，一如其在華師大之時，兢兢業業，克己奉公。復旦館內古籍約四十萬册，其質量及數量，較之華師大所藏略勝。20世紀50年代以來，雖有幾位老專家曾下放圖書館從事整理編目，然因政治運動等因素干擾，時作時輟，並無系統。館內僅一位潘先生專職古籍編目，彼時亦届退休年齡。先是，復旦館藏古籍，悉在流通大庫。先生任職之後，甫歸集於一處。其後，華師大圖書館古籍部沈達偉老師調入，而古籍部亦陸續招入若干年輕同人，漸成梯隊。先生總攬大局，工作部署，有條不紊；採購典藏，分類編目，修復保護，閱覽流通，咨詢服務等業務環節，皆已具備。先生雖爲主任，然於古籍之排架整理，目録之分類編制，以至於庫房之規劃修整，無不親力親爲。先生典書，素重其用，校內師生研究之需，皆盡力予以滿足，毫無保留，深得師生信任。而於校外及海外研究者來館閱書，亦熱情接待，所請必應，故復旦圖書館古籍部之令譽，遂播於國內外。

二

　　先生自1986年入職復旦圖書館，即受聘擔任古籍部主任。1987年，任副研究館員。1994年，晉升研究館員。2009年起，又擔任復旦大學古籍保護研究中心主任。

　　兹將先生數十年從事復旦古籍工作之貢獻，略述如下。

　　先生典書，重視採購。20世紀80年代以來，因古舊書業之萎縮，原版舊籍，書源枯竭，訪求不易，故多數高校圖書館已不再採購舊籍。而先生則不以爲然，多方途徑採購原版古籍，與北京中國書店、上海古舊書店、杭州古舊書店、蘇州文學山房舊書店等建立聯繫，信函往返，徵詢可售書目。雖經費有限，然力争每年皆有增益。其中尤可述者，乃與蘇州文學山房舊書店之來往故事。文學山房舊書店主人江澄波先生，爲民國間姑蘇知名書業文學山房之後人。新中國成立後，因公私合營，遂入職蘇州古舊書店。退休後，於觀前街開設舊書店，至今已近三十年。江先生承祖、父之餘芬，精於版本鑒別，至今年近期頤，仍坐鎮書店，其眼光之獨到，精力之充沛，爲近時所罕見。而先生早在 90 年代，即與江先生取得聯絡。江先生每年皆寄來書單，而先生亦幾乎每年偕部内同人，親赴江先生店訪書。歷年既久，所獲頗豐，爲館藏拾遺補缺做出巨大貢獻。而兩先生由書而生之交誼，亦可稱當代書林之佳話。

　　古籍編目與版本鑒定，爲館藏古籍工作之重要内容，既需理論知識，又賴實踐錘煉。先生嘗謂此雖“書皮子”學問，而欲通此道，亦非易事。觀今人治目錄版本之學者，多從理論出發，鎮日端坐一室，依研究趣向調閱若干古籍，即感滿足，所見未免有限。唯有如書店夥計，終日於書架間遊走，排架摸書，方能真正了解古籍。先生自研究生畢業以來，由華師大圖書館而復旦圖書館，經手舊籍，指不勝屈，各類版本，寓目極夥。由是理論與實踐相通，遂成爲國内古籍界知名目錄學者及版本鑒定專家。先生亦重視館内古籍編目人才之培養，1994 年以來，先後招募數位具有文史專業背景之年輕才俊，親加培訓，指示門徑，傳授經驗，俾有所成。通過多年磨煉，其中已有成爲業界專家者。

　　古籍修復亦爲部門業務環節之一。部内古籍之相當部分，存在不同程度破損，亟待修復。而較之編目整理，修復人員更顯匱乏。1992 年，先生通過努力，設法從貴州省圖書館引進一位修復館員，加上原先本館一位修復人員，使復旦古籍修復隊伍較爲完整。2007 年後，國家愈發重視古籍修復人才培養，迄今爲止，復旦圖書館修復人員已增至七人，而先生早期規劃之功不可没也。

　　先生重視館藏文獻之開發整理。1993 年，與中華書局合作，將館藏嘉業堂鈔本《清國史》影印行世，並編製綜合索引，以利查檢。此舉對於清史研究，甚有裨益。又館藏《嘉業堂藏書志》稿本，係由近代學者繆荃孫、吳昌綬、董康等賡續修撰成書。計著録南潯劉承幹嘉業堂藏書盛期所庋善本古籍一千七百餘種，爲研究嘉業堂藏書原貌之第一手資料。此稿幾經輾轉，有幸歸於復旦大學，而復旦圖書館於 20 世紀 50 年代，曾先後三次收購劉氏所存滬上舊籍，可謂素有淵源。先生於劉氏藏書之聚散深感興趣，因利用工作餘暇，發奮整理，歷時多年，最終完成整理工作，1998 年由復旦大學出版社出版。

　　先生不僅於復旦圖書館古籍工作傾注大量心力，對於全國古籍編目人才之培養，亦貢獻良多。2007 年國家開展古籍保護工程以來，自首都，至各省，皆紛紛成立古籍保護中心，其用意甚善，而所設各類古籍人才培訓班，端賴各方專家之支持。先生作爲古籍保護工作專家委員會委員，對於此項工作，亦十分支持。國家古籍保護中心舉辦古籍編目與版本鑒定培訓班，往往邀先生授課指導。先生皆欣然應承，將自己多年古籍編目工作經驗傾囊相授。而自全國古籍普查工作開展以來，先生受邀參與各省古籍普查人才培訓指導數十次，每次歷時至少二週。而此種培訓，不少業内專家皆行婉拒，而先生不辭煩勞，輾轉各省。每次培訓，口講指畫，娓娓道來，令參加培訓者受益匪淺。

三

　　先生入職復旦圖書館後，在從事古籍部本職工作同時，還曾受邀爲本校歷史系本科生講授文史工具書之利用等課程，頗受學生好評。而復旦大學古籍所原任所長、校傑出教授章培恒先生，亦素重先生之才，屢邀先生入古籍所，專任教學科研工作。而先生自念入職復旦圖書館以來，時任館長秦曾復教授對己甚爲尊重，對古籍部工作亦極爲重視；且古籍部之業務發展、人才培養，尚有賴於先生，故屢卻其招。章先生由是愈重先生之爲人，乃鄭重敦聘先生爲古籍所兼職教授。1999 年始，先生任校中國古典文獻學博士生導師，於古籍所招收博士研究生及碩士研究生。2005 年，又招收校文獻信息中心社科文獻管理與利用方向碩士生。迄今爲止，先生已培養博士及碩士畢業生數十名。

先生育人，因材施教，注重實踐。除每學年開設相關專業課程，如"文獻學概論"、"目録版本學"、"古籍校釋學"、"四庫提要與續四庫提要研究"等之外，每週皆有讀書會，招諸生討論學習情況及課題研究進展。諸生執疑問難，先生從容講授，雍雍穆穆，氛圍甚佳。而先生又命諸生於課餘時間，至圖書館古籍部，以勤工儉學模式參與實習，從整架理書之基礎工作做起，繼而學習卡片整理與典藏編目。蓋先生以爲，古典文獻學專業之學生，熟讀理論著述，固然重要；然無實際摸書經歷，則終屬門外，未能升堂，焉得入室？故常以此勖勉諸生。而諸生亦欣然領命，奉爲圭臬。如此教學相長，加以實踐磨礪，及乎開題，多無難色，論文撰寫，亦得心應手。而先生所指導之碩博士學位論文，多篇榮獲學校及上海市優秀學位論文獎。2004 年，先生因教學育人成績卓著，榮膺上海市育才獎。

四

先生典書爲本職，教學爲兼職，身兼兩任，事務繁劇。旁人視之，皆有難色，而先生則能兩不偏廢，因多付心力焉。先生於科研治學，亦投入大量精力。圖書館因需坐班，未如院系教授自由。先生對此，毫無怨言，晝則處理館務及教務，夜飯之後訖於凌晨，乃爲個人從事研究之時段。往往通宵達旦，晨光漸起，方才掩卷。睡眠時間，嚴重不足。由是健康狀況，不如壯歲之時。

先生數十年來，於古籍整理校釋、版本目録考訂、明清及近現代文獻之研究領域，皆有所涉歷，深造自得，成績斐然。兹擇其犖犖大者，謹述於次。

初，先生讀研之際，嘗從程俊英先生治《詩經》之學。程先生爲民國初年北京高等女師“四大女公子”之一，五四運動期間，以反封建著稱於時。其治學，初乃偏重於從新文學角度認識傳統學術。中年以後，轉向古典文學領域，尤長於先秦文學。“文革”後，其較早關注《詩經》研究，曾先後出版《詩經注析》、《詩經譯注》等著述。程先生善於從女性心理角度研究《詩經》，其對於其中篇章所作闡釋，生動形象，細緻入微，在學界頗有影響。先生既得程老指授，故於《詩經》研究，亦頗注心力，曾協助程老譯注《大小雅》。20世紀80年代初，北京中華書局擬出版“清人十三經注疏”叢書，主編傅璇琮等先生南下組稿，聞先生長於《詩經》之學，乃邀約先生整理清末民初知名學者王先謙之《三家詩義集疏》。而先生畢業論文，恰好偏重於《詩經》各家異説之比勘，因樂而從命。點校工作進行之時，先生往往白天工作，晚上借宿學校，全身心投入其中，故而點校工作，進展順利；出版之後，頗受學界好評。其後先生重閲整理稿，發現不少疏漏。而近年中華書局重印此書，因得以補正焉。

復旦館藏古籍中，有稿抄本近三千餘種，不乏清代以來知名學者之手稿。其中，尤以近現代學人之手迹爲夥。若能進行系統整理研究，揭示其内容，分析其特色，非唯其人之功臣，亦能嘉惠學林。先生既於館藏情況了如指掌，故於此項工作十分重視，且能親自付諸實踐。其中，復旦中文系已故教授王大隆欣夫先生之蛾

術軒藏書整理，乃先生窮多年精力從事研究之重點。王欣夫先生
爲蘇州人，民國間曾任聖約翰大學教授。其早年師從知名學者金
松岑、曹元弼，邃於經史考證之學。又性喜藏書校書，故亦長於版
本目錄之學。欣夫先生於"文革"初逝世，其所藏大部，因其門人
中文系徐鵬教授之力，得轉歸復旦圖書館。而欣夫先生早年與先
生業師徐震堮、周子美均有交往，故先生雖無緣當面請益，而對欣
夫先生學問人品，早已默識於心。其後典書復旦，整理欣夫先生藏
書，而於欣夫先生之學問越發欽仰。先生以爲，欣夫先生畢生致力
於傳統文獻整理，雖其藏書多非宋元舊刊，然或出於手抄親校，或
請專人迻錄，中多稀見文獻，内容價值極高。欣夫先生嘗有《蛾術
軒篋存善本書錄》，經徐鵬、鮑正鵠兩位學者整理行世，而其餘手迹
校本，多未刊佈。先生因發願爲王欣夫先生整理未刊著述。近年
來，此項工作排日開展，從無中輟，將以《學禮齋叢書》之名，刊行
於世。又，欣夫先生民國間曾主持編纂《八年叢編》，所收皆歷代稀
見文獻，於當時學界影響甚巨。時至今日，此書傳本不多，知者甚
鮮。先生乃聯繫上海人民出版社重加印行，並撰前言，以述欣夫先
生編纂此書之原委及成績。

　　先生既爲欣夫先生功臣，又念及欣夫先生同邑師輩學者，如曹
元弼、胡玉縉，皆清末至民國間吳中宿儒，學問各有專長。乃降及
當代，其學其人，淹而不彰。曹爲清末進士，民國之後以遺民自居，
至建國初辭世。平生精於禮學，晚年自號"復禮老人"，爲近世最後
一位禮學大師。胡爲清光緒間舉人，民國肇建，教學北平，晚歸蘇
州，卜居於城郊光福鎮，畢生著述，無力付梓。乃因曹元弼先生之
介，將書稿託付於欣夫先生。欣夫先生慨然引爲己任，先後爲其整
理出版《許廎集林》、《四庫提要補正》，而曹氏遺著則未能於生前整
理完成。先生以學術傳承，後學有責，乃踵欣夫先生之志，於館藏

胡、曹二先生手稿,悉心整理,先於 2003 年整理出版胡氏《續四庫提要三種》,其後又於 2019 年整理出版曹氏《復禮堂遺書》。

　　先生於清代學術,甚爲關注。乾隆中後期官修《四庫全書》,前後歷經十餘載,雖工程浩大,然由於“寓禁於徵”,學界對此,毀譽不一,然終成近年研究重點。而參與編修之清代學者,皆當時通儒碩學,其個人所承擔之提要分纂稿,無疑具有較高學術價值。而館藏翁方綱纂《四庫提要稿》,係嘉業堂主人劉承幹據所藏翁氏稿本傳抄而成。翁氏爲乾嘉年間著名學者,於經史考證、書學藝術,皆獨樹一幟。其原稿輾轉流散,後藏於澳門圖書館。先生於翁氏之學素爲敬仰,因有整理翁氏提要分纂稿之念。乃於 90 年代中期,據館藏抄本進行整理。後發現其傳抄非謹,刪略過多,非理想之底本,故欲設法徵求稿本。而 1999 年恰逢澳門回歸祖國,先生因友人之介,與澳門圖書館取得聯繫,竟獲稿本之影印件。2001 年,澳門圖書館鄧美蓮館長聞先生有志整理翁稿,遂致函先生,鄭重託付此書整理任務。先生經辨識過録,校讀標點,費時五載,其事告蒇。而原稿經影印後,字小模糊,辨識不易,故先生目力,爲之大損。先是,王欣夫先生亦欲整理此稿,而終未克成。而先生自以能成昔賢未竟之志,甚爲光榮,因識其原委,以爲後學之鑒。其後,先生又與研究生樂怡合作,於 2006 年完成《四庫提要分纂稿》之整理。除翁方綱、姚鼐、邵晉涵等知名學者存稿外,《分纂稿》共整理校點當時十餘位四庫纂修官之提要稿一千餘篇,佔《四庫提要》定稿之十分之一左右。

　　先生於明代詩文別集、總集之整理研究,亦爲國內學界之先鋒。20 世紀 90 年代初,錢伯城、魏同賢兩先生欲網羅有明一代文集,乃創議編纂《全明文》,遂邀先生擔任副主編,實際主持底本搜羅、資料輯集及點校整理。先生領命後,認真編纂,兩年内即編出

《全明文》三册,分别於 1992、1993 年,由上海古籍出版社出版。其中首册爲明太祖朱元璋卷,乃先生獨立完成,所據底本除明刻本《太祖高皇帝文集》外,又從《明實錄》等文獻中,輯錄大量朱元璋詔誥敕諭,故而新編成之朱氏文集,較原集增加三分之二内容,頗受明代文史研究者之好評。另外,古籍所章培恒教授亦於 20 世紀 80 年代,受全國高校古委會委託,承擔《全明詩》主編之責。章先生主編《全明詩》,不願草率從事,隨意出版。其於底本之選擇、校勘之水準,要求極高。而明人詩集多爲明代所刻,各館視爲善本,複製非易。項目之初,經費充裕,底本徵集,頗有收穫。及至 90 年代,因物價上漲,複製底本,所費不貲。又有部分底本藏於海外,收集難度更大。而除此之外,古籍所十多位研究人員,初隨章先生以整理《全明詩》爲主業,其後因各自承擔科研及研究生教學任務,多力有不逮,紛紛告辭。爲此,章先生曾多次更換副主編,以推進項目工作。2000 年,章先生因身體抱恙,徹底辭去《全明詩》主編工作,並向高校古委會推薦,由先生接手《全明詩》編纂。先生對此甚爲感激,然因事務繁劇,難以分身,屢次推辭。而章先生仍持己見,希望先生主持項目。先生見章先生身染沉痾,仍堅持研究生教學及《中國文學史》之編寫,此種毅力非常人所可比,故慨然應允擔此重任。

近三十年來,國内幾家古籍出版機構影印了大量與“四庫”相關之大型叢書,如《續修四庫全書》、《四庫存目叢書》、《四庫禁燬書叢刊》等。此類叢書編纂工作,離不開各大圖書館古籍之收藏。先生既爲國内圖書館古籍業界專家,乃受邀參與各叢書之書目擬定,於底本之選擇,亦多貢獻意見。先生以爲,已出版之各部叢書,其子目有數千種之多,若能一一考證其版本源流,即爲有益課題;若能對其中每一部書補撰提要,亦是自《四庫全書總目提要》以來,學界所面臨之鉅大工程。而上述各"四庫"叢書編纂印行後，主要爲各大圖書館所採購，其有利於傳統文史研究自不待言，而煌煌鉅册，查檢不易。先生有鑒於此，又歷時多年，與同人編成《四庫系列叢書目録·索引》。其用心之善，亦爲讀者所贊許。

　　先生數十年從事圖書館古籍工作，其志趣主要仍在古籍書目提要方面。其中，對於20世紀30年代北平東方文化事業總委員會及其所屬人文科學研究所之《續修四庫總目提要》項目，甚爲關注。該書爲繼《四庫全書總目提要》之後，一部總結清代中後期學術成果之大型綜合提要目録。項目實際主持者，爲日本學者橋川時雄，而當時國内諸多知名學者曾參與此提要之編纂，故而質量較高。該書纂成之後，20世紀70年代以來，臺灣商務印書館、北京中華書局、山東齊魯書社均曾印行。1972年臺灣商務所出版者，係據日本京都大學所存《續修四庫提要》油印稿排版，較之北京中國科學院圖書館所藏稿本，内容僅三分之一。而中華書局1982年出版者，僅爲《續修四庫提要》經部。1998年齊魯書社出版之影印本，係據中國科學院圖書館所藏34000餘篇《續修四庫提要》原稿印成，内容完整，頗便整理研究。且其雖非最後編定，而2000萬字以上之初稿，若經整理流通，實爲一部規模宏大之重要文獻提要，意義非同一般。因而，先生遂發願做一新整理本。該整理本以齊魯書社出版之原稿本爲底本，參校臺灣商務印書館出版之油印稿。新整理本分經、史、子、集、叢、方志六部，將由中華書局與北京圖書館出版社共同出版（北京圖書館出版經部、叢書部、方志部，中華書局出版史部、子部、集部）。由於整理工作量大，先生親自承擔集部之整理，其他各部則委託業内師友。其中經部交山東大學劉曉東、魯東大學李士彪先生，史部交上海圖書館陳先行先生、子部交華東師大嚴佐之先生負責，叢書、方志二部則由復旦圖書館兩位年輕學者承擔。該項目開展以來,先後獲得教育部人文社科基金及 2008年上海市哲學社會科學重大基金支持。目前,經部、叢書部、方志部之新整理本,悉已完成校點,有價值之缺文及異文,均出校記。

2004 年,先生作爲國務院古籍整理規劃小組成員,又受國務院古籍整理規劃小組之邀,參加《中國古籍總目》編纂。先是,20 世紀 90 年代初,國家古籍整理規畫小組原任秘書長傅璇琮先生,提議啓動"中國古籍總目提要"計畫。此項工作,始於 1994 年。當時考慮到欲編纂存世之歷代古籍提要,首先需建立基本書目,於是召集國圖等十一家大型圖書館古籍部主任,合作編纂《中國古籍總目》。最初,大家認爲《總目》只是《提要》之準備工作,目録作用不過爲提要撰寫提供一份完整書單。而要提供一份詳盡而準確之書單,需全國各館通力合作。其中涉及各館館藏是否全部得以整理,已有著録是否準確可信,彙總書目如何歸併拆分,以及各家著録如何統一格式等,均有賴於古籍編目人員素養及各館業務之積累。《總目》編纂分爲經、史、子、集、叢書、新學等六部類,各落實一主編館承擔書目彙編,各參與館則將本館藏書記録分部類遞交各主編館。迄乎 1998 年傅先生任期届滿,初稿仍未完成。故而楊牧之先生繼任秘書長後,重新籌措經費,組織人員,推進《中國古籍總目》編纂。由楊牧之、傅璇琮任主編,國家圖書館副館長陳力及先生任副主編。經部由北大圖書館主編,史部由上海圖書館主編,子部由南京圖書館主編。集部原由遼寧省圖書館與復旦大學圖書館合編,此次重編,改由國圖承擔主編。此外,天津圖書館負責新學類,湖北省圖書館負責叢書部。至 2007 年,《總目》編委會議定,各部類成稿彙總至復旦大學圖書館,由先生負責全書統稿之責。先生既承統稿重任,乃全身心投入其中,舉凡編例之草擬,格式之調整,類目之歸併,乃至與各部類主編之聯絡等,事無鉅細,皆親自爲之。歷時數載,《中國古籍總目》終於完成全部統稿工作並陸續出版。繼而先生又與本館數據專家龍向洋合作編制《中國古籍總目綜合索引》,令學界能更爲便捷利用此工具書。

先生也非常留意域外漢籍存藏情況。20世紀90年代中期,曾受邀至美國加州大學洛杉磯分校東亞圖書館整理該館古籍,現又受委託爲該館編製古籍目録及善本書影。2005年以來,先生兩度赴日本早稻田大學訪學,在日期間,曾造訪日本各大公私漢籍收藏機構,於日本所藏漢籍珍本,寓目頗多。近年來,中國開展海外漢籍目録調查研究,先生又與龍向洋受邀承擔《韓國漢籍總目》之編纂任務,有望於近兩年完成。

近年來,先生以資深教授,受聘於校中華古籍保護研究院。雖年屆古稀,循例將退任,仍思爲古籍整理與保護事業貢獻心力。目前,先生仍孜孜矻矻,不舍晝夜,埋首於《王欣夫日記》整理、《蛾術軒文存》編纂等多項工作中。

(《國學季刊》總第二十六輯,2022年)

編後記

2022年,正值　業師致之先生七十華誕,同門諸君皆思所以爲賀。或謂　致之師著述甚富,然不自收拾,遺珠尚多,理當匯聚彙輯,以嘉惠學林。向春雖不學,以從　師遊久,遂不自量力,慨然以此自任,力請　致之師俯允編集。既成,乃商諸時任中華書局執行董事徐俊先生,並承徐先生美意,交中華付梓行世。

昔顧起潛(廷龍)先生受命參與創辦合衆圖書館。抵滬翌日,即向葉揆初(景葵)等先生遞呈《創辦合衆圖書館意見書》,中有"專事整理,不爲新作;專爲前賢形役,不爲個人張本"之言。自此之後,此言非唯合衆圖書館辦館宗旨,亦係起潛先生餘生奮力之準則。起潛先生因此放棄個人鑽研多年之古文字學,專力爲古書續命數十年。本書之名,即取義於此。而　致之師自1981年研究生畢業,先後服務於華東師範大學、復旦大學圖書館古籍部,數十年致力於古籍文獻之整理與保護,與起潛先生之舉,可謂後先同揆。此又本書命名之第二義。

致之師自幼飫聆庭訓,長則肆力向學,先從名師如徐聲越(震堮)、程隽因(俊英)、周子美(延年)諸先生,復私淑前賢如王欣夫(大隆)先生,壹意以文獻之收羅、整理、研究爲己任,故本集所收,皆與此相關。　師致力文獻數十年,所得既多,落筆成文,計及百萬字有餘。兹以篇幅所限,擅爲遴擇,聊取其半,大致涉及四庫學、古籍整理、古籍保護、人物研究等類，其面雖廣，唯皆立足文獻，言之有物。　師曾諄諄告云："文獻學不要做熱門的東西。"然風氣既開，踵此而行者不絶如縷，昔之冷門，今則多匯爲洪流，　師之引領學術每如此。　師又言："文獻學是實事求是之學。"則本集所收，無不如此。而"惟陳言之務去"，實證研究之法，皆見其中，知行合一，於此見焉。近年古籍普查及古籍保護蔚然興起，　師常僕僕道路，講學四方，流風所沫，古文獻界莫不以此爲鵠的，　師之轉移風氣又如此。凡此種種，皆可見諸本集，而細細品味，所得又當不止於此也。

　　向春摳衣受教，問業於　師，轉逾廿年。雖早二毛，學業未精，於　師之德業學問，俱未能領會。幸得同門眭駿君前撰《吳格先生與中國古籍事業》，原原本本，詳實美備。今以此文附諸本集，爲知人論世之助。向春不敏，今以　師命，代編此集，去取之際，容有未當，此皆無可諱言者。　師所刊文，散見各處，搜輯網羅，同門馮先思、林振岳二君用力爲多。至校勘文字、排比異文，則多賴同門李士彪、王茜、宋一明、顧雷、秦蓁諸君及首都圖書館邸曉平君。本集題簽，係林振岳君集顧廷龍先生之法書而成，其意甚佳。中華書局俞國林、白愛虎二君，亹亹穆穆，多所匡助，尤可感也。

　　　　　　壬寅中秋前四日，受業柳向春恭記於上海博物館